벌거벗은 세계사

벌거벗은 세계사 - 사건편

초판 1쇄 발행 2022년 1월 24일
초판 16쇄 발행 2024년 12월 10일

지은이 tvN 〈벌거벗은 세계사〉 제작팀
　　　　 김봉중, 김헌, 류한수, 박현도, 서민교, 이성원, 장항석, 최태성
펴낸이 안병현 김상훈
본부장 이승은 **총괄** 박동옥 **편집장** 임세미
책임편집 정혜림 **마케팅** 신대섭 배태욱 김수연 김하은 **제작** 조화연

펴낸곳 주식회사 교보문고
등록 제406-2008-000090호(2008년 12월 5일)
주소 경기도 파주시 문발로 249
전화 대표전화 1544-1900 **주문** 02)3156-3665 **팩스** 0502)987-5725

ISBN 979-11-5909-588-7 (03900)
책값은 표지에 있습니다.

벗겼다, 세상을 뒤흔든 역사

벌거벗은 세계사

사건편

tvN 〈벌거벗은 세계사〉 제작팀 지음

교보문고

목차 ————————————————————————— **사건편**

벌거벗은 그리스 신화 1

제우스의 불륜이 불러온 문명의 탄생

김헌

● 그리스 테살리아주, 이곳에는 신들의 궁전이라 불리는 올림포스산이 있습니다. 해발 약 2,918m의 이 산은 그리스 신화를 대표하는 올림포스 12신의 주 활동지였습니다. 그중에서도 하늘을 지배하는 그리스 최고의 신이자 신들의 왕이라 불리는 제우스Zeus는 신화 속 모든 일을 관리합니다.

우리가 신화를 통해 제우스를 바라보는 방식은 크게 두 가지로 나뉩니다. 하나는 신과 인간, 그리고 세계를 지배하는 최고 권력자로서의 모습입니다. 또 하나는 사고뭉치에 바람둥이이자 여성 편력이 심한 트러블 메이커입니다. 그런데 이처럼 모순된 제우스의 이미지는 사실 같은 맥락에서 나온 것입니다.

제우스와 바다의 신 테티스[1]

그리스 신화 속 제우스는 희대의 바람둥이로 묘사됩니다. 하지만 그 바람을 통해 많은 업적을 남기기도 합니다. 바람을 통해 낳은 자식이 그리스 최초의 문명을 탄생시키는가 하면, 때로는 이집트의 왕이 되어 이집트 문명에 영향을 끼치기도 합니다. 가까이서 보면 수단과 방법을 가리지 않는 바람둥이지만, 멀리서 보면 자신의 권력을 확장할 방법을 누구보다 잘 알았던 전략가였습니다. 지금부터 그리스 신화 속 제우스의 불륜이 불러온 문명의 탄생 과정을 함께 벗겨보겠습니다.

그리스 신화의 탄생과 친부 살해

먼저 제우스는 어떻게 수많은 여신, 여성과 바람을 피울 수 있었을까요? 제우스에게는 마음만 먹으면 누구라도 유혹하고 자신의 것으로 만드는 권력이 있었습니다. 우리는 제우스가 신들의 제왕이라는 사실은 잘 알지만, 그가 어떻게 신들을 다스리는 힘을 갖게 되었는지는 잘 알지 못합니다. 그리스 최고의 신 제우스가 태어날 때부터 권력을 가졌던 것은 아닙니다. 제우스는 스스로 아버지를 제거하고 그 자리를 차지해 권력을 얻었습니다. 제우스가 빼앗은 아버지 크로노스Kronos의 권력 또한 그가 자신의 아버지를 거세하고 얻은 것이었습니다.

따라서 신들의 역사를 한마디로 정의한다면 '파트로크토니아Patroktonia'의 전통이라고 할 수 있습니다. 그리스어로 파트로는 '아버지'를 크토니아는 '살인, 살해'를 의미합니다. '친부 살해'의 전통이라는 것입니다. 여기서 살해는 진짜로 죽인다는 의미가 아니라, 권력의 생명을 끊어버리는 것을 뜻합니다. 그리스 신화 속 친부 살해의 역사는 꾸준히 이어졌으며 그 과정에서 제우스는 권력을 쟁취했습니다. 그리고 그 권력을 이용해 불륜을 반복하는 바람둥이가 되었고, 이로 말미암아 새로운 신과 영웅이 탄생하고 이들과 인간을 둘러싼 새로운 문명이 만들어졌습니다. 지금부터 그리스 신화의 굵은 줄거리, 친부 살해의 역사와 신들이 벌인 권력 투쟁의 이야기를 나눠보겠습니다.

그리스 신화 속 신들의 역사는 태초에 카오스Chaos가 생긴 것으로 시작합니다. 우리는 카오스를 혼돈, 혼란이라고 생각하지만 원래의 뜻은 텅 빈 공허입니다. 아무것도 없는 상태에서 공간의 신 카오스가 생겨났고, 다음으로 대지의 여신 가이아Gaia가 탄생했습니다. 이때 카오스가 가이아를 낳은 것이 아니라 카오스 안에서 가이아가 혼자 태어난 것입니다. 무언가를 창조하기 위해서는 공간이 필요한데 그것이 카오스이고, 여기서 무언가를 만들기 위해서는 재료가 필요한데 그것이 가이아의 흙(대지)이라고 생각한 것입니다. 뒤이어 생긴 에로스Eros는 사랑과 욕망의 신으로 공간 속에서 생명을 빚어내는 창조의 에너지입니다.

텅 빈 공간에서 스스로 탄생한 대지의 신 가이아는 그리스 신화 속 최초의 권력자이자, 만물의 어머니였습니다. 가이아는 에로스의 작용으로 홀로 자식들을 낳아 자손을 번식하며 권력을 넓혀갔습니다. 그녀는 처음 낳은 아들이자 하늘의 신 우라노스Uranus에게 "너는 사방에서 나를 감싸거라"라고 말했습니다. 그러나 우라노스는 말을 듣지 않고 어머니에게 도전장을 내밀었습니다. 결국 어머니 가이아를 짓밟고 올라선 우라노스가 새로운 권력자의 자리에 올랐고, 이때부터 땅(가이아) 위에 하늘(우라노스)이 놓이게 되었습니다. 신화학자들은 권력의 지배자가 대지의 신 가이아에서 하늘의 신 우라노스로 이동한 것을 가리켜, 원시시대의 모계 중심 사회에서 남성 중심의 가부장적 사회로 전환한 것을 신화적으로 표현했다고 해석하기도 합니다.

권력을 잡은 우라노스는 어머니와 결혼하여 자식을 낳았습니다. 처음에는 12명의 거대한 '티탄 신족'이 태어났습니다. 티탄은 영어로 거대한 것을 의미하는 타이탄titan의 그리스식 표기입니다. 영화로 유명한 타이타닉호의 이름도 여기에서 유래했는데 그만큼 크다는 뜻입니다. 그리고 외눈박이 거인 '키클롭스Cyclopes' 3형제가, 뒤이어 100개의 팔과 50개의 머리를 가진 거인 3형제 '헤카톤케이르Hekatoncheir'가 태어납니다.

가이아의 아들이자 남편인 우라노스는 자식들이 늘어날수록 걱정이 커졌습니다. 자신이 가이아의 권력을 탐냈던 것처럼 자식들 역시 자신에게 도전해 권력을 탐낼 것이라 생각했기 때문입니다. 결국 우라노스는 자식들을 대지의 신인 가이아의 배 속, 즉 땅에 가둬버렸습니다. 이는 기성세대의 특징을 신화적으로 표현한 것으로 볼 수 있습니다. 우라노스는 새로운 세대를 불만스럽게 여기고 자신의 틀 속에 가두려는 기성세대로, 그의 자식들은 틀에 갇히기 싫어하는 신세대로 그려낸 것입니다.

한편 자식들의 울부짖음을 들으며 괴로워하던 가이아는 배 속에서 자식들을 모았습니다. 그들에게 아버지 우라노스의 폭력적이고 독재적인 행동을 이야기하며 "너희들 중 누군가가 아버지를 제거한다면 내가 도와주겠다"라고 말하죠. 그러자 티탄 12신의 막내인 크로노스가 나섰고 둘은 우라노스를 제거하기로 마음먹습니다. 가이아는 크로노스에게 아다마스(불멸의 금속)로 만든 낫을 건네며 "너희 아버지는 밤마다 어둠을 끌고 나에게 내려온다. 그가 나와 사랑을 나누려 할 때 네가 숨어 있다가 이 낫으로 아버지를 거세하거라"라고 말합니다.

크로노스는 가이아로부터 불멸의 낫을 받아 아버지 우라노스를 거세했습니다. 이는 그리스 신화 속 첫 번째 친부 살해입니다. 자식으로부터 거세당한 우라노스는 그대로 힘을 잃었고 크로노스가 세 번째로 최고 권력의 자리를 차지하게 됐습니다. 크로노스는 '시간'이라는 뜻으로, 신화에서 시간은 모든 것을 쇠하고 멸하게 만든다는 의미를 가집니다. 크로노스가 우라노스를 거세하는 것 역시 시간의 힘에 대한 신화적 표현이라 할 수 있습니다.

최고 권력자가 된 크로노스는 누이인 레아Rhea와 결혼해 자식들을 낳기 시작했습니다. 크로노스 역시 권력을 얻고 나자 어머니인 가이아의 말을 듣지 않았습니다. 이때 가이아는 크로노스의 행동을 향해 저주 섞인 예언을 했습니다.

아버지 우라노스를 거세하는 크로노스

"크로노스가 아비 우라노스에게서 세계의 지배자 지위를 빼앗은 것처럼, 그 역시 자식들에게 신의 왕위를 박탈당할 운명이다."

자식에게 권력을 빼앗길 것이라는 두려움에 휩싸인 크로노스는 아이가 태어날 때마다 전부 삼켜서 뱃속에 가둬버렸습니다. 그렇게 삼킨 자식들이 무려 5명이었습니다. 크로노스의 여섯째 아이를 갖게 된 레아는 더 이상 아이를 잃고 싶지 않았습니다. 그녀는 아이를 지키기 위해 가이아에게 조언을 구했습니다.

가이아의 계획에 따라 레아는 크레타섬 산속 동굴 안에서 비밀리에 아이를 낳았습니다. 남편 크로노스에게는 아이 대신 포대에 싼 돌덩이를 건네줬는데 그는 초조한 나머지 확인도 하지 않고 바로 삼켜버렸습니다.

아들을 먹어치우는 크로노스[2)]

그렇게 마지막 아이는 동굴 속에서 몰래 자라며 가까스로 목숨을 건질 수 있었습니다. 그리스 신화의 주신主神 제우스는 이렇게 탄생했습니다.

제우스 vs 크로노스, 운명적 대결

부성애보다 자신의 권력이 먼저였던 무시무시한 아버지로부터 겨우 목숨을 구한 제우스는 어떻게 됐을까요? 아마도 제우스는 자신이 어떻게 태어났는지 모르고 동굴에서 성장했을 것입니다. 그러던 어느 날 가이아가 나타나 그의 출생의 비밀을 알려주었습니다.

"너는 사실 이 세계를 지배하고 있는 크로노스의 아들이다. 그러니 네가 일어나 형제들을 구하고 세상을 지배할 수 있겠느냐?"

이후 제우스는 자신이 아버지와 싸울 수 있는 유일한 존재라는 사실을 깨닫고 아버지의 배 속에 갇힌 형제들을 구하고 세상도 구해야겠다고 마음먹습니다. 제우스는 아버지가 할아버지에게 했던 것처럼 자신의 아버지를 제거할 준비를 시작합니다. 그는 아버지의 권위에 도전하기 전에 세상에서 가장 많은 것을 알고 있는 지혜의 신 메티스Metis를 찾아갑니다. 그녀는 약 한 알을 주며 말했습니다.

"이 약을 크로노스에게 먹여 봐. 그러면 첫 번째 길이 열릴 거야."

메티스가 건넨 것은 먹기만 하면 그동안 삼켰던 모든 것들을 토해낼 수 있는 약이었습니다. 제우스의 계략에 넘어가 약을 먹은 크로노스는 이내 구토를 시작했고 제우스인 줄 알고 삼켰던 돌을 시작으로 삼킨 순서의 역순대로 자식들을 토해냈습니다.

제우스의 도움으로 첫째 헤스티아Hestia, 둘째 데메테르Demeter, 셋째

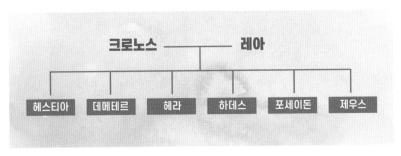

크로노스와 레아의 가계도

헤라Hera, 넷째 하데스Hades, 다섯째 포세이돈Poseidon까지 형제들이 되살아난 것입니다. 막내 제우스는 이내 세상 밖으로 나온 다섯 형제와 힘을 합쳐 아버지에게 전쟁을 선포합니다. 그리고 크로노스와의 긴 전쟁을 시작하죠. 이때 제우스가 근거지로 삼은 곳이 바로 올림포스산입니다.

크로노스의 형제와 제우스의 형제들은 권력을 차지하기 위한 패권 전쟁을 벌였습니다. 세대 간 싸움이었던 이 전쟁을 '티타노마키아titanomachia'라고 부르는데, 그리스어로 '티탄들과의 싸움'이라는 뜻입니다. 크로노스가 포함된 티탄 신족과 제우스를 비롯한 올림포스 신들의 싸움은 무려 10년이나 이어졌습니다. 제우스는 수적 열세와 크로노스의 막강한 힘에 밀리자 가이아를 찾아갑니다. 가이아는 여전히 자신의 배 속에 갇혀 있는 제우스의 또 다른 삼촌들인 헤카톤케이르 3형제와 키클롭스 3형제에게 도움을 요청할 것을 조언했습니다.

이들은 모두 가이아와 우라노스 사이에서 태어난 괴물들로 헤카톤케이르는 50개의 머리와 100개의 손을 가진 백수 거신 3형제이고, 키클롭스는 외눈 거신 3형제입니다. 가이아는 제우스에게 이들 삼촌을 네 편으

100개의 손을 가진 헤카톤케이레르

외눈박이 거인 키클롭스[3)]

로 삼으면 크로노스를 이길 수 있다고 말합니다. 이에 제우스는 땅속으로 들어가 삼촌들을 설득해 자기편으로 만드는 데 성공했습니다. 재주가 좋은 키클롭스 3형제는 제우스에게 번개와 천둥, 벼락 등 무기를 만들어 선물했고 백수 거신은 총 300개의 손으로 바위를 던져 티탄 신족을 물리쳤습니다. 결국 크로노스는 강력해진 제우스에게 패배했습니다.

최고의 지배자 제우스, 권력 유지를 위한 시크릿 코드

전쟁에서 승리한 제우스는 가이아, 우라노스, 크로노스에 이어 네 번째로 세상을 지배하는 최고 권력자가 됐습니다. 제우스에게 권력을 빼앗긴 크로노스는 지하 세계에 영원히 갇혔습니다. 그리스 신화 속 두 번째 친부 살해가 완성된 것입니다. 친부 살해의 의미는 정말로 목숨을 빼앗는 것이 아닙니다. 기존의 질서가 불합리하다면 그것을 제거했을 때 새로운 역사와 질서를 만들어나갈 수 있음을 이야기해 주는 것이죠. 겉으로 보면 천륜을 거스르는 이야기처럼 보이지만 이런 내용을 긍정적인 의미로 담아낸 것이 그리스 신화입니다. 그렇다면 친부 살해는 제우스에서 끝날까요?

그리스 신화의 가중 중요한 부분은 제우스가 영원한 권력을 잡는 이야기입니다. 그렇다면 이제 막 권력을 손에 넣은 제우스가 가장 먼저 한 생각은 무엇일까요? 당연히 이 권력을 영원히 유지하는 방법이었습니다. 고민 끝에 그는 아버지 크로노스, 할아버지 우라노스, 할머니 가이아를 떠올리며 이전의 신들이 권력을 빼앗긴 것은 자신이 모든 권력을 쥐고 지배하려 했기 때문이었음을 깨달았습니다. 그리하여 제우스는 권력 유지를 위한 권력 분배를 선택합니다. 자신이 지배자가 될 수 있도록 도와준 형제들에게 권력을 나눠주며 협력자로 만든 것입니다.

이후 제우스는 세계를 하늘과 바다, 그리고 지하 세계로 삼등분해 자신의 형제들과 나눠 가졌습니다. 제비뽑기를 통해 제우스는 하늘, 포세이돈은 바다, 하데스는 지하 세계를 지배했습니다. 그런데 왜 하필 제비뽑기였을까요? 서로의 실력을 겨뤄서 결정할 수도 있지만 이 경우 대결 종목에 대한 불만이 생길 수 있겠죠? 따라서 실력과 조건이 비슷하다면 제비뽑기가 가장 공정한 방법이라고 생각했습니다. 제우스가 하늘을 지배하게 된 것은 무엇보다 공정한 결과였던 셈입니다.

실제로 제비뽑기는 그리스 민주 정치의 핵심이었습니다. 아테네는 여자와 노예, 다른 나라 출신의 거류민을 제외한 모든 남자는 19세가 넘으면 시민의 역할을 할 수 있다고 판단했습니다. 지금 우리에게는 재판을 받을 때 판사, 검사, 변호사가 있지만 아테네는 재판이 열리면 본인이 직접 변호사나 검사 역할을 수행해야 했습니다. 이때 판결을 내리는 판사를 시민 사이에서 제비뽑기로 결정했는데, '클레로테리온'이라 부르는 추첨 기계에 흰 구슬과 검은 구슬을 넣어 흰 구슬이 자신의 이름 앞에 위치하면 판사로 선발되는 것입니다. 기원전 5세기경인 당시에는 해마다 제비뽑기로 6천 명 정도의 시민을 임의로 판사로 뽑은 뒤 재판이 열릴 때마다 재판의 사안에 따라 이들 중 당일 배심원, 즉 오늘의 판사를 뽑았습니다. 나라의 관리 또한 제비뽑기로 선출했습니다. 아테네 민주정의 가장 보편적인 대표 선출 방식으로 자리매김한 제비뽑기의 뿌리를 신화에서 볼 수 있는 것입니다.

권력 확장을 위한 이유 있는 바람!

아버지를 꺾고 최고 권력자가 된 제우스는 권력의 독점을 포기함으로써 영원한 권력을 갖고자 했습니다. 가장 먼저 형제들과 권력을 나눈 제우스는 자신의 권력을 유지할 두 번째 방법을 실행에 옮겼습니다. 협력자를 만들기로 한 것입니다.

여기에는 기존의 신들을 자신의 편으로 '끌어들이는 것'과 완전히 새로운 편을 '만든다'는 두 가지 방법이 있습니다. 제우스는 협력자를 얻기 위해 다른 신들을 포섭하기보다 직접 내 편을 만들어서 자신의 세력을 키우는 게 낫다고 판단했습니다. 즉 자신의 아이를 만들어 영원한 내 편으로 삼으려 한 것입니다. 이를 위해 제우스가 가장 먼저 선택한 여신은 지혜의 신 메티스였습니다.

메티스의 조언으로 형제를 구할 수 있었던 제우스는 메티스의 아이를 낳으면 세상을 지배하는 데 도움이 될 것이라 생각했습니다. 그리하여 메티스는 공식적으로 제우스의 첫 번째 부인이 되었습니다. 그런데 이때 신탁(신이 보내는 예언)이 내려졌습니다. 메티스는 딸을 낳을 것이며, 그다음에 아들을 낳으면 그 아들이 제우스를 밀어내고 권력을 잡을 것이라는 내용이었습니다. 겁에 질린 제우스는 아내인 메티스를 먹어버려서 아이를 낳지 못하게 했습니다. 그런데 메티스는 이미 임신을 한 상태였고, 그 결과 제우스의 머릿속에서 메티스와 함께 아이가 자라나기 시작합니다. 어느 날 제우스는 머리가 깨질 것 같은 고통에 휩싸였습니다. 두통의 원인이 메티스를 삼켰기 때문이라는 사실을 알게 된 프로메테우스 Prometheus는 도끼로 제우스의 머리를 내리쳤습니다. 그 순간 제우스의 머리에서 지혜와 승리의 신 아테나가 태어났습니다. 이렇게 제우스는 새로운 협력자 아테나를 얻었습니다. 제우스가 받은 신탁은 메티스가 딸을 낳은 뒤 다시 아들을 낳고, 그 아들이 제우스를 밀어낼 것이라는 내용이었습니다. 하지만 아들을 낳을 수 없도록 메티스를 삼킨 제우스는 예언을 피해갈 수 있었습니다.

이후로도 제우스의 결혼은 계속됩니다. 율법의 신 테미스Themis, 곡물의 신 데메테르, 티탄 신족의 여왕 에우리노Eurynome, 티탄 신족의 여신 레토Leto, 기억의 신 므네모시네Mnemosyne와도 사랑에 빠졌습니다. 고대 그리스의 서사시인 헤시오도스Hesiodos의 이야기에 따르면 마침내 제우스는 일곱 번째 부인으로 결혼과 가정의 신 헤라를 맞이했습니다. 우리는 제우스의 첫 번째 부인을 헤라로 알고 있지만 제우스는 헤라와 결혼하기 전에 이미 수많은 결혼을 통해 자신을 도와 세상을 다스릴 여러 자식을 낳은 뒤였습니다.

제우스와 헤라의 결혼은 제우스의 일방적인 구애로 시작됩니다. 헤라에게 반한 제우스는 끊임없이 구애를 펼쳤지만 헤라는 쉽게 넘어오지 않았습니다. 그러자 제우스는 헤라가 산책을 나간 산에 비를 내렸습니다. 헤라가 비를 피하는 동안 자유자재로 변신이 가능한 제우스는 작은 뻐꾸기가 되어 헤라 앞에 나타났습니다. 헤라는 떨고 있는 작은 새를 불쌍히 여겨 꼭 안아주었고 그제야 제우스는 본모습을 드러냈습니다. 이 과정에서 자연은 꽃을 피워냈고 둘의 결혼식이 성립되었습니다. 그리고 두 신 사이에서 전쟁의 신 아레스Ares와 대장장이의 신 헤파이스토스Hephaistos가 태어납니다.

헤라는 제우스에게 자신을 아내로 맞아들인 이상 더는 다른 여자를 아내로 삼을 수 없다고 선언합니다. 제우스는 헤라의 뜻에 따랐을까요? 그의 목표는 착실한 남편이나 건실한 가장이 아니었습니다. 그보다는 세

헤라와 제우스[4]

상을 안정되게 다스리고 조금이라도 더 많은 인간이 편안하게 살아가도록 만들어주고 싶다는 생각이 더욱 강했습니다.

헤라와의 사이에서 낳은 자식들만으로는 권력을 확장하기 어렵다고 생각한 제우스는 헤라에 묶이지 않고 훌륭한 자식을 더 많이 낳아 자신의 협력자를 만들어가기로 결심합니다. 자손을 늘릴 목적으로 바람을 피우기 시작한 것이죠. 제우스의 자손이 늘어간다는 것은 곧 권력 확장을 뜻하는데, 권력이 강해지는 것은 결국 신들의 세계를 안정화시키는 일이기도 했습니다. 헤라의 남편으로서는 제우스가 바람을 피운 것이지만 신들의 지배자로서는 자신의 권력을 확장하고 평화와 안정을 유지한 것이었습니다. 제우스의 바람과 자손에 대한 신화는 훗날 그리스의 여러

도시에서 각자 자신의 조상을 제우
스라 믿기 위해 만들어졌다는 이야
기도 있습니다.

제우스는 권력 확장을 위해 끊임
없이 여신과 여성에게 접근했습니
다. 그렇다면 제우스는 어떤 방법
으로 여자들을 유혹했을까요? 헤
라를 유혹할 때처럼 변신을 이용
했습니다. 본모습을 숨기고 백조나
황소, 독수리 같은 동물로 변신하
거나 비나 구름, 심지어 여신으로
까지 변신해 여자들을 유혹했습니
다. 제우스의 변신에는 몇 가지 이

백조로 변신한 제우스와 레다[5]

유가 있었는데 첫 번째는 여자들이 거부할 것을 대비해 상대가 가장 좋
아하는 모습을 보여준 것입니다. 두 번째는 아내인 헤라에게 들키지 않
기 위함이었죠.

헤라와 결혼한 후에 스파르타의 왕비였던 레다Leda에게 빠져버린 제우
스는 헤라에게 들키지 않으려 백조로 변신한 채 레다와 사랑을 나누기도
했습니다. 백조로 변신한 제우스의 아이를 임신한 레다는 두 개의 알을
낳게 됩니다. 이 중 한 개의 알에서 트로이아 전쟁의 원인이 됐던 헬레네
Helene가 태어납니다.

상대를 가리지 않고 바람을 피운 제우스는 자신의 딸 아르테미스
Artemis의 시종이었던 칼리스토Callisto에게도 반합니다. 하지만 순결을 맹
세했던 칼리스토는 남자를 경계했습니다. 그러자 제우스는 헤라의 눈을

피하고 칼리스토도 안심시키기 위해 자신의 딸인 아르테미스로 변신했습니다. 아름다운 여신으로 변신한 제우스를 보고 칼리스토가 경계심을 풀자 제우스는 강제로 그녀를 취했고, 아이까지 낳았습니다. 이 사실을 알고 질투심에 불타오른 헤라는 칼리스토를 곰으로 만들어 버립니다. 저주를 받은 칼리스토는 자식과도 헤어진 채 곰으로 살 수밖에 없었는데, 비극은 여기서 끝나지 않았습니다. 훗날 사냥을 나왔던 칼리스토의 아들이 곰으로 변한 엄마를 알아보지 못하고 창을 겨누는 일이 생깁니다. 이를 본 제우스는 아들이 어머니를 죽이게 할 수 없다며 아들마저 곰으로 변신시킨 후 하늘 위 별자리로 만듭니다. 이 별자리가 바로 작은곰자리와 큰곰자리입니다.

제우스가 바람을 피울 때 변신하는 세 번째 이유는 인간을 만나기 위해서입니다. 신은 인간 앞에 쉽게 모습을 드러낼 수 없었습니다. 인간이 제우스와 마주하면 그가 내뿜는 찬란한 빛과 열기에 버티지 못한 인간이 다치거나 죽을 수 있기 때문에 제우스가 인간을 유혹할 때는 꼭 변신이 필요했죠. 어느 날 신전의 사제이자 그리스 테베의 공주인 세멜레 Semele를 보고 한눈에 반한 제우스는 평범한 청년의 모습으로 변신해 세멜레에게 접근했습니다. 그리고 자신이 제우스임을 밝혔고 두 사람은 사랑에 빠집니다. 이번에도 역시 이 사실을 알고 분노에 휩싸인 헤라는 노인으로 변신해 세멜레에게 접근합니다. 자신이 제우스와 사랑을 나누고 있다는 세멜레의 말을 들은 헤라는 이렇게 말했습니다.

"네가 함께 밤을 보낸 그 남자가 진짜 제우스인지 어떻게 믿을 수 있겠느냐. 반드시 신의 모습을 확인하거라."

헤라의 말에 설득당한 세멜레는 제우스에게 "스틱스강에 맹세하고 저의 소원을 하나 들어주세요"라고 말합니다. 그리스 신화에서는 저승을

제우스와 칼리스토 ⁶⁾

둘러싸고 흐르는 스틱스강에 한 맹세는 신조차 거부할 수 없습니다. 만일 신이 맹세를 어기면 1년 동안 가사 상태에 빠지고 9년 동안 신들의 회의에 참석할 수 없게 됩니다. 그 말을 듣고 소원을 물은 제우스에게 세멜레는 "한 번만 제우스님의 원래 모습대로 나타나주세요"라고 말했습니다. 제우스는 그것만은 안 된다고 했지만 이미 스틱스강에 한 맹세를 돌이킬 수는 없었습니다. 결국 제우스는 신의 모습으로 돌아갔고 세멜레는 천둥과 번개에 휩싸인 제우스의 본 모습을 보자마자 살과 뼈가 녹아내리며 번개에 타죽고 말았습니다. 그 모습을 본 제우스는 슬픔에 빠졌죠. 그때 세멜레의 배 속에 있는 아기가 눈에 띄었고 제우스는 재빨리 세멜레의 아기를 꺼내 자신의 허벅지에 넣었습니다. 얼마 후 제우스의 허벅지에서 태어난 아기가 술과 축제의 신 디오니소스Dionysos입니다. 제우스는 이처럼 자신의 권력을 유지하기 위해 끊임없는 바람으로 많은 자식을 낳았습니다.

그렇다면 제우스의 아내 헤라는 대체 왜 이런 바람둥이 남편과 결혼 생활을 유지했을까요? 헤라는 제우스와 결혼하면서 결혼의 신이 되었습니다. 그래서 스스로 결혼을 깰 수 없었죠. 보통 헤라의 질투와 복수는 제우스의 바람 상대 혹은 그 자녀들을 향했는데 간혹 제우스에게 직접 닿기도 했습니다. 한번은 제우스의 바람에 화가 날 대로 난 헤라가 포세이돈, 아폴론Apollon, 아테나 등과 공모해 제우스에게 반란을 일으켰습니다. 이들은 제우스를 덮쳐 쇠사슬로 꽁꽁 묶어버렸는데, 이때 올림포스의 신들 중 제우스를 돕는 이는 아무도 없었다고 합니다. 그동안 제우스의 권력에 불만을 가진 신들로선 이때다 싶었던 것이죠. 오직 바다의 여신 테티스Thetis만이 제우스를 구하기 위해 힘을 썼습니다. 테티스는 100개의 손과 50개의 머리를 가진 백수 거신 브리아레오스Briareos의 도움을 받아 제우스를 구해냅니다.

한편 제우스는 끊임없이 자식들을 늘려갔지만 권력을 독점하기보다는 그들과 나누어갔습니다. 그리고 각자 어머니가 다른 수많은 자식들 중 똑똑한 신들을 모아 자신의 형제들과 함께 그리스 신화를 대표하는 올림포스 12신 체제를 이뤘습니다. 제우스는 자신의 남매이자 아내인 헤라, 형제인 포세이돈, 데메테르 외에도 8명의 자식들을 모아 12신을 만들었습니다. 이들 올림포스 12신 체제로 제우스는 세상을 다스리게 됩니다.

이들 외에도 제우스의 바람으로 태어난 자식들은 다양한 문명을 탄생시켰습니다. 문명의 탄생과 관련해서 가장 먼저 주목해야 할 신은 '이오Io'입니다. 어느 날 인간 세상에 놀러 간 제우스는 아르고스 지방의 레르나라는 강가에서 꽃을 따고 있는 아름다운 여인 이오를 보고 첫눈에 반해 적극적으로 구애했습니다. 하지만 깜짝 놀란 이오는 도망쳤고 이에 제우스는 즉시 구름으로 변신해 이오를 감싸며 유혹했습니다. 그런데 제우

올림포스 12신

제우스의 형제자매		제우스의 자녀	
데메테르 대지·곡물의 여신	**헤라** 가정·결혼의 여신	**아테나** 지혜·승리의 여신	**아폴론** 태양·예언의 신
포세이돈 바다·지진의 신	**제우스** 하늘·번개의 신	**아르테미스** 달·사냥의 여신	**아레스** 전쟁의 신
		아프로디테 미·사랑의 여신	**헤파이스토스** 대장장이·기술의 신
		헤르메스 전령·상업의 신	**디오니소스** 술·축제의 신

스의 아내 헤라는 하늘에서 이 모든 것을 지켜보고 있었습니다. 아내에게 바람피우는 현장을 들킨 제우스는 상황을 모면하려 이오를 암소로 변신시켜 버립니다. 자신이 변신을 하는 것도 모자라 상대방까지 변신시켜 버린 거죠.

이오와 함께 있는 제우스를 발견한 헤라[7]

하지만 눈치 빠른 헤라는 제우스에게 그 소를 선물로 달라고 했고 제우스는 어쩔 수 없이 소로 변신한 이오를 헤라에게 넘겨줍니다. 헤라는 이오가 남편과 다시는 바람을 피울 수 없도록 눈이 100개 달린 괴물 아르고스Argos에게 보냈습니다. 아르고스는 잠을 잘 때도 눈을 50개는 감고 50개는 뜨고 있어 하루 종일 이오를 감시했습니다. 현재 인공위성을 통해 24시간 동안 중단 없이 해양을 관측하는 '아르고스 시스템'은 바로 이 괴물의 이름에서 유래한 것입니다. 비참한 이오의 모습을 본 제우스는 전쟁의 신 헤르메스에게 그녀를 구해오라고 지시합니다. 헤르메스는 피리를 불어 아르고스를 잠들게 한 후 단칼에 그의 목을 베어버립니다. 이 사실을 알고 또 다시 복수심에 불탄 헤라는 이번에는 이오에게 피를 빨아먹는 쇠파리를 보내는 등 더욱 더 못살게 굴었습니다.

이오는 여러 수모 끝에 헤라의 괴롭힘을 피해 그녀가 살고 있던 그리스의 본토 아르고스부터 시작해서 세상 이곳저곳을 떠돌게 됩니다. 이때 이오가 도망 다닌 길을 보면 고대 그리스인들이 세계 문명의 역사를 어떻게 바라보았는지 알 수 있습니다. 그녀가 거쳐 간 곳에는 그녀의 이름이 아직도 남아있습니다.

이오는 헤라가 보낸 쇠파리를 피해 물속으로 들어가 바다를 건넜습니다. 그리스와 이탈리아 반도 사이의 지중해 바다인 그곳을 '이오니아해'라고 합니다. 바다에 들어가도 쇠파리가 떨어지지 않자 이오는 계속 걸을 수밖에 없었습니다. 쇠파리의 고통에서 벗어나기 위해 북극 끝까지 걸어갔다가 지금의 이스탄불까지 넘어가죠. 그곳에 있는 아시아와 유럽 사이의 해협을 건너는데 이곳을 보스포로스 해협이라고 합니다. '보스Bos'는 그리스 말로 암소, '포로스Porus'는 길이라는 뜻으로 '암소의 길 해협'인 셈입니다. 이렇게 부르는 이유는 암소로 변한 이오가 건너간 바닷길이기 때문이죠.

이오는 떠돌이 생활 끝에 이집트에서 제우스와 재회하며 에파포스Epaphos라는 아들을 낳습니다. 에파포스는 이집트에 새 도시를 건설했고 이오는 이집트 신화에서 중요한 신들 중 하나인 이시스 신이 됩니다. 그리스 신화는 고대 이집트와 그리스, 로마 등지에서 숭배된 최고의 신 이시스Isis가 사실은 이오였다고 말합니다. 이집트 벽화에서 이시스 신은 소의 뿔을 달고 있는 모습으로 그려지곤 하는데, 이는 암소로 변했던 이오가 이시스 신이 되었다는 해석인 것이죠. 세계 곳곳을 돌아다닌 이오의 이야기는 마치 그리스 문명(레르나강)이 메소포타미아 문명과 이집트의 문명에 영향을 준 것처럼 전해져 내려옵니다. 결국 제우스와 이오의 바람은 그리스 문명과 이집트 문명의 관계, 나아가 그리스 문명과 메소포타미아 문명의 맥락에 있는 페니키아 문명과의 관계를 읽는 연결점이 되었습니다.

제우스의 바람이 불러온
유럽 최초의 문명

고대 그리스인들은 세계 문명이 그리스 크레타섬에서 시작되었다고 생각합니다. 제우스가 태어난 곳으로 알려진 이곳에서 어떻게 서양 문명이 시작되었을까요? 제우스의 바람기는 이집트뿐만 아니라 유럽에도 큰 영향을 끼쳤습니다. 유럽 최초의 문명 역시 제우스의 바람에서 시작됐기 때문이죠. 역사를 뒤흔든 바람과 서양 문명의 시작을 알기 위해서는 이오의 계보부터 파악해야 합니다.

제우스와 이오의 가계도는 매우 복잡합니다. 제우스는 이오와의 사이에서 에파포스를 낳습니다. 에파포스는 멤피스와의 사이에서 리비아라는 딸을 낳는데, 멤피스는 이집트 고왕국 시대의 수도 지명이었으며 리비아는 현재 한 나라의 이름입니다. 때문에 고대 그리스인들은 리비아도 그리스에서 시작되었다고 생각합니다. 리비아는 포세이돈과의 사이에서 쌍둥이 형제를 낳았는데 벨로스Belos는 이집트에 남고 아게노르Agenor는 현재의 레바논인 페니키아로 가게 됩니다. 벨로스는 훗날 아이깁토스Aigyptos라는 자식을 낳는데 이는 지금의 이집트입니다. 그리스 신화에서 이집트는 이오의 한참 자손인 셈이죠.

이 계보에서 주목해야 할 것은 아게노르의 딸 에우로페Europe입니다. 페니키아에서 아게노르는 네 아들과 에우로페라는 딸 하나를 낳았습니다. 에우로euro는 크다, 오페ōpē는 눈이라는 뜻이 있는데, 이름 뜻처럼 크고 아름다운 눈을 지닌 공주였죠. 제우스가 이 아름다운 공주를 그냥 지나칠 리 없습니다. 제우스는 헤라의 눈을 피하면서도 자연스럽게 에우로페에게 다가가기 위해 새하얀 소로 변신합니다. 고대 로마의 시인 오비

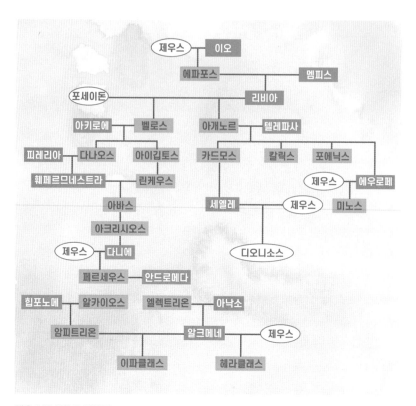

제우스와 이오의 가계도

디우스Ovidius가 쓴 대서사시 《변신 이야기》에 이와 관련한 구절이 있습니다.

> "세 갈래 난 벼락을 오른손으로 휘두르고 머리를 끄덕이면 온 세상이 흔들리는 그런 분이건만, 위엄을 버리고 황소 모습으로 변하더니 음메 하고 울부짖으며 풀밭 위를 돌아다녔다."

에우로페는 흰 소의 커다란 몸집에 겁먹었지만 투명한 두 뿔에 매끈한

털로 반짝이는 모습은 놀라울 만큼 아름다웠습니다. 흰 소로 변신한 제우스가 갖은 아양을 떠나 에우로페는 경계심을 풀고 소를 어루만지기 시작했습니다. 그러자 제우스는 몸을 낮춰서 타라는 듯 등을 내보였고 에우로페는 용기를 내 소의 등에 올라탔습니다. 그 순간 공주를 등에 태운 제우스가 바다에 뛰어들었습니다. 에우로페를 납치한 것입니다.

제우스는 에우로페를 등에 태우고 세상 이곳저곳을 돌아다녔습니다. 여기서 한 가지 흥미로운 사실을 이야기해 보자면 '에우로페'라는 이름은 무언가의 어원인데 바로 '유럽'입니다. 제우스가 에우로페를 등에 태우고 돌아다닌 지역 전체를 에우로페라고 불렀는데, 그곳이 오늘날의 유럽이 된 것이죠. 실제로 에우로페의 이름 Europe는 유럽이라고 읽기도 합니다. 훗날 EU를 결성할 때 흩어져 있는 유럽을 하나로 통합하기 위한 정당성을 내세우기 위해 경제, 정치, 사회 등 다양한 분야의 학자들은 나름의 근거를 찾았는데 서양 고전학자들은 에우로페 신화를 내세우기도 했습니다. 그리스 신화가 유럽 통합이라는 현실적인 정치 논리의 근본이 된 것입니다. 그래서 벨기에에 위치한 EU 본부 곳곳에는 에우로페를 상징하는 황소가 눈에 띕니다. 뿐만 아니라 그리스의 2유로 동전과 50유로 지폐에서도 에우로페의 모습을 볼 수 있습니다.

에우로페를 태우고 유럽을 한 바퀴 돈 제우스가 마지막으로 도착한 곳은 자신이 태어나고 자란 크레타 섬이었습니다. 섬에 도착하자마자 제우스는 인간으로 변신해 에우로페와 사랑을 나눴고 둘 사이에서 세 명의 아들이 태어났습니다. 세 아들 중 하나인 미노스Minos가 크레타의 왕위를 물려받으면서 유럽 최초의 문명을 탄생시켰습니다. 기원전 2000년경 그리스 크레타 섬에서 탄생한 문명은 미노스의 이름을 따 미노아 문명(크레타 문명)이라고 합니다. 미노아 문명이 그리스 문명의 시초인지에

에우로페의 납치[8]

관해서는 논란의 여지가 있지만 그것이 서양 문명의 시발점이었다는 데는 대부분 동의합니다. 미노스 왕은 배를 타고 쉽게 이동할 수 있는 지리적 이점을 활용해 이집트, 메소포타미아, 소아시아(터키) 등과 교류했고 그리스 최초로 함대를 만들어 주변 국가들을 정복하면서 번영을 이뤄낸 전설적인 군주로 후대 역사에 기록되었습니다.

끝나지 않는 제우스의 바람과 미케네 문명의 탄생

제우스의 바람으로 탄생한 유럽 최초의 미노아 문명은 산토리니 섬의 화산 폭발로 도시가 모두 불타면서 몰락의 길을 걷습니다. 그 빈자리에 새로운 문명이 탄생하는데 수백 년간 그리스 해상 교역권을 장악하고 전성기를 누렸던 당대 최고의 왕국이자 황금이 넘쳐나는 전설의 도시, 미케네 문명입니다. 고대 그리스의 해양 문명으로 그리스 문명 전체에 막대한 영향을 준 미케네 문명 역시 제우스의 바람에서 시작되었습니다. 미케네 문명을 세운 영웅이 바로 제우스의 아들 페르세우스Perseus이기 때문이죠. 과연 제우스는 이번에 누구와 바람을 폈으며 페르세우스는 어떻게 태어났을까요?

제우스의 이번 바람은 한 번쯤 들어본 적 있는 이야기일 것입니다. 탑에 갇혀 사는 라푼젤 이야기의 원조쯤 되는 그리스 신화 속 인물이기 때문이죠. 누구도 들어갈 수 없는 청동 탑에 갇혀 사는 아르고스의 다나에Danae 공주 이야기입니다. 일국의 공주인 다나에는 왜 청동 탑에 갇히게 되었을까요?

그 시작은 아폴론의 신탁이었습니다. 그리스의 강력한 도시 국가였던 아르고스의 왕 아크리시오스Akrisios는 아들을 갖고 싶어 아폴론 신전을 찾았고 그곳에서 신탁을 받았습니다. 그 내용은 생뚱맞게도 "너의 딸 다나에가 아들을 낳으면 그 아들에 의해서 죽임을 당할 것이다"라는 것. 그 날 이후 다나에를 바라보는 아크리시오스의 눈빛이 달라졌습니다. 몇 날 며칠을 고민한 왕은 결론을 내렸습니다. 사랑하는 딸을 죽일 수는 없으니, 아예 아이를 가지지 못하게 탑에 가둬버리기로 한 것이죠.

그리하여 아주 높은 청동탑 꼭대기에 공주를 가두고 그 누구도 탑에 접근조차 하지 못하게 감시했습니다. 다나에는 영문도 모른 채 홀로 탑에 갇혀 외로이 시간을 보냈습니다. 그러던 어느 날 올림포스에 흥미로운 소문이 돌기 시작합니다. 경비가 삼엄한 청동탑 안에 너무도 아름다운 미녀가 갇혀있다는 것. 그 소문은 제우스의 귀에도 들어갔습니다. 제우스는 헤라의 눈을 피해 청동 탑으로 날아갔고 다나에에게 한눈에 반해 버립니다. 이렇게 아름다운 여인이 갇혀 있다는 것은 아름다움에 대한 모욕이라 생각한 제우스는 당장이라도 다나에에게 달려가고 싶었지만, 청동탑은 제우스조차 들어갈 틈이 없을 정도로 견고했습니다. 그는 이번에도 변신을 시도합니다. 사자로 변신해 사나운 개들을 물리친다 해도 높은 청동탑 위로는 올라갈 수 없었고, 새로 날아 높은 탑 위로 올라간다 해도 쇠창살을 뚫을 수는 없었습니다. 제우스는 이전과는 다른 새로운 전략을 떠올렸는데, 황금비로 변신해 내리기로 한 것입니다.

클림트가 그린 다나에를 보면 왼쪽 상단의 황금색이 바로 황금비로 변한 제우스입니다. 비로 변신했기 때문에 제우스는 높은 탑의 쇠창살이 있는 방에 쉽게 들어갈 수 있었고, 다나에는 제우스가 변신한 비를 맞고 임신을 했습니다. 예상치 못한 딸의 임신을 알게 된 왕은 자초지종을 물었습니다. 다나에는 황금비가 내려 자신도 모르는 사이에 스며들었는데 그분이 제우스였다고 말합니다. 배 속의 아이가 제우스의 아이라는 것을 알게 된 왕은 자신이 죽지 않기 위해서는 손자를 죽여야만 했지만, 신의 아들이자 자신의 손자를 제 손으로 죽일 수는 없었습니

황금비를 맞는 다나에[9]

다. 이러지도 저러지도 못하는 상황에서 왕은 고심 끝에 딸과 손주를 나무 궤짝에 넣어 못을 박고 바다에 던져버렸습니다. 자신이 죽인 것이 아니라 그저 바다에 던졌을 뿐이라는 변명과 함께 말이죠.

이 모습을 본 제우스는 바다의 신 포세이돈에게 부탁해 자신의 연인과 아들이 바다 속에 가라앉아 죽지 않도록 보호했습니다. 나무 궤짝은 바다에 떠밀려 세리포스 섬 바닷가에 닿았습니다. 이를 발견한 어부 딕티스 Dictys는 아버지에게 버림받은 불쌍한 모자를 극진히 살폈는데, 이 아이가 바로 훗날 미케네를 건국하며 영웅들의 영웅이라 불리는 페르세우스입니다.

모험의 시작,
페르세우스 vs 메두사

어머니의 보호 아래 훌륭한 청년으로 성장하던 페르세우스에게 시련

이 찾아옵니다. 세리포스 섬 어부 딕티스의 집에 아름다운 미녀가 살고 있다는 소문이 난 것입니다. 딕티스의 형이자 세리포스 섬의 왕 폴리덱테스Polydectes는 소문의 진상을 파악하기 위해 직접 나섰습니다. 동생의 집에서 다나에를 보고 첫눈에 반한 그는 반드시 그녀를 갖고야 말겠다는 욕망을 불태웠습니다. 하지만 다나에는 세리포스 왕의 구애를 거절하고 제우스의 아들인 페르세우스를 지키기로 합니다. 그러자 욕망에 눈이 먼 왕은 다나에의 아들 페르세우스를 눈엣가시처럼 여겼고 그를 제거하기 위한 계략을 세웠습니다. 왕은 성대한 만찬을 열어 사람들을 불러 모으고는 사람들에게 한 가지 제안을 합니다.

"내가 청혼할 사람에게 선물을 해야 하는데, 그 사람이 깜짝 놀랄 만한 것을 가져오는 사람만 인정하겠소."

묘한 경쟁심을 자극하는 말에 젊고 패기 넘치는 페르세우스는 자신도 감당하기 어려운 약속을 하고 맙니다. 당대 최고의 괴물이라고 소문난 메두사Medusa의 머리를 가져올 수 있다고 호언장담한 것이죠. 왕은 기다렸다는 듯이 페르세우스에게 메두사의 머리를 가져오라고 명령했습니다. 이렇게 페르세우스는 왕이 파놓은 함정에 걸려들고 말았습니다.

그길로 메두사를 찾아 머나먼 모험을 나선 페르세우스. 뱀의 머리카락을 가진 메두사는 누구든 눈을 마주치면 돌로 변한다는 전설을 가진 괴물이었습니다. 사실 메두사는 누구보다 부드러운 머릿결을 가진 아테나 신전의 사제였습니다. 고대 로마의 시인 오비디우스가 메두사의 머리카락은 모든 매력 중 최고라고 칭송할 정도였죠. 아름다운 여인이 괴물로 변한 것은 바다의 신 포세이돈 때문이었습니다.

포세이돈은 메두사의 아름다움에 반해 아테나 신전 안에서 메두사를 강제로 취했습니다. 스틱스강에 영원히 순결을 지키기로 맹세한 아테나

아름다웠던 메두사[10]   괴물로 변한 메두사[11]

는 자신의 신성한 신전에서 일어난 불미스러운 사건에 심한 모욕감을 느꼈고, 그 분노를 포세이돈이 아닌 메두사를 향해 터뜨렸습니다. 메두사의 아름다운 머릿결은 뱀으로 변했고, 몸은 용의 비늘로 뒤덮이면서 순식간에 괴물로 변했습니다. 게다가 누구든 그녀의 눈을 마주친 순간 돌로 굳어버리는 저주를 내려 평생 외롭게 살도록 만들었습니다. 아테나의 저주로 아름다운 미녀에서 흉측한 괴물로 변한 메두사는 자신의 모습에 충격을 받아 아무도 모르는 곳으로 깊이 숨어버립니다.

　한편 세리포스 왕의 계략에 넘어가 메두사를 찾아 모험을 떠난 페르세우스는 큰 고뇌에 빠졌습니다. 아무리 생각해도 인간의 힘으로는 도저히 메두사를 찾을 수도, 이길 수도 없었던 것입니다. 결국 그는 메두사에게 저주를 내린 지혜의 신 아테나를 찾아가 도움을 구했습니다. 아테나는 눈엣가시 같았던 메두사를 처리해 주겠다는 페르세우스에게 자신이 아끼던 제우스의 방패 '아이기스'를 아무 조건 없이 빌려주었습니다. 그러자 제우스 아들이 위기에 처했다는 소식을 들은 신들은 저마다 아껴뒀

신들에게서 받은 방패와 투구, 신발을 착용한 페르세우스[12]

던 보물들을 내놓기 시작했습니다.

제우스의 전령이었던 헤르메스는 하늘을 날 수 있는 날개 달린 신발 '탈라리아'를, 지하세계를 다스리는 하데스는 쓰면 보이지 않는 투명 투구를, 헤스페리데스Hesperides라는 님프들은 독이 있는 메두사의 머리를 담을 수 있는 튼튼한 기비시스 가방을 주었습니다. 메두사의 머리를 잘라낼 무기는 아버지인 제우스가 선물했습니다. '하르페'라는 칼로 크로노스가 우라노스를 거세할 때 사용했던 낫의 재료인 아다마스 금속으로 만든 것이죠.

이제 문제는 메두사가 숨은 곳을 찾는 일이었습니다. 그러던 중 메두사의 언니인 그라이아이Graiai 세 자매가 메두사의 행방을 안다는 소식을 들은 페르세우스는 그라이아이가 있는 키스테네(레스보스섬 맞은편의 아이올로스 해안 도시로 지금의 터키 서쪽 해안)로 향합니다. 노인의 얼굴을 가지고 태어난 이들은 셋이 합쳐 하나의 눈과 하나의 치아를 가지고 있어 이것을 공유하며 살고 있었습니다. 그라이아이 세 자매가 메두사의 행방을 알려주지 않을 거라 여긴 페르세우스는 투명 투구를 쓰고 살금살금 다가갔습니다. 마침 그들은 하나의 눈과 치아로 밥을 먹고 있었죠. 방심한 틈을 타 페르세우스는 한 사람이 다른 사람에게 눈알을 건넬 때 그것을 가운데서 가로챘습니다. 하나뿐인 눈을 빼앗긴 세 자매는 눈을 용암에 넣어버린다는 페르세우스의 협박에 순순히 메두사의 위치를 알려주었습니다.

페르세우스는 날개 달린 신발을 신고 하늘을 날아 메두사가 있다는 강기슭에 도착했습니다. 메두사는 마침 강둑에 기대어 잠을 자고 있었고 페르세우스는 투명 투구로 자신의 몸을 가린 채 메두사의 바로 뒤까지 가는 데 성공했습니다. 하지만 메두사와 마주치는 순간 돌로 변하기에 쉽사리 공격할 수는 없었죠. 그 순간 이상한 낌새를 눈치챈 메두사가 눈을 떴습니다. 돌이 돼버릴 수도 있는 절체절명의 위기 상황에서 페르세우스는 어떻게 됐을까요?

페르세우스는 강기슭에 도착하자마자 아테나가 준 방패를 반질반질하게 닦았습니다. 그는 마치 거울처럼 빛나는 방패를 이용해 메두사를 직접 보지 않고도 움직임을 읽은 뒤 재빨리 공격했습니다. 제우스가 준 칼은 거침없이 메두사의 목을 베었고, 잘린 목에서는 붉은 피가 솟구쳐올랐습니다. 동시에 그곳에서 날개 달린 말 페가소스Pegasos와 황금 칼을 든 용사 크리사오르Chrysaor가 튀어나왔습니다. 아테나 신전에서 임신한 포세이돈의 자식들이었습니다. 잘린 메두사의 머리를 가방에 넣은 페르세우스는 페가소스를 타고 하늘을 날았습니다.

메두사의 머리를 든 페르세우스[13)

집으로 돌아가던 페르세우스는 에티오피아 바다를 지나가다 이상한
광경을 목격합니다. 아름다운 여인이 바다 바위에 사슬로 묶여 있었던
것이죠. 그녀는 에티오피아의 공주 안드로메다Andromeda로, 왕비가 바다

의 신을 모욕한 죄로 바다뱀 괴물의 공격을 받자 제물로 바쳐진 것이었습니다. 이 사실을 들은 페르세우스는 왕에게 자신이 바다뱀을 물리칠 테니 공주를 달라고 말했습니다. 그는 메두사의 머리를 이용해 바다뱀과의 혈투에서 승리했죠.

아름다운 공주를 아내로 맞이하게 된 페르세우스는 수많은 이들의 축복을 받으며 결혼식을 올렸습니다. 하지만 두 사람의 사랑을 탐탁지 않게 보는 사람이 있었습니다. 공주의 전 약혼자였죠. 그는 공주가 바다뱀에게 제물로 바쳐질 때는 뒤로 물러나 있더니 막상 공주가 살아 돌아오니 약혼녀를 뺏겼다며 200여 명의 병사와 결혼식을 방해했습니다. 화가 난 페르세우스는 메두사의 머리를 들어 순식간에 상황을 종료시켰고, 안드로메다와 함께 세리포스섬으로 돌아올 수 있었습니다. 페르세우스는 당당한 발걸음으로 왕부터 찾아갔는데, 어쩐 일인지 그를 만나 이야기하던 왕이 갑자기 죽고 만 것입니다.

왕은 메두사를 잡았다는 페르세우스의 말을 끝까지 믿지 않았습니다. 페르세우스는 결국 메두사의 머리를 들어 자신의 말을 증명해야만 했죠. 메두사를 본 왕은 그 자리에서 돌로 변했고, 페르세우스는 어머니와 자신을 돌봐줬던 어부 딕티스를 새로운 왕으로 세우고 길을 떠났습니다.

페르세우스의 거역할 수 없는 비극

메두사의 머리를 자르고 바다뱀을 무찌른 영웅의 앞에 거역할 수 없는 운명이 기다리고 있었습니다. 자신과 관련한 신탁의 내용을 몰랐던 페르세우스는 외할아버지가 있는 고향으로 돌아가야 한다고 생각한 것이죠.

그는 외할아버지를 만나기 위해 어머니 다나에, 아내 안드로메다와 함께 자신이 태어난 아르고스로 향했습니다. 페르세우스가 온다는 소식을 들은 아크리시오스는 두려움을 느꼈습니다. 손자가 자신을 죽일 것이라는 신탁의 내용과 점점 가까워진다고 생각한 것입니다. 결국 죽지 않기 위해서는 페르세우스를 막거나 그에게서 도망쳐야 했습니다. 페르세우스를 막을 자신이 없던 아크리시오스는 도망치기로 결심합니다.

딸과 손주를 피해 도망가던 그는 우연히 지인의 장례식에 참석하게 됩니다. 당시 그리스는 장례식을 치르면서 조문객을 위한 다양한 행사를 열었습니다. 그중 하나가 운동경기였죠. 한편 페르세우스는 고향으로 가던 중 들린 한 도시에서 운동경기가 한창인 것을 보았습니다. 그는 우연한 기회로 경기에 참가했는데, 이는 바로 아크리시오스가 참석한 장례식의 운동경기였습니다. 페르세우스가 참여한 종목은 원반 던지기. 그가 힘차게 원반을 던지는 순간, 갑자기 바람이 불어 원반이 관중석을 향해 날아갔습니다. 원반은 누군가의 발에 맞고 튕겨 나갔는데 경기를 구경하던 관람객이 다시 그 원반에 맞아 그 자리에서 사망하는 사건이 벌어지고 맙니다.

물론 그 관람객은 페르세우스의 외할아버지 아크리시오스였죠. 페르세우스가 영웅이 되어 고향에 돌아온다는 소문을 듣고 손자의 손에 죽는다는 신탁을 피하려 왕좌를 내놓고 고향을 떠났는데, 우연히 경기를 구경하다가 그토록 피하려 했던 운명을 맞이한 것입니다. 만일 아크리시오스가 운명을 두려워하지 않고 당당하게 맞이해 아르고스에서 자신의 자리를 지켰다면 다나에와 페르세우스를 만나고도 별일 없이 살았을지도 모릅니다.

외할아버지가 죽었기 때문에 아르고스의 왕좌는 페르세우스가 계승

받아 마땅했지만, 페르세우스는 자신이 죽인 외할아버지의 자리를 물려받을 수는 없다며 왕위 계승을 거부합니다. 그리고 아르고스와 가까운 곳에 터전을 세우고 왕국을 건설했습니다. 그 새로운 도시가 바로 미케네입니다. 미케네는 미노아 문명을 넘어서 본격적인 그리스 문명의 출발점이 되는 도시로 성장합니다. 이 문명을 미케네 문명이라고 합니다. 옛사람들은 미케네 문명을 설명하기 위해 신화적 방법을 사용했는데, 제우스가 모든 계획하에 페르세우스를 낳아 미케네 문명을 탄생시켰고 이는 고대 그리스의 전성기를 창조했다는 신화를 통해 자신들의 자부심을 키운 것이죠.

실제 역사가 된 그리스 신화

지금까지 많은 이야기를 했습니다. 이 모든 게 과연 신화 속 허구일까요? 옛사람들은 찬란했던 미케네 문명이 신화 속에만 존재한다고 여겼습니다. 기원전 25년쯤 지리학자 스트라본이 미케네를 찾았을 때, 신화에서 이야기한 황금이 넘쳐나는 미케네는 없었기 때문이죠. 그렇게 약 3천여 년 가까이 잊고 있던 전설 속의 미케네 문명은 1876년 하인리히 슐리만Heinrich Schliemann이라는 독일의 고고학자를 통해 만천하에 모습을 드러냈습니다. 아가멤논의 황금마스크를 비롯한 수많은 황금 유물이 잃어버린 도시 미케네에서 발굴됐고, 서양에는 고고학 붐이 일어났습니다. 이후 영국의 고고학자 아서 에번스Arthur Evans가 미노아 문명까지 발굴하면서 그리스 신화가 단순히 옛날이야기가 아닌 역사의 일부였음이 밝혀졌습니다. 신화를 통해 고대 그리스 미노아 문명부터 미케네 문명까지

세계 곳곳에 남아있는 그리스 신화 속 신전들

연결되어 있음을 보여준 것입니다.

그렇다면 이 두 고대의 문명은 어떻게 형성되고 발전했을까요? 옛날 고
대 그리스인들은 모든 일이 신들의 계획에 따라 이루어진다고 믿었습니
다. 특히 아테네의 비극 시인 아이스킬로스Aischylos는 이렇게 말했죠.

"아, 모든 일을 이루시는 이는 제우스."

새로운 문명을 이룬 것은 미노스와 페르세우스라는 우리와 같은 인간
이었지만, 모든 것은 제우스의 계획에 따른 것이라 믿은 것입니다. 제우
스로 인해 세상에 태어난 영웅들이고, 신들이 정해놓은 운명에 따라 문

명과 역사를 만들어나갔다고 보았죠. 바람둥이 제우스도 우리에게는 그
저 흥미로운 이야깃거리에 지나지 않을지 몰라도, 거기에는 신화적 상상
력과 종교적 세계관을 가지고 살았던 고대인들의 역사적 인식이 담겨 있
습니다.

　게다가 그리스 신화는 그리스에만 국한된 것이 아닙니다. 요르단, 아
프리카, 터키에도 그리스 신전이 남아있으며 세계 곳곳에서 그리스 문명
을 만날 수 있습니다. 옛 서양 사람들은 그리스 신화를 하나의 종교처럼
가지고 살면서 자신들의 역사를 만들어왔습니다. 그 결과 그리스 신화
는 단순히 신화로만 남는 것이 아니라 실제 역사가 되었습니다. 베르사
체, 에르메스 같은 유명 브랜드부터 별자리와 종교 등 신화 속에 등장하
는 다양한 상징, 이미지, 이야기 등은 여전히 서양 문화 속에 숨 쉬고 있
습니다. 따라서 그리스 신화를 이해하면 지중해를 중심으로 하는 서양
문명의 원초적인 모습을 만나 볼 수 있고 그들이 실제 역사 속에서 어떻
게 신화를 받아들이고 자신의 삶 속에 집어넣었는지를 알 수 있습니다.

　우리가 신화를 역사와 떼어 놓고 이해하려고 하는 것은, 뿌리 뽑힌 꽃
을 화병에 꽂아두고 보는 것과 같습니다. 진정한 생명력을 느낄 수 없습
니다. 그리스 신화를 알면 서양 문명의 뿌리를 알 수 있고 그 뿌리를 통
해 파생된 교육, 정치, 경제, 문화를 바라보면 현재까지 살아 숨 쉬는 생
명력 넘치는 그리스 신화를 만나 볼 수 있습니다.

벌거벗은 그리스 신화 2

신과 괴물의 시대, 영웅들의 잔혹사

김헌

● 제우스의 바람으로 탄생한 미노아 문명과 미케네 문명. 영원할 줄 알았던 두 문명은 어느 날 갑자기 역사에서 사라져 버립니다. 이후 그리스는 300년 동안 암흑기를 맞이합니다. 하지만 긴 암흑기를 깨고 두 영웅이 등장하면서 그리스의 찬란한 문명은 다시 시작됩니다.

그리스의 황금기인 고전기를 이끈 도시는 스파르타와 아테네입니다. 그리스의 영원한 라이벌로 손꼽히는 두 도시 국가는 정치적, 군사적으로 대립하며 끊임없는 경쟁을 이어갑니다. 이런 경쟁 상황 속에서 스파르타와 아테네가 내세운 영웅들의 이야기에는 그리스의 역사와 문화가 고스란히 녹아 있습니다.

두 영웅의 이름은 헤라클레스Hercules와 테세우스Theseus입니다. 스파르타에 헤라클레스가 있다면, 아테네에는 테세우스가 있었습니다. 먼저 스파르타를 이끈 영웅 헤라클레스는 초인적 힘과 불굴의 정신을 가진 인간으로 영웅들의 영웅이라 불렸습니다. 오늘날에는 '세상에서 가장 힘이 센 사람'의 대명사이기도 합니다. 펠로폰네소스 반도 최강국 스파르타는 인간으로 태어나 불멸의 영웅이 된 헤라클레스에 대한 존경과 사랑이 남달랐습니다. 덕분에 그의 이야기와 영웅담은 그리스 신화를 통해 현재까지 온전히 전승되었습니다. 다음은 아테네의 국가적 영웅이자 그리스 최고의 영웅 중 한 사람으로 꼽히는 테세우스입니다. 헤라클레스가 힘의 영웅이라면 테세우스는 지혜의 영웅이라 할 수 있습니다. 그는 아테네를 강력한 국가로 만든 수호자로 그리스 민주정의 초석을 다지기도 했습니다.

서로를 강력한 라이벌로 여긴 스파르타와 아테네는 각자의 영웅을 치켜세우며 자존심 싸움을 하기도 했습니다. 하지만 경쟁과 관계없이 이 두 영웅에게는 공통점이 있습니다. 신의 아들로 태어나 강인한 체력과 불굴의 의지로 괴물과 맞서 싸우며 그리스를 위기에서 구한 것입니다. 그리고 비참한 죽음을 맞이합니다. 지금부터 신과 괴물의 시대를 지나온 이 두 영웅의 잔혹사를 벌거벗겨 보겠습니다.

신들의 전쟁을 승리로 이끌 예언의 아이, 헤라클레스

먼저 영웅들의 영웅, 헤라클레스의 이야기부터 해볼까요? 그가 태어나기 훨씬 전부터 신들 사이에는 한 예언이 전해졌습니다. 신들의 운명이 달린 그 예언은 "올림포스 신들과 거신족 괴물 기가스Gigas들 사이에 전쟁이 벌어질 것이고 신들의 힘만으로는 이겨낼 수 없으며, 승리하기 위해서는 '한 인간의 도움'이 필요하다"라는 것이었죠. 이를 알고 있던 제우스는 신들을 구할 신탁(예언)의 아이를 탄생시키기로 결심합니다.

제우스가 아이의 아버지로 선택한 인물은 미케네 출신의 테베 장군이자 페르세우스의 손자 암피트리온Amphitryon입니다. 그의 아내는 알크메네Alcmene라는 아름다운 여인이었죠. 어느 날 전쟁이 일어나자 암피트리온은 아내를 두고 전쟁터로 향했습니다. 알크메네는 홀로 남아 암피트리온을 기다렸습니다. 우리의 제우스는 하늘에서 이 모습을 눈여겨보고 있었죠. 전쟁에서 승리를 거둔 암피트리온은 아내에게 하인을 먼저 보내 이제 곧 집으로 돌아간다는 기쁜 소식을 전합니다. 얼마 후 맛있는 음식과 아늑한 침대, 그리고 사랑하는 아내가 기다리는 집에 도착한 암피트리온은 설레는 마음으로 문을 열었습니다. 그런데 자신을 본 아내는 반가워하기는커녕 혼란스러운 표정으로 뒷걸음질 쳤습니다. 자초지종을 물어보니 아내는 어젯밤 이미 남편인 암피트리온과 밤을 보냈다는 것입니다. 이제 막 전쟁터에서 돌아왔는데 그럴 리 없다며 분노하는 암피트리온을 보며 그의 아내는 좌절할 수밖에 없었죠.

그렇다면 알크메네와 밤을 보낸 사람은 누구였을까요? 눈치챘겠지만 변신의 귀재 제우스입니다. 신과 괴물의 전쟁에서 승리의 열쇠가 될 영웅을 낳아 줄 여인으로 알크메네를 점찍은 제우스는 그녀의 남편으로 변신해 손쉽게 사랑을 나눴습니다. 남편의 모습이었으니 알크메네는 깜빡 속을 수밖에 없었죠. 이날 제우스는 밤의 신 닉스를 소환해 밤을 3배로 늘려 오랜 시간 그녀와 사랑을 나눴다고 합니다.

화가 난 암피트리온은 아내를 불에 태워 죽이기로 합니다. 장작을 쌓고 그 위에 아내를 묶어 불을 붙이는 순간, 갑자기 하늘에서 억수 같은 비가 쏟아지고 불이 꺼졌습니다. 신탁의 아이를 낳아줄 그녀를 살리기 위해 제우스가 비를 내린 것이죠. 그리고 암피트리온에게 사실을 말해줍니다. 결국 아내를 벌하지 않는 것이 신의 뜻임을 알아차린 암피트리온은 화형을 중지했습니다.

그렇게 알크메네는 제우스의 아이를 갖게 됩니다. 그 아이가 바로 스파르타의 영웅 헤라클레스입니다. 제우스는 그 아이가 세상을 구할 영웅이라고 생각해 페르세우스의 자손 중 가장 먼저 태어나는 아이를 아르고스의 지배자로 만들겠다고 말합니다. 자신의 아들에게 엄청난 명예와 권력을 쥐어주겠다는 뜻이었습니다. 신들은 자신을 구할 영웅이 태어난다는 사실에 기뻐했지만 제우스의 아내 헤라는 이 상황이 못마땅했습니다. 제우스의 바람도 마음에 들지 않았지만, 그 아이가 가장 번성한 국가이자 헤라를 대지모신으로 섬기는 아르고스를 지배하는 것을 허락할 수 없었던 것이죠. 이렇게 헤라클레스는 출생 전부터 헤라의 질투를 받았습니다.

제우스의 자식이 아르고스를 지배하게 둘 수 없었던 헤라는 페르세우스의 자손 중에 아이를 가진 사람을 찾기 시작합니다. 그리고 암피트리온의 사촌 스테넬로스Sthenelos의 부인이 임신 중이라는 사실을 알게 되죠. 그런데 그 아이는 3개월 뒤에나 태어날 예정이었습니다. 헤라는 곧 출산을 앞둔 알크메네에게 출산의 신 에일레이티이아Eileithyia를 보내 방해 공작을 펼치는 동시에 스테넬로스의 아내가 아이를 3개월 빨리 낳도록 유도합니다. 결국 헤라의 뜻대로 스테넬로스의 아들이 먼저 태어났습니다. 뒤이어 헤라의 방해로 사경을 헤매던 알크메네도 헤라클레스를 출산합니다.

헤라는 여기에 만족하지 않고 태어난 지 8개월이 된 헤라클레스에게 독사 두 마리를 보냅니다. 그를 죽이려고 한 것이죠. 하지만 제우스의 아들로 태생부터 천하장사였던 헤라클레스는 팔뚝만 한 독사 두 마리를 낚아채 맨손으로 죽여버립니다. 그때까지도 알크메네를 의심했던 암피트리온은 조금의 두려움도 없이 맨손으로 독사를 제압하는 아기의 모습을 보며 헤라클레스를 제우스의 자식으로 인정했다고 합니다.

헤라가 이토록 헤라클레스를 미워하는 데는 제우스의 아들이라는 것 외에도 또 다른 이유가 있습니다. 제우스는 인간으로 태어난 헤라클레스에게 신과 같은 영생을 주고 싶었습니다. 헤라의 젖에는 먹으면 불사신이 되는 힘이 있었고 제우스는 헤라가 잠든 틈을 타 몰래 헤라클레스에게 젖을 물립니다. 타고난 괴력의 소유자였던 헤라클레스는 엄청난 힘으로 젖을 빨았고 깜짝 놀란 헤라는 아기를 밀쳐냈습니다. 이때 헤라의 가슴에서 튄 젖이 하늘을 뿌옇게 물들이다 굳어서 은하수가 됐습니다. 그래서 은하수를 영어로 '밀키웨이milky way'라고 합니다. 그렇게 헤라클레스는 불사의 힘을 갖게 되었습니다.

뱀을 질식시키는 헤라클레스[1]

신의 아들로 태어나 불사의 능력까지 얻게 된 헤라클레스는 아버지 암피트리온의 지원으로 당대 최고의 스승들에게 다양한 교육을 받았습니다. 말과 전차를 다루는 법부터 칼 쓰기, 활쏘기와 격투까지 배웠습니다. 18세가 된 헤라클레스의 키는 무려 2m 30cm였고, 툭 튀어나온 커다란 눈에서는 불길이 이는 듯했습니다. 그의 부모는 악기 연주와 노래 수업까지 시키며 무예뿐 아니라 예술적 소양까지 신경 썼습니다. 하지만 예술에는 영 재능이 없던 헤라클레스는 리라 수업 중 잔소리를 늘어놓는 스승에게 화가 나 악기를 휘두릅니다. 이때 자신의 괴력을 주체하지 못했고 악기에 맞은 스승은 그 자리에서 숨을 거두고 말았습니다. 힘을 조절하지 못하는 아들이 걱정된 암피트리온은 헤라클레스에게 키타이론산의 가축을 돌보는 벌을 내립니다.

그런데 언제부턴가 헤라클레스가 돌보는 가축이 자꾸만 사라지는 일이 생겼습니다. 알고 보니 산에 살고 있던 거대한 사자가 갑자기 나타나 닥치는 대로 가축들을 잡아먹었던 것입니다. 그 사자는 누구도 감히 물리칠 엄두를 못 낼 정도로 크고 강했습니다. 헤라클레스는 이 사자와 맞서서 싸우기로 합니다. 양쪽 모두 절대 물러서지 않는 치열한 혈전 끝에 헤라클레스는 사자의 입을 맨손으로 찢어서 죽입니다. 그러고는 사자의 가죽을 벗겨 옷 대신 입었습니다. 이 사자 가죽은 훗날 헤라클레스의 상징이 되었습니다. 실제로 서양의 여러 작품에서는 헤라클레스를 나타내는 상징물로 사자 가죽을 등장시키곤 합니다.

사자를 죽이고 돌아오던 길에 헤라클레스는 자신의 나라 테베에서 무리한 조공을 받아 돌아가던 이웃 나라 오르코메노스의 사신과 만났습니다. 테베는 그들에게 무려 20년간 매해 100마리의 소를 바쳤습니다. 더는 참을 수 없던 헤라클레스는 사신들의 귀와 코, 손을 잘라 끈에 묶은 후 목에 걸어 이것이 테베의 조공이라며 이웃 나라 왕에게 보냈습니다. 이로 인해 전쟁이 일어났지만, 헤라클레스 덕분에 테베는 승리를 거둡니다. 사람들은 무시무시한 사자를 잡고 도시를 지킨 헤라클레스를 열렬히 환영했습니다. 테베의 왕 크레온Creon은 그를 가축 돌보기에서 벗어나게 한 후 자신의 딸 메가라Megara와 결혼까지 시킵니다.

진짜 헤라클레스가 되다

평화로운 어느 날 밤, 포도주를 마신 헤라클레스는 가볍게 취했고 그의 아이들은 놀고 있습니다. 그리고 그 모습을 분노의 시선으로 조용히 지켜보고 있던 이도 있었죠. 헤라클레스를 무너뜨릴 기회를 엿보던 헤라입니다. 이때 헤라는 헤라클레스에게 광기를 보내 그를 미치게 만들었습니다. 그러자 헤라클레스의 눈에 가족이 적으로 보이기 시작했습니다. 그는 아이들을 불길 속에 집어던지고 아내도 죽였습니다. 그리고 자신을 키워준 아버지 암피트리온마저 죽이려는 순간 아테나 여신이 헤라클레스의 가슴에 깨달음의 돌을 던졌습니다. 겨우 정신을 차린 헤라클레스는 가족을 죽인 자신을 혐오하며 그 죗값으로 목숨을 끊기로 합니다. 스스로 생을 마감하려는 그때 한 남자가 홀연히 나타나 그의 손을 잡았습니다. 남자는 아테네에서 온 테세우스입니다. 훗날 아테네에서 이름을 떨치는 또 한 명의 영웅입니다. 테세우스는 목숨을 끊으려는 헤라클레스의 손을 꼭 잡으며 이렇게 말했습니다.

"신들은 앞문을 닫을 때 반드시 뒷문을 연다고 들었습니다. 그대에게 광기를 보낸 신들은 이로 인하여 지은 죄를 씻는 방도 또한 알고 있을 겁니다."

이 말을 들은 헤라클레스는 남은 삶을 다시 살아가기로 합니다.

그런데 두 영웅의 극적인 만남은 어떻게 가능했을까요? 사실 이 이야기는 아테네에서 정치적 의도를 담아 만들어낸 것입니다. 당시 도시국가인 아테네와 스파르타는 그리스에서 주도권을 잡기 위해 치열한 경쟁을 벌였습니다. 아테네는 헤라클레스가 죄를 짓고, 그로 인해 좌절하며 스스로 목숨까지 끊으려는 나약한 모습을 보여줌으로써 이러한 지도자를 둔 스파르타를 깎아내리려 했습니다. 그리고 아테네의 영웅 테세우스가 헤라클레스를 도와주는 장면을 신화 속에 넣어 아테네인이 스파르타인보다 우월하다는 메시지를 전달하려 한 것이죠.

신화에서는 테세우스의 말을 들은 헤라클레스가 속죄할 방법을 찾기 위해 그와 함께 델포이의 아폴론 신전을 찾아갑니다. 이곳은 예언, 태양, 음악 등을 관장하는 아폴론 신을 모시는 신전으로 고대 그리스인들이 신탁을 받기 위해 찾던 장소였습니다. 그곳에 도착한 헤라클레스에게 다음과 같은 신탁이 내려왔습니다.

"헤라클레스여, 아르고스의 왕을 찾아가 12년 동안 종살이를 하며 과업을 완수하라. 그러고 나면 너의 죄를 씻을 수 있다."

여기서 말하는 아르고스의 왕은 헤라클레스를 질투한 헤라 때문에 원래보다 3개월 먼저 태어나 왕권을 차지한 에우리스테우스Eurysteus입니다. 원래 헤라클레스의 본명은 알케이데스로, 신탁을 받으며 처음으로 '헤라클레스'라고 불린 것입니다. 그가 수행하게 될 과업은 헤라가 내리는 시련이었는데, 이를 완수하면 영광을 얻을 수 있었습니다. 그래서 '헤라의 영광'을 뜻하는 헤라클레스라는 이름이 주어진 것이죠. 이때부터 진짜 헤라클레스가 되기 위한 그의 여정이 시작됐습니다.

12과업과 영웅

헤라클레스는 신탁대로 죄를 씻기 위해 아르고스의 왕 에우리스테우스를 모시기로 합니다. 원래 아르고스의 왕은 헤라클레스의 자리였습니다. 허나 제우스의 아들이 아르고스의 왕이 되는 것을 용납할 수 없었던 헤라의 질투로 그의 친척인 에우리스테우스에게 넘어간 것이죠. 왕의 자리를 빼앗긴 것도 모자라 그의 종노릇까지 하게 된 헤라클레스는 이런 사정도 모른 채 12년 동안 왕이 시킨 일을 묵묵히 해냅니다. 헤라클레스에게는 누구도 성공하지 못했던 험난한 과업들이 주어졌습니다. 그는 이 기간 동안 무려 12가지 과업을 완수합니다. 처음 왕이 헤라클레스에게 내린 과업은 10가지였으나 다른 이의 도움을 받았다는 이유로, 과업을 달성한 뒤 보수를 받았다며 두 가지는 인정하지 않았습니다. 그래서 총 12가지 과업을 수행하게 됩니다. 그는 이렇게라도 자신의 죄를 씻고 싶어 했습니다.

헤라클레스의 과업은 그리스를 넘어 더 넓은 대륙으로 뻗어갔습니다. 그리스를 시작으로 바다건너 아프리카 대륙과 리비아를 거쳐 탕헤르, 이베리아반도를 지나 다시 그리스로 돌아오는 험난한 과정이었습니다. 헤

기원전 3세기에 만든 12과업 모자이크
1. 네메이아의 사자 2. 레르네 늪의 히드라 3. 케리네이아의 사슴 4. 에리만토스의 멧돼지
5. 아우게이아스의 외양간 청소 6. 스팀팔로스의 식인새 7. 크레타의 황소
8.디오메데스의 종마 9. 아마존 여전사 히폴리테의 허리띠 10. 거인족 게리오네스의 소 떼
11. 헤스페리데스의 황금 사과 12. 하데스의 케르베로스

라클레스는 그리스가 있는 펠로폰네소스 반도에서 6가지 과업을 수행했습니다. 먼저 네메이아산에서 사자를 물리쳤고, 두 번째로 레르네의 늪에 있는 히드라Hydra를 처치했습니다. 9개의 머리와 강력한 독으로 공격하는 뱀 괴물 히드라는 가축을 잡아먹고 논밭을 휘젓고 다녔습니다. 그독은 너무나 강력해서 강물에 섞이면 강한 악취를 풍겼고, 그 강에서 낚은 물고기는 전혀 먹을 수도 없었죠. 게다가 아무리 머리를 베도 새로운 머리가 자라나 절대 죽을 것 같지 않았습니다. 설상가상으로 헤라는 히드라의 지원군으로 괴물 게까지 보냅니다. 괴물 게는 헤라클레스의 발을 노리며 공격했습니다. 밑에서는 게가 공격하고 히드라는 머리를 베고

또 베도 다시 자라나서 죽지 않으니, 영웅 헤라클레스도 어찌할 바를 몰랐습니다. 이때 함께 과업을 수행하러 나섰던 헤라클레스의 조카 이올라오스Iolaus가 지혜를 발휘합니다. 불로 히드라의 잘린 머리를 지져보자고 한 것이죠. 이올라오스가 히드라의 잘린 목에 불을 붙이자 드디어 새로운 머리가 생겨나지 않았습니다. 헤라클레스는 그 틈에 히드라의 몸뚱이를 둘로 찢어 죽이는 데 성공합니다. 그다음에는 헤라가 보낸 괴물 게도 발로 밟아 죽였습니다.

헤라클레스는 이런 식으로 펠레폰네소스 반도 주변에서 해결해야 할 6가지 과업을 모두 완수해 냅니다. 그런데 에우리스테우스는 그 가운데 히드라의 퇴치를 인정해 주지 않았습니다. 헤라클레스가 생각보다 쉽게 괴물을 해치웠다고 생각한 왕은 조카의 도움을 받았다는 핑계를 대며 헤라클레스를 그리스 밖으로 멀리 보내기로 합니다. 더 혹독한 과업을 내린 것이죠.

다음 과업은 멀리 배를 타고 떠나야 했습니다. 흑해 남단의 아마존의 여왕 히폴리테Hippolyte의 황금 허리띠를 구해오는 것입니다. 아마존은 여성으로만 이루어진 전투 부족으로, 남자 아이가 태어나면 죽이고 여자 아이는 전사로 키웠습니다. 아마존이라는 말은 없앤다는 뜻의 '아'와 가슴을 뜻하는 '마존'을 더한 것으로 젖가슴을 없앤 여전사를 뜻합니다. 이는 무기를 더 잘 다루기 위해 한쪽 가슴을 도려냈던 것에서 유래한 것입니다. 우리가 흔히 여전사로 알고 있는 '아마조네스'는 아마존의 복수형입니다.

전투를 위해 여성성마저 죽인 강력한 부족을 만나러 가는 헤라클레스는 잔뜩 긴장했습니다. 그가 가져가야 할 히폴리테의 허리띠는 전쟁의 신 아레스가 선물한 것이었죠. 전사들을 눈앞에 둔 일촉즉발의 순간, 헤라클레스는 전쟁 대신 모든 사실을 털어놓습니다. 그리고 황금 허리띠를 빌려준다면 과업을 완수했다는 것을 아르고스의 왕에게 보여준 뒤 다시 돌려주겠다고 말하죠. 헤라클레스의 이야기를 들은 여왕은 순순히 자신의 허리띠를 주기로 합니다. 대신 헤라클레스처럼 강한 힘을 가진 여자아이를 낳을 수 있도록 도와달라는 조건을 걸었습니다. 헤라클레스는 여왕의 제안을 받아들입니다.

이 장면을 지켜보는 헤라의 속은 부글부글 끓었습니다. 저리 쉽게 과업을 성공하게 둘 수 없던 헤라는 아마존 여전사로 변신해 헤라클레스가 여왕을 납치해 죽이려 한다는 거짓 소문을 퍼뜨립니다. 결국 헤라의 거짓 소문으로 아마조네스와 헤라클레스는 치열한 전투를 벌입니다. 헤라의 장난인 줄도 모른 채 여왕에게 배신당했다고 생각한 헤라클레스는 전투 끝에 여왕을 죽이고 허리띠를 빼앗아 돌아갑니다.

그러자 왕은 이번에는 헤라클레스를 서쪽 남단의 이베리아 반도로 보내 게리오네스 전사의 소 떼를 데려오라고 합니다. 헤라클레스는 소 떼를 몰고 아르고스로 돌아가는데 그 여정에서 몇 마리의 소가 탈출해 이탈리아로 갑니다. 고대 에트루리아 말로 소는 '이탈로스'라고 부르는데 지금의 이탈리아는 '소가 간 곳'이라는 의미입니다.

실패할 과업을 줘도 계속해서 성공하는 헤라클레스를 보며 왕은 그를 지도에 없는 장소로 보냅니다. 이번 과업은 헤라의 정원인 헤스페리데스 동산에서 황금 사과를 따오라는 것. 이 황금 사과는 가이아가 제우스와 헤라의 결혼을 축하하며 준 선물이었습니다. 헤라는 사과나무를 자신의 정원에 심고 머리가 백 개 달리고 눈꺼풀이 없어서 평생 눈을 감지 않는 용과 헤스페리데스Hesperides로 불리는 세 명의 처녀들에게 지키게 했습니다. 헤라클레스는 지도에도 없는 이 정원을 찾아 사방팔방을 헤매다가 절벽에 묶여 독수리에게 평생 간을 쪼이는 벌을 받던 프로메테우스 Prometheus를 구해주게 됩니다. 그는 고마운 마음에 황금 사과를 얻을 수 있는 조언을 했습니다. 헤라클레스가 직접 정원에 가지 않고 하늘을 떠받치고 있는 거인 아틀라스Atlas를 보내라는 것입니다. 그 이유는 용과 함께 사과나무를 지키는 헤스페리데스가 아틀라스의 딸들이었기 때문이죠. 헤라클레스는 아틀라스에게 황금 사과를 대신 따오면 그동안 하늘을 짊어지고 있겠다고 제안합니다. 아틀라스는 신이 나서 헤라의 정원에서 황금 사과를 따옵니다. 하지만 무거운 하늘을 다시 지기 싫었던 아틀라스는 헤라클레스에게 자신이 대신 사과를 갖다 주고 올 테니 하늘을 계속 지고 있어 달라고 합니다. 평생 하늘을 짊어지게 될 위기에 빠진 헤라클레스는 묘수를 짜냅니다. 아틀라스에게 하늘을 지는 게 처음이라 자세가 잘못된 것 같다며 자세를 고칠 테니 잠시 하늘을 맡아달라고 합니다. 아틀라스는 아무런 의심 없이 다시 하늘을 짊어졌고, 그 틈을 타 헤라클레스는 황금 사과를 집어 들고 달아납니다.

세계 곳곳을 다니며 11가지 과업을 마친 헤라클레스는 드디어 마지막 과업을 눈앞에 두었습니다. 그를 파멸시키기 위해 준비한 과업이 오히려 영광을 안겨주자 아르고스의 왕은 헤라클레스를 절대 살아 돌아올 수 없는 곳으로 보내기로 합니다. 그리하여 헤라클레스가 향한 장소는 죽은 사람만 갈 수 있다는 저승이었습니다. 마지막 과업은 저승의 파수견 케르베로스Kerberos를 산 채로 잡아 오는 것! 케르베로스는 거대한 덩치에 머리가 세 개 달렸고 입에서는 불을 뿜는 무시무시한 괴물로 올림포스의 신들조차 무서워했습니다.

괴물보다 더 큰 문제는 저승으로 가는 방법이었습니다. 살아있는 사람은 저승에 갈 수 없었던 것입니다. 다만 딱 한 가지 방법이 존재했는데 그것은 하데스의 아름다운 신부 페르세포네Persephone의 비호를 받는 종교의 신관만이 알고 있었습니다. 헤라클레스는 저승으로 갈 방법을 알아내기 위해 한동안 열심히 종교 의례에 참여했습니다. 그리고 마침내 저승으로 통하는 동굴의 입구를 알게 됩니다. 저승으로 간 헤라클레스는 케르베로스가 지키는 하데스의 궁을 찾아갑니다. 그곳까지 가는 동안 헤라클레스는 메두사를 비롯해 수많은 영혼을 보았습니다. 그러던 중 자신을 구해줬던 테세우스가 하데스에게 벌을 받는 광경을 목격합니다. 헤라클레스는 서둘러 그를 구해주고 은혜를 갚았습니다.

드디어 하데스 궁에 도착한 헤라클레스는 하데스에게 케르베로스를 달라고 부탁합니다. 하데스는 무기를 사용하지 않고 맨손으로 케르베로스를 제압할 수 있다면 데려가도 좋다고 말했습니다. 타고난 괴력의 소유자 헤라클레스는 두 팔로 케르베로스의 머리를 움켜잡았습니다. 그러자 케르베로스가 꼬리에 붙은 용으로 헤라클레스를 물어뜯었지만 헤라클레스는 꿈쩍도 하지 않았습니다. 지친 케르베로스는 끝내 항복하고 말았습니다. 마지막 과업까지 완수한 헤라클레스는 과업을 받은 지 꼭 12년이 되는 날 자유의 몸이 됐습니다.

헤라클레스가 수행한 12과업은 문자 그대로 있었던 사건이라기보다 신화적 상상력이 만들어낸 이야기입니다. 고대 그리스 역사는 미노아 문명 - 미케네 문명 - 암흑기 - 상고기로 구분합니다. 기원전 750년~480년인 상고기에 그리스는 여러 지역으로 진출하며 도시국가들을 식민화했습니다. 이들 식민 도시의 분포는 헤라클레스가 12과업을 하기 위해 돌아다닌 지역과 일치합니다. 헤라클레스의 발자취가 그리스의 진출 루트인 셈이죠. 즉 그리스인들이 진출한 지역을 기억하고 기록으로 남겨두기 위해 신화를 적극 활용한 것으로 볼 수 있습니다.

신이 된 인간, 헤라클레스

　12과업을 모두 마친 헤라클레스는 자신의 죄를 씻고 진정한 영웅으로 거듭납니다. 그리고 드디어 헤라클레스를 최고의 영웅으로 만든 운명의 날이 다가옵니다. 신탁에서 이야기한 거신족 기가스Gigas(대지의 여신 가이아의 자식들)들과 제우스 중심의 올림포스 12신 사이에 전쟁이 일어난 것입니다. 기간토마키아Giganthomachia라 불린 이 전쟁에서 올림포스 12신을 구해줄 인간의 힘이 필요하다는 신탁이 있었고, 헤라클레스는 그들의 유일한 희망이었습니다.

　일찍이 전쟁을 예견한 신들은 헤라클레스에게 특별한 선물을 주었습니다. 헤르메스Hermes는 칼을, 아폴론은 활과 화살을, 대장장이 신 헤파이스토스는 황금 가슴받이를, 아테나는 옷을 건넸습니다. 신들의 선물로 무장한 헤라클레스는 전쟁에 뛰어들었습니다. 거신족들은 올림포스

올림포스와 거신족의 전쟁[2)]

를 에워싸고 무자비한 공격을 퍼부었습니다.

　그런데 거신족들은 어째서 신들을 공격하게 된 걸까요? 이야기는 제우스가 올림포스 최고의 신이 되기 전으로 거슬러 올라갑니다. 올림포스 신들이 세상을 지배하기 전에 세상을 다스리던 티탄족의 어머니 가이아는 자신의 자식을 몰아내고 패권을 쥔 제우스에게 복수하기 위해 거신족 기가스들을 낳아 전쟁을 벌인 것입니다. 가이아의 복수를 위해 나선 기가스들을 불붙은 나무와 커다란 바위를 던지며 신들을 위협했습니다. 번개로 무장한 제우스를 비롯한 올림포스 12신도 각자의 무기를 들고 공격했습니다. 어찌 된 일인지 신들이 아무리 공격하고 쓰러뜨려도 기가스들은 죽지 않고 되살아나 또다시 덤벼들었습니다. 인간의 도움 없이 기간테스를 이길 수 없다는 신탁을 떠올린 제우스는 헤라클레스를 불렀습니다. 그는 유일한 인간으로 신들의 편에 서서 괴물과 싸웠습니다. 어떤 공격에도 꿈쩍하지 않던 기가스들은 히드라의 독이 묻은 헤라클레스의 화살로만 제거할 수 있었죠. 헤라클레스는 뛰어난 활 솜씨로 기가스들의 대장 알키오네우스Alcyoneus를 명중시켰고 괴물은 비명을 지르며 쓰러졌습니다. 전쟁은 예언대로 위대한 인간 헤라클레스의 도움을 받은 올림포스 신들의 승리로 끝났습니다.

　올림포스 신들이 권력을 지킬 수 있게 된 전쟁 기간토마키아에도 역사적 함축과 의미가 담겨 있습니다. 그리스는 트로이아 전쟁 이후 약 300여 년간 암흑기를 맞이하는데, 이때 내부의 반란을 수습하고 외부의 침략을 막아내며 새로운 질서를 회복하는 과정을 거쳤습니다. 신화 속 기간테스는 외부 침입과 내부의 혼란을, 올림포스 12신과 헤라클레스는 그리스인을 의미합니다. 신들의 전쟁은 혼란기를 벗어나는 그리스인들의 모습을 신화적으로 표현한 것이죠. 헤라클레스의 등장이 그리스의 새로운 도약을 신화적으로 표현한 것이라는 해석도 있습니다. 기간테스는 그리스를 침입한 외부 세력이며 그들과의 전쟁 기간을 그리스의 암흑기이자 고난으로 보는 것입니다. 또한 암흑기 이후 그리스에 자리 잡은 민주주의를 기간토마키아에 비유하기도 합니다. 제우스를 비롯한 올림포스 신들과 헤라클레스가 손을 잡고 기간테스를 물리쳤다는 것은 기존의 귀족이나 왕족(신)이 민중 세력(인간 헤라클레스)과 힘을 합쳐 새로운 질서를 만들어나갔다고 해석하는 것이죠.

12과업 성공 후 신들의 전쟁을 승리로 이끈 헤라클레스는 최고의 영웅이 되어 인생의 황금기를 맞이합니다. 하지만 행복은 오래 가지 않았습니다. 헤라클레스에게 닥친 시련의 발단은 그가 마지막 과업을 이루기 위해 저승에 갔을 때로 거슬러 올라갑니다. 그곳에서 옛 친구를 만난 헤라클레스는 자신의 여동생과 결혼해 달라는 친구의 부탁을 들어줍니다. 여동생의 이름은 데이아네이라Deianeira로 '남자를 파괴하는 자'라는 뜻입니다.

두 사람은 고향으로 돌아가던 중 강을 건너게 됩니다. 헤라클레스는 혼자서 강을 건너지 못하는 아내를 위해 주변에 있던 켄타우로스족(상반신은 사람의 모습이고 하반신은 말인 종족) 네소스Nessos에게 도와달라고 부탁합니다. 데이아네이라를 등에 태워 강을 건너던 네소스는 중반쯤 다다르자 갑자기 돌변해 자신과 함께 살자며 그녀를 납치하려 했습니다. 건너편에서 지켜보고 있던 헤라클레스는 깜짝 놀라 네소스에게 히드라의 독이 묻은 화살을 쏩니다. 고통에 몸부림치던 네소스는 데이아네이라에게 다음과 같은 말을 남기고 죽습니다.

"나는 정말 당신을 사랑하는 마음에서 한 말이었습니다. 마지막으로 내 피를 당신에게 선물로 주겠습니다. 이 피는 사랑하는 사람이 변심했을 때 마음을 되돌려줄 사랑의 묘약입니다."

데이아네이라는 네소스의 피를 받았습니다.

그리고 얼마 후 헤라클레스는 전쟁에 나섰습니다. 헤라클레스에게 궁수를 가르친 스승 에우리토스가 활쏘기 시합에서 이기면 딸을 주겠다는 약속을 지키지 않았기 때문이죠. 화가 난 헤라클레스는 스승의 딸 이올레Iole가 있는 나라를 침략해 승리를 거둡니다. 그리고 이올레와 함께 집으로 돌아옵니다. 갑자기 등장한 아름다운 여인을 보며 그의 아내는 불안함을 느꼈습니다. 그때 네소스가 준 피가 떠올랐죠. 헤라클레스의 마음을 되돌리고 싶었던 아내는 그의 옷을 만들어 네소스의 피를 발랐습니다. 사실 네소스의 피에는 헤라클레스의 화살에 묻은 독이 섞여 있었습니다. 네소스가 헤라클레스에게 복수하기 위해 죽어가면서까지 거짓말을 한 것이죠. 별다른 의심 없이 옷을 입은 헤라클레스의 온몸에는 히드라의 독이 퍼졌고, 이내 타들어가는 고통을 느꼈습니다. 네소스의 저주 때문인지 옷은 뜯어지지 않고 오히려 살을 파고들었습니다. 괴로움을 견디지 못한 헤라클레스는 결국 스스로 장작을 쌓고 그 위에 올라 불을 지펴 자신의 몸을 태우는 죽음을 선택합니다.

신계와 인간계를 호령한 영웅의 마지막은 이토록 허망하고 비참했습니다. 그림 속 마차를 타고 올라가는 헤라클레스의 모습은 인간으로서는 죽었으나 그 영혼이 신이 되어 올림포스산으로 올라간다는 것을 의미합니다. 그리스 신화와 철학에서 불은 더러운 것을 깨끗이 정화해 주는 신성한 물건입니다. 헤라클레스를 태웠다는 것은 그 불로 인해 모든 죄와 과오를 씻어버리고 하늘로 올라간다는 뜻입니다. 하늘로 올라간 헤라클레스는 마침내 질투의 여신 헤라의 마음을 얻었습니다. 헤라는 그동안 품은 앙심을 모두 털어내고 자신의 딸 헤베Hebe와 헤라클레스를 결혼시

LA MORT D'HERCULE.
The death of Hercules.

Der Todt von Hercules.
De Doodt van Hercules.

헤라클레스의 죽음

컸습니다. 젊음의 여신 헤베와 헤라클레스의 결혼은 그가 영원한 젊음을 누리는 신으로 새롭게 태어난 것으로 해석할 수 있습니다.

고난의 길을 선택한 영웅, 테세우스

스파르타의 영웅 헤라클레스는 죽었지만, 그리스에는 또 한 명의 영웅이 있었습니다. 헤라클레스와 견주어도 손색이 없는 아테네의 테세우스입니다. 스파르타와 아테네는 그리스 고전기를 이끌었던 도시국가입니다. 스파르타가 무를 숭상했다면, 아테네는 문화와 철학이 발달한 문을 중시했습니다. 이에 따라 헤라클레스가 막강한 힘과 용기로 대변되는 영웅이라면, 테세우스는 침착하고 이성적인 태도로 영웅의 모범을 보여줍니다. 그는 훌륭한 정치 지도자의 모습은 물론 평화로운 세상을 만들고자 괴물을 물리쳤습니다. 테세우스의 활약을 두고 역사가 플루타르코스는 '테세우스가 진정한 아테네의 시조'라고 말했을 정도로 그리스 황금기의 아테네를 상징하는 영웅입니다. 하지만 테세우스 역시 고난과 시련을 피할 수 없었습니다. 지금부터 테세우스라는 영웅의 잔혹사를 함께 살펴보겠습니다.

테세우스는 펠레폰네소스 반도의 작은 왕국 트로이젠 왕의 손자로 태어나 홀어머니와 함께 살고 있었습니다. 테세우스가 16세가 됐을 때 어머니는 그에게 큰 바위를 들어보게 합니다. 바위 아래에는 낡은 샌들 한 짝과 검 한 자루가 있었습니다. 이는 테세우스의 출생의 비밀이 담긴 물건으로, 그 의미를 찾기 위해서는 한 남자의 여행길을 따라가야 합니다.

강력한 도시국가였던 아테네의 왕 중에 아이게우스Aigeus라는 사람이 있습니다. 매우 치열한 권력 다툼 속에서 왕위를 차지한 그는 아테네의 왕권을 두고 주변의 경쟁자들과 여전히 갈등을 겪는 중이었습니다. 그런 그가 왕권을 강화하기 위해 가장 필요한 것은 후계자였죠. 오랫동안 후사가 없던 그는 연이어 아내를 들이며 후계자를 얻고자 노력했지만 헛수고였습니다. 고심 끝에 아이게우스는 지푸라기라도 잡는 심정으로 델포이에 있는 아폴론 신전을 찾아가 아들을 얻기 위한 신탁을 받았습니다. 그런데 도무지 그 내용을 이해할 수 없었던 것입니다.

"아테네에 도착하기 전까지 포도주 부대(가죽으로 만든 자루)의 마개를 열지 마라."

아이게우스는 그 의미를 확인하기 위해 현명하다고 소문난 트로이젠의 피테우스Pitteus 왕을 찾아갑니다. 신탁 내용을 들은 피테우스는 단박에 그 내용을 눈치챘습니다. 포도주 자루의 마개를 열지 말라는 것은 바지의 끈을 풀지 말라는 것으로, 아이게우스가 아테네에 돌아가 아내와 하룻밤을 보내면 아이를 얻게 된다는 뜻이었죠. 모든 상황을 파악한 피테우스는 자신의 손자를 아테네의 왕으로 만들기 위한 계획을 세웁니다. 아이게우스에게 술을 잔뜩 먹이고 자신의 딸 아이트라Aithra와 하룻밤을 보내게 한 것이죠. 이때 임신한 아이가 바로 테세우스입니다. 몇 년 동안 후사가 없던 아테네의 왕에게 드디어 귀한 후계자가 생긴 것입니다.

다음 날 자신의 옆에서 잠든 아이트라를 발견한 아이게우스는 기뻐하기는커녕, 자신은 아테네로 돌아가야 하며 아이트라를 데려갈 수도 없다고 말합니다. 그리고 혹시 아이가 태어나면 비밀로 키우자고 제안합니다. 당시 아테네는 정치적으로 매우 혼란했습니다. 왕이 후계자를 보지 못한 탓에 왕좌를 노리는 이들이 많았던 것이죠. 이런 상황에 아들이 있다는 사실이 밝혀지면 자칫 아이의 목숨이 위험해질 수 있어 비밀로 하자고 말한 것입니다. 그러면서 그는 바위 아래 자신의 샌들과 칼을 숨겨두고 아이가 태어나 성장해서 이 바위를 들어 올릴 수 있게 되면 그것들을 가지고 자신을 은밀히 찾아오라는 말을 남기고 떠났습니다.

그로부터 얼마 후 아이트라는 아들을 낳았습니다. 사실 테세우스의 탄생에는 또 하나의 숨겨진 이야기가 있습니다. 아이트라는 아테네의 왕과 밤을 보내고 난 후, 신탁을 받고 포세이돈이 있는 섬으로 가 하룻밤을 보냈습니다. 따라서 테세우스는 아테네 왕의 아들일 수도 있고, 포세이돈의 아들일 수도 있는 것이죠. 제우스의 아들 헤라클레스에게도 인간 아버지가 있듯이, 테세우스에게도 포세이돈이라는 신의 아버지와 아이게우스라는 인간 아버지가 함께 존재합니다. 16세가 된 테세우스가 커다란 바위를 옮기고 칼과 샌들을 찾자 아이트라는 이렇게 말합니다.

"너의 아버지는 포세이돈이기도 하지만 아이게우스이기도 하다."

테세우스는 아버지인 아이게우스를 만나기 위해 아테네로 여행을 떠나기로 합니다. 아이트라는 아테네로 가는 두 가지 방법을 제시했습니다. 배를 타고 가는 안전한 바닷길과 악당이 들끓는 도시를 통과하는 육로였죠. 테세우스는 과감하게 육로를 선택합니다. 나쁜 악당을 해치우고 세상에 도움이 되는 일을 하고 싶다는 이유에서였죠. 위험을 피해 바닷길로 가는 것은 부끄러운 일이라고까지 말했습니다. 사실 테세우스는 그리스 전역에 이름을 떨치던 영웅 헤라클레스를 존경하고 있었습니다. 단순한 선망의 대상을 넘어 따라잡고 싶은 목표로 삼았기에 자신도 헤라클레스처럼 괴물을 잡아 그리스에 이름을 떨치고 싶었던 것입니다.

테세우스의 예상대로 아테네로 향하는 길목마다 온갖 괴물과 악당들이 그의 앞을 가로막았습니다. 그럴 때마다 그는 악당이 사람들을 괴롭히던 것과 똑같은 방법으로 갚아주며 악당들을 처단했죠. 테세우스가

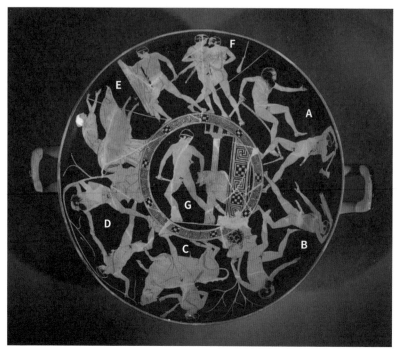

테세우스의 모험이 그려진 술잔
A: 침대 살인마(프로크루스테스) B: 스키론 C: 마라톤의 황소 D: 소나무 악당(시니스)
E: 살인 멧돼지(크롬미온) F: 레슬링 악당(케르키온) G: 미노타우로스

만난 악당의 모습은 인간부터 괴수까지 다양했습니다. 시니스Sinis는 '소나무를 구부리는 자'라는 별명을 가지고 있었는데, 길목을 지키고 있다가 지나가는 행인을 구부린 소나무에 묶은 뒤 나무를 펼쳐 찢어 죽이는 악당이었고, 스키론Skiron은 해안의 바위산에서 지나가는 사람들을 붙잡아 자신의 발을 씻게 하고서는 발로 차서 절벽 밑으로 떨어뜨린 악마였죠. 모두 다섯의 괴수를 처치한 테세우스는 아테네로 들어가는 길목의 여인숙에서 마지막 악당을 만나게 됩니다. 그곳의 주인은 '침대 살인마'로 불리는 프로크루스테스Procrustes였습니다. 침대 살인마에게는 두 개의

크고 작은 침대가 있었는데 키가 작은 사람에겐 큰 침대를, 키가 큰 사람에게는 작은 침대를 줬습니다. 그러곤 막무가내로 사람을 침대에 눕혀서 침대보다 튀어나온 만큼 발을 잘라 죽이고, 자리가 남는 만큼 잡아당겨서 늘려 죽였습니다. 테세우스는 악당들이 사람들을 괴롭힌 방법 그대로 그들을 처치했습니다.

우여곡절 끝에 아테네에 도착한 테세우스, 과연 그는 헤라클레스 같은 영웅이 되고 싶다는 바람을 이뤘을까요? 숱한 괴물과 악당을 퇴치한 테세우스의 소문은 아테네까지 퍼졌고 사람들은 아테네에 도착한 테세우스를 열렬히 환호하며 반겼습니다. 새로운 영웅이 탄생한 것이죠. 테세우스가 도착했다는 소식은 아테네 왕이자 테세우스의 아버지인 아이게우스의 귀에도 들어갔습니다. 왕은 영웅으로 추앙받으며 시민들을 선동하는 테세우스가 자신의 권력을 빼앗으러 온 것은 아닌지 불안해했습니다. 테세우스가 자신의 아들이라는 사실을 알지 못한 데다, 아테네 왕실의 가정사도 매우 혼란했기에 왕은 그를 더욱 의심할 수밖에 없었죠. 그 중심에는 왕의 새로운 아내 메데이아Medeia가 있습니다.

아이게우스는 아이트라와 하룻밤을 보내고 아테네로 돌아가던 중 코린토스에서 한 여인을 만납니다. 그녀는 신비한 주술을 부리는 마녀로 희대의 악녀이자 최고의 팜 파탈로 알려져 있습니다. 메데이아는 남편이 자신을 배신하자 복수의 의미로 자식을 죽일 만큼 잔혹한 사람이었습니다. 이때 귀환 중이던 아이게우스와 마주친 것이죠. 그녀는 왕에게 젊음을 되찾아 주고 마법의 약을 써서 자식을 가질 수 있게 해주겠다며 자신을 받아달라고 제안합니다. 아이게우스의 정신을 쏙 빼놓은 메데이아는 자식들을 버리고 유유히 아테네로 향했습니다. 두 사람은 결혼했고 약속대로 아이를 낳았습니다. 메데이아는 자신의 아들 메도스를 아테네의 후계자로 만들 생각이었습니다. 그러던 와중에 테세우스가 등장하자 불안한 메데이아는 신비한 힘으로 테세우스의 정체를 한눈에 간파했고, 자신의 아들에게 왕좌를 물려주기 위해 테세우스를 죽일 계획을 세웁니다.

먼저 아이게우스에게 테세우스가 왕의 자리를 넘본다며 두 사람 사이를 이간질했습니다. 그리고 연회에 초대해 독이 든 술을 먹이자고 제안합니다. 메데이아의 흉계에 빠진 아이게우스는 테세우스를 위한 만찬을 벌였고 테세우스도 초대를 받아들였습니다. 테세우스의 자리에는 메데이아가 독을 탄 술잔이 놓였고, 테세우스는 술을 마시기 위해 술잔을 들었습니다. 그리고는 과감하게 술잔을 입에 가져갔습니다. 그 순간 아이게우스가 테세우스의 술잔을 빼앗아 내던졌습니다. 왜 그랬을까요? 테세우스는 아이게우스가 진짜 아버지라면 자신을 알아볼 것이라 생각해 술잔을 들기 전에 슬그머니 칼을 꺼내 탁자 위에 올려놨습니다. 어서 빨리 술을 마시기를 바라는 메데이아를 수상히 여긴 테세우스가 승부수를 띄운 것이죠. 자신이 징표로 남기고 온 칼을 본 아이게우스는 그제야 테세우스가 자신의 아들임을 깨달았습니다. 그렇게 테세우스의 목숨을 구한 아이게우스는 자신의 아들을 죽이려 한 메데이아와 그 자식을 추방했습니다. 그리고 아테네 시민들 앞에서 테세우스를 자신의 아들이자 후계자로 선언합니다.

시민들은 영웅 테세우스가 아테네의 왕자라는 사실에 매우 기뻐했습니다. 이제 모든 문제가 해결된 듯 보였지만 아이게우스의 동생은 테세우스를 인정하지 않았습니다. 후계자가 없던 형 대신 자신이 왕위를 계승할 것이라 믿었는데 갑자기 나타난 테세우스 때문에 자신의 계획이 모두 틀어져 버렸기 때문이죠. 테세우스는 아버지를 찾은 기쁨도 채 누리지 못한 채 삼촌, 사촌들과 전쟁을 벌여야 했습니다. 물론 결과는 테세우스의 승리였습니다.

테세우스, 아테네를 구하다!

아버지를 찾고, 내분을 잠재워 아테네의 진정한 왕자가 된 테세우스. 그런데 이제껏 만났던 악당과는 비교가 안 되는 엄청난 괴물이 테세우스를 기다리고 있었습니다. 다음은 그 괴물에 대한 단서입니다.

"서로 다른 두 개의 얼굴, 몸뚱이는 하나. 서로 다른 본성이 한 몸에 합쳐져 반은 소이고 반은 사람이네."[3]

괴물의 정체는 크레타섬 미궁에 갇힌 괴물, 미노타우로스Minotauros입니다. 반은 황소, 반은 인간의 모습을 한 그의 탄생 역시 신들과 연관이 있습니다. 크레타의 왕 미노스는 포세이돈에게 소를 바치기로 약속합니다. 그런데 그 소가 너무 멋있어서 욕심이 난 왕은 다른 소를 가져다 바치고 말았습니다. 화가 난 포세이돈은 소를 미치게 만들어서 크레타섬을 쑥대밭으로 만들어 버립니다. 그것도 모자라 크레타의 왕비가 황소와 사랑에 빠지게 만들었죠. 둘 사이에서 태어난 것이 미노타우로스입니다. 포세이돈의 저주로 태어난 괴물이자 크레타의 왕자였던 미노타우로스는 점점 난폭해지더니 가축은 물론 사람까지 잡아먹었습니다. 결국 통제되지 않는 미노타우로스의 폭주를 막기 위해 한 번 들어가면 절대로 빠져나올 수 없는 성, 미궁을 만들어 그 중앙에 미노타우로스를 가둬버립니다.

미노타우로스가 사람까지 잡아먹는 것은 크레타뿐 아니라 아테네에서도 큰 문제였습니다. 몇 해 전 두 나라가 전쟁을 치르던 중 흉년에 전염병까지 돌아 황폐해진 아테네는 크레타에 휴전을 요청합니다. 강대국인 크레타의 미노스 왕은 휴전의 조건으로 약소국 아테네에 공물을 요구합니다. 매년 아테네의 소년과 소녀를 7명씩 제물로 바치라는 것이죠. 이들은 모두 미노타우로스의 먹잇감이 되었습니다. 벌써 세 번째 공물을 바칠 때가 되자 아테네인들은 왕을 원망하기 시작합니다. 곧 왕이 될 테세우스는 아테네인의 죽음에 책임을 느끼고 스스로 공물이 되겠다고 나섰습니다.

"아버지, 저를 보내주십시오. 그 괴수를 잡고 백성을 구하겠습니다."

미노타우로스를 죽이고 반드시 살아오겠다며 아버지를 안심시켰습니다. 아이게우스는 왕으로서는 테세우스가 기특하면서도 부모로서는 마음 한켠에서 불안함을 느꼈습니다. 당시 공물을 바치러 떠나는 배에는 늘 죽음을 의미하는 검은 돛을 달았는데, 왕은 테세우스에게 흰 돛을 건네주며 살아서 돌아올 때 꼭 이 흰 돛을 달고 오라고 말했습니다. 테세우스는 미노타우로스와 싸우기 위한 위험천만한 여정을 떠났습니다.

그런데 테세우스에게는 두 가지 문제가 있었습니다. 첫 번째는 미노타우로스를 무찔러야 한다는 것이고, 두 번째는 그 뒤에 미궁을 빠져나와야 한다는 것이었죠. 크레타섬에 도착한 테세우스는 젊은이들 사이에 섞여 도저히 빠져나올 수 없을 것 같은 복잡한 미궁에 갇혔습니다. 그 안에는 사람을 잡아먹는 괴물 미노타우로스가 있었고 미궁에서 바깥으로 난 길은 오직 하나, 입구뿐이었죠. 그런데 얼마 후 테세우스는 괴물을 처치하고 무사히 미궁을 빠져나왔습니다. 들어간 사람은 아무도 나오지 못한다는 미궁에서 탈출한 방법은 바로 크레타의 공주 아리아드네Ariadne였습니다. 테세우스를 보고 첫눈에 반한 공주가 그에게 미궁을 빠져나오는 방법을 알려준 것이죠. 아리아드네는 테세우스에게 실타래를 주며 이것을 풀면서 들어간 뒤 나중에 실을 따라 나오라고 말했습니다. 대신 살

① 실타래를 주는 아리아드네
② 미노타우로스를 무찌르는 테세우스
③ 아테네로 돌아가는 테세우스와 아리아드네
④ 홀로 남은 아리아드네

아 돌아온다면 자신을 아내로 맞아 아테네로 데려가 달라는 약속을 받
아냈죠.

　아리아드네에게서 받은 실타래를 풀며 좁은 미궁을 살펴 가던 테세우
스는 드디어 미노타우로스와 맞닥뜨립니다. 그의 근육은 갑옷처럼 단단
했지만, 테세우스는 맨손으로 괴물의 두 뿔 사이를 쉴 새 없이 때려서 미
노타우로스를 쓰러뜨리고 아테네 젊은이들을 구해냈습니다. 아리아드네

가 알려준 대로 실을 따라 무사히 미궁을 탈출한 테세우스는 미노스 왕이 그를 추격하지 못하도록 미노스 왕의 배마다 구멍을 뚫었습니다. 그런 뒤에 아리아드네 공주와 함께 배를 타고 크레타를 무사히 빠져나왔죠. 그런데 테세우스는 배를 타고 아테네로 돌아가던 중 잠시 정박한 낙소스섬에서 아리아드네가 잠든 사이 몰래 도망가 버립니다. 아리아드네가 잠에서 깼을 때 테세우스는 이미 떠난 뒤였습니다. 테세우스가 떠난 이유는 크게 두 가지라고 알려졌습니다. 하나는 아테네인이 원수로 여기는 크레타섬의 공주를 아내로 맞이하면 비난에 시달려 행복한 결혼생활을 할 수 없으리라 생각한 것입니다. 다른 하나는 테세우스가 낙소스섬에서 자는 도중 디오니소스가 꿈에 나타나 "아리아드네는 나 디오니소스가 선택한 여인이다"라는 말을 남겼기 때문이라고 합니다. 신에게 선택받은 여인이기에 조용히 물러났다는 것이죠. 이후 낙소스섬에서 디오니소스를 만난 아리아드네는 부부가 되어 행복하게 살았습니다.

한편 승전보를 울리며 기쁜 마음으로 돌아온 테세우스는 아버지가 죽었다는 청천벽력 같은 소식을 듣게 됩니다. 아들이 살아 돌아오길 기다리던 왕은 높은 절벽에서 검은 돛을 단 배가 보이자 아들이 죽었다고 생각해 바다에 몸을 던진 것입니다. 왕이 몸을 던진 바다는 왕의 이름 아이게우스를 따서 지금의 에게해(Aegean sea, 아이게우스의 영어식 발음)라 불립니다. 신화에는 테세우스가 돛의 색깔을 바꾸는 것을 잊어버린 것으로 나옵니다.

그런데 테세우스는 정말 돛의 색깔을 바꾸는 것을 잊었을까요? 여기에는 또 다른 이야기가 숨어 있습니다. 홀어머니 밑에서 자란 테세우스는 아버지에게 버림받았다는 사실을 알게 되면서 아버지를 의심하기 시작합니다. 검은 돛과 흰 돛으로 자신의 생사 여부를 미리 알고 싶어 하는 것조차 믿지 못한 것이죠. 결국 검은 돛을 단 것은 그의 말대로 깜박한 것일 수도 있지만, 철두철미한 그의 작전일 수도 있습니다. 검은 돛으로 자신이 죽었다고 알리며 상대를 방심시킨 다음 미리 부하를 보내 왕의 상태를 확인한 것이죠. 그리고 절벽에서 아버지를 밀어서 죽인 것은 아닐까 하는 추측도 해볼 수 있습니다. 즉 아이게우스는 자살한 것이 아니라 테세우스에 의해 제거된 것이라는 재해석이 가능합니다. 신들의 권력 투쟁 과정에서 나타났던 친부 살해의 신화적 전통이 인간 세계에서 재현된 것입니다.

최초의 민주주의자 테세우스의 쓸쓸한 말로

미노타우로스를 처치한 테세우스는 아테네의 왕이 되어 권력을 잡았습니다. 그가 처음 한 일은 아테네를 부유하고 강한 나라로 만드는 것이었죠. 그는 "모든 민족이여, 이 땅에 오라"라는 슬로건으로 시민의 수를 늘리고 아테네의 힘을 키우는 데 집중합니다. 흩어져 있던 마을 단위를 모으는 한편 아테네를 수도로 지정하고 그 중심에 최초의 공관과 평의회 건물을 지었습니다. 여기에 '판아테나이아'라는 제전을 열어서 시민들이 화합할 수 있는 장을 만들었습니다. 무엇보다 스스로 왕권을 제한하고 귀족 회의와 민회의 결정을 따랐으며, 계급은 나누되 평등하고 동등한 권리와 세력을 유지할 수 있게 했습니다. 그리스 민주정의 초석을 다진 테세우스는 왕으로도 훌륭한 업적을 남겼습니다.

테세우스가 이런 자세를 계속 유지했다면 성군으로 남았을 것입니다. 그런데 테세우스는 빛나는 업적에 비해 매우 쓸쓸한 죽음을 맞이합니다.

그가 저지른 일생일대의 큰 실수 때문입니다. 테세우스는 친구 페이리토오스Peirithoos와 "제우스의 딸을 아내로 삼자"라고 약속합니다. 테세우스의 목표는 장차 트로이아를 멸망시키게 될 여인이자 스파르타의 공주 헬레네Helene였고 그는 친구와 헬레네를 납치합니다. 그러자 친구는 저승의 신 하데스의 아내 페르세포네Persephone를 납치해 아내로 삼겠다며 큰소리쳤습니다. 두 사람은 저승으로 내려가 하데스에게 당당히 페르세포네를 내놓으라고 고집을 피웠습니다.

하데스는 예상과 달리 정중한 태도로 식사를 권하며 의자에 앉으라고 말했습니다. 그 의자는 '망각의 의자'로 앉는 순간 모든 것을 잊게 만들어 다시는 일어설 수 없게 됩니다. 하데스가 두 사람에게 과욕의 벌을 내린 것이죠. 이렇게 해서 테세우스는 자칫 지하 세계에 영원히 갇혀 지낼 뻔했습니다. 이때 테세우스를 구해준 사람이 있습니다. 12과업 중 마지막 과업을 해결하기 위해 저승에 온 헤라클레스입니다. 스스로 목숨을 끊으려 했던 자신을 도와준 테세우스에게 헤라클레스는 비로소 은혜를 갚았습니다.

테세우스는 우여곡절 끝에 아테네로 돌아왔지만 그곳의 분위기는 심상치 않았습니다. 스파르타군이 헬레네를 되찾기 위해 아테네를 침공해 한차례 휩쓸고 어머니를 포로로 잡아간 것입니다. 그의 어머니는 스파르타에서 노예가 되었고 아테네 내부는 권력 다툼으로 분열 직전이었습니다. 민심을 잃은 테세우스가 설 곳은 어디에도 없었습니다. 결국 그는 아버지 아이게우스와 절친한 사이였던 스퀴로스섬의 왕을 찾아가기로 합니다.

테세우스의 재능과 그에 대한 소문을 익히 알고 있던 왕은 그가 자신의 땅을 차지하러 왔다고 생각했습니다. 언제 자신을 제거하고 이 나라의 왕이 될지 모른다는 불안감에 시달리던 왕은 테세우스를 절벽으로 유인해 밀었습니다. 아버지를 절벽에서 밀어내 죽인 뒤 왕이 된 테세우스는 그와 똑같은 방법으로 목숨을 잃고 만 것입니다. 반인반수 미노타우로스를 처치해 아테네를 구하고, 평등이라는 대의를 펼치며 아테네 시민의 사랑을 받았던 전설의 영웅 테세우스의 죽음은 쓸쓸하고 초라했습니다.

헤라클레스와 테세우스, 두 영웅의 신화에는 역사적 사건과 밀접한 이야기들이 녹아 있습니다. 스파르타와 아테네는 헤라클레스와 테세우스처럼 적에 맞서기도 하고 라이벌에서 적으로 변모하기도 했습니다. 두 사람의 이야기는 동맹과 전쟁을 반복했던 스파르타와 아테네의 역사를 영웅 신화 속에 녹여 부각한 것입니다.

우리는 신화를 허구적 공간에서 이루어지는 판타지로만 여깁니다. 하지만 이런 이야기 속에는 실제 역사가 숨어 있으며, 인간 삶의 보편적인 구조와 진실을 담아내고 있습니다. 따라서 우리는 신화를 단순히 이야기로만 받아들일 것이 아니라 그 속에 담긴 역사의 진실과 문화를 이해하고 설명할 수 있어야 합니다. 그것이 우리가 신화를 깊이 이해하고 경험하는 길이 됩니다.

벌거벗은 트로이아 전쟁

신들의 다툼은
어떻게 인간들의 전쟁이 되었나

김헌

● 고대 그리스의 음유시인 호메로스Homeros가 쓴 《일리아스》와 《오디세이아》는 서양 문학사 최고의 서사시로 손꼽힙니다. 두 작품은 '서양 문학 최초의 완성된 작품'이며, 완성된 형태로 만들어져 나온 순간 모든 문학작품을 제압했다고 합니다. 《일리아스》는 가장 용감하고 뛰어났던 전설적 영웅 아킬레우스Achilleus가 주인공인 이야기로 약 10년 동안 펼쳐진 트로이아 전쟁 중 10년째 되는 해의 며칠 동안의 사건을 담고 있습니다. 《오디세이아》는 트로이아 전쟁이 끝난 후의 이야기입니다. 요즘 방식으로 표현한다면 기원전에 쓰인 블록버스터급 액션 서사시인 셈이죠.

아리스토텔레스Aristoteles가 알렉산드로스Alexandros를 가르칠 때 《일리아스》를 필사해 선물해 준 것은 유명한 이야기입니다. 알렉산드로스는 그 책을 닳도록 보며 전술과 전략을 익혔고, 아킬레우스 같은 위대한 전사가 되겠다고 다짐합니다. 알렉산드로스뿐 아니라 서양 문학사의 유명한 문필가 중 호메로스의 영향을 받지 않은 작가는 없다고 말할 정도로 두 작품의 영향력은 엄청납니다. 이탈리아 르네상스를 대표하는 작가이자 《신곡》을 집필한 단테Dante는 "호메로스는 숭고한 시인이다"라고 칭송했으며, 《파우스트》를 집필한 독일 문호 괴테Goethe는 "호메로스는 나의 원초적 모델이다"라는 말도 했습니다. 세계 4대 시성으로 불리는 셰익스피어Shakespeare의 작품에서도 호메로스의 영향력이 곳곳에 드러납니다. 프랑스 작가이자 비평가였던 레몽 크노Raymond Queneau는 "모든 위대한 문학작품은 《일리아스》거나 《오디세이아》이다"라고 말했을 정도입니다. 얼마나 많은 사람이 트로이아 전쟁 이야기를 읽고 영향을 받았는지 알수 있습니다.

세계사에서 가장 유명한 전쟁이라 불리는 트로이아 전쟁은 지금으로부터 무려 3천여 년 전에 일어났습니다. 《일리아스》, 《오디세이아》를 비롯해 수많은 역사가와 문학가가 트로이아 전쟁에 대한 기록을 남겼다는 것은 그만큼 중요하고 영향력 있는 사건이라는 것을 보여줍니다. 실제로 서양문명의 기초가 되는 것이 그리스 문화이고, 그런 그리스 문화에 커다 란 영향을 미친 것이 전쟁입니다. 전설이 된 영웅들의 이야기를 담은 트로이아 전쟁은 3천여 년 전에 발생해 끝나버린 해프닝이 아니라 그 이후에도 계속 의미를 갖고 반복되고 재생되는 역사입니다. 그런 점에서 역사의 아버지라 불리는 헤로도토스Herodotos는 트로이아 전쟁을 기정사실화 했습니다. 반면 그리스의 역사가 투키디데스Thukydides는 "그런 전쟁은 있었을 테지만 과장된 것 같다"라고 합니다. 과연 어떤 부분이 역사적 사실이고 또 어떤 부분이 신화적 이야기일까요? 세계사에서 중요한 전환점이 된 트로이아 전쟁의 이야기를 하나씩 짚어가면서 그 속의 비밀을 벌거벗겨 보겠습니다.

황금 사과가 가져온 삼각관계

세상에서 가장 아름다운 여인이 있습니다. 그리고 그녀를 사랑하는 젊고 멋진 남자가 있습니다. 이제 막 사랑에 빠져 불타오르는 한 폭의 그림 같은 커플에게는 큰 문제가 하나 있었습니다. 세상 사람들이 그들을 불륜이라 부른다는 것입니다. 그들은 각자 가정이 있는 유부남, 유부녀였습니다. 아름다운 여인의 이름은 헬레네, 그녀는 스파르타의 왕 메넬라오스Menelaos의 아내이자 스파르타의 왕비입니다. 그런 그녀를 사랑하는 남자는 트로이의 왕자 파리스Paris입니다. 그의 아내는 님프 오이노네 Oenone입니다. 목숨을 걸지 않고서는 도저히 이루어질 수 없을 것 같은

파리스와 헬레네의 사랑[1]

두 사람의 사랑은 어마어마한 후폭풍을 몰고 옵니다. 그리스 문화에 커다란 영향을 미친, 세계사에서 가장 유명한 전쟁인 트로이아 전쟁이 일어난 이유가 바로 두 사람의 금지된 사랑이기 때문이죠. 두 사람이 사랑에 빠지지 않았다면 트로이아 전쟁도 없었을지 모릅니다. 대체 이 잘못된 만남은 어디서 시작된 걸까요? 여기에는 흥미로운 신화적 이야기가 숨어 있습니다. 신과 인간의 얽히고설킨 이야기 속에서 트로이아 전쟁의 시작을 찾아가 보겠습니다.

파리스와 헬레네가 만나게 된 배경에도 언제나처럼 제우스가 존재합니다. 어느 날 제우스에게 신탁이 내려옵니다.

"네가 어떤 여신과 사랑을 나누면 그 사이에서 태어난 자식이 너를 권력에서 몰아낼 것이다."

신탁을 들고 노심초사한 제우스는 자신의 권력을 지키기 위해 신탁에서 말하는 여신을 알아내려 합니다. 그녀는 제우스가 아내로 맞고 싶어할 만큼 아름다운 바다의 여신 테티스였죠. 이후 제우스는 신탁이 이루어지지 않도록 여신 테티스를 인간과 결혼시키기로 결심합니다. 인간의 아이가 신인 제우스의 권력을 빼앗을 수는 없으리라 생각한 것입니다. 이윽고 프티아의 왕 펠레우스Peleus와 테티스의 성대한 결혼식이 열렸습니다. 내로라하는 신들이 모여 먹고 마시며 즐겼죠.

그런데 이 결혼식에 초대받지 못한 신이 있었으니…. 불화의 신 에리스Eris였습니다. 초대받지 못했다는 사실에 화가 난 에리스는 결혼식장에 복수의 씨앗인 황금 사과를 보냈습니다. 사과에는 '가장 아름다운 여성에게'라는 말을 새겨놓았습니다. 이를 본 헤라, 아테나, 아프로디테는 모두 황금 사과가 자신의 것이라 생각합니다. 불화의 신이 만든 작품답게 세 여신은 황금 사과를 두고 치열하게 다퉜습니다.

결국 그들은 제우스에게 황금 사과의 주인을 정해달라고 합니다. 누구를 선택해도 다른 두 여신의 미움을 살 것이 두려웠던 제우스는 묘수

파리스의 심판[2)]

를 떠올립니다. 인간의 선택을 알아보자며 트로이아의 왕자 파리스에게 판결을 떠넘긴 것이죠. 제우스의 전령 헤르메스는 파리스에게 황금 사과의 주인이 누구인지 판정해 보라고 합니다. 사과가 너무도 탐났던 세 여신은 파리스의 환심을 사기 위해 각자 자신 있는 조건을 내걸었습니다. 최고 권력의 여신 헤라는 '세계 전체를 지배할 수 있는 권력'을, 전쟁과 지혜의 신 아테나는 '전쟁에서 승리하는 전략의 지혜'를, 미와 사랑의 신 아프로디테Aphrodite는 '세상에서 가장 아름다운 여인과의 결혼'을 주겠다고 합니다.

황금사과를 손에 든 파리스는 아프로디테를 선택합니다. 그때까지만 해도 그는 이 선택으로 어떤 후폭풍이 몰려올지 몰랐습니다. 그런데 파리스는 왜 부와 명예, 전쟁의 승리를 버리고 사랑을 내걸었던 아프로디테에게 황금 사과를 준 걸까요? 아시아와 유럽을 잇는 길목에 있는 트로이아는 양쪽 대륙의 중개무역으로 엄청난 부를 축적했습니다. 또한 토지도 비옥해 농사가 잘되고 히타이트 문명의 영향으로 발달된 문명을 가진 곳이기도 했죠. 풍요롭고 강력한 트로이아의 왕자로 살아가던 파리스는 이미 권력과 군사력을 가지고 있었습니다. 이처럼 파리스가 아프로디테를 선택했다는 내용의 신화적인 부분을 벗겨내면 실제 역사의 민낯이 드러납니다.

아프로디테를 선택한 파리스는 그 대가로 세상에서 가장 아름다운 여인을 선물로 받게 됩니다. 그녀는 그리스 제일의 미녀 헬레네입니다. 그녀가 너무도 아름다운 나머지 이런 전설이 돌기도 했습니다.

"헬레네의 미모는 인간의 아름다움이 아니다. 역시 그녀는 제우스의 피를 물려받았다."

《일리아스》에도 헬레네의 미모를 극찬하는 내용이 있습니다. 10년간 전쟁에 시달린 트로이아인들은 헬레네 때문에 이런 전쟁이 일어났다며 불평합니다. 그러던 중 성벽 위로 모습을 드러낸 헬레네를 보고는 저런 미모라면 10년이나 전쟁을 할 만하다며 인정합니다.

파리스는 아프로디테만 믿고 헬레네를 찾아 스파르타로 갑니다. 그곳에서 헬레네를 보고 첫눈에 반하죠. 하지만 그녀 곁에는 스파르타의 왕 메넬라오스가 있었습니다. 메넬라오스는 강대국의 왕자 파리스를 극진히 환대합니다. 그가 잠시 자리를 비운 사이, 파리스는 헬레네를 데리고 트로이아로 달아납니다. 헬레네 역시 젊고 멋진 파리스를 사랑하게 된 것입니다. 모두 아프로디테가 벌인 일이었습니다. 그러나 신화를 걷어낸 역사적 사실로 볼 때 파리스는 군사적으로 막강한 트로이아를 믿고 스파르타의 왕비 헬레네를 데려온 것입니다.

아내를 잃은 메넬라오스는 복수심에 불타지만 곧바로 트로이아로 쳐들어가지 못합니다. 스파르타의 군사력·영토 환경 등이 트로이아보다 약했기 때문입니다. 혼자서 공격할 수 없던 그는 그리스의 여러 도시에서 사람들을 모아 대규모 연합군을 조직했습니다. 그리스군의 총사령관은 메넬라오스의 형이자 강대국 미케네의 왕 아가멤논Agamemnon으로 결정합니다. 미케네는 본격적인 그리스 문명의 시작인 미케네 문명을 주도하던 국가였고, 그만큼 강성했기에 아가멤논이 연합군을 이끄는 총사령관 자리에 앉게 된 것이죠. 그리스의 역사학자 투키디데스는 《역사》에 "아가멤논이 그런 대군을 모을 수 있었던 것은 (중략) 그가 가장 유력한 통치자였기 때문일 것이다"라고 기록했습니다.

트로이아와의 전쟁을 위해 모인 그리스 연합군은 무려 10만 명으로 추정됩니다. 당시로서는 어마어마한 병력이며 고대 그리스에서 이렇게 대규모 연합군을 조직한 것도 처음이었습니다. 이런 대군을 모을 수 있었던 것은 아가멤논이 동생의 복수를 위해 두 팔 걷고 나선 덕분이었습니다. 그리고 한 가지 더, 헬레네와 관련한 서약 때문입니다. 그리스 최고의 미녀 헬레네는 수많은 사람에게서 구혼을 받았습니다. 치열한 경쟁 속에서 구혼자들은 한 가지 서약을 맺습니다. 헬레네가 누구를 선택하든 부부에게 위기가 닥치면 도와주기로 한 것이죠. 이렇게 그리스 각지에서 다양한 영웅들이 모였습니다. 물론 아내를 뺏긴 메넬라오스의 복수뿐 아니라, 트로이아를 정복해서 이익을 나누겠다는 생각도 있었을 것입니다.

트로이아의 위대한 영웅, 아킬레우스

옛날 사람들은 전쟁에 나가기 전에 전쟁에서 승리를 거둘지, 아니면 패배하게 될지를 신에게 물어보았습니다. 그리스군은 트로이아를 정복하려면 어떤 인물이 꼭 필요하다는 신탁을 받게 됩니다. 그는 트로이아 전쟁에서 결코 빼놓을 수 없는 영웅, 아킬레우스였습니다. 그리스 전역에서 사람을 불러 모았지만 전쟁의 승리를 위해서는 아킬레우스가 꼭 필요했던 것입니다.

아킬레우스는 바다의 여신 테티스와 인간 페레우스 사이에서 태어났습니다. 아킬레우스는 인간의 피가 섞여 수명이 다하면 죽을 수밖에 없는 운명이었습니다. 테티스는 이승과 저승의 경계인 스틱스강에 산채로 아킬레우스를 담가 불멸의 몸으로 만들기로 합니다. 아킬레우스는 다른 곳은 불멸의 몸이 되었습니다. 그러나 그를 강에 담글 때 테티스가 손으로 잡았던 발목만은 불멸의 몸이 되지 않았습니다. 우리가 약점을 관용

스틱스강에 아킬레우스를 담그는 테티스[3]

적으로 표현하는 '아킬레우스의 건'은 여기서 유래한 것입니다. 아들을
불멸의 몸으로 만든 테티스는 켄타우로스족에서 가장 현인으로 알려진
케이론Cheiron에게 맡깁니다. 빈인만나의 케이론은 무예뿐 아니라 의술,
궁술, 예술에 모두 능했으며 그리스 로마 신화 전체에서 영웅들의 스승
으로 알려져 있습니다.

아킬레우스가 훌륭한 교육을 받고 불멸의 몸이 되었음에도 테티스는
걱정이 많았습니다. 전쟁에 참여하면 아들 아킬레우스가 죽음을 맞이할
운명이라는 신탁을 알게 되었기 때문이죠. 아킬레우스가 전장에 나가지
않기를 바랐던 테티스는 아들을 여장시켜 스키로스섬으로 보냈습니다.
이 섬에는 딸이 많았던 리코메데스Lycomedes 왕의 궁전이 있고, 그곳이라
면 사람들의 의심 없이 아킬레우스가 몸을 숨길 수 있으리라 생각한 것입

여장을 한 아킬레우스를 찾아내는 오디세우스[4)]

니다.

그런데 이 사실을 눈치 챈 누군가가 여장을 한 채 숨어있는 아킬레우스를 찾아옵니다. 그는 그리스군 최고의 지략가였던 오디세우스Odysseus입니다. 하지만 많은 공주들 사이에 숨은 아킬레우스를 찾는 것은 쉽지 않아 보였습니다. 오디세우스는 방물장수로 변장해 왕궁으로 들어갔습니다. 그러고는 궁전의 공주들을 모은 뒤 화장품, 장신구, 옷감과 함께 멋진 무기들을 섞어 공주들 앞에 내놓았죠. 공주들이 거울과 장신구 등을 구경하는 가운데 유달리 한 공주만 칼과 투구 같은 무기에 관심을 보였습니다. 이 모든 것을 지켜본 오디세우스는 아킬레우스를 찾아내 전쟁에 끌어들입니다.

지략가 오디세우스의 활약으로 그리스군은 신탁대로 아킬레우스 영입에 성공합니다. 이 소식을 들은 테티스는 아킬레우스에게 자신이 알고 있는 미래에 대해 알려주었습니다. 전쟁에 참가하면 죽을 수 있지만 불멸의 명성을 얻을 수 있고, 전쟁에 나서지 않는다면 장수를 누리며 오래 살지만 잊힐 것이라는 내용이었죠. 불멸의 명성과 안락한 삶 중 어떤 것을 택할 것인지 묻는 테티스. 아킬레우스는 평범한 삶보다 명성을 떨치는 삶을 선택합니다. 결국 아킬레우스는 온전히 자신의 의지로 참전을 결정한 것입니다. 이렇게 강대국 트로이아를 상대하기 위해 아킬레우스까지 영입하며 철저한 준비를 한 그리스 연합군은 약 10만 대군을 이끌고 바다를 건널 준비를 마쳤습니다.

본격적으로 트로이아 전쟁을 시작하기 전에 머릿속에 한 가지 의문이 들 것입니다.

'여자 하나 때문에 전쟁을 한다고?'

하지만 신화 속에 감춰져 있던 역사를 잘 살펴보면 전쟁을 할 수밖에 없는 이유를 알 수 있습니다. 앞서 말한 대로 트로이아는 소아시아와 유럽 대륙을 잇는 길목에 위치해서 막대한 부를 축적하고 있었습니다. 그에 반해 그리스는 척박했고 경제적·문화직으로노 낙후된 나라였습니다. 그런 그리스가 트로이아와 교역을 한다면 많은 경제적 문제를 해결할 수 있었죠. 그러나 정상적인 교역이 불가능했고, 그리스는 이런 상황에서 가장 효율적으로 돈을 버는 방법은 전쟁이라고 생각한 것입니다. 이런 상황을 정당화하고 미화시키기 위해 후대에 신화를 덧입힌 것으로 보는 학자들이 많습니다.

트로이아에서 펼쳐진 영웅들의 맞대결

그리스 연합군은 10만 대군을 이끌고 트로이아로 넘어갑니다. 트로이아 진영에는 아킬레우스만큼이나 어마어마한 인물이 있었습니다. 트로이아 성벽과 사람을 지키는 자, 적에게는 강하고 조국과 가족에게는 용맹스러운 전사 헥토르Hektor입니다. 헥토르는 트로이아 왕의 장남이자, 트로이아의 총사령관입니다. 그는 '용사의 살해자'라 불릴 정도로 적진 용사들을 두렵게 만드는 존재였습니다. 동시에 "적과 용감히 싸울 수 있지만 적을 혐오하지 않는다"라는 말을 한, 적을 사랑할 줄 알았던 남자였죠. 그리스 연합국의 수장 아가멤논조차 "헥토르가 있는 한 트로이아를 무너뜨릴 수 없다"라고 말했을 정도였습니다. 트로이아 최고의 전사이자 영웅 헥토르를 중심으로 모인 트로이아군도 전쟁을 위해 소아시아 동맹국들과 손을 잡고 그리스군에 대적합니다.

헬레네와 파리스의 사랑으로 누구도 예상 못했던 기나긴 싸움이 시작됐습니다. 아킬레우스를 중심으로 한 그리스 연합군과 헥토르를 중심으로 한 트로이아 연합군의 대결. 그리스군은 트로이아 진영에 들어왔지만 높은 성벽과 성채로 보호받던 트로이아 성은 쉽게 함락되지 않았습니다. 아무리 그리스군의 기세가 하늘을 찌를 듯해도 내륙에서 동맹국의 지원을 받는 트로이아의 숨통을 완벽하게 끊기는 어려웠습니다. 막상막하의 전력을 자랑했던 그리스군과 트로이아군의 전쟁은 장기전으로 흘렀고 결정적인 승패 없이 지리한 싸움은 무려 10년이나 지속됐습니다.

트로이아 전쟁을 시작한 지 10년째 되는 해에 아가멤논은 아킬레우스와 함께 트로이아의 주변 도시들을 공격하며 전리품을 나눠 가졌습니다. 그중에서 아킬레우스에게는 브리세이스Briseis라는 여인이 게라스geras,

즉 '명예의 상'으로 주어졌습니다. 그런데 아가멤논이 아킬레우스에게서 브리세이스를 강탈하며 모욕을 주는 일이 벌어집니다.

사건의 전말은 이러합니다. 트로이아에는 크리세스Chryses라는 사제가 있었습니다. 어느 날 그의 고향이 그리스군에 정복당했고 아가멤논은 그의 딸을 전리품으로 잡아갔습니다. 크리세스는 딸을 구하러 나섰으나 아가멤논은 크리세스의 딸을 늙어 죽을 때까지 자신의 곁에 둘 것이라며 거절하고 크리세스를 난폭하게 쫓아냅니다. 화가 난 크리세스는 트로이아의 사제인 자신을 모욕한 것은 신을 모욕한 것이라며 아폴론 신에게 도움을 요청합니다. 사실을 알게 된 아폴론은 그리스 병사들에게 역병을 일으키는 화살을 쏘며 공격했습니다.

이때 아킬레우스는 재앙에서 벗어나고자 크리세스의 딸을 돌려보내자고 주장합니다. 그러자 아가멤논이 딸을 돌려보내는 조건으로 아킬레우스의 여인을 내놓으라며 브리세이스를 데려간 것입니다. 명예의 상을 폭력적으로 빼앗긴 아킬레우스는 화가 머리끝까지 났습니다. 자신은 전쟁에 참여해 일찍 죽을 운명이라는 것을 알고도 불멸의 명성을 위해 전쟁에 뛰어들었는데 명성은커녕 불멸의 모욕만 남게 될 상황이 되자 절망과 분노가 엄습했던 것입니다. 그는 눈물을 흘리며 바닷가로 나가 어머니를 불렀습니다. 바다의 여신 테티스는 아들의 울음소리를 듣고 한달음에 땅으로 올라옵니다. 아킬레우스가 당한 수모를 들은 테티스는 급기야 제우스를 만나러 올림포스 산으로 향했죠. 테티스는 제우스에게 "아킬레우스가 아가멤논에게 모욕을 당했으니 내 아들이 명예를 회복할 때까지 그리스군이 트로이아군에게 패배하게 해주세요"라고 간청합니다. 《일리아스》에는 제우스가 테티스의 간청을 승낙하는 장면을 다음과 같이 묘사했습니다.

"왕의 머리에서 신성한 곱슬머리가 흘러내렸고 거대한 올림포스가 흔들렸다."

어찌 보면 이 장면은 단순한 허구가 아니라 인간의 감정을 극적으로 표현한 진실이라고 할 수 있습니다. 사건 이후 아킬레우스는 아가멤논에게 비난을 퍼부으며 더 이상 전쟁에 출전하지 않겠다고 선언합니다. 아킬레우스는 아가멤논이 자신의 명예를 강탈했다고 생각해 그대로 파업을 선언해 버린 것입니다.

이런 상황 속에 기나긴 전쟁을 끝낼 절호의 기회가 찾아옵니다. 장기화되는 전쟁에 지친 파리스가 헬레나의 전 남편이었던 메넬라오스에게 한 가지 제안을 한 것이죠. 헬레네의 전남편과 지금의 남편이 일대일로 결투를 벌여 누가 이기든 헬레네와 그의 전 재산을 차지하자는 것입니다. 이는 헬레네를 차지하기 위한 두 남자의 싸움이라는 전쟁의 이유를 상기시켜주는 것이기도 합니다. 트로이아군과 그리스군 모두 이 제안에 기뻐하고 동의했습니다. 파리스가 이런 제안을 한 것은 형이었던 헥토르의 불호령 때문이었습니다. 전쟁을 원하지 않았던 헥토르는 유부녀인 헬레네를 납치한 파리스를 불러 꾸짖었습니다.

"못난 녀석. 겉모습만 잘났지 계집에 정신 나간 사기꾼 같은 녀석. 넌 정말 태어나지 않았거나 결혼하기 전에 죽는 게 나을 뻔했다."

그렇게 일대일 전투가 시작되고 정해진 순서에 따라 파리스가 먼저 창을 던졌습니다. 메넬라오스는 날아오는 창을 재빨리 방패로 막았습니다. 이제 메넬라오스가 던질 차례. 그는 파리스를 향해 힘차게 창을 던졌고, 그 창은 파리스의 방패를 뚫고 나갔습니다. 다행히 창이 조금 빗나가서 파리스는 죽음은 면했지만 대결은 메넬라오스의 일방적인 승리로 끝나고 말았습니다. 이제 파리스는 죽음만을 기다리는 신세가 됐죠.《일리아

파리스를 꾸짖는 헥토르[5]

스》에서는 이 장면을 메넬라오스가 파리스의 투구 깃털을 잡고 끌고 가는 것으로 표현했습니다. 그리고 이때 트로이아의 편이었던 아프로디테가 내려와 파리스의 투구 끈을 풀어준 뒤 파리스를 안아 함께 날아가는 내용으로 이어집니다. 이는 적들이 잠시 한눈판 사이에 파리스가 도망간 것으로 해석할 수 있습니다. 파리스의 도망으로 인해 두 나라 사이의 약속은 흐지부지해졌고, 결국 트로이아 전쟁은 다시 혼전을 거듭했습니다.

그러나 아킬레우스가 전쟁에서 빠지자, 그리스군은 계속해서 패배했습니다. 아킬레우스가 없으면 전쟁에서 질 것이라는 신탁이 현실이 되었던 것입니다.

파트로클로스의 죽음

다급해진 아가멤논은 아킬레우스에게 사절단을 보냅니다. 사절단은 아가멤논의 사과를 대신 전하며 아킬레우스의 여인 브리세이스에게 손 끝 하나 대지 않았으며, 아킬레우스가 전쟁에 참여한다면 전리품을 돌려 주고 자신의 딸을 주겠다는 제안까지 하죠. 꽤 괜찮은 조건에도 아킬레 우스는 계속해서 거절합니다. 아가멤논에 대한 분노가 여전히 풀리지 않 았던 것이죠. 이후에도 전쟁은 계속되었고 그리스군은 진퇴양난의 위기 에 몰렸습니다. 그러자 상황을 지켜보던 파트로클로스Patroklos가 나섰습 니다. 파트로클로스는 어린 시절부터 아킬레우스와 깊은 우정을 맺은 사 이로, 두 사람의 관계는 친구 이상이었다고도 전해집니다. 그리스군이 패 배의 늪에서 헤어 나오지 못하자 아킬레우스에게 전쟁에 나가달라고 부 탁한 것입니다. 그럼에도 아킬레우스는 마음을 바꾸지 않았습니다.

파트로클로스는 아킬레우스가 전쟁에 나서지 않겠다면 자신이 대신 전투에 참여하겠다고 말합니다. 아킬레우스는 이 요구를 들어주며 자신 의 갑옷을 건넸습니다. 그 갑옷은 아버지 펠레우스와 어머니 테티스가 신들에게서 결혼 선물로 받은 것으로 신들의 무장이라 할 수 있습니다. '친구는 또 다른 나'라는 그리스의 명언처럼 파트로클로스는 또 다른 아 킬레우스가 돼서 싸우기로 합니다. 아킬레우스의 갑옷을 입은 파트로클 로스를 본 트로이아군은 아킬레우스의 재등장에 혼비백산해 도망가기 시작했습니다. 덕분에 파트로클로스는 연전연승을 기록하며 승승장구 합니다.

아킬레우스는 전쟁에 나서는 파트로클로스에게 트로이아군을 몰아내 기만 하고 도성은 침략하지 말라고 당부했습니다. 하지만 승리에 도취된 파트로클로스는 아킬레우스의 당부를 무시하고 트로이아 진영 깊숙이 뛰어들었고 트로이아 최고의 전사 헥토르와 대결하게 됩니다. 그리고 끝내 헥토르라는 산을 넘지 못하고 그의 창에 찔려 숨을 거두고 말았습니다. 헥토르는 파트로클로스의 숨이 끊어지자마자 그의 갑옷을 벗기고 빼앗아 입었습니다. 위대한 아킬레우스의 전리품을 입음으로써 자신의 승리를 널리 알리려 한 것입니다. 당시에는 적을 쓰러뜨린 뒤 적의 무장을 벗겨 신전에 바치는 것은 전통적인 풍습이었습니다. 그러나 적의 갑옷을 입는 것은 매우 이례적인 행동이었죠. 이는 그가 헥토르인 동시에 트로이아의 아킬레우스가 되었다는 상징적 의미로 이해할 수 있습니다.

파트로클로스의 시신을 본 아킬레우스는 친구의 죽음에 대한 책임으로 오열했습니다. 《일리아스》는 아킬레우스의 슬픔을 이렇게 표현했습니다.

> "슬픔의 먹구름이 아킬레우스를 덮쳐버렸다. 그는 두 손으로 검은 먼지를 움켜쥐더니 머리에 뿌려 고운 얼굴을 더럽혔고 (중략) 그리고 그 자신은 먼지 속에 큰 대자로 드러누워 제 손으로 머리를 쥐어뜯었다."

이때 아킬레우스의 울음소리를 들은 테티스가 다시 그를 찾아왔습니다. 이번에는 혼자가 아니라 자신의 자매 50명과 함께였죠. 이는 아킬레우스가 당한 모욕과 친구의 죽음의 크기를 문학적으로 비교한 상징적 표현이라 할 수 있습니다. 여인을 잃었을 때보다 친구를 잃었을 때 적어도 50배의 분노와 상실감을 느꼈다는 것이죠. 사정을 들은 테티스는 아킬레우스가 헥토르에게 갑옷을 빼앗긴 것을 알고 올림포스 산으로 올라가 새로운 무장을 가져다주었습니다.

친구의 죽음 이후 복수를 다짐한 아킬레우스는 무슨 일이 있어도 헥토르를 죽이겠다며 다시 전투에 나섰습니다. 완전 무장한 아킬레우스가 전쟁에 합류하자 전세는 금방 역전됐습니다. 트로이아 병사들은 후퇴를 거듭했고 모두 성안으로 숨어버립니다. 헥토르는 성문 앞에 서서 아킬레우스를 막아선 뒤 동료들이 무사히 성안으로 들어갈 수 있게 도왔습니다. 홀로 트로이아 성을 지키기로 결심한 것이죠. 이를 본 아킬레우스도 홀로 달려 나왔습니다. 마침내 두 영웅이 부하들을 뒤로 한 채 서로를 마주하게 된 것입니다. 그러나 헥토르는 아킬레우스가 거대한 창을 흔들면서 달려오는 것을 보는 순간 겁에 질려 달아나고 말았습니다. 아킬레우스는 그런 헥토르의 뒤를 집요하게 쫓았습니다. 트로이아 성곽을 세 바퀴나 돌며 쫓고 쫓기는 추격전을 벌인 끝에 헥토르는 달아나는 것을 포기하고 아킬레우스와 맞서기로 마음먹었습니다. 이때 헥토르는 아킬레우스에게 협상을 제안합니다. 싸움을 피하지는 않을 테니, 누가 죽든 간에 시체는 정중하게 돌려보내 장례를 치를 수 있게 하자고 말입니다. 이 이야기를 들은 아킬레우스는 이렇게 대답합니다.

"그런 약속은 할 수 없다. 나는 너와 친구가 될 수 없으며 약속을 할 수 없다. 둘 중 하나는 죽어야 한다."

결국 협상은 결렬되었고 아킬레우스와 헥토르의 대결이 시작됐습니다. 두 사람은 서로 번갈아 가며 힘껏 창을 던집니다. 헥토르는 용케 아킬레우스의 창을 피했지만 싸움은 오래가지 못했습니다. 헥토르가 입은 갑옷의 원래 주인은 아킬레우스였고 꼭 맞지 않는 갑옷의 빈틈을 찾은 아킬레우스가 그 사이로 창을 던진 것이죠. 결국 두 영웅의 대결은 창에 목덜미를 꿰뚫린 헥토르의 죽음으로 끝났습니다.

트로이아를 지탱했던 최고의 영웅이자 총사령관이 죽으면서, 전쟁의 승기는 크게 기울었습니다. 그럼에도 친구의 죽음에 대한 분이 안 풀린 아킬레우스는 헥토르의 갑옷을 모두 벗긴 후 뒤꿈치를 뚫어 밧줄을 묶은 후 시신을 전차에 매달고 트로이아 도성을 내달립니다. 프리아모스 Priamos 왕과 가족들은 그 모습을 보고 오열했고 트로이아인들은 큰 충격에 빠졌습니다. 특히나 아들 헥토르의 죽음을 본 프리아모스의 슬픔은 이루 말할 수 없었죠. 아버지의 슬픔에도 아킬레우스는 헥토르의 시신을 돌려줄 생각이 없었고 오히려 즐기듯 트로이아 성을 돌고 또 돌았습니다. 자신의 진지로 가져온 헥토르의 시신은 내버려두었습니다. 그러고는 파트로클로스를 위한 추모 경기를 열어 친구를 추모합니다. 그럼에도 분이 풀리지 않았던 아킬레우스는 자다가 일어나서도 헥토르의 시신을 수레에 묶어 벌판을 달리곤 했습니다. 이는 무려 12일이나 계속되었습니다. 이 모습을 본 신들은 화가 났고, 트로이아의 편에 섰던 아폴론은 급기야 신들의 회의를 소집했습니다. 제우스에게 아킬레우스를 말려달라고 부탁한 것이죠. 이에 제우스는 테티스를 불러 분노한 신들을 잠재우기 위해 헥토르의 시신을 돌려보내도록 설득하라고 명령합니다. 아킬레우스는 테티스의 이야기를 받아들였고 마침내 헥토르를 보내주기로 합니다.

이와 맞물려 트로이아에서도 헥토르의 시신을 돌려받기 위한 움직임이 있었습니다. 헥토르의 아버지 프리아모스는 아들의 시신을 돌려받기 위해 한밤중에 평범한 복장으로 적진 한가운데 있는 아킬레우스를 찾아갑니다. 갑옷을 벗고 인간 대 인간으로 서로를 보게 된 아킬레우스와 프리아모스. 무릎을 꿇고 아킬레우스의 손에 입을 맞춘 프리아모스는 이렇게 말합니다.

"나는 지금 가장 잔인한 짓을 하고 있소. 나의 사랑하는 아들을 죽인

아킬레우스와 프리아모스[6]

자의 손에 입을 맞추고 있다오. 그러니 나의 아들을 돌려주시오."

이 말을 들은 아킬레우스는 눈물을 흘렸고 두 사람은 끌어안았습니다. 서로를 적이 아닌 가장 큰 슬픔을 겪은 인간으로 마주한 것이죠. 아킬레우스는 프리아모스에게 식사를 대접한 뒤 헥토르의 시신을 돌려주었습니다. 프리아모스 역시 막대한 몸값을 수레에 가득 싣고 가 아킬레우스에게 주었다고 합니다. 신화에서는 테티스의 설득으로 해결한 이 사건은 프리아모스의 부정이 얼마나 애틋하고 강렬한 것인지를 테티스의 강림으로 표현한 것이라 볼 수 있습니다. 문학적 장치로도 상당히 의미 있는 내용입니다.

아킬레우스는 헥토르의 시신을 아버지 프리아모스에게 돌려주면서 헥토르의 장례 기간 동안은 휴전하겠다는 약속을 합니다. 프리아모스 왕은 헥토르를 위한 애도와 장례를 치르기 위해서는 12일의 시간이 필요하다고 말했습니다. 이에 아킬레우스는 12일의 휴전을 선포합니다. 프리아모스의 눈물겨운 노력으로 헥토르는 12일간의 장례를 치렀습니다.

아킬레우스의 죽음

약속한 12일이 지나고 그리스군과 트로이아군은 다시 전쟁을 시작했습니다. 트로이아의 총사령관이었던 헥토르의 죽음 이후 동생 파리스가 군대를 이끌었지만 트로이아군의 전력은 예전 같지 않았습니다. 한편 이제는 쉽게 트로이아를 정복할 것이라는 그리스군의 예상과 달리 트로이아는 쉽게 함락되지 않고 버텨나갔습니다. 트로이아군은 성 밖에 진을 치고 있다가 불리해지면 재빨리 성안으로 후퇴하는 식으로 그리스군을 괴롭혔습니다. 때문에 10년이나 전쟁을 이어온 그리스군의 상황도 그리 좋지만은 않았죠. 실제로 투키디데스의 《역사》에서는 그리스군이 상륙 직후 전투에서 승리했지만, 그 뒤에는 식량이 부족해 다른 곳에 가서 농사를 짓거나 해적질을 하면서 전투 식량을 마련한 것으로 추정합니다. 이런 식으로 분열되어 있으니 아무리 대군이라 해도 트로이아를 쉽게 점령할 수 없었던 것입니다. 이 전쟁을 일으킨 장본인인 파리스는 자신 때문에 형이 죽었다는 사실에 죄책감과 부채감을 느꼈습니다. 그러나 그는 헥토르에 비하면 용기도 부족하고 일대일 전투 능력도 떨어졌죠. 아킬레우스와의 대결에서 질 게 뻔했던 그는 쉽사리 나서지 못했고 그저 활을 쏘는 연습만 계속할 뿐이었습니다.

그렇게 시간이 흐른 뒤 아킬레우스는 이제 기나긴 전쟁을 끝내기로 마음먹습니다. 이제까지 전쟁은 트로이아 성에서 멀리 떨어진 곳에서 벌어졌지만 그리스군이 기세를 올리면서 트로이아 성을 향해 트로이아군을 밀어붙이고 있었기 때문이죠. 아킬레우스의 기세에 눌린 트로이아군은 점차 성 쪽으로 밀려났습니다. 그러자 더 이상 물러설 곳 없는 파리스도 이제는 전쟁에 적극적으로 참여합니다. 사실 파리스에게는 믿는 구석이 있었습니다. 트로이아의 공주이자 헥토르의 여동생인 폴릭세네Polyxene가 오빠의 복수를 위해 아킬레우스에게 접근한 것입니다. 폴릭세네와 사랑에 빠진 아킬레우스는 그녀에게 자신의 약점을 알려주는 실수를 저지르고 맙니다. 폴릭세네는 파리스에게 그 사실을 알려주었죠. 드디어 아킬레우스의 약점을 파악한 파리스는 복수할 기회를 엿보는 중이었습니다. 한편 약점이 노출된 줄도 몰랐던 아킬레우스는 드디어 파리스와 마주합니다.

아킬레우스를 발견한 파리스는 그를 향해 활시위를 힘차게 당겼습니다. 이 순간을 위해 밤낮없이 활쏘기 연습을 한 파리스의 화살은 쇳소리를 내며 아킬레우스를 향해 날아갔습니다. 아킬레우스는 화살을 피하려 본능적으로 몸을 틀었고 화살은 그의 발뒤꿈치에 명중합니다. 치명적 약점을 공격당한 아킬레우스는 결국 숨을 거뒀습니다. 최고의 장수이자 전쟁 영웅을 잃어버린 그리스 연합군은 혼란에 빠졌습니다.

반대로 트로이아군은 사기가 오를 대로 올랐습니다. 게다가 난공불락이라고 불리는 트로이아 성도 아직 함락되지 않았죠. 전쟁을 오래 끌수록 그리스군에게는 더 불리한 상황이었습니다. 이때 그리스군 최고의 지략가인 오디세우스가 한 가지 묘안을 생각해 냅니다. 커다란 목마를 만들어 그 안에 병사들을 숨겨놓자는 계획입니다. 이것이 바로 유명한 '트로이아 목마'입니다. 그리스인들은 거대한 목마를 제작한 뒤 그 안에 최고의 전사들을 숨겼고, 전쟁을 포기하고 떠난 것처럼 꾸민 다음 인근 섬 뒤로 모두 숨었던 것입니다.

다음날 여느 때처럼 그리스군을 정찰하던 트로이아군은 뜻밖의 광경을 목격합니다. 그리스 함대가 진을 치고 있던 해안에 배도 사람도 하나 없는 모습을 보게 된 것이죠. 그런데 성 밖에 거대한 목마가 서 있었습니다. 사라진 적군과 덩그러니 남은 거대한 목마, 도무지 이해할 수 없는 상황이었습니다. 사람들은 대체 무엇 때문에 이런 걸 만들었을까 하고 수군거리면서 목마에 대해 호기심을 보였습니다. 일부에서는 불에 태우자, 물에 빠뜨리자고 주장했습니다. 반대로 전리품이니 성안으로 끌고 들어가야 한다는 사람도 있었습니다.

때마침 그리스인 포로 한 명이 잡혀왔습니다. 그는 그리스군이 전쟁을 포기하고 모두 돌아갔다고 말했죠. 그에게 목마의 정체를 묻자 포로는 "이는 후퇴하는 그리스 연합군이 무사히 귀환할 수 있도록 아테나 여신에게 바치는 제물"이라고 대답했습니다. 그리고 이렇게 거대한 목마를 만든 이유는 만약 이 목마가 트로이아 성 안으로 들어가게 되면 이 말이 트로이아 성을 영원히 지키는 수호물이 될 것이기에 성 안으로 들어갈 수 없도록 크게 만들었다고 자백했죠. 목마의 정체를 이야기한 그리스인 포로는 사실 트로이아인들을 속이기 위해 위장한 그리스군이었습니다. 트로이아 목마 작전의 성공을 위해 오디세우스가 일부러 그리스인 첩자를 심어둔 것이죠.

논란이 생길 수밖에 없는 상황에서 트로이아 최고의 예언가 라오콘 Laokoon은 의심을 거두지 않았습니다. 이 안에는 적군이 들어 있을 테니

영화 〈트로이〉에 사용된 목마

절대로 성 안에 들여놓아서는 안 된다고 적극 반대합니다. 그는 절대 그리스인을 믿어서는 안 되며 그들이 이렇게 호락호락하게 달아날 리 없다고 주장했습니다. 라오콘의 의견에 동조한 트로이아인들은 목마를 향해 창을 던졌습니다. 고대 로마 시인 베르길리우스Vergilius의 작품에 따르면 이때 텅 빈 소리가 나자 목마가 비어 있다고 판단한 사람들은 결국 성벽의 일부를 허물고 목마를 끌어 성 안으로 들였다고 합니다. 이렇게 트로이아 목마는 무사히 트로이아 성곽 안으로 들어갔습니다.

　10년이나 계속된 전쟁에서 드디어 승리했다고 착각한 트로이아의 백성들은 성문을 열고 나와 자유를 만끽합니다. 그날 밤에는 화려한 만찬을 즐기며 승리를 자축하기도 했죠. 한밤중이 되자 목마 안에 숨어있던 그리스 전사들이 밖으로 나왔습니다. 그들은 재빨리 트로이아 성의 문을 열어 밖에서 대기 중인 그리스 군대를 입성시켰고 마침내 성을 함락합니다. 모든 상황을 예측한 오디세우스의 빛나는 지략 덕분에 '트로이아의 목마' 작전은 완벽히 성공합니다. 드디어 10년간의 길고도 지루했던 전쟁이 끝을 맺은 것입니다. 결국 트로이아는 폐허만 남긴 채 신화 속으로 사라졌습니다.

트로이아 전쟁, 실화인가? 신화인가?

신들의 개입으로 일어난 인간들의 전쟁인 트로이아 전쟁은 역사일까요, 아니면 단순히 이야기로만 전해져 내려오던 신화적 내용일 뿐일까요? 트로이아 전쟁은 서양 문명사에서 상징적 의미로 남아 있습니다.

영화 〈300〉을 통해 널리 알려진 고대 페르시아 제국의 황제 크세르크세스Xerxes는 대군을 몰고 그리스를 침략하는 원정을 떠나기 전 트로이아를 방문해 이렇게 말했습니다.

"트로이아의 조상들이여, 나 크세르크세스가 지금부터 그리스에게 당한 복수를 하고 오겠습니다."

알렉산드로스 역시 트로이아에 들러 "과거 트로이아를 멸망시킨 그리스 연합군처럼 페르시아를 파괴하겠다"라며 페르시아 원정에 나섰죠. 또한 중세 유럽을 뒤흔든 십자군 전쟁을 자리매김할 때 '새로운 트로이아 전쟁'이라고 빗대어 표현합니다. 훗날 오스만튀르크 세력의 확장과 더불어 콘스탄티노플을 탈환한 오스만 제국의 정복자 메흐메트 2세Mehmed II도 동로마제국을 몰아내며 트로이아를 방문해 이런 말을 남겼습니다.

"나는 트로이아의 후손이며 신들의 도움으로 과거 트로이아의 원수들을 모두 무찌를 수 있었다."

이처럼 신화적 허구일 수도 있는 트로이아 전쟁은 훗날 실제 역사를 만들어내는 명분으로 작동했습니다.

하지만 트로이아 전쟁이 실화인지, 신화인지에 대해서는 오랜 시간 의견이 분분했습니다. 인간의 이성이 발전한 근대에 들어서서 《일리아스》는 한 구절도 사실이 아니라며 부정하는 사람이 있는가 하면, 반대로 《일리아스》의 생생한 묘사에 빠져 사실이 아니라면 이렇게 기록할 수 없다며 트로이아 전쟁을 역사적 사실로 받아들이고 덤벼든 사람도 있습니다. 후대의 학자들 역시 그에 대해 저마다 다른 의견을 보였습니다. 역사의 아버지라고 불리는 헤로도토스는 페르시아 전쟁사를 다룬 《역사》에서 트로이아 전쟁을 신화가 아닌 역사로 설명합니다. 하지만 실증과학의 아버지라 불리는 투키디데스는 트로이아 전쟁을 과장된 것으로 보았습니다. 사실 그리스 영웅들은 해적과도 같은 존재였고, 후대에 미화된 것이라고 주장하기도 했습니다.

이로 인해 서양에서는 한때 《일리아스》를 쓴 작가 호메로스의 정체를 두고 뜨거운 논쟁이 벌어졌습니다. 그가 쓴 책은 창작이 아니라 아킬레우스 이야기, 헥토르 이야기 등 전해 돌던 이야기를 모아서 편집한 것이고, 그는 편집자일 뿐이라는 것입니다. 또한 호메로스 자체가 가상의 인물일 수 있다는 이야기와 호메로스가 일종의 그리스 이야기꾼 집단의 이름이라는 것까지 다양한 논쟁이 존재합니다. 입에서 입으로 전해지는 트로이아 전쟁에 대한 이야기 공연을 했던 팀의 이름이 호메로스라는 것입니다. 3천 년 전 이야기에 확실한 증거도 남아 있지 않아 트로이아 전쟁이 실제로 일어나지 않았다고 생각한 사람이 많았습니다. 하지만 이 논쟁에 획기적인 전환을 가져온 엄청난 사건이 일어납니다. 트로이아 문명

슐리만이 발견한 유물들

유물을 착용한 소피아

의 유적지가 발견된 것입니다.

　사업가 겸 고고학자인 하인리히 슐리만은 트로이아 전투를 묘사한 한 장의 그림을 보고 반드시 이 유적지를 찾아내겠다고 결심합니다. 신화적 이야기가 아니라 역사적 사건이라는 것을 확신했던 것입니다. 그는 트로이아로 추정되는 현재 터키의 히살리크 언덕으로 향했습니다. 하지만 오랜 세월이 지나 흙으로 덮여 트로이아 유적을 확인할 수는 없었죠. 1870년부터 발굴을 시작한 슐리만은 3년 만에 트로이아 유적의 일부를 발견합니다. 그가 처음 발굴한 것은 황금잔과 왕관, 목걸이 등과 같은 유물이었습니다. 슐리만은 이것이 헥토르의 아버지이자 트로이아의 마지막 왕이었던 '프리아모스의 보물'이라고 믿었습니다. 이를 기념하기 위해 자신의 아내인 소피아에게 그 보물들을 착용하게 한 뒤 사진까지 찍었습니다.

트로이아에 대한 슐리만의 지나친 열정은 커다란 두 가지 실수를 불렀습니다. 첫 번째는 트로이아는 불에 타서 멸망했기 때문에 불에 탄 그을음 같은 흔적을 찾고자 했는데, 이 과정에서 불에 타지 않고 원형을 간직한 유물을 멋대로 훼손한 것입니다. 두 번째는 이렇게 발굴한 트로이아 유물들을 해외로 밀반출해 판매한 것입니다. 그래서 그는 한때 '보물 사냥꾼'이라는 비난을 받기도 했습니다. 또 자신이 찾은 자료 중 본인의 주장에 맞는 것만 선별적으로 공개하고 아닌 것은 훼손하기까지 했죠.

시간이 지나 고고학자들의 계속된 연구에 의해 새로운 사실이 밝혀졌습니다. 히살리크 언덕의 유적은 오랜 세월 층층이 쌓여 온 역사적 흔적이 남아 있는 복합 유적지이며 모두 10개 층이라는 것입니다(전문가들은 좀 더 세분화하여 수십여 개의 층으로 분류). 그리하여 이곳에서는 청동기 시대부터 로마 시대까지의 유적이 발견되었습니다. 10개 층 중 트로이아 전쟁의 시기는 7번 층으로 추정됩니다. 그런데 슐리만이 발견한 유물은 2번 층에서 발견한 것이었죠. 트로이아 전쟁보다 약 1420년 앞선 시기의 유물이었습니다. 이렇게 시대가 여러 번 바뀌는 동안 도시가 사라지지 않고 새로운 도시가 이어졌다는 것은 이곳의 입지가 상당히 좋았음을 의미합니다.

이후 제2차 세계대전의 발발과 함께 유적 발굴은 중단되었고 1988년 터키 정부의 지원을 받은 독일 튀빙겐 대학의 호프만 교수가 발굴을 재개했습니다. 당시 대학을 막 졸업한 터키의 아슬란이라는 청년이 호프만 교수의 제자로 발굴에 참여했고, 그는 호프만 교수가 사망한 뒤에도 지금까지 발굴을 이어가고 있습니다. 이렇게 발견되는 작은 역사적 진실들은 트로이아 전쟁이 단순한 허구가 아니라 사실을 근거로 이야기한 것이

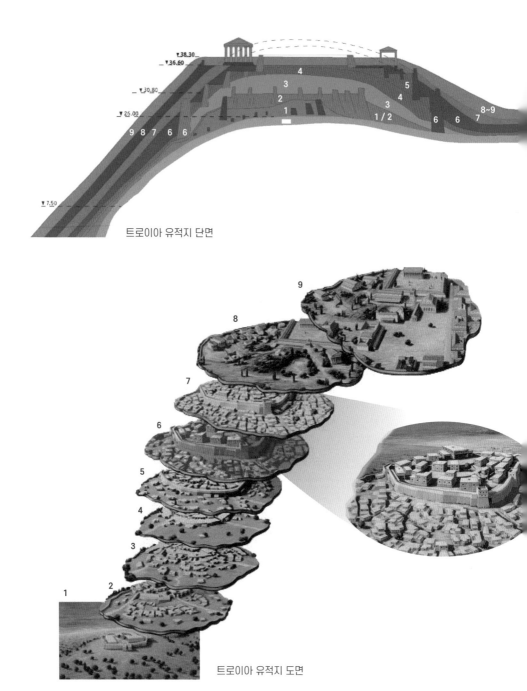

▼38.30
▼36.60
4
3
▼30.80
2
1
▼25.00
9 8 7 6 6

5
4
3
1 / 2
6 6
8~9
7

▼7.50

트로이아 유적지 단면

9
8
7
6
5
4
3
2
1

트로이아 유적지 도면

라는 주장을 뒷받침합니다. 전설과 신화라고 생각했던 일들이 사실은 우리 인류의 역사 일부일 수도 있다는 것이죠.

만일 트로이아 전쟁이 역사적 사실이 아니라 신화적 허구였다고 하더라도, 분명한 것은 후대인들은 그것을 역사적 사실로 믿었고 그에 따라 새로운 역사를 만들었다는 것입니다. 페르시아 인들은 트로이아 전쟁에 대한 보복이라며 페르시아 전쟁을 일으켰고, 알렉산드로스는 페르시아 전쟁에 대한 보복이라며 페르시아 원정을 떠났습니다. 로마의 황제 아우구스투스Augustus는 로물루스로 시작되던 신화를 트로이아 전쟁에 연관시켜 로마의 역사를 화려하게 만들었습니다. 트로이아 전쟁 영웅을 이은 로마는 결코 보잘것없는 나라가 아니라, 그리스와 경쟁했던 엄청난 강국 트로이아의 후예들임을 강조한 것이죠. 이는 신화를 진짜 역사로 만들었고, 그 위대한 유산이 지금까지 우리에게 이어져 오고 있다는 증거입니다. 이처럼 역사란 후대의 해석과 이를 바탕으로 한 새로운 발견들이 어우러져 계속해서 새롭게 쓰여져 나가는 기록입니다. 허구적 신화조차도 그 속에는 역사적 진실이 담겨 있으며, 우리가 역사라 믿고 있는 이야기도 상당 부분은 하나의 신화로 해석될 수 있습니다.

벌거벗은 삼국지 *1*

조조, 난세의 영웅일까?
권력에 미친 역적일까?

이성원

● 성경 다음으로 가장 많이 읽은 역사서, "이 책을 세 번 이상 읽지 않은 자와 인생을 논하지 말라"라는 말까지 있을 정도로 동아시아 최고의 고전으로 꼽히는 《삼국지》. 수많은 영웅호걸의 전쟁과 음모, 지략을 통해 지혜와 교훈을 주는 삶의 지침서라 할 수 있습니다. 특히 한·중·일 동아시아에서는 600년 이상의 스테디셀러로 문화와 예술에도 끊임없이 영감을 주는 원천이죠. 그런데 우리가 많이 읽는 이 책이 역사(정사)라기보다는 이야기에 가까운 소설이라는 사실을 알고 있나요? 정사는 진수陳壽가 쓴 역사서 《삼국지》로 3세기 말에 쓰인 책입니다. 반면 소설 《삼국지연의》는 그로부터 약 1천여 년 뒤 원나라와 명나라 시기 작가 나관중羅貫中이 쓴 것입니다.

널리 알려진 것은 소설 《삼국지연의》이지만 상당 부분이 역사를 토대로 만들어졌기에 매우 중요한 역사 자료로 인정받고 있죠. 주인공 대부분이 실제 역사 속 인물이면서 그 시대에 일어난 굵직한 사건을 다루며 이야기가 전개되어 당시 역사와 문화를 이해하는 데 많은 도움을 줍니다. 정사에는 이름만 나올 정도의 인물이 소설에서는 주요 인물로 등장하거나, 소규모 전투라 해도 그 이면에 숨어 있는 인물들의 갈등과 고민까지 다루면서 역사를 조금 더 입체적으로 바라볼 수 있게 해줍니다. 또한 도원결의, 삼고초려, 계륵, 허허실실, 백미 등 《삼국지연의》에서 유래한 말들이 지금도 우리 생활 속에서 자연스럽게 쓰이고 있습니다. 지금부터 소설 《삼국지연의》와 정사 《삼국지》를 넘나들면서 흥미진진한 이야기를 바탕으로 그 속에 숨은 진짜 역사를 나눠보려 합니다.

삼국지 이야기의 주축을 이루는 영웅 중에서 정사와 소설 속 모습이 가장 다른 인물은 누구일까요? 그를 상징하는 《삼국지연의》 속 문장을 힌트로 제시하겠습니다.

"태평시대에 그는 유능한 신하이지만, 혼란한 시대에는 간사한 영웅이다."

이 사람은 일개 경비대장에서 한 국가의 최고 관직인 승상까지 오르고, 훗날 위나라의 왕이 된 조조曹操입니다.

많은 사람들이 조조를 꾀 많고 임기응변에 능한 간사한 인물로 생각합니다. 그런데 역사 속 조조는 완전히 다른 인물입니다. 실제 역사인 정사 《삼국지》에서는 조조를 이렇게 평가합니다.

"조조가 이룬 대업은 그의 밝은 지략에서 나온 것이고, 가히 역사상 시대를 초월한 인재라 할만하다."

중국 역사상 최고의 황제로 불리는 당 태종도 "나 당 태종은 세상의 다른 군주와 비교하면 뛰어날지 모르나 난세의 영웅 조조와는 비교할 수 없노라"[1]라고 조조를 평가했습니다. 이처럼 역사 속 조조는 계획한 일을 실천에 옮기는 결단력을 갖춘 유능한 정치가로 인

조조의 초상화

정받았습니다. 그런 조조에게 나쁜 이미지가 생긴 것은 나관중의 《삼국지연의》 때문입니다.

그에 반해 우리는 삼국지의 유비劉備를 지나칠 정도로 정이 넘치고 착하며 눈물도 많은 영웅으로 알고 있습니다. 하지만 실제 역사에서 유비는 호락호락하지 않고, 불같이 화도 내는 한 성격 하는 인물이었죠. 나관중은 《삼국지연의》에서 유비를 좋은 리더로 만들고 싶었기에 유비의 나쁜 점은 감추고 좋은 점은 부각했습니다. 그러다 보니 유비와 대립하는

조조는 반대로 좋은 점은 감추고 나쁜 점은 더욱 드러낸 것입니다. 어찌 보면 조조는 《삼국지연의》의 최대 피해자인 셈입니다. 이 때문에 조조에 대한 평가는 오늘날까지 논란이 계속되고 있습니다. 그는 과연 난세의 영웅일까요, 아니면 권력에 미친 역적일까요? 조조를 중심으로 삼국지의 진짜 역사를 하나씩 벌거벗겨 보겠습니다.

악마의 심장을 가진 자, 동탁

조조가 세상에 이름을 알리기 시작한 시기, 중국 땅은 혼란 그 자체였습니다. 대규모 민중 반란이 일어난 데다 역사상 최악의 국정농단을 벌인 한 남자가 나라를 완전히 망치고 있었기 때문이죠. 이러한 혼란을 안정시키기 위해 나선 영웅이 있었으니, 그가 바로 조조입니다.

중국을 최초로 통일한 진시황제가 죽고 난 뒤 다시금 혼란이 찾아온 중국을 한나라의 유방劉邦이 재통일합니다. 이후 약 400년(기원전 206년 ~220년) 동안 한나라 왕조가 찬란한 역사를 써내려갔습니다. 그러나 영원한 제국은 없는 법. 후한말 망국의 병에 걸린 한나라는 최악의 상황을 맞이합니다.

당시 한나라는 10인의 환관 때문에 혼란스러웠습니다. '십상시'라 불리는 이들은 황제를 손아귀에 넣고 주무르면서 나라를 좌지우지했습니다. 중국의 정사 《후한서》의 〈유유전〉에는 다음과 같은 기록이 있습니다.

> "백성에게 죄가 없어도 번번이 친족까지 벌하였고, 백성이 농토를 가지고 있으면 억지로 그것을 빼앗았다."

환관들의 만행에 백성의 삶은 점차 피폐해졌고 자연재해로 인한 기근까지 겹쳐 굶어 죽는 사람들이 넘쳐났습니다. 184년, 생활고에 시달리던 농민들은 황색 두건을 두르고 반란을 일으켰습니다. '황건적의 난'이라 불리는 이 항쟁은 삽시간에 전국으로 번졌습니다. 이런 혼란한 시대에 질서를 잡기 위해 천하의 영웅들이 등장합니다. 조조, 원소袁紹, 유비, 관우關羽, 장비張飛, 손견孫堅 등은 한마음으로 뭉쳐 황건적을 물리칩니다. 그런데 이때 중국 역사상 최악의 폭군이 등장해 다시 국정농단을 시작합니다.

삼국지 속 최악의 폭군으로 기록된 동탁董卓입니다. 악마의 심장을 가진 자로 불린 그는 권력을 잡기 위해 황제와 황후를 죽이고 9세밖에 안 된 어린 헌제獻帝를 황제 자리에 앉혔습니다. 역사에 기록된 그의 악행은 말로 다 할 수 없이 많습니다. 하루는 동탁이 도적을 잡겠다고 나갔다가 도적들의 잘린 머리와 재물, 그리고 여자들을 가득 싣고 온 일이 있었습니다. 그런데 그가 잡아 온 도적은 사실 무고한 백성이었습니다. 동탁은 잔치를 벌이고 연회를 베푸는 자리에서 자신이 잡아온 전쟁 포로 수백 명의 혀와 손발을 절단하고 눈을 뽑아 솥에 넣어 삶아 버리기도 했습니다. 잔인하기 이를 데 없는 동탁의 만행에 문무백관들은 공포에 떨며 동탁에게 순종할 수밖에 없었습니다. 동탁은 백성뿐 아니라 황제에게도 몹쓸 짓을 많이 했습니다. 예법을 무시하고 신발을 신은 채 허리에 칼을 차고 황궁에 들어가 황제를 만나고, 밤마다 황궁에 들어가 궁녀들을 품거나 황제의 침전에서 잠을 자기도 했죠. 황제보다 더 황제처럼 행동한 동탁을 가리켜 중국에서는 '협천자이령제후挾天子以令諸侯'라 평가했습니다. 천자를 끼고 제후들을 호령한다는 뜻입니다.

동탁이 이렇게 국정을 어지럽히고 있을 때 조조는 무얼 하고 있었을까요? 소설은 조조를 천하의 역적 동탁 밑에서 그에게 충성을 바치는 모습으로 그려냅니다. 황건적의 난을 제압하고 궁에 입성한 조조는 황제를 농락하며 나라를 망치는 동탁을 바로 옆에서 지켜봐야 했습니다. 이때 조조는 동탁을 암살하고 싶은 마음이 굴뚝같았지만 그 실행이 좀처럼 쉽지 않았습니다. 삼국지 최고의 무장으로 손꼽히는 동탁의 양아들 여포 呂布가 동탁의 곁을 지켰기 때문이었죠. 여포는 《삼국지연의》에 등장하는 수많은 무장 가운데 최고의 실력을 갖춘 인물입니다. 실제 역사에서도 무술 실력이 매우 뛰어났던 것으로 알려져 있습니다. 정사 《삼국지》는 여포를 다음과 같이 소개합니다.

> "여포는 궁술과 기마술에 능했으며. 힘 역시 남들보다 뛰어나 비장으로 불렸다."

비장飛將은 '날아다니는 장군'으로 행동이 빠르고 용맹한 장수를 뜻하는 말입니다. 한나라 시대를 통틀어 비장의 칭호를 받은 무장은 단 두 명뿐입니다. 게다가 그의 옆에는 하룻밤에 천 리(약 400km)를 간다는 명마 '적토마'도 함께였습니다. 과거 사람들은 "사람 중에 가장 용맹한 자는 여포이고, 말 중에 가장 뛰어난 것은 적토마로다"라고 했을 정도로 뛰어난 말과 그 말을 타는 장군이었죠.[2] 적토마를 탄 여포는 어느 누구도 대적할 수 없었던 강력한 상대였고, 이런 여포를 옆에 둔 동탁 역시 절대 무너지지 않을 것 같은 존재였습니다.

동탁의 횡포를 지켜보던 조조는 요즘으로 치면 국무총리와 같은 사도직의 왕윤王允을 찾아가 동탁의 암살을 모의합니다.

"제가 몸을 굽혀 동탁을 섬긴 이유는 틈을 타서 그를 죽이려 한 것입니다. 지금 동탁이 저를 믿고 있으니 동탁의 집에 가서 그를 죽이겠습니다. 사도 왕윤께서 가지고 계신 집안 대대로 내려온 칠보도를 잠시 빌려주시면 동탁을 암살하겠습니다!"

조조와 뜻을 같이한 왕윤은 기꺼이 칠보도를 내어줬습니다. 다음 날 조조는 칠보도를 숨긴 채 약속한 시간보다 조금 늦게 동탁을 찾아갑니다. 동탁이 늦게 온 이유를 묻자 "제가 타고 온 말이 늙고 약해 걸음이 늦었습니다"라고 말합니다. 그 이야기를 들은 동탁은 여포에게 좋은 말을 가져와 조조에게 선물하라 명령합니다. 사실 이 모든 것은 조조가 계획한 것이었습니다. 여포가 동탁 옆에 없다면 그를 쉽게 제거할 수 있을 거라 생각해 여포를 따돌리고자 일부러 늦게 간 것이죠. 계획한 대로 동탁과 둘만 남게 된 조조는 칼을 뽑아 들 기회를 엿봤습니다. 그때 침상에 있던 동탁이 얼굴을 돌려 조조를 등지고 누웠습니다. 이때다 싶어 조조는 동탁을 향해 서서히 다가갔습니다. 급히 칼을 뽑아 찌르려는 순간 거울로 조조가 칼을 뽑는 모습을 본 동탁이 소리쳤습니다.

"그대는 지금 무얼 하는가!"

때마침 여포도 돌아왔습니다. 이미 칼을 뽑아 든 조조는 적잖이 당황했지만, 얼른 자루를 돌려 칼을 받들고 꿇어앉은 다음 귀한 칼을 동탁에게 바치려고 했다고 변명합니다. 이렇게 간신히 위기를 모면한 조조는 아무렇지 않은 척 여포가 가져온 말을 타고 멀리 도망쳤습니다. 일찍이 삼국지를 그림으로 묘사한 삽화본이 많은데, 예를 들어 《채회전본삼국연의》에는 이 상황이 잘 묘사되어 있습니다. 그림의 왼쪽에 쓰인 글은 '동탁을 암살하려고 모의하다 조조가 칼을 헌사하다'라는 내용입니다. 동탁 뒤의 푸른색이 암살 실패 요인인 거울입니다. 실제로 삼국시대에는 청동거울을 사용했으나 명청시대에 작업한 그림인 까닭에 이 같은 거울로 묘

동탁을 암살하려는 조조

사되었습니다.

사실 이 일화는 《삼국지연의》에만 나오는 이야기입니다. 실제 역사에
는 조조가 동탁을 암살하려 했다는 기록이 없습니다. 다만 동탁이 조조

에게 관직을 하사하며 함께 천하를 도모하자고 말하지만 조조가 거부하고 고향으로 달아난다는 내용만 있을 뿐이죠. 당시 황제가 하사한 관직을 거부한다는 것은 어명을 어기는 것과 같아 사형에 처할 수도 있는 행위였습니다. 그래서 정사에서는 조조가 도망가는 것으로 기록했습니다. 그러나 《삼국지연의》에서는 실제 역사와 달리 동탁을 암살하려다 실패하는 것으로 묘사해 조조와 동탁의 대립에 개연성을 높이는 극적 장치로 활용했습니다. 그런데 여기서 끝이 아닙니다.

소설이 만들어낸 악인 조조

동탁 암살에 실패한 조조는 몸을 숨길 수 있는 고향을 향해 무작정 달리기 시작합니다. 그리고 고향으로 가던 중 그의 인생을 뒤흔들 비정한 사건을 일으키게 됩니다. 사실은 조조가 자신을 죽이려 했다는 사실을 뒤늦게 깨달은 동탁은 달아난 조조를 잡기 위해 거리 곳곳에 그를 수배하는 대자보를 붙였습니다. 어마어마한 현상금까지 걸었죠. 고향으로 향하던 조조는 잠시 몸을 숨기기 위해 아버지의 의형제 '여백사呂伯奢'를 찾아갑니다. 여백사는 그를 환영하며 극진히 대접했죠. 그러고는 술을 사오겠다고 나섰습니다.

오랜만에 발 뻗고 편히 지낼 수 있게 된 도망자 조조는 안도하며 쉬고 있었습니다. 그런데 그때 정원 뒤쪽에서 쓱싹쓱싹 칼을 가는 소리가 들리는 것입니다. 그리고 "먼저 묶어놓고 죽일까?"라며 여백사의 가족들이 두런대는 말소리도 들려왔습니다. 도망자 신세인 자신을 죽여 동탁에게 넘기려 한다고 생각한 조조는 그대로 달려 나갔습니다. 그러고는 닥치는 대로 검을 휘둘러 8명이나 되는 여백사의 가족을 무참히 살해했습니다. 그리고 얼마 후 조조의 눈에 돼지 한 마리가 들어왔습니다. 조조에게 대접할 돼지를 잡기 위해 칼을 갈던 소리를 도망자 신세였던 조조가 오해한 것이었죠. 뒤늦게 잘못을 깨달았지만 이미 돌이킬 수 없는 최악의 상황이 벌어진 뒤였습니다. 급히 말을 타고 떠나던 조조는 마침 술을 사가지고 돌아오던 여백사와 만나게 됐습니다. 당황한 조조는 급한 사정이 생겼다며 인사하고 떠나다가 다시 돌아와 여백사마저 죽였습니다. 자신의 가족이 살해당한 사실을 알게 된 여백사가 군사를 이끌고 자신을 죽이러 올까 봐 먼저 죽인 것입니다. 조조는 또 한 번 잘못된 선택을 하고 말았습니다.

소설 《삼국지연의》는 조조의 옆에 진궁이라는 사람이 함께하는 것으로 묘사합니다. 진궁은 너무도 놀란 나머지 왜 죄 없는 여백사마저 죽이느냐고 물었습니다. 그러자 조조가 자신의 뜻을 밝힙니다.

> "차라리 내가 천하를 저버릴지언정, 결코 천하의 사람들이 나를 저버리게 하진 않겠다."[3]

'세상과 천하에 대한 자기 주도성'을 드러낸 이 말은 조조의 캐릭터를 가장 잘 보여줍니다. 조조는 자신의 목적을 위해서라면 은혜를 베푼 이를 단칼에 죽일 정도로 피도 눈물도 없는 사람으로 그려진 것입니다. 이 내용은 《삼국지연의》를 좋아하는 많은 사람들이 조조를 잔인하고 비정한 간웅으로 인식하게 만드는 결정적 사건이 되었습니다.

하지만 정사 《삼국지》에는 이 내용이 없습니다. 사실 이 사건은 조조에겐 가장 억울한 이야기입니다. 실제 역사와 비교해 보면 완전히 다른 내용이기 때문이죠. 이 시기 조조와 여백사 사이에 어떤 사건이 있었던 것 같습니다. 당대 사람이었던 위나라 역사가들은 여백사 사건에 관해 《삼국지연의》와는 다른 기록을 남겨놓았습니다. 그중 왕침王沈이라는 사람이 쓴 책 《위서》 중 여백사에 관한 기록입니다.

> "여백사는 마침 집에 없었고, 여백사의 아들과 손님들이 함께 조조를 겁박해서 말과 재물을 빼앗으려고 했다. 그러자 조조는 직접 칼을 뽑아 그들을 찔러 죽였다."

즉 여백사의 가족이 진짜 조조를 죽이려고 했고, 조조는 살아남기 위해 일종의 정당방위를 했다는 것입니다. 게다가 당시 여백사는 집에 없었기 때문에 가족을 죽인 후 여백사를 죽였다는 내용도 역사적 사실과는 전혀 다릅니다. 무엇이 진실인지 우리는 정확히 알 수 없지만 소설의 기록과 역사서의 내용은 전혀 다른 이야기를 하고 있습니다. 다만 우리는 어떠한 것이 맞느냐는 논쟁보다 삼국지 전반부에서 이 사건이 조조의 나쁜 이미지를 생성하는 데 큰 몫을 했다는 사실은 주목할 필요가 있습니다. 조조와 여백사 사건은 진수가 쓴 역사서 《삼국지》에는 없는 일화이지만 당시 회자되는 여백사와 관련한 모종의 사건을 '도망 중에 예민하고 의심이 많은 조조가 오해로 인해 살해했을 것이다'라고 해석한 의견들이 후대에 더욱 추가된 것입니다. 그 의견을 적극적으로 받아들인 나관중은 《삼국지연의》에서 이 사건을 조조의 잘못으로 몰고 간 것이죠. 조조의 비정함이 크게 부각되면서 나쁜 이미지를 만드는 데 큰 역할을 한 사건은 이렇게 탄생했습니다.

조조와 유비의 첫 만남

우여곡절 끝에 무사히 고향에 도착한 조조는 아버지에게서 받은 재산과 지역 유지들의 후원을 받아 약 5천 명의 의병을 모았습니다. 동탁을 토벌하기 위한 군대를 일으킨 것이죠. 그러자 각 지의 태수를 비롯해 호족과 영웅들(원술, 손견, 원소, 공손찬 등)이 동참하면서 반反 동탁 연합세력이 형성되었습니다. 조조를 중심으로 영웅호걸들이 모였지만 실제로 우두머리 역할을 한 것은 조조의 어릴 적 친구 원소袁紹였습니다.

그리고 이때 조조는 일생일대의 라이벌이 될 사람을 만나게 됩니다. 삼국지에서 빼놓을 수 없는 인물 유비입니다. 유비는 너그럽고 따뜻한 성품으로 항상 백성을 위하며, 조조와는 천하 쟁패를 겨루는 인물로 알려져 있습니다. 그는 조조처럼 일찍이 천하를 다스리는 큰 뜻을 품었고, 백성을 괴롭히는 동탁을 제거하기 위해 반동탁 군을 찾아온 것입니다. 이처럼 조조와 유비는 동탁을 물리칠 협력자로서 첫 만남을 가졌습니다.

훗날 조조와 대척점에 서는 유비는《삼국지연의》의 최대의 수혜자입니다. 그런데 정사와 소설 모두 유비의 외모를 흥미롭게 묘사했는데, 소설에서는 다음과 같습니다.

> "그의 두 귀는 커서 어깨에 닿고, 눈을 한번 크게 뜨고 쳐다보면 그 눈으로 자기 귀를 볼 수 있을 정도였다. 키 일곱 척 다섯 촌에 팔이 길어서 손이 무릎 아래까지 내려간다."

과장된 묘사지만 여기서 주목할 것은 유비의 큰 눈과 귀입니다. 이는 유비를 귀와 눈이 밝은, 그래서 비범하고 총명聰明한 성인聖人의 모습으로 그려내고자 한 것으로 보입니다. 여기에는 또 다른 속내가 숨어 있는데, 유비의 조상이자 한나라를 세운 유방의 외모 역시 유비처럼 비범하게 묘사했다는 사실입니다. 이를 통해 독자들은 유방과 유비의 비슷한 모습을 떠올리며 유비의 정통성을 인정하게 됩니다. 유비의 과장된 외모 묘사로 그의 이미지를 각인시킨 것은 조조의 외모는 전혀 묘사하지 않은 것과 상대적으로 대조됩니다.

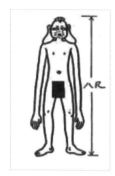

고우영 화백이 묘사한
《삼국지연의》속 유비

　그렇다면 실제 역사에서 유비는 어떤 성격의 소유자였을까요? 그는 인자하고 덕이 많은 사람으로 알려졌지만 다음과 같은 면모도 있었다고 합니다. 정사 《삼국지》속 유비는 황건적의 난을 진압하는 과정에서 공을 세워 현급 단위의 작은 마을의 치안을 담당하게 됩니다. 그러던 어느 날 상급 기관인 군郡의 행정담당관이 현을 방문했고, 유비는 자신의 공을 제대로 평가받기 위해 그에게 만남을 요청합니다. 그러나 행정담당관은 유비의 요청을 번번이 거절합니다. 화가 난 유비는 그 행정관을 잡아다 나무에 묶고는 200대의 매질을 하고 도망가 버립니다. 그런데 《삼국지연의》에서 이 사건은 유비가 아닌 장비가 한 것으로 그려집니다. 아마도 이 사건은 나관중이 그려내고자 하는 유비의 캐릭터와 맞지 않아 유비를 장비로 바꾸어 묘사한 것 같습니다. 이처럼 《삼국지연의》는 유비의 단점은 감추고 장점은 부각한 면이 많습니다.

　다시 원래의 이야기로 돌아가서, 동탁을 토벌하러 조조를 찾아온 유비 곁에는 특별한 형제들이 함께했습니다. 청룡언월도를 든 관우와 장팔사모를 든 장비입니다. 소설에서 조조, 유비와 함께 큰 비중을 차지하고 있는 관우와 장비지만 실세 역사서에서 관우와 장비는 거의 보조 출연자 정도의 비중밖에 안 될 만큼 미약하게 그려집니다.

　유비 3형제까지 합류하며 반동탁 세력이 형성됐지만 정사《삼국지》에서는 좀처럼 진전되는 것이 없었습니다. 동탁의 양아들인 여포가 계속해서 전투에서 활약하면서 반동탁 연합군은 번번이 여포에게 무너졌고 동탁의 기세는 여전히 하늘을 찔렀죠. 수도인 낙양성의 외곽에서 유비, 관우, 장비 3형제와 여포가 합을 겨룬 '호뢰관 전투'는 여포의 가공할 전투

호뢰관 전투 4)

력을 확실히 보여줍니다. 단 한 번도 패배한 적 없던 장비가 여포의 무력을 힘겨워했고, 결국 관우와 유비까지 합세했지만 여포는 전혀 밀리지 않았습니다. 이 전투는 《삼국지》 전반부에서 가장 매력적이고 호쾌한 장면이라 할 수 있습니다.

내로라하는 영웅들이 여포와의 전투에서 계속 밀리면서 조조는 결국 동탁 제거에 실패합니다. 반동탁 세력도 서서히 흩어졌습니다. 조조 역시 동탁 제거의 명분을 잃고 연주 지역에 머물며 다시 천하를 도모할 시기를 엿보았습니다. 그런데 이때 동탁이 죽었다는 소식이 들려옵니다. 그를 죽인 사람은 놀랍게도 동탁을 지키던 여포였습니다. 이는 오랜 시간 동탁을 제거할 준비를 해온 사도 왕윤의 작품이었습니다.

《삼국지연의》에서는 왕윤이 동탁 제거의 걸림돌인 여포를 없애기 위한 비책을 세웁니다. 자신의 수양딸 초선貂蟬의 미인계로 여포와 동탁 사이를 갈라놓는 것이죠. 결국 왕윤과 여포의 계략으로 함정에 빠진 동탁은 양아들 여포에 의해 목숨을 잃게 됩니다. 그런데 실제 역사에서는 초선이 등장하지 않습니다. 대신 여포가 동탁의 이름 없는 시녀와 통정을 했다는 내용이 있습니다. 시녀와의 염문으로 늘 불안했던 여포는 전전긍긍하며 조심했고 이러한 여포의 처지를 알게 된 왕윤이 여포를 종용한 것이죠. 그렇게 동탁과 여포는 서로 불신이 쌓여 가다가 왕윤이 여포를 부추겨 동탁을 배반하고 죽이게 했다고 합니다.

주군을 잃은 여포는 부하들에게 배신당한 채 떠돌았습니다. 이때 모든 영웅들이 최고의 무장인 여포를 자신의 휘하에 두고 싶어 합니다. 조조 역시 여포를 생포해 자신의 아래 두려 했으나 그때 유비가 조조에게 말했습니다.

"조공, 청이 하나 있습니다. 여포는 세 분의 의부를 모셨죠. 첫째가 정원丁原, 둘째가 동탁, 셋째가 왕윤. 세 사람 모두 여포의 큰 도움을 받았지만 결국 모두 어떻게 되었습니까. 오늘 조공께서 여포의 넷째 의부가 되시면 어떨까요?"

갈등하던 조조는 유비의 말을 듣고 곧장 여포를 죽이기로 합니다. 셋이나 되는 군주를 모신 여포가 또 배신할 가능성이 크다고 판단한 것입니다.

처세술의 달인 조조, 황제 옆에 서다!

동탁이 죽자 그의 꼭두각시 노릇을 하던 황제는 동탁의 부하들에게서 도망칩니다. 그리고 조조에게 자신을 보호하라는 조서를 보내죠. 천하를 도모할 기회를 엿보고 있던 조조는 즉시 군사를 이끌고 낙양으로 가서 황제를 보호합니다. 이렇게 권력을 잡은 조조는 황제에게 수도를 낙양에서 허도로 옮기자고 제안합니다. 수도였던 낙양은 불에 타서 폐허가 됐고 안보에도 취약했습니다. 그리고 허도는 조조의 근거지였던 연주와 매우 가까웠기 때문입니다. 수도를 옮긴 뒤 조조는 황제에게 온갖 산해진미로 극진하게 대접했습니다. 이런 조조의 모습을 본 황제는 혼란한 시대에 자신을 염려해 주고 받드는 사람이 있다는 사실에 안심합니다. 또한 조조는 황제에게 필요한 물건들을 건네며 "폐하, 이 재산과 물건은 본래 황제와 이 나라의 것입니다. 국가의 물건을 반납하겠습니다"라고 말했습니다. 황제에게 도움을 주면서도 오히려 이 물건은 나라에서 준 것이기 때문에 나에게 고마워할 필요가 없다고 겸손하게 말한 것이죠. 조조에게 크게 감동한 황제는 그를 더 철석같이 믿게 됩니다.

하지만 이 믿음은 황제에게 독이 됐습니다. 동탁에게서는 두려움을 느껴 권력을 빼앗겼다면 조조에게는 지나치게 의지하면서 자연스럽게 황제의 권력이 조조에게로 옮겨간 것입니다. 나중에는 관직 임명부터 황명까지 국가의 중요한 일들을 모두 조조가 처리하는 상황까지 오고 말았습니다. 당시 헌제가 할 수 있는 일이라고는 조조가 가져온 문서에 도장을 찍는 것뿐이었죠. 그렇게 조조는 황제를 옆에 끼고 천하를 호령합니다. 또 그는 스스로 대장군, 오늘날로 치면 합참의장의 자리에 올랐습니다. 이때부터 나라의 권력은 모두 조조의 손아귀에 들어가게 되었습니다.

사실 이 이야기만 들으면 조조도 동탁과 다를 게 없어 보입니다. 황제를 옆에 끼고 천하를 호령하려 했던 '권력에 미친 역적'이자 '간사한 신하'라는 생각이 드는 것이죠. 하지만 놀랍게도 조조는 황제의 권력을 향한 원대한 포부를 처음에는 확실하게 드러내지 않았습니다. 역사서 진수의 《삼국지》〈무제기〉에 남아있는 조조의 정치 문서에서 그의 솔직한 심정을 엿볼 수 있습니다.

> 나는 명문 호족 출신도 아니고 그렇다고 초야에 묻혀 있는 명망 높은 사대부도 아니어서 나를 인정하지 않을 것을 알고 있었다. (중략) 처음에는 내가 대업을 이룰지 몰랐으나 이제 대업을 도모하고자 한다. (중략) 만약에 이 나라에 내가 없으면 몇 사람이 황제를 참칭(분수에 넘치게 스스로를 황제라 칭함)하고 또 왕을 참칭할지 알 수 없다. 나 조조가 승상에 있지 않으면 온갖 사람들이 더욱 소란을 일으키지 않겠는가?

글을 요약해보자면 "내 비록 명문 호족 출신은 아니어도 이 나라의 승상으로서 대업을 도모하고자 한다. 내가 아니라면 천하가 얼마나 혼란스럽겠는가'라는 이야기입니다. 즉 처음에는 황제에 욕심이 없었으나 서서히 욕심을 드러내기 시작한 것입니다. 하지만 그런 와중에도 조조는 황제를 동탁처럼 폐위시키거나 죽이지 않고 그의 옆에서 몸을 웅크리며 때를 기다렸습니다. 역사서인 《위서》에서도 조조는 황제를 폐위할 생각이 없다는 것을 명확히 하고 있습니다.

"천제를 폐위시키는 일은 세상에서 가장 상서롭지 못한 일이다."

반동탁 세력이 형성된 것처럼 반조조 세력이 형성될 수도 있기 때문이었죠. 기록에 남아 있는 조조의 이러한 초기 행보에도 불구하고 《삼국지연의》는 조조의 신중하고 냉철한 모습은 쏙 빼놓은 채 처음부터 황제의 권력을 탐해 빼앗을 기회만 노리는 인물로 묘사하고 있습니다.

정책으로 보는 조조의 리더십

이렇게 권력을 잡은 조조가 가장 먼저 한 일은 무엇이었을까요? 당시는 황건적의 난과 동탁의 농단으로 나라가 매우 혼란스러웠습니다. 이로 인해 가장 피해를 본 것은 다름 아닌 백성들이었습니다. 그리하여 조조는 먼저 백성을 안심시키기 위한 법을 만들기로 합니다.

조조는 군인들이 전쟁을 치르거나 전투하는 과정에서 민간인을 약탈하거나 피해를 주는 것을 막기 위해, 어떤 작전이나 행군을 하더라도 농민들의 논밭을 훼손하지 못하도록 법률을 제정했습니다. 이를 지키지 않으면 엄벌에 처하겠다고 공표했죠. 그런데 어느 날 공교롭게도 조조가 탄 수레를 끌던 말이 놀라 보리밭을 짓밟게 됩니다. 조조는 바로 부하를 불러 군법을 위반한 자신을 어떻게 처벌할지 논의합니다. 난감해진 부하는 "존귀한 자는 처벌하지 않습니다"라며 만류했습니다. 이 상황을 용납할 수 없었던 조조는 도리어 "법을 만든 내가 위반했는데도 처벌을 받지 않는다면 누가 그 법을 따르겠느냐?"라고 역정을 내면서 칼을 뽑아 들고 자신의 머리카락을 잘랐습니다. 지금은 머리카락을 자르는 게 별것 아닌 것 같지만 머리카락을 자르는 곤형髡刑은 당시에 실제 있었던 형벌이었습니다. 비록 무거운 형벌은 아니어도 자신이 만든 법을 지키기 위해 스스로에게 벌을 내리는 모습은 본보기가 되었고, 군사들은 군법을 더 철저하게 지켰다고 합니다.

그 외에도 조조는 시대에 맞는 시스템을 빨리 만들고 앞장서서 정착시켰습니다. 이 시기에는 계속된 전쟁으로 농사지을 땅이 줄어들었고, 남자들은 강제 징병을 당해 농사를 지을 사람도 부족했습니다. 세금을 거둬들여야 국가의 재정을 마련할 수 있는데 세금을 낼 백성들이 고통을 겪으면서 나라 전체가 큰 문제에 빠졌습니다. 그래서 조조는 우선 허도를 중심으로 농민들이 황무지를 적극 개간하는 둔전을 시행하고 이 제도를 변경(나라의 경계가 되는 변두리의 땅)이나 야전에서 근무하는 군인들에게도 적용했습니다. 쉽게 말해 군인들에게 주인 없는 땅을 경작시켜서 일정 부분은 국가에 바치고 남은 수익은 월급으로 받아가는 것입니다. 이렇게 식량 생산량과 세금을 늘려 국가의 이윤을 쌓았고, 이때 확보한 군량미는 전쟁 때 매우 유용하게 사용됐습니다. 먼 곳에서 군량미를 가져오는 수고와 위험을 감수하지 않아도 됐기 때문이죠. 조조가 여러 크고 작은 전쟁에서 승리할 수 있었던 배경에는 둔전제로 인한 든든한 군량미가 있다고 해도 과언이 아닙니다.

또 조조는 이런 국가 시스템을 만들 때 적극적으로 참여했습니다. 도로나 다리를 건설할 때는 설계에 간여하고 세부적인 지시를 내리기도 했습니다. 그리고 대장장이들과 함께 땀을 흘리면서 칼을 만드는 작업도 마다하지 않았죠. 이를 지켜본 한 참모가 "주공은 큰일이나 도모하시지 왜 천한 대장장이까지 되려고 하십니까?"라고 물었습니다. 그러자 조조는 "큰일도 잘하고 작은 일도 잘하면 좋지 않겠는가?"라고 대답했습니다. 이렇듯 알려진 것과 달리 조조는 시대를 읽는 눈이 남달랐을 뿐 아니라 대처 능력도 뛰어났습니다. 하지만 나관중의 《삼국지연의》에서는 조조의 이런 면을 잘 보여주지 않았습니다.

조조의 리더십이 뛰어나다고 평가받는 가장 큰 이유는 '구현령'이라는 인재 정책입니다. 이는 능력만 있다면 누구라도 인재로 등용하겠다는 것입니다. 조조는 어지러운 시대에 도덕적인 품성까지 일일이 따지다 보면 아까운 인재를 놓칠 수도 있다고 판단했습니다. 그리하여 인재를 영입하는 데 신분, 부, 명예, 귀천을 따지지 않았습니다. 오로지 충성과 능력이라는 두 가지 잣대로만 사람을 받아들였죠. 그는 심지어 자신을 굳이 지지하지 않아도 능력만 있다면 인재로 등용했습니다. 조조의 이런 정책은 나라의 등용 제도를 완전히 변화시켰습니다. 게다가 조조는 인재를 알아보는 눈만 있었던 게 아니라 이들을 적재적소에 활용할 줄도 알았습니다. 그가 쓴 〈단가행〉이라는 시에는 조조가 얼마나 인재를 중요하게 생각했는지 잘 드러납니다.

산은 그 높음을 마다하지 않고,
바다는 그 깊음을 꺼려하지 않는다네.

(중략)

옛 성현인 주공은 인재가 찾아오면

먹던 음식도 뱉고 나가서 맞이했다는데

나 또한 천하 사람들의 마음을 얻으리라.

인재가 있다면 최선을 다해 그들의 마음을 잡으려는 노력과 영리한 책사들을 일사불란하게 지휘할 수 있는 통솔력 덕분에 조조는 탁월한 명장들을 많이 얻었고, 이들을 적재적소에 활용했습니다. 그렇게 조조의 인재가 된 부하들은 조조에게 충성을 다하며 기개를 펼쳤습니다.

그런데 이런 조조가 후대까지도 큰 비판을 받는 서주대학살을 감행합니다. 《삼국지》〈도겸전〉에 따르면 조조군의 민간인 학살로 인해 수십만의 서주 백성이 죽고, 그들이 흘린 피로 강이 붉게 물들고 끝없는 시체들로 범람했을 정도였다고 합니다. 심지어 살아 있는 생명체라면 마을의 닭과 개까지 모조리 죽여버렸다는데, 조조는 대체 왜 이런 학살을 저지른 것일까요?

이 사건은 조조의 아버지 조숭曹嵩이 당시 서주를 다스리던 도겸의 부하에게 살해당한 것에 대한 개인적 원한과 보복이 크게 작용했습니다. 조조가 서주성을 공략하는 과정에서 희생된 농민과 군인 등의 수는 무려 10만여 명이었습니다. 정말 비극적인 대학살입니다. 당시 5개 현에서 사람의 자취가 모두 사라졌다고 하니, 얼마나 많은 사람이 목숨을 잃었는지 짐작할 수 있습니다.

이 사건은 《삼국지연의》뿐 아니라 많은 역사학자들이 조조의 일생일대 최악의 악행으로 손꼽는 일입니다. 사실 실제 역사는 조조의 아버지 조숭의 죽음은 도겸의 책임이 가장 크다고 기록하고 있습니다. 하지만

《삼국지연의》는 이 일화 역시 인과관계를 제대로 알려주지 않고 단지 목적을 위해서라면 백성도 모두 죽이는 잔인한 사람으로 조조를 묘사했습니다.

서주 대학살 이후 완전히 권력을 장악한 조조는 조금씩 정치적 야망을 드러내기 시작합니다. 황제는 서주 대학살을 일으킨 조조에게 아무런 벌도 내리지 못했습니다. 그의 죄를 고하는 상소문이 올라오면 그것을 쓴 사람을 조조가 모조리 죽여서 황제에게 전달되지 않았기 때문이죠. 게다가 조조는 황후와 황후의 가족들이 자신을 암살하려는 계획을 세운 사실을 알게 되었습니다. 분노한 조조는 칼을 차고 황후가 있는 궁전으로 쳐들어갑니다. 그때 황후 옆에 황제가 있었음에도 임신 중인 황후를 궁문 밖으로 끌어내 비단으로 목을 졸라 죽였습니다. 그리고 누구를 막론하고 자신의 허락 없이 입궁하지 못하도록 명령합니다.

이런 조조의 모습을 보고 어린 시절부터 친구였던 원소는 크게 분노했습니다. 원소뿐 아니라 반동탁 세력으로 함께 힘을 합쳤던 유비도 그에게서 등을 돌렸습니다. 황제 역시 날이 갈수록 더해가는 조조의 횡포를 견디다 못해 비밀 조서를 써서 조조를 제거할 계획을 세웁니다. 황제의 계획을 알게 된 유비는 조조 암살에 동참하기로 합니다. 그런데 조조의 암살 계획이 누설되고 말았습니다. 이 사실을 알게 된 조조는 관련된 인물을 모조리 죽여 버립니다. 그 후 유비의 마음을 떠보기 위해 그를 불러 함께 식사를 합니다. 조조는 유비에게 "그대는 이 시대 천하의 영웅이 누구라고 생각하는가?"라고 물어봤습니다. 유비는 다른 사람들의 이름을 대면서 질문을 비켜나가기 위해 노력합니다. 유비의 대답을 들은 조조는 "지금 천하에 영웅은 나와 당신뿐이다"라며 유비가 천하를 향한 야망을 있는지 그의 의중을 떠봅니다. 때마침 난데없이 천둥과 번개가 내리쳤고 깜짝 놀란 유비는 젓가락을 떨어뜨렸습니다. 고작 번개 소리에 두려워할 정도로 겁이 많은 유비의 모습을 본 조조는 그가 자신에게 위협을 가하거나 큰일을 도모하지 못할 것이라 생각합니다. 하지만 이 모든 것은 조조의 술수에 넘어가지 않은 유비의 임기응변이었습니다. 유비는 천하통일을 꿈꾸는 자신의 속내를 보이지 않기 위해 놀란 척 연기를 했던 것이죠. 이 이야기는 《삼국지연의》는 물론이고 역사에서도 실제 있었던 일화로 유비의 캐릭터를 짐작할 수 있는 흥미로운 기록입니다.

훗날 조조는 유비가 자신을 속이고 천하통일을 꿈꾸고 있다는 사실을 알게 됩니다. 큰 배신감을 느낀 조조는 반드시 유비를 제거하기로 결심합니다. 유비 3형제는 조조만큼이나 큰 세력을 가지고 있던 조조의 오랜 친구이자 라이벌, 원소에게 도움을 요청합니다. 하지만 원소에게 도착하기도 전에 조조의 군사들과 전투를 벌이고 크게 패배합니다. 유비와 장비, 그리고 관우는 그렇게 서로의 생사도 모른 채 뿔뿔이 흩어지고 말았습니다. 이때 자신이 줄곧 흠모하던 관우가 유비와 떨어져 홀로 지낸다는 소식이 조조의 귀에 들어갑니다. 출중한 무예 실력과 자신이 따르는 유비에게만 충성을 다하는 관우를 본 조조는 그를 어떻게든 자신의 사람으로 만들기로 합니다. 관우에게 접근한 조조는 관우를 불러 다음과 같이 제안했습니다.

"만약 유비의 생사를 확인해 그가 살아있다면 그때는 그에게 다시 보내주겠다. 그러나 유비가 죽었다면 반드시 내 곁에 있어주오."

하지만 관우의 마음은 움직이지 않았습니다. 조조는 관우에게 관직을 포함해 엄청난 재물과 여자들을 보내주면서 끊임없이 유혹했습니다. 그래도 넘어오지 않는 관우를 보며 회심의 일격을 가했습니다. 하룻밤에 천 리를 간다는 여포의 적토마를 관우에게 선물로 준 것입니다.

"저것은 여포가 타던 적토마가 아니오?"

온갖 선물과 유혹에도 꿈쩍 않던 관우도 적토마를 선물 받고서는 크게 기뻐했습니다. 조조는 자신에게 계속해서 감사 인사를 하는 관우에게 "무엇이 그리도 기쁘단 말이오"라고 물었습니다. 관우는 조조가 전혀 예상하지 못한 대답을 했습니다.

"저는 이 말이 하루에 천 리를 가는 것을 알고 있습니다. 형님이 계신 곳을 알면 그날로 달려가 뵐 수 있지 않겠습니까?"

이 말을 들은 조조는 크게 낙심한 동시에 관우의 충의에 더욱더 감동했습니다.

이 역시 《삼국지연의》에만 나오는 이야기입니다. 관우가 조조 곁에 잠시 머물렀던 것은 역사적 사실이 맞습니다. 하지만 소설 속 내용은 실제 역사와 다른 부분이 있습니다. 먼저 적토마는 여포가 갖고 있을 때부터 명마로 이름이 알려져 있었는데, 말의 평균 수명은 25~30년 정도입니다. 여포가 죽고 난 뒤라면 적토마 역시 수명을 거의 다했을 가능성이 큽니다. 그리고 실제 역사에서 관우는 적토마를 탄 적이 없습니다. 그런데 소설은 최고의 무장 관우에게 어울리는 최고의 명마 적토마를 극적 장치로 활용했습니다. 더불어 도원결의로 맺은 유비와 관우의 깊은 신뢰를 더욱 부각한 것이죠.

중원을 차지한 자, 천하를 얻는다

관우가 조조의 옆에서 유비에게 돌아갈 궁리를 하던 그때, 조조의 목숨을 노리는 이가 군사를 일으켜 조조를 치러 온다는 소식이 들려왔습

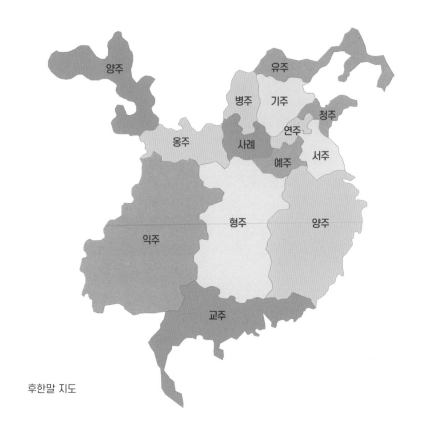

후한말 지도

니다. 그는 조조의 오랜 친구이자 라이벌, 원소였죠. 조조의 세력이 점점 커지고 그의 횡포가 날이 갈수록 심해지자 원소는 조조에게서 완전히 등을 돌렸습니다. 그리고 군사를 일으켜 조조를 공격하기로 결심하죠.

원소의 군사는 70만 명으로 조조의 10배라고 기록되어 있습니다. 하지만 역사학자들은 실제로는 원소의 군사는 10만 명, 조조의 군사는 3만 명으로 추정합니다. 원소와 조조의 근거지도 차이가 있었습니다. 조조는 연주, 예주 지역을 차지한 반면 원소는 기주, 유주, 병주, 청주 지역을 차지하고 있었죠. 병력뿐 아니라 영토, 행정구역, 인구 등 모든 면에서 원소가 압도적으로 우위에 있었습니다. 조조가 원소보다 우위에 있는 유일한

한 가지는 황제의 군대라는 명분이었습니다.

어제의 동지에서 오늘의 적이 된 조조와 원소는 본격적인 전쟁을 시작합니다. 그들의 전투는 적벽대전, 이릉전투와 더불어 삼국지 3대 전투 중하나로 불리는 관도대전입니다. 관도는 한나라의 도읍 허도로 가는 길목에 위치한 군사 요충지입니다. 그곳의 전략적 중요성을 알고 있던 조조로서는 꼭 지켜야 하는 길목이었죠. 두 사람은 엎치락뒤치락 싸움을 이어가며 약 8개월 동안 기나긴 전투를 벌였습니다. 원소가 쉽게 이길 것이라는 예상과 달리 조조의 군대는 예상 밖 선전을 보여주었습니다.

첫 번째 전투인 백마에서 조조는 마침 자신의 군영에 머물고 있던 관우를 승부수로 띄웁니다. 관우의 활약 덕분에 원소군의 명장이었던 안량顔良을 무찌르고 승리를 거뒀습니다. 역사서《삼국지》의〈관우전〉에도 같은 기록이 남아있습니다.

> "관우가 안량을 발견하고 만 명이 운집한 무리 중으로 말을 달려가 안량을 찌르고 그의 목을 베어 돌아왔다. 원소 휘하의 여러 장수들은 당할 자가 없어 마침내 포위를 풀었다."

첫 전투의 승리로 조조군의 기세는 더욱 높아졌습니다. 하지만 병력 차이를 뛰어넘기 어려웠던 조조는 특별한 방법으로 원소군에 맞설 두 번째 승부수를 띄웁니다. 교란책으로 원소의 진영을 어지럽히기로 한 것이죠. 첫 전투에서 진 원소는 약 6천 명의 군사를 보내 백마에서 관도로 후퇴하는 조조군을 추격했습니다. 이때 조조가 교란 전술을 펼칩니다. 군량과 말먹이를 앞에 남겨두고 군사를 뒤로 배치하는 전술을 쓴 것입니다. 일반적으로 전투를 할 때는 군사들이 앞에서 싸우고 후방에서는 끊임없이 군량미와 말먹이 등을 보충합니다. 그런데 조조는 마치 쫓기듯 원소군을 유인하면서 말을 비롯해 무기류와 기타 값진 물건들을 길가에 내버려 둔 듯 흘리고 자신의 군사를 그 뒤에 매복시켰습니다. 조조의 군사를 쫓아오던 원소의 군사들은 길가에 버려진 물건을 보고 조조군이 황급히 달아났다고 생각했습니다. 원소군은 전리품을 수습하느라 이내 진열이 흩어지고 방심하게 되었습니다. 바로 그때, 매복하고 있던 600여 명의 조조군이 원소군을 기습합니다. 이 전투에서 원소군의 또 다른 명장 문추文醜가 목숨을 잃었습니다. 소규모 전투라고는 하지만 안량과 문추라는 두 명장을 잃고 연패한 원소 군대의 사기는 크게 꺾였습니다.

화가 끝까지 오른 원소는 병력의 우위를 앞세워 속전속결로 조조군을 끝장내기로 결심합니다. 그런데 원소의 책사 허유許攸는 오히려 지구전으로 몰고 가서 조조를 관도성에 고립시키고 허도에서 황제를 모셔오면 승리할 것이라고 간언합니다. 황제가 원소의 편에 서면 조조가 전쟁을 할 수 있는 명분이 사라지고 상대적으로 병력이 적은 조조군이 오래 버티지 못하리라 판단한 것이죠. 하지만 원소는 허유의 말을 듣지 않습니다. 오히려 조조를 생포하기 위해 조급하게 공격에 나섰습니다.

원소에게 무시당한 책사 허유는 원소를 저버리고 조조에게 투항합니다. 그리고 원소군의 주요 보급로를 알려주며 이곳을 차단하면 원소를 이길 수 있다며 보급 부대를 공격하라고 조언합니다. 고급 정보 같지만 이제 막 투항한 적의 말을 과연 믿을 수 있을까요? 조조의 참모진은 허유의 이야기를 반신반의하며 듣지 말자고 했으나, 조조는 적에서 투항했을지라도 그의 정보가 유용하다고 판단되면 흔쾌히 받아들였습니다. 허유의 조언대로 조조군은 원소군의 주요 보급 창고를 찾아 불태웠고 관도대전의 승기를 잡았습니다.

이처럼 조조는 비록 적군의 말이라고 해도 도움이 된다면 경청하고 수용했습니다. 이런 조조의 용인술은 당시에도 엄청나게 획기적인 것이었습니다. 동시에 그가 반포한 구현령이라는 인재 정책을 실천한 것이기도 합니다. 조조는 이렇게 얻은 인재를 적재적소에 활용했고 그 덕분에 엄청난 병력 차이에도 불구하고 원소와의 전투에서 승리했습니다.

관도대전에서 승리한 조조는 또 한번 놀라운 행보를 보였습니다. 역사서인 《위씨춘추》에 따르면 전투가 끝나고 원소의 진영에 입성한 조조는 그곳에서 자기 진영의 일부 병사들이 원소와 내통했다는 사실을 알게 됩니다. 그 병사들이 보낸 은밀한 서신을 확인한 조조는 이렇게 말했다고 합니다.

"원소가 워낙 강해 나도 이길 수 있을지 확신이 없었는데 다른 사람들은 오죽했겠는가?"

그러고는 문서를 모두 불태워버립니다. 부하들에게 책임을 묻지 않은 것이죠. 이 모습으로 다시금 군사들의 신임을 얻게 되었습니다. 조조의 뛰어난 리더십은 그에게 더 큰 권력을 가져다주었습니다.

원소는 관도대전 이후 화병을 얻어 2년 뒤에 죽었는데 조조는 적이지만 오랜 친구였던 그의 무덤에 찾아가 펑펑 눈물을 흘렸다고 합니다. 정사 《삼국지》의 〈무제기〉에 이 내용이 기록되어 있습니다.

> "조조는 원소의 묘에 가서 제사를 하고 곡을 하며 눈물을 흘렸다. 또 원소의 부인을 위로하고 그 집에 일할 사람과 보물을 보내주었고 각종 비단과 솜을 하사했으며 식량을 제공하였다."

이것이 바로 실제 역사 속에서 발견할 수 있는 조조의 진짜 모습입니다.

관도대전 이후 조조는 그 세력을 더 키워나갔고, 마침내 중원 지역을 차지하게 됩니다. 중원은 '중국의 배꼽'이라고 불리는 지역으로 오랜 시간 중국 정치의 중심지였죠. "중원을 얻는 자가 천하를 다스린다!"라는 말이 있을 정도로 매우 중요한 곳입니다. 그때부터 조조의 세력은 급격히 커졌고, 훗날 위·촉·오 삼국 중에서도 중원을 차지하고 있던 조조는 삼국을 주도하는 강한 힘을 갖게 되었습니다.

간사한 영웅 조조, 중원 통일을 이루다!

소설 《삼국지연의》의 조조와 정사 《삼국지》 속의 실제 조조의 모습을 벌거벗겨 보았습니다. 과연 조조는 난세의 영웅일까요, 아니면 권력에 미친 역적일까요? 조조는 분명 잔인한 면도 있지만 유능한 정치가이기도 했습니다. 그는 인재를 등용하고 이용할 줄 알았으며, 그들의 말에 귀 기울인 미래지향적인 영웅입니다. 또한 난세에 휩쓸린 백성을 누구보다 가엽게 여긴 지도자였고 명석한 두뇌와 냉철한 판단력, 그리고 통솔력을 지닌 타고난 리더였죠. 하지만 역사는 그 사람의 어떤 면을 보느냐에 따라서 다양한 해석이 가능합니다.

소설 《삼국지연의》는 유비를 중심으로 한 이야기를 펼쳐냅니다. 반면 진수의 《삼국지》는 황제들의 역사를 기록한 〈본기〉 편과 보통 사람들의 역사를 기록한 〈열전〉 편이 있습니다. 〈본기〉와 〈열전〉을 모두 기록해야 기전체의 정사 형식을 갖췄다고 합니다. 진수의 《삼국지》가 정사로 인정받는 이유도 이 때문입니다.

그리고 《삼국지연의》의 주요 등장인물 중 황제의 역사를 기록한 〈본기〉 편에 기록된 인물은 조조가 유일합니다. 손권, 유비 등 다른 인물은 〈열전〉 편에 기록됐을 뿐이죠. 결국 역사가 황제로서의 정통성을 부여하고 인정한 것은 조조뿐입니다. 그렇다면 《삼국지연의》는 대체 왜 조조에게 안 좋은 이미지를 덧씌운 걸까요?

진수의 《삼국지》가 쓰였던 진나라 때와 나관중의 《삼국지연의》가 쓰였던 원말 명초 시기에는 무려 1천여 년이라는 엄청난 간극이 존재하기 때문입니다. 긴 시간 동안 정사와 소설 사이에 일어난 많은 변화와 역사를 바라보는 시각의 차이가 생긴 것이죠. 어지러운 세상이었던 후한말과 달리 송나라 이후에는 주자학적 세계관이 들어오면서 유교와 성리학을 중요하게 여겼습니다. 덕, 의리, 명분, 정통성을 중시하게 되면서 새로운 왕국을 세우려는 법가적인 조조보다는 한 황실을 계승하려는 유가적인 유비를 중심에 둔 것입니다. 즉 유비는 송대 이후 중국인이 생각했던 이상적인 인물이었던 것이죠. 때문에 《삼국지연의》를 통해 실제보다 과장된 이야기로 알려졌습니다. 이는 어떤 면에서는 왜곡 같기도 하지만 또 다른 면에서는 역사의 재해석을 통해 나관중의 소설 《삼국지연의》로 삼국지가 완성된 것으로 볼 수 있습니다. 다만 《삼국지연의》로 인해 대중들이 유비에게는 정통성을 부여하고, 조조를 부정적 이미지로 바라본 것은 아닐까 생각해 볼 필요가 있습니다.

끝으로 조조는 문학사에서도 매우 높게 평가하는 인물입니다. 그는 당대 최고의 문화교양인이기도 했습니다. 조조와 그의 아들 조비曹丕, 조식曹植은 모두 뛰어난 문필력을 자랑하며 소위 '건안문학'의 시대를 열었다고 평가받습니다. 그 이전의 시가 개인의 감정을 자제하는 형식이었다면 조조는 자신의 감정과 뜻을 자유분방하게 표현하며 중국 문학사에 큰 영향을 주었습니다.

벌거벗은 삼국지 2

만들어진 책사, 천재 제갈량

이성원

● 우리가 많이 읽는 《삼국지연의》는 진수가 쓴 역사서인 정사 《삼국지》에 나관중이 살을 더한 이야기입니다. 여기서 묘사한 제갈량諸葛亮의 모습은 다음과 같습니다.

"젊어서 출중한 재주와 영웅의 기량을 지니고 있었으며, 키가 8척이고 용모가 매우 뛰어나 당시 사람들은 그를 기재라고 생각했다."

초야에 묻혀 혼자 공부하던 제갈량이 세상에 나왔을 때는 겨우 26세였습니다. 하지만 그의 사상과 지략은 이미 상당한 경지에 이르러 많은 사람에게 소문이 날 정도였죠. 신출귀몰하고 완벽한 무결점의 인물은 우리가 알고 있는 익숙한 제갈량의 모습입니다. 그런데 천재적 책사 제갈량의 모습이 사실은 《삼국지연의》를 통해 많이 과장되었다는 사실을 알고 있는 사람은 많지 않습니다. 한마디로 제갈량의 신출귀몰함은 소설이 창조해낸 캐릭터라 할 수 있습니다. 그가 기발한 전략을 세우며 전투에서 승리를 거둔 수많은 이야기는 《삼국지연의》의 저자인 나관중에 의해서 만들어진 경우가 많다는 것이죠. 그리고 소설 속 이야기와는 다른 정사 《삼국지》〈제갈량전〉에는 실제 제갈량에 대한 냉정한 평가가 역사 기록에 남아있습니다.

"제갈량은 세상을 다스리는 이치를 터득한 뛰어난 인재로서 역사상 최고의 승상이라 할만하다. 그러나 종종 전쟁에서 성공하지 못했던 점은 임기응변과 지략이 그의 장점이 아니기 때문이다."

실제 역사 속 제갈량의 모습은 우리가 알고 있는 것과 사뭇 다릅니다. 《삼국지연의》를 통해 창조된 완벽한 이미지의 제갈량은 600년이 넘는 시

제갈량[1]

간 동안 동아시아인들에게 불멸의 화신이 되었고 그 자체만으로도 문화사적 가치로 남았습니다. 장수들은 제갈량의 군사 전략들을 전범으로 삼았고 그의 충성심은 당대와 후세 사람들의 사표가 되어 전해져 내려왔습니다. 특히 제갈량의 군사 배치 전술인 '팔진도' 전략은 1,000년 뒤에도 매우 유용한 전술로 활용되곤 했습니다. 《삼국지연의》 속 제갈량의 모습을 실제로 존경하고 본받으면서 그가 했던 말과 행동이 소설 속 허구가 아닌 실제 역사 그 자체가 된 것입니다. 결국 우리는 인간 제갈량이 아닌 소설 속 등장인물 제갈량을 중심으로 기억해 온 셈입니다.

그렇다면 《삼국지연의》 속 제갈량은 왜 사실과 달리 완벽한 사람으로 그려진 것일까요? 그럼에도 제갈량은 어떻게 '역사' 그 자체가 된 것일까요? 지금부터 만들어진 천재 책사 제갈량의 이야기를 통해 삼국시대의 실재 역사상을 벌거벗겨 보겠습니다.

천하의 인재를 얻기 위한 유비의 '삼고초려'

제갈량이 세상에 알려지기 전, 그는 초야에서 은둔하며 농사도 지었다고 합니다. 소문난 천재 제갈량은 어떻게 세상에 나와 위용을 떨치게 됐을까요? 이를 알아보기 위해서는 책사 제갈량이 꼭 필요했던 당시 상황을 먼저 짚어봐야 합니다.

원소와의 관도대전에서 승리한 조조는 한나라의 중원 지역을 평정하고 황제까지 꼭두각시로 내세우며 막강한 세력을 떨쳤습니다. 그의 근거지 아래로 왼쪽 익주는 한나라 왕실 후손인 유장劉璋이라는 인물이 다스렸고, 오른쪽 양주는 강동의 호랑 손견을 이어 손권이 세력을 키워가고 있었습니다. 그리고 유비, 관우, 장비는 형주의 북쪽 신야라는 곳에 은거하며 위세를 떨칠 기회를 엿보고 있었죠. 형주를 다스리던 유표劉表가 종친이라는 이유로 거처 없이 떠돌던 유비를 거둬준 덕분이었습니다.

유비에게는 천하제일의 장수인 관우와 장비가 있었지만 이들만으로는 대업을 이루는 데 한계가 있었습니다. 이들을 적시적소에 활용하며 조조

후한말 지도

처럼 세력을 키울 수 있는 유능한 전략가의 지혜가 무엇보다 절실했습니다. 그러던 어느 날 형주의 명사인 수경 선생水鏡先生이 유비에게 의미심장한 말을 전했습니다.

"와룡과 봉추, 두 사람 가운데 하나만 얻어도 능히 천하를 편안하게 만들 수 있습니다."

이는 책사로서는 와룡과 봉추가 최고라는 뜻이고, 빼어난 능력자인 두 사람을 얻으면 곧 세상을 얻을 수 있다는 말이었죠. 와룡臥龍은 웅크리고 있는 용으로 곧 승천할 잠재력을 가진 인물이었고, 봉추鳳雛는 어린 봉황새로 곧 크게 되어 세상에 날아오를 영웅을 뜻했습니다. 이 중에 와룡이 바로 제갈량이라는 것입니다.

이 말을 들은 유비는 관우, 장비와 제갈량을 만나기 위해 바로 길을 나섰습니다. 제갈량은 형주의 깊은 산골에 은둔하며 농사를 짓고 있었죠. 먼 길을 떠난 세 사람은 드디어 제갈량이 산다는 초가에 도착했는데, 그는 마침 자리를 비운 상태였습니다. 할 수 없이 유비는 다음을 기약한 채 발길을 돌렸습니다. 그리고 얼마 뒤, 추위가 몰아치던 12월에 눈이 오는 산길을 뚫고 유비 3형제는 또다시 제갈량의 초가를 찾았습니다. 이번에도 헛수고였죠. 시간이 흐르고 봄이 오자, 유비는 단단히 준비한 채 제갈량을 만나러 나섰습니다. 이때 유비는 제갈량의 마음을 얻기 위해 몇 가지 노력을 합니다.

첫 번째로 유비는 점쟁이에게 길한 날을 물어 고른 뒤, 사흘간 마음을 바르게 하고, 목욕재계까지 한 뒤 길을 나섰습니다. 온 정성을 다해 세 번째 초가를 찾은 유비 3형제를 어김없이 동자가 맞이했습니다. 아이는 오늘은 선생께서 집에 계시지만 지금은 낮잠을 자고 있다고 말했습니다. 이때 제갈량의 마음을 얻기 위한 유비의 두 번째 노력이 돋보입니다. 그는 가만히 서서 기다릴 테니 제갈량 선생을 깨우지 말라고 아이에게 부탁합니다. 이 모습을 본 장비는 "우리 형님을 저렇게 세워 놓다니, 집 뒤로 가서 콱 불을 질러버리겠다"라며 불같이 화를 냈습니다. 사실 관우와 장비는 유비가 능력도 검증 안 된 젊은 인물을 만나겠다며 세 번씩이나 먼 길을 찾아온 게 못마땅했습니다. 게다가 낮잠을 잔다고 손님을 서서 기다리게까지 하다니. 화가 머리끝까지 난 상황이었죠. 두 시간의 기다림 끝에 드디어 제갈량이 잠에서 깨어납니다.

초가를 세 번 찾는 정성으로 제갈량과 마주한 유비는 일단 그를 만나는 데 성공합니다. 이 상황을 두고 나온 유명한 말이 바로 '삼고초려'입니다. 실제 역사에서도 '유비가 세 번이나 제갈량을 찾아간 뒤에야 비로소 제갈량을 만날 수 있었다'라는 기록이 있습니다. 유비의 삼고초려 덕분에 제갈량은 더욱 숭배받는 인물이 됩니다. 또한 유비와 제갈량의 만남은 훌륭한 인재를 얻기 위해 인내하고, 기다리며, 모든 예를 갖추어 정성을 다하는 대표적인 사례로 남았습니다.

비로소 제갈량을 만난 유비는 혼란한 중원을 구할 가르침을 달라고 부탁합니다. 잠에서 깨어난 제갈량은 유비에게 매우 참신하고 현실적인 방법을 제안합니다. 당장 섣부른 정복이나 통합보다는 천하를 셋으로 나누어 삼국이 균형을 유지하는 방안을 제시한 것입니다. 즉 훗날 위·촉·오 세 나라를 나누는 발판이 되는 큰 그림을 그린 것이죠. 이것이 이른바 제갈량의 '천하삼분지계'입니다. 후대의 역사가들은 삼국

상商나라의 세발 달린 솥三足鼎

균형을 다리 세 개가 안정적으로 지탱하는 청동 솥 정鼎에 비유해 '삼국정립三國鼎立'이라고 말했습니다. 제갈량은 힘없이 떠돌던 유비가 조조와 대적하고 큰 뜻을 이루기 위해서는 우선 강동의 손권과 동맹을 맺어 힘의 균형을 이뤄야 한다고 생각했습니다. 또 부유하고 기름진 땅인 형주와 익주를 차지함으로써 현상 유지도 가능하다고 말했죠.

제갈량으로부터 난세를 안정시킬 천하삼분의 계책을 얻은 유비는 제갈량에게 자신의 책사가 되어 달라고 부탁합니다. 하지만 제갈량은 이를 거절합니다. 유비는 여기서 제갈량을 얻기 위한 세 번째 노력을 합니다. 눈물을 흘리면서 애원한 것이죠. 《삼국지연의》에서는 유비의 진정성을 눈물로써 표현했습니다. 유비의 눈물이 두루마기 소매를 적시고, 나중에는 옷자락까지 적시자 제갈량이 유비의 진심에 감동해 결국 마음을 돌린 것으로 그려집니다. 《삼국지연의》 속 유비는 다른 인물과 달리 여리고 감성적인 모습을 자주 보여주고 중요한 순간에 눈물을 흘릴 때가 많습니다. 정이 많고 사람을 아끼는 유비의 모습을 표현한 것이죠.

두 사람이 만나 천하삼분지계를 논했을 때 제갈량의 나이는 26세, 유비는 46세였습니다. 유비는 스무 살이나 어린 제갈량을 스승처럼 모셨습니다. 늘 곁에서 책문과 책답을 나누며 천하의 일을 함께 의논했죠. 어찌나 가깝게 지내는지, 두 아우 관우와 장비가 질투까지 할 정도였습니다. 사실 강동의 손권도 제갈량의 비범함에 대해 듣고 제갈량을 자신의 책사로 만들기 위해 시도했던 적이 있었습니다. 하지만 제갈량의 선택은 처음부터 끝까지 한결같이 유비였습니다.

제갈량의 탁월한 전략이 시작되다

제갈량이 유비의 책사가 되었지만 관우와 장비는 실력도 검증되지 않은 어린 제갈량이 마음에 들지 않았습니다. 이때 제갈량이 관우와 장비에게 인정받는 중요한 전투가 벌어집니다. 천하통일을 꿈꾸던 조조가 유비와 제갈량을 제거하기 위해 군사를 이끌고 남쪽으로 내려오고 있다는 소식이 들려온 것입니다.

당시 조조는 허도를 수도 삼아 이미 황하 유역을 장악했고, 남쪽으로의 진출을 도모하는 중이었습니다. 형주 신야에 있던 제갈량은 조조군이 반드시 박망의 언덕, 박망파를 지날 것이라 판단했습니다. 그리하여 유비군은 박망을 전장으로 삼고 북쪽에서 남하하는 조조군을 기다렸습니다. 얼마 후 그곳에 조조의 10만 대군이 모습을 드러냈습니다. 그에 비해 유비군은 3천 명밖에 되지 않았죠.

전투가 시작되자 유비군은 조조의 대군에 하염없이 밀리며 속수무책으로 당했습니다. 결국 박망파의 산 한가운데까지 밀려나며 조조군의 승리가 눈앞에 보이는 순간이었죠. 그때, 박망언덕 양쪽의 계곡과 협곡에서 잠복하던 유비군이 반격했습니다. 그들은 불화살을 쏘았고 주변이 순식간에 불길에 휩싸이면서 전세가 역전됐습니다. 갑작스러운 공격에 조조군은 대패하고 말았습니다. 적을 산으로 유인한 뒤 매복해 있던 군사들이 기습 공격하는 제갈량의 '화공 작전'이 대성공한 것입니다. 이 전투는 박망파 전투라 불리는데, '파坡'는 언덕이나 고개라는 뜻입니다. 제갈량은 숲이 있는 박망의 언덕을 잘 이용해 불리한 전투를 승리로 이끌었습니다.

이후 신야에서 벌어진 전투에서는 제갈량의 '수공 작전'으로 승리합니

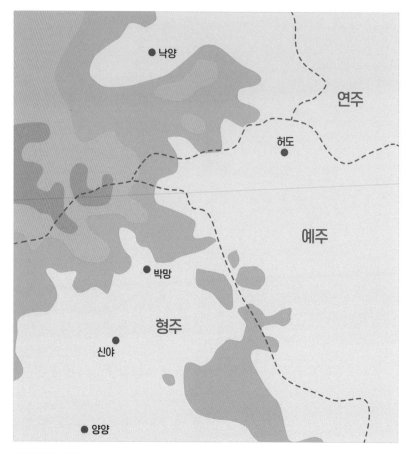

방막파 전투 지도

다. 성문 쪽으로 흐르는 강둑을 막아놨다가 한 번에 풀어서 적군을 모두 물에 떠내려가게 만든 것이죠. 이렇듯 제갈량은 지형을 이용한 전략으로 조조군을 몰아냈습니다.

　제갈량의 책략으로 유비군이 연달아 승리하자 관우와 장비도 제갈량의 실력을 인정할 수밖에 없었습니다. 그런데 사실 역사 속 박망파 전투에는 제갈량의 역할이 기록되지 않았습니다. 실제로 박망파 전투는 유비가 제갈량을 만나기 전에 벌인 전투로, 불을 지른 화공 전략은 유비가 세운 것으로 기록되어 있죠. 또한 신야가 그들의 주요 주둔지였지만 신야의 수공 전략도 역사에는 기록되지 않았습니다. 《삼국지연의》에서 그린 두 전투의 공통점은 제갈량이 병법에서 중요한 지형과 지세를 잘 파악하고 활용해서 승리했다는 것입니다.

이는 아마도 나관중이 제갈량을 병법에 통달한 인물로 그리기 위해 이런 장면을 활용한 것으로 보입니다. 실제로 이 시기에는 지형을 익히는 것이 전쟁의 승패를 좌우할 만큼 중요했습니다.

군사, 행정 목적으로 제작된 지도
(전한시대 방마탄 지도 목판과 종이에 그려진 지도)

때문에 지형과 지세를 기록한 지도가 일찍부터 제작되어 군사와 행정에 활용되었습니다. 강줄기와 주변의 주요 마을을 표시했는데, 춘추전국 시대에 전쟁이 격렬해지면서 지리적 정보와 지도 제작이 매우 중요한 역할을 하게 됩니다. 때문에 전쟁이 시작되면 서로 다른 지역의 정보를 알아내려 첩자들을 활용하기도 했죠.

제갈량의 지략으로 유비군에게 밀린 조조는 더 이상의 패전은 없다는 생각에 대규모 군을 움직이기 시작합니다. 208년, 남쪽의 형주를 집어삼키기 위해 백만 대군을 이끌고 온 것이죠. 형주는 어디로도 뻗어나갈 수 있는 지리적 요충지로 천하통일을 위해서는 꼭 차지해야 하는 중요한 땅이었습니다. 그러니 조조에게도 이 땅이 필요했죠. 이 시기 형주를 다스리고 있던 유표가 세상을 떠나고, 둘째 아들이 그 뒤를 물려받자마자 조

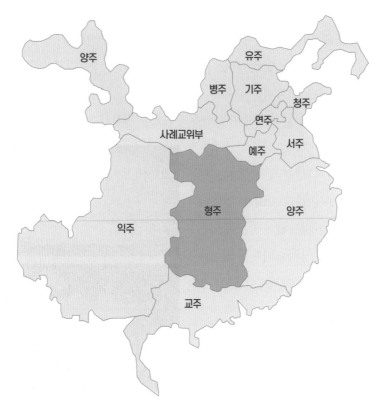

조의 대군이 남하하고 있다는 소식이 들려옵니다. 겁에 질린 둘째 아들은 조조에게 항복하며 형주를 그대로 바쳤습니다. 형주의 항복 소식을 들은 유비는 더 이상 그곳에 머물 수 없게 됩니다. 근거지를 잃은 유비는 백성들과 함께 피난길에 올랐습니다.

　형주가 조조 아래 들어갔다는 소식에 강동의 손권 역시 불안함을 느낍니다. 하지만 확실한 대책이 없어 책사 노숙을 파견해 형세를 점검하기로 합니다. 이때 노숙은 피난길에 오른 유비군을 만났고 한 가지 제안을 하죠. 손권과 연합해 조조를 물리치자는 것입니다. 유비는 제갈량에게 "그대가 손권에게 가서 함께 조조를 막을 대책을 세우게"라며 막중한 책임을 맡겼습니다. 유비로서는 절체절명의 위기였고 손권과의 연합작전이 유일한 희망이었습니다. 그런데 제갈량이 손권을 만났을 때, 그는 항전과 항복의 결정을 내리지 못한 채 고민하고 있었습니다. 유비와의 연합을 망설이는 손권에게 제갈량은 이런 말을 건넸습니다.

"강동의 힘을 기울여 중원의 조조와 싸울 자신이 있으시면 즉시 조조와 관계를 끊으십시오. 만약 그만한 용기가 없으시다면 어찌 전 병력을 철수하고 조조에게 항복하지 않으십니까?"

한마디로 싸울 자신이 없으면 빨리 항복하라는 것이죠. 자존심이 상한 손권은 제갈량에게 "그대의 주군인 유비라면 어떻게 할 것 같은가?"라고 물었습니다. 그러자 제갈량이 대답했습니다.

"유비는 한 왕실의 후손으로서 그 인덕은 세상에 비할 사람이 없습니다. 이까짓 조그만 일로 어찌 굴복할 수 있겠습니까?"

뛰어난 군주인 유비는 절대 조조에게 항복할 생각이 없다는 것을 강조하면서, 손권의 자존심을 박박 긁어놓았습니다. 제갈량은 강대국의 오만함, 약소국의 열등감과 자존심을 교묘하게 이용했죠. 명징한 논리, 고도의 심리술, 그리고 뛰어난 언변을 활용한 외교가로서의 역량을 발휘한 것입니다. 자존감에 상처 입은 손권은 발끈하며 조조에게 절대 항복하지 않겠다며 유비와 연합을 맺기로 합니다. 제갈량의 뛰어난 외교 전략이 빛을 발하는 순간이었죠. 강대국 손권도 두려워한 조조의 백만 대군에 맞서 싸우자는 어찌 보면 무리한 전쟁을 유도해 낸 것입니다. 그 안에는 조조와 손권 두 강대국을 전쟁에 참여하게 만들어 이들의 국력을 소진시켜 강대국들을 견제하겠다는 의도도 담겨 있었습니다. 책사 제갈량이 이렇게 또 한 번 큰 공을 세웠습니다.

유비와 손권의 연합에는 또 한 명의 영웅이 등장합니다. 손권의 책사이자 정치적 동기이며 후원자인 주유周瑜입니다. 그는 역사에서 제갈량만큼 훌륭한 인재로 기록되었으며, 지략을 펼치는 데 있어서 제갈량의 라이벌이라 불릴 정도로 뛰어난 인물입니다. 정사 《삼국지》는 주유에 대해 성격이 쾌활하고 도량이 넓으며, 음악에 조예가 깊고 뛰어난 외모를 지녔다고 기록했습니다. 당시 남쪽 사람들은 그를 주랑周郎이라고 불렀는데, 주랑은 당시 강동에서 가장 인기 있는 청년, 즉 일종의 '국민 오빠' 같은 표현이었다고 합니다.

정사 《삼국지》에서는 오나라 쪽 대신 대부분이 조조에게 항복하고 화평을 맺을 것을 주장합니다. 다만 주유는 손권에게 당당히 맞서 싸울 것을 주장하죠. 마침 제갈량이 찾아와서 조조와의 일전을 위해 연합할 것을 주장하니 그 점에서 주유는 제갈량과 뜻을 함께하게 됩니다. 천재는 천재를 알아보는 법. 주유는 제갈량과의 첫 만남에서 이미 그가 범상치 않은 인물임을 알아챕니다. 그리고 비범한 제갈량의 능력이 훗날 오나라에 위협이 될 것이라며 언젠가 그를 없애겠다고 마음먹습니다.

삼국지의 하이라이트, 적벽대전!

마침내 유비와 손권 연합군은 100만 대군을 이끌고 온 조조와 정면 대결을 벌입니다. 장강의 적벽에서 펼쳐진 이 대결은 삼국정립의 분수령이 되는 결정적인 전쟁이자 세계 전쟁사에 남는 적벽대전입니다. 형주와 양주를 가로지르며 서쪽에서 동쪽으로 흐르는 장강에 거대한 암벽이 있는데, 여기에 붉은색 글씨가 새겨져 있어 적벽이라고 부릅니다. 중국에서 가장 긴 장강은 당시에 물자를 실어 나르는 수로가 되기도 했고, 지역을 지키는 수군들이 활발히 활동한 곳이기도 했습니다. 강동 지역에서는 천혜의 방어벽 역할을 하고 있었죠.

손권과 유비 연합군은 강동에서 수군을 몰고 강변을 거슬러서 장강 건너 적벽에 자리를 잡았습니다. 208년 10월, 조조는 형주를 차지하기 위해 100만 대군의 군사를 이끌고 장강에 있는 오림에 진을 쳤죠. 조조 군과 연합군은 장강을 사이에 두고 대치했습니다. 두 진영 사이에는 전면전을 벌이기 전부터 속고 속이는 책략과 계략이 난무합니다. 하지만 지략 싸움은 조조군과 연합군 사이에서만 벌어진 게 아니었습니다. 연합은 맺었지만 서로 다른 야심을 품고 있던 유비의 책사 제갈량과 손권의 책사 주유 역시 서로를 속이는 상황이 벌어지고 있었죠. 적벽대전에서 빛났던 삼국지 최고의 지략전을 살펴보겠습니다.

① 제갈량의 화살 구하기

제갈량을 경계한 주유는 제갈량을 곤궁에 빠뜨리기 위해 그에게 한 가지 무모한 제안을 합니다.

"100만 대군의 조조군과 싸우기 위해서는 군사비와 많은 물자가 필요한데 그대가 열흘 안에 화살 10만 대를 구할 수 있겠소?"

10만 대의 화살을 열흘 안에 구해 오라는 명령에 가까운 요청에 제갈량은 열흘도 아니고 단 사흘 안에 구하겠다며 호언장담했습니다. 그러면서 명령 서약서를 바치고 이를 어길 경우 무거운 벌을 받겠다는 약속까지 했죠. 제갈량이 화살을 구하면 전쟁에 도움이 되고, 구하지 못하면 제갈량을 문책할 수 있으니 여러모로 주유에게는 이득이었던 계책에 제갈량이 제대로 걸려든 것입니다. 그런데 정확히 사흘 뒤, 제갈량은 약속한 대로 10만 대의 화살을 마련합니다.

제갈량은 20척의 배를 이끌고 조조군이 머물던 진영으로 다가가 북을 두드리며 공격하는 척했습니다. 요란한 소리에 놀란 조조군이 뛰쳐나왔고, 제갈량의 배를 향해 1만 군사가 일제히 화살을 날렸습니다. 그 화살은 그대로 제갈량이 배 위에 준비한 볏짚에 빼곡히 박혔죠. 제갈량은 그렇게 가만히 앉아 10만 대의 화살을 얻었습니다. 그날은 강가에 짙은 안개가 끼었고, 그 덕에 조조군은 제갈량의 배에 뭐가 있는지 아무것도 볼 수 없었던 것입니다. 제갈량이 주유에게 사흘 만에 화살을 구해 오겠다고 장담한 것은 사흘 뒤 장강 적벽 부근에 짙은 안개가 낄 것을 이미 파악했기 때문이죠. 날씨까지 예측해 지략을 세운 제갈량의 신출귀몰함이 돋보이는 전략이었습니다. 물론 이 화살과 관련한 일화는 제갈량의 신출귀몰함을 부각하기 위해 소설에서 만들어낸 내용이며 정사에는 없습니다. 다만 당시의 병법가들은 날씨와 바람 등 기상과 천문에 밝았기 때문에 개연성은 충분히 있습니다.

화살이 꽂힌 배를 본 주유는 제갈량을 크게 칭찬하면서도 부러워했습니다. 두 사람은 함께 술을 마시며 다음 계책을 논의했습니다. 제갈량은 각자 생각한 방법을 손바닥에 써서 동시에 보여주자고 제안했죠. 두 사람이 동시에 내민 손바닥에는 불 화(火) 자가 쓰여 있었습니다. 라이벌인 두 천재 지략가의 생각이 일치하는 순간이 온 것입니다. 두 사람은 제갈량이 조조에게 줄곧 써온 화공 작전을 사용하기로 합니다. 이 화공 작전을 위해서 소설은 몇 가지 극적 장치를 더 마련했습니다.

② 황개의 고육계와 방통의 연환계

한편 제갈량에게 속아 화살을 잃은 조조는 이성을 잃을 정도로 분노했습니다. 가만히 있을 수 없던 그는 손권의 연합군 측에 첩자를 보내 염

탐을 시도합니다. 하지만 주유는 이미 첩자의 정체를 눈치채고 있었으며, 그가 어떤 목적으로 찾아왔는지도 파악하고 있었죠. 주유는 조조의 첩자를 역으로 이용해 새로운 작전을 세우기로 합니다. 이처럼 적벽대전은 전쟁 직전까지 두 진영의 지략과 정보전이 끊이지 않았습니다.

작전에 참여한 사람은 손권의 아버지가 살아있을 때부터 활약해 온 원로 장수 황개黃蓋였습니다. 우선 황개는 일부러 조조의 첩자가 보는 앞에서 주유와 논쟁을 벌이다가 크게 대들기 시작했습니다. 이에 주유는 크게 분노하며 황개에게 곤장형까지 내렸습니다. 그들은 첩자가 의심하지 않도록 오나라 최고 장수인 황개의 옷을 벗기고 진짜로 때렸습니다. 곤장을 50대나 맞은 황개는 큰 부상을 입었고 얼마 후 조조에게 투항하겠다는 서신을 보냅니다. 물론 가짜 항복이었죠.

한편 자신이 보낸 첩자로부터 황개와 주유 사이의 일을 모두 전해 들은 조조는 황개의 항복이 내심 기쁘면서도 의심을 거두지 못했습니다. 그는 확신을 얻기 위해 연합군에 또 다른 첩자를 보냈습니다. 이번에도 조조의 첩자를 눈치챈 주유는 그를 외딴곳으로 보냅니다. 그런데 그곳에는 심상치 않은 한 남자가 있었죠. 첩자는 그를 보자마자 보통 사람이 아니라는 것을 느끼고 그에게 말을 붙였습니다. 알고 보니 그는 한 사람만 얻어도 천하를 얻을 수 있다고 한 와룡과 봉추 중 하나였습니다. 와룡이 제갈량이었다면 봉추는 방통龐統이라는 사람이었습니다. 방통은 첩자에게 주유가 자신을 받아들이지 않아 숨어 지낸다고 말합니다. 첩자는 손권에게 등용되지 못한 채 외딴곳에서 지내는 이 뛰어난 책사가 조조군에게 분명 도움이 될 거라 생각합니다. 그리하여 방통을 몰래 빼내 조조에게 데려갑니다. 조조의 진영을 유심히 살펴본 방통은 다음과 같은 조언을 합니다.

"승상께선 이런 식으로는 물 위에서 승리할 수 없습니다."

사실 조조군은 군인들이 뱃멀미를 하는 등 해상전에 취약했습니다. 게다가 원인 모를 전염병까지 돌아 고통받는 중이었죠. 이를 꿰뚫어본 방통은 군사들의 멀미를 방지하기 위해 배를 연결해 하나의 육지처럼 만들라는 계책을 세워줍니다. 이에 큰 배마다 쇠사슬로 엮어 고정했고, 조조군의 배는 육지처럼 흔들리지 않게 되었습니다. 이후 조조군의 진영은 안정을 찾게 되었습니다. 그런데 조조군이 모르는 사실 하나가 있었습니다. 이 방법이 화공 작전에 매우 치명적이라는 것이죠. 결국 방통의 조언 역시 스파이를 이용한 주유의 계책이었습니다. 화공 작전이 성공하려면 배들이 붙어 있어야 한 번에 불태울 수 있기에 이를 노리고 방통을 이용해 조조를 속인 것입니다.

③ 마지막 신의 한 수, 동남풍

주유의 계획이 완벽하게 진행되고 있을 무렵, 그는 자신이 매우 중요한 것을 놓쳤다는 사실을 깨닫고 노심초사하다 그만 피를 토하며 쓰러지기까지 합니다. 화공 전략이 승리하기 위해서는 바람이 조조군이 있는 동남풍으로 불어야 하는데 겨울의 적벽은 북서풍이 불었던 것입니다. 연합군의 진영을 향해 바람이 불면 조조군의 배에 불이 붙지 않고 오히려 자신들의 배에 불이 퍼질 수도 있는 상황이었죠.

이때 《삼국지연의》에서는 천재 지략가 제갈량이 쓰러진 주유를 일으킬 처방을 내립니다. 산속에 '칠성단'이라는 높은 제단을 쌓고 120명이 깃발을 들고 에워싼 뒤 제사를 올리면 동남풍을 일으킬 수 있다고 장담한 것이죠. 주유는 제갈량의 말이 허풍이라고 생각했으나 밑져야 본전이라는 생각에 그의 제안을 승낙합니다. 드디어 제갈량이 동남풍을 일으키겠다고 약속한 날이 찾아옵니다. 장수 황개는 급히 조조에게 그날 밤 조조군 진영으로 가겠다는 거짓 투항의 뜻을 전했습니다. 사실 황개가 타고 갈 배는 조조군의 배에 불을 붙일 화공선이었습니다. 황개의 배가 출발할 무렵, 거짓말처럼 바람이 방향을 바꾸어 조조군이 있는 곳을 향해 불기 시작했습니다. 제갈량의 말대로 이루어진 것입니다.

바람을 확인한 황개는 화공선을 이끌고 선봉에 섰습니다. 황개가 모습을 보이자, 당연히 항복하러 온 것이라 생각한 조조군은 경계하지 않고 그를 반겼죠. 그 사이 황개는 불붙은 배를 조조군의 진영으로 돌진시켰습니다. 화공선을 앞세운 연합군이 조조군의 진영을 무너뜨리며 본격적인 적벽대전이 시작되었습니다. 사슬로 연결된 조조군의 배에는 순식간에 불길이 번졌고 하나로 묶인 채 불타올랐습니다. 혼란한 틈을 타 유비군과 손권군은 총공격을 시작했습니다. 장강 일대는 불바다가 되었고 100만 대군을 자랑한 조조군은 허망하게 무너져버리며 대패하고 말았습니다. 《삼국지연의》는 당시 상황을 이렇게 묘사했습니다.

"바람을 타고 불이 일시에 퍼지자 천지가 온통 붉게 물들었다."

제갈량의 책략과 화공, 바람 등 모든 조건이 완벽히 맞아떨어진 연합군의 완벽한 승리였습니다. 사실 주유는 마지막까지도 제갈량을 없애려 했습니다. 하지만 제갈량은 이마저 꿰뚫어 보았고, 바람의 방향이 바뀌자 미리 준비해 놓은 배를 타고 바로 강동 땅에서 빠져나왔습니다. 이때 제갈량을 제거하지 못한 주유는 훗날 전장에서 화살에 맞아 생을 마감합니다.

그러나 정사 《삼국지》에 따르면 적벽대전 화공작전의 실제 숨은 공신은 제갈량이 아니라, 강동의 오래된 장수 황개입니다. 황개가 먼저 주유에게 화공 작전을 제안했고 주유가 이를 수락한 것이죠. 방통을 이용해 배를 연결한 것도 소설 속의 이야기일 뿐입니다. 정사에서는 황개가 조조군의 진영을 보고 배들의 앞뒤가 서로 인접해 있으니 화공이 좋겠다고 제안한 것으로 기록되어 있습니다. 그뿐 아니라 조조에게 항복하는 척하며 화공선을 끌고 진격해 조조의 배를 모두 불태워버린 것도 황개입니다. 그렇다면 실제 역사 속 적벽대전에서 제갈량은 무슨 일을 했을까요? 손권을 자극해 유비와 동맹을 만들어낸 것 외에 실제 전투에서의 활약은 역사에 기록되어 있지 않습니다.

그렇다면 소설 《삼국지연의》는 왜 제갈량을 적벽대전에서 활약한 신출귀몰한 인물로 만든 것일까요? 적벽대전은 전쟁에서 일어날 수 있는 다양한 책략과 전술이 망라된 웅대한 전쟁 서사라고 할 수 있습니다. 고대 시기부터 천문을 읽는 것은 사대부 계층의 매우 중요한 정보이고 교양이었습니다. 태양, 달, 별 등 천체의 변화, 구름과 바람의 변화, 강물의 흐름까지도 매우 중요하게 관찰하고 연구했죠. 또한 군사와 책사들은 병술에 능통했는데, 병술의 핵심 중 하나가 '천天'입니다. '천'은 하늘의 일, 즉 기후변화와 때에 따라 돌아가는 자연현상인 천시를 읽고 미리 예상하는 것을 뜻합니다. 나관중은 제갈량이 하늘을 읽을 줄 아는 뛰어난 병법가임을 강조하고 싶었습니다. 그리하여 날씨를 이용해 화살을 얻어오고, 바람의 방향을 정확히 예측하는 등 당대 현실에 맞는 에피소드를 만들어 낸 것이죠. 즉 제갈량이 허무맹랑한 요술을 부린 것이 아니라 제갈량을 포함한 당대 지식인층의 능력과 포부를 보여준 것입니다.

사실 화살 이야기는 214년 조조와 손권이 벌인 전투에서 모티브를 얻은 것으로 보입니다. 손권은 조조군이 쏜 화살 무게 때문에 배가 한쪽으로 기울자 균형을 맞히기 위해 배를 돌려 다른 면에도 화살이 꽂히도록 했습니다. 이는 제갈량의 화살 10만 대 이야기와 매우 비슷합니다. 병가에 능통했던 제갈량이 정말 바람을 이용한 화공작전을 준비했다면, 하늘의 일을 면밀히 관찰해 작전 날짜를 정할 수 있었을 것입니다.

그렇다면 실제 적벽대전은 역사에 어떻게 기록되어 있을까요?

> "조조에 맞서 주유와 유비는 연합하여 적벽에서 만났다. 그때 조조의 진영에는 이미 풍토병이 퍼져 있었는데, 처음 몇 번 교전에서 조조군이 패배하자 결국 강북으로 퇴각하였다."

《삼국지연의》의 하이라이트이자 상당한 분량을 할애하여 웅대한 전쟁 서사로 그려낸 적벽대전을 정사 《삼국지》는 위와 같이 허무할 정도로 짧게 기록했습니다. 조조가 패배한 원인도 화공 작전이 아닌 전염병입니다. 나관중이 《삼국지연의》에서 적벽대전에 엄청난 공을 들인 것은 실제 역사에서 삼국시대의 삼국을 나누는 데 적벽대전이 중요한 역할을 했기 때문입니다. 천하통일을 앞둔 조조가 적벽대전에서 패하고 돌아가면서 본격적인 천하삼분지계가 시작되고, 이후 역사의 전개 방향이 완전히 달라졌기 때문에 작은 전투라고 치부하고 넘어갈 수가 없었던 것이죠. 그래서 삼국분할의 전환점이 되는 풍부한 이야기로 만들어낸 것으로 보입니다.

영원한 영웅은 없는 법

적벽대전의 승리로 가장 큰 이익을 챙긴 사람은 유비입니다. 유비는 제갈량의 전략에 따라 형주에 이어 익주를 차지하고, 한중 지역의 왕이 되어 정치 인생의 전성기를 맞이합니다. 그러나 천하의 제갈량도 예측하지 못한 일들이 이후 벌어지기 시작합니다. 제갈량은 한중의 왕이 된 유비에게 조조를 쳐야 한다고 주장했습니다. 제갈량의 조언대로 관우는 그 기세를 몰아 형주의 북쪽에 있던 번성을 포위하며 점점 더 세력을 넓히려 했죠. 그런데 이 전투에서 관우에게 엄청난 사건이 벌어집니다.

관우가 번성 공격 중 팔에 독화살을 맞아 큰 부상을 입은 것입니다. 이때 관우의 팔을 치료하는 전설적인 인물이 등장합니다. 중국 역사에서 신의라 불리는 화타華佗입니다. 화타는 마취도 없이 관우의 오른팔을 째고 뼈에서 독을 긁어내 치료했습니다. 《삼국지연의》에 따르면 이 장면에서 관우는 한마디의 비명도 지르지 않고 술을 마시며 무려 바둑을 두었다고 합

화타에게 팔을 치료받는 관우[2]

니다. 수술이 끝난 뒤 관우가 화타에게 "그대는 진정한 신의요"라고 말했고 화타는 이에 "그대야말로 진정한 천신이다"라며 감탄했다는 것이죠. 이 장면은 최고의 무용을 자랑하는 관우가 이후 도교의 신이 되는 데 중요한 역할을 합니다.

그런데 이 역시 정사의 내용과는 다릅니다. 《삼국지연의》에서는 화타가 관우의 오른팔을 치료한 내용이 등장하지만 정사 《삼국지》는 관우가 의원에게 왼팔을 치료했다는 내용으로 기록되어 있습니다. 게다가 역사

적 사실에 근거하면 관우의 팔을 치료한 것은 화타가 아닙니다. 그는 관우가 팔에 부상을 입기 11년 전에 조조에 의해 죽었기 때문이죠. 조조는 화타가 자신의 두통을 치료해 주지 않는다는 이유로 화타를 옥에 가둬 죽게 만들었습니다. 그때 화타는 죽기 전에 자신의 의서를 모두 불태워 버렸다고 합니다. 워낙 유명하고 전설적인 인물이기에 《삼국지연의》에서 관우의 팔을 치료한 명의로 각색되었습니다. 나관중은 적토마와 관우의 이야기처럼 많은 사람들에게 회자되는 당대 최고의 명마와 명의 등이 관우와 인연을 맺게 함으로써 극적인 장면을 연출하고자 했습니다. 화타를 등장시킨 것 또한 관우의 초인적 무용을 부각시키기 위한 장치라고 할 수 있죠.

관우의 부상 이후로 제갈량이 그린 천하통일의 그림이 달라지기 시작했습니다. 제갈량의 생각과는 다른 방향으로 흘러간 것입니다. 조조는 관우의 공격이 거세지자 형주를 노리고 있던 손권과 연합을 맺습니다. 유비와 함께 조조를 공격하던 손권이 이젠 오히려 조조와 함께 유비군을 공격하게 된 것이죠. 유비의 한중은 적벽대전 이후 번영기를 맞이했지만 조조와 손권의 협공에 위기를 맞이합니다. 거센 연합군이 관우를 공격했고, 두 세력을 모두 막아야 했던 관우는 너무 많은 적을 감당하지 못하고 패배했습니다. 결국 관우는 형주까지 뺏기고 손권에게 생포되고 말았죠. 유비의 의형제이자 충신이던 관우는 219년 12월, 58세의 나이에 손권에 의해 처형당하며 생을 마감합니다. 삼국지의 큰 별 하나가 지고 만 것입니다.

관우가 죽은 뒤 손권은 유비의 보복을 피하고자 한 가지 계책을 생각해 냅니다. 손권은 조조가 관우를 흠모한다는 점을 이용해 관우의 수급(전쟁에서 베어 얻은 적군의 머리)을 조조에게 선물로 보낸 것이죠. 관우의 시신을 주군인 유비나 가족에게 보내지 않고, 조조에게 보냈다는 사실을 알게 된 유비는 매우 분노했습니다. 이는 유비가 관우의 시신을 찾기 위해 조조를 공격할 것을 계산한 손권이 꾸민 모략이었습니다. 모든 불똥을 조조에게 넘겨버린 것입니다. 관우의 수급을 전달받은 조조는 관우의 장례를 매우 성대하게 치러주고 묻어주었습니다. 오해에서 벗어나기 위해 최선을 다해 관우를 예우한 것이죠. 이는 실제 역사에도 기록된 사실입니다.

그런데 공교롭게도 바로 한 달 뒤, 그 조조가 세상을 떠나고 맙니다. 당시 조조는 오랫동안 두통에 시달렸는데 관우의 죽음 이후 병세가 급격히 악화되어 66세의 나이에 눈을 감았습니다. 천하통일을 꿈꿨던 큰 별이 역사의 뒤편으로 사라진 것입니다. 조조의 권력은 그의 아들 조비가 물려받습니다. 조조는 권력을 장악했으나 황제를 죽이거나 폐위하지는 않았습니다. 그런데 조조의 뒤를 이어 권력을 장악한 그의 아들 조비는 황제의 자리를 빼앗고 위나라를 세워 스스로 황제가 됩니다. 400년을 이어온 한나라는 이렇게 역사 뒤편으로 사라졌습니다.

천하통일을 꿈꿨던 조조가 죽자, 제갈량은 다시 한번 움직이기 시작합니다. 제갈량은 조비가 중국의 황제가 된다는 것을 인정할 수 없었습니다. 그는 한나라 황실의 정통을 이을 사람은 오직 유비라며 "군주께서는 새로운 나라를 세우고 황제가 되셔야 합니다"라며 설득했습니다. 유비는 한사코 사양했지만 제갈량의 끈질긴 설득 끝에 221년, 삼국시대의 한 축이자 한나라를 계승하는 촉나라를 세우고 황제가 됩니다. 그래서 이 촉나라는 '촉한'이라고도 부릅니다. 손권 역시 1년 뒤 오나라를 세우면서 위·촉·오 삼국지의 세 나라가 균형을 이룹니다.

제갈량이 계획했던 '천하삼분지계'가 비로소 완성되었습니다. 황하 유

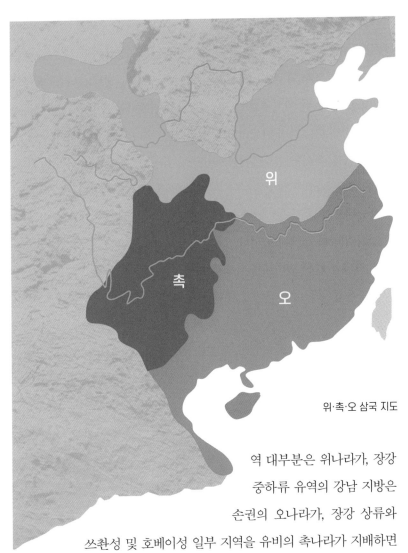

위·촉·오 삼국 지도

역 대부분은 위나라가, 장강 중하류 유역의 강남 지방은 손권의 오나라가, 장강 상류와 쓰촨성 및 호베이성 일부 지역을 유비의 촉나라가 지배하면서 진정한 삼국시대가 시작된 것입니다. 이때 제갈량은 여전히 천하통일을 꿈꿨습니다. 제갈량은 한나라의 정통성을 계승해 통일제국의 황제는 유비가 되어야 한다고 생각했습니다. 그의 마지막 목표는 위나라를 멸망시키고, 분열된 중국을 다시 통합해 한나라를 부활시키는 것이었죠.

한편 황제가 된 유비가 가장 먼저 한 일은 손권을 토벌하는 것이었습니다. 유비는 손권이 장악한 형주를 탈환해 관우의 원한을 갚고자 했습니다. 이처럼 유비와 제갈량의 통일 계획은 너무도 달랐습니다. 유비의 속마음을 알게 된 조자룡趙子龍과 제갈량 등은 "나라의 도적은 위나라지 손권이 아닙니다!"라며 반대하고 나섰습니다. 위나라를 견제하기 위해 오나라와 척을 져서는 안 된다는 것이었죠. 하지만 사랑하는 아우를 잃은 유비는 고집을 꺾지 않았습니다. 천재적인 군사 제갈량의 의견을 듣지 않고 독단적으로 손권에게 전쟁을 선포합니다. 그리고 이 전쟁은 유비 인생에 있어 최악의 선택이 됩니다.

큰 전쟁을 앞둔 유비에게 불행한 사건이 일어납니다. 또 다른 아우, 장비의 죽음입니다. 부하들에게 폭력을 휘두르며 훈육하는 탓에 일찍이 유비로부터 지적을 받았던 장비는 그 버릇을 고치지 못했습니다. 술을 마신 장비는 또다시 부하들을 폭력으로 훈육했고, 이에 불만을 품은 부하들이 장비를 기습해 죽여 버린 것입니다. 221년, 이렇게 또 하나의 삼국지 영웅이 55세의 나이로 숨을 거뒀습니다.

관우에 이어 장비까지 의형제를 모두 잃은 유비의 싸움은 제갈량이 그려왔던 천하통일 계획과 완전히 달랐습니다. 그럼에도 유비는 고집을 꺾지 않고 10만여 명의 대군을 이끌고 오나라 이릉으로 출정해 도발했죠. 그런데 유비가 세운 작전은 너무도 허술했습니다. 전선을 거의 270km까지 길게 세우고, 주둔지를 40여 개나 만들었습니다. 위치도 모두 시냇물에 가깝고 숲이 우거진 곳이었는데, 병법에서 크게 꺼리는 방법입니다. 적이 불로 공격해 오면 막아내기 힘들기 때문이죠. 손권의 장수 육손陸遜은 전선이 길게 만들어진 것을 보고 수군까지 합세해 화공 전략을 써서 총격을 퍼부었습니다. 222년, 유비는 대패하고 맙니다. 전쟁을 반대했던 제갈량과 조자룡을 배제하고 무리하게 출정한 것도 패배의 원인이었습니다. 이릉 전투는 삼국지의 전환점이라기보다 유비의 전성기가 끝나는 마지막 전투라고 볼 수 있습니다. 그로부터 2년 뒤, 유비는 아들 유선에게 촉나라의 황제 자리를 물려주고 63세의 나이로 세상을 떠났습니다. 결국 유비, 관우, 장비 모두 천하통일을 이루지 못하고 떠나고 말았죠.

유비는 아들에게 이런 유언을 남겼습니다.

"너는 제갈량을 친아버지라 생각하고 그의 말을 경청하고 따르라."

그리고 승상인 제갈량에게는 이렇게 말했습니다.

"그대가 보기에 내 아들의 능력이 부족하다면 그대가 이 촉한을 취하라."

제갈량, 한나라의 부흥을 꿈꾸다!

관우의 죽음을 시작으로 조조, 장비, 유비까지 차례로 죽고 이제 남은 것은 제갈량뿐입니다. 제갈량은 어리고 유약했던 유비의 아들 유선劉禪을 대신해 사실상 촉나라의 실질적인 통치자가 되어 촉나라의 발전을 진두지휘했습니다. 그리고 유비가 못다 이룬 천하통일 꿈을 이루기 위해 전장으로 나갔습니다. 통일 과업을 위해 전쟁을 떠나는 제갈량은 어린 황제에게 자신의 포부를 담은 글을 써서 올렸습니다.

"늙고 아둔하나마 있는 힘을 다해 한 황실을 다시 일으켜 옛 도읍지로 돌아가는 것만이 바로 선황제께 보답하고 폐하께 충성 드리는 신의 직분이옵니다. 오늘 신은 위나라를 정벌하기 위해 멀리 떠나며 이렇게 글을 올리니 눈물이 흘러 어찌할 바를 모르겠나이다."

제갈량이 한나라 왕실의 부흥이라는 유비의 대업을 이어받아 북벌에 나서기 전 유선에게 올린 글, 바로 그 유명한 '출사표'입니다. 약 2천 년 동안 중국은 물론 동아시아 지식인들이 제갈량을 충신의 대표적인 인물로 여긴 것이 바로 이 출사표 때문입니다. 이 명문은 수없이 인용되었고, 지금도 어떤 중요한 일의 시작을 알릴 때 '출사표를 낸다'라고 표현합니다.

제갈량은 일생일대의 대업을 이루기 위해 위나라를 공격합니다. 이때 제갈량의 인생을 통틀어 최대 적수라 할 수 있는 인물이 등장합니다. 남다른 전략과 묘안을 세우는 위나라의 으뜸가는 전략가, 사마의司馬懿입니다. 사마의는 조조에 의해 위나라의 문학연으로 등용됐던 인물입니다. 문학연은 학문을 연구해 황제의 자식들을 가르치는 일을 하는 직책이었는데, 사마의는 조비를 어릴 때부터 보좌하며 오랜 시간 신임을 쌓아왔습니다. 조비가 황제가 된 이후 사마의는 대장군 자리에 올라 제갈량에 맞서 군을 지휘합니다.

제갈량은 무서운 기세로 위나라를 공격했습니다. 북벌을 시작하자마자 여러 전투에서 연승을 거두고, 위나라 장군들의 항복까지 받아냈죠. 이윽고 사마의가 대군을 이끌고 쳐들어오자 수적으로 열세했던 제갈량은 군을 모두 철수시킵니다. 그러고는 사마의가 볼 수 있는 높은 성벽 위에 올라 태연하게 금슬(현악기)을 연주했죠. 성문을 활짝 열어놓은 채 무방비 상태의 제갈량이 여유로운 모습을 보여주자, 사마의는 함정이 있을 것이라 의심해 군대를 돌려 후퇴했습니다. 이러한 허허실실의 공성계 역시 제갈량의 기지로, 덕분에 촉나라 군대는 위기에서 벗어났습니다. 그날 이후 제갈량의 지략을 알고 있는 사마의는 전투에서 수비에만 치중

할 뿐, 나아가 싸우지 않는 전략을 고집합니다. 그러는 동안 사마의는 제갈량이 강적이라고 위나라의 조정에 보고해 자신에게 많은 군대를 보내도록 합니다. 그렇게 군사들과 친분을 쌓고, 군사비로는 조정 관료를 매수하며 자신의 권력을 키워나간 것이죠. 이처럼 사마의는 위나라의 숨은 야심가였습니다.

그러던 중 성공이 어려웠던 위나라와의 전쟁을 계속 감행하던 제갈량은 극심한 스트레스와 과로로 건강이 심하게 악화돼 54세의 나이로 오장원에서 숨을 거뒀습니다. 이로써 촉한의 북벌도 실패로 막을 내리고 맙니다. 하지만 죽은 뒤에도 제갈량의 지혜는 계속해서 이어졌습니다. 제갈량이 죽고 촉나라 군이 철수한다는 소식이 들리자 사마의가 바짝 추격해 왔습니다. 촉나라는 제갈량의 마지막 책략에 따라 그가 살아 있는 것처럼 제갈량의 복장으로 변장해 전쟁에 나섰습니다. 조금도 동요하지 않고 북을 울리며 공격할 듯이 위나라군을 견제하며 대응한 것이죠. 촉군의 반응에 사마의는 섣부르게 공격하지 않고 물러났습니다.

이후 백성들 사이에서 "죽은 제갈량이 산 사마의를 달아나게 했다"라는 말이 떠돌았다고 합니다. 사람들이 이러한 속담을 만들어내고, 그 속담을 지금까지도 사용하는 것은 《삼국지연의》 속 이야기가 그대로 역사가 된 것이라 할 수 있습니다.

사실 제갈량의 북벌은 무모한 도전이었습니다. 당시 위나라와 촉나라 간 병력과 인구수만 비교해 봐도 알 수 있죠. 위나라의 인구수는 440만 명이 넘었는데, 촉나라의 인구수는 100만 명도 되지 않았습니다. 병력도 10배나 차이가 났습니다. 이처럼 열악한 상황 속에서 제갈량은 유비가 죽었음에도 출사표까지 던지며 나라의 대업을 이루기 위해 끝까지 노력합니다. 이는 충의를 보여주는 대표적인 사례로 손꼽히며 후대에도 제갈량이 계속해서 존경받는 이유 중에 하나가 됐습니다.

소설과 달리 정사 《삼국지》는 제갈량의 사후 촉나라 군대가 쓸쓸하게 물러나는 것으로 제갈량의 마지막을 기록하고 있습니다. 그리고 사마의는 촉군이 떠난 진영의 짜임새를 보고 "과연 제갈량은 천하의 기재로다"라고 말하며 감탄했다는 기록도 남아 있습니다. '죽은 제갈량이 산 사마의를 쫓았다'라는 말보다 사마의가 제갈량의 견실함에 감탄한 실제 역사가 진정한 제갈량의 능력을 보여준다고 할 수 있습니다.

천하를 호령하던 모든 영웅이 사라진 삼국지 무대에서 촉군의 공세를 막아낸 사마의의 위나라는 무서운 기세로 세력을 키웠습니다. 280년 삼국시대를 마감시키고 다시 중국을 통일해 황제가 된 이는 유비, 조조, 손권도 아닌 사마의의 손자인 사마염司馬炎이었습니다.

지금까지 제갈량을 중심으로 삼국지 역사 이야기를 나눴습니다. 《삼국지연의》는 천재 지략가 제갈량의 능력을 더욱 특별하게 그려낸 이야기입니다. 이는 과거와 다르게 변화한 전쟁 형태를 보여주기 위한 것으로 보입니다. 고대의 전투는 개인의 전투력을 중심으로 하는 소규모 단기전에서 점차 대규모 보병이 모여 치르는 장기전으로 변화했습니다. 이 변화 속에서 천시와 기후, 지형과 지세, 병사들의 심리와 군사훈련, 보급품과 군량미의 확보 등 총체적인 역량을 발휘할 수 있는 인물이 꼭 필요했습니다. 한마디로 싸움 잘하는 장수보다 병가에 능한 사람의 능력이 중요해진 것입니다. 여기에 꼭 맞는 인물이 제갈량이었죠. 전쟁의 형태가 변화하며 꼭 필요한 능력에 시대의 바람을 담아 우리가 알고 있는 완벽한 제갈량이 탄생한 것입니다.

《삼국지연의》를 통해 제갈량은 후대에도 귀감이 되어 많은 역사적 위인들에게 큰 교훈을 주었습니다. 사람들은 여전히 제갈량이 펼친 전설적인 이야기들을 믿으며, 제갈량이 활약했던 장소들을 유적지로 만들어 찾아가고 있습니다. 이런 이야기와 유적을 통해 제갈량이란 인물과 그의 활약은 전설이 아닌 사람들이 믿는 역사가 되었습니다.

대나무에 기록한 손권의 오나라 행정문서 '주마루오간'

삼국지는 과거에 지나간 일이 아니라 여전히 살아 숨 쉬는 역사로 많은 사람의 관심을 받고 있습니다. 1996년에는 대나무에 기록된 손권의 오나라 행정문서가 대량으로 발견됐고, 2018년에는 허난성 안양현에서 조조의 무덤이 발견되기도 했죠. 삼국시대에 관한 새로운 사실들이 밝혀지며 삼국지를 또 다른 시선으로 볼 수 있는 기회가 마련된 것입니다. 삼국지는 정사와 소설 사이의 1천여 년 동안 수많은 사람들의 이야기가 덧씌워지고 구전으로 전해 내려오면서 존재감을 드러냈습니다. 여기에 나관중의 절묘한 스토리텔링이 더해지며 소설 《삼국지연의》가 자리 잡았다고 할 수 있습니다. 그런 점에서 《삼국지연의》는 비록 정사는 아니지만 그 자체만으로 우리에게 사랑받는 중요한 문화사로 자리매김했습니다.

역사는 동시대의 학문과 문화적 인식의 변화에 따라 함께 변화하는 학문입니다. 삼국지는 앞으로도 계속 연구될 것이고, 더 재밌는 이야기가 밝혀질 것입니다. 그때 우리도 자신만의 시선으로 삼국지를 해석할 수 있게 될 것입니다.

벌거벗은 전염병, 페스트

중세 유럽을 휩쓴 연쇄 살인마

장항석

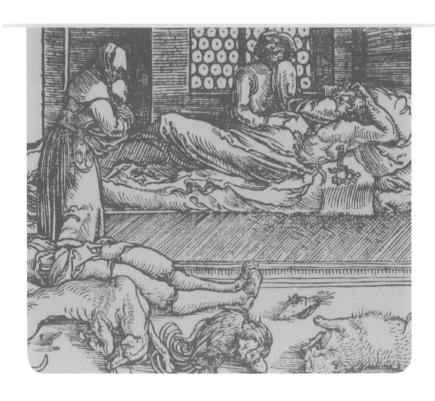

● 1347년 10월, 한 척의 배가 이탈리아 시칠리아의 '메시나항'에 들어옵니다. 그런데 주인 없는 빈 배처럼 인적이 드물고 음산해 보였습니다. 유령선일지도 모른다는 두려움에 안을 들여다보니 사타구니와 겨드랑이에 달걀 크기의 종기로 가득한 선원들의 시체가 한가득 있었습니다. 시신에서는 피와 고름이 흘러나왔고 터져 곪아버린 부종과 검게 괴사한 피부로 얼굴은 형체를 알아볼 수 없었죠. 죽지 않고 목숨만 겨우 붙어 있던 몇몇 사람도 며칠 뒤에 모두 세상을 떠났습니다. 처음 이 광경을 목격한 사람들은 너무도 끔찍한 광경에 악마의 장난이라고 생각했다고 합니다. 도대체 배 안에서 무슨 일이 일어난 걸까요?

배에 탄 선원들은 신체 일부가 검게 썩어들어가며 고통스럽게 죽어간다고 해서 '검은 죽음black death'이라고 불리는 흑사병, 일명 페스트pest에 걸린 것이었습니다. 이로부터 몇 개월 후, 본격적으로 유럽에 페스트가 퍼지기 시작했습니다. 화선지에 먹물을 묽게 타서 뿌리면 점점 넓은 면적으로 스며들 듯이 극히 일부 지역을 제외한 유럽 전체를 검은 죽음이 장악한 것입니다. 이탈리아에서는 메시나 항구를 시작으로 나폴리, 로마, 피사까지 점점 페스트균이 번져 나갔습니다. 비슷한 시기, 또 다른 지중해 연안의 항구 도시인 프랑스 마르세유에서도 페스트 의심 증상이 나타나기 시작합니다. 이듬해 6월에는 스페인까지 습격해 빠른 속도로 사람들이 죽어 나가며 검은 죽음은 유럽을 집어삼켰습니다.

결국 페스트는 이탈리아, 프랑스를 넘어 스페인, 벨기에, 오스트리아, 노르웨이, 덴마크, 독일을 거침없이 짓밟고 섬나라 영국까지 퍼져나갔습니다. 학자들은 이때의 상황을 가리켜 "2~3년 만에 유럽이 다 먹혔다!"라고 표현합니다. 학자마다 조금씩 의견은 다르지만 페스트가 온 유럽에 퍼진 기간을 2~3년으로 추정하기 때문입니다. 일반적으로 역병이 창궐하는 데 걸리는 시간을 대략 10년 정도로 보는데, 그에 비해 유럽의 페스트는 어마어마한 감염력으로 퍼져나갔습니다.[1)]

이를 속도로 환산하면 페스트가 하루 약 1.6km의 속도로 교역로를 따라 유럽 전역으로 이동했다고 합니다. 1.6km라고 하면 그다지 빠르지 않은 것 같지만 당시 유럽은 인구밀도가 낮았고 교류도 활발하지 않았습니다. 이를 고려하면 이 속도는 엄청난 것이죠.

인류사를 통틀어 최악의 사건 중 하나로 손꼽히는 페스트. 중세 유럽의 3분의 1을 죽음으로 몰아넣은 질병은 어디서 시작해 어떻게 인류를 집어삼킨 것일까요? 코로나바이러스 감염증(이하 코로나19)로 신음하는 지금의 우리와 너무도 닮은 과거에서 우리는 현실을 극복할 방법을 찾을 수 있을까요? 지금부터 진화의 시작부터 함께한 질병의 역사 속에서도 가장 암흑기였던 중세 유럽의 페스트를 벌거벗겨 보겠습니다.

검은 죽음의 시작

유럽을 강타한 대역병의 시대가 처음 시작된 곳은 크림반도의 카파(현재의 우크라이나 페오도시야)입니다. 14세기의 카파는 지중해 무역을 주도하던 이탈리아의 제노바 상인들이 킵차크 칸국(몽골)으로부터 무역을 허락받은 거점 도시였습니다. 또한 유럽의 상인들과 아시아의 상인들이 물건을 교환하던 교역의 중심지이자 전략적 요충지였죠. 1346년 몽골군이 카파를 침범해 대치전을 벌이는 사건이 일어납니다. 몽골은 카파를 차지해 유럽에 진출한다는 원대한 목표를 가지고 있었죠. 이를 위해 3년간 카파를 포위했지만 함락하지 못했습니다. 이때 설상가상으로 몽골군 진영에서 원인을 알 수 없는 전염병이 퍼지기 시작합니다. 유럽을 집어삼킨 검은 죽음, 페스트였죠. 몽골군 사이에 빠르게 퍼진 페스트로 사상자가 속출하자 오랜 전쟁에 지칠 대로 지친 몽골군은 견디지 못하고 퇴각하기로 합니다. 그런데 이들은 순순히 물러나지 않았습니다. 투석기로 페스트에 감염된 시체를 카파의 성벽 안으로 날려 보낸 것입니다. 투석기는 몽골군이 공성전에 자주 사용하던 무기였는데, 여기에 돌이 아닌 시체를 실어 날렸습니다. 그렇게 카파성 안으로 공포의 불청객이 찾아왔고, 이후 카파에는 페스트가 돌기 시작했습니다.

충격적인 몽골군의 행위는 세계 최초의 '바이오 테러리즘'이라고 불립니다. 그런데 이탈리아 시칠리이와 카파의 거리는 꽤 먼데 어떻게 메시나항이 유럽 페스트의 시초가 된 것일까요? 카파성 곳곳에서 페스트에 걸려 죽는 사람이 속출하자 겁에 질린 제노바 사람들은 배를 타고 시칠리아의 메시나항으로 도망쳤습니다. 안타깝게도 배에는 병을 피해 도망치는 사람만 있는 것이 아니었습니다. 페스트도 함께 타고 있었습니다.

페스트의 또 다른 이름은 '검은 죽음'입니다. 그 말을 따서 우리나라에

투석기를 사용하는 몽골군[2]

서는 흑사병이라 부릅니다. 이는 말 그대로 사람의 몸이 새까맣게 썩어 가는 죽음을 선사하기 때문입니다. 페스트 환자의 가장 큰 특징은 피부가 괴사하면서 검은 반점이 생기다 팔다리의 말단부위가 완전히 까맣게 썩어 떨어져 나가는 것입니다. 페스트는 발열성 질환이라 페스트균에 감염되면 갑자기 온몸에 열이 나면서 오한을 느끼고 얼마 지나지 않아 열이 펄펄 끓게 됩니다. 그러다 고열로 사경을 헤매며 구토와 설사를 반복하고 탈진이 오죠. 점차 몸 곳곳에 부종과 피부를 파고든 궤양이 생기면서 고통이 심해집니다. 페스트는 고열 질환 중에서도 혈관 내부에 침투해 혈액 응고 장애를 일으키는 특징이 있습니다. 페스트에 걸리면 피부가 까맣게 변하는 것은 혈액이 굳어서 피가 통하지 않기 때문입니다. 페스트 환자는 주로 신체 말단부터 썩어들어가다가 조직들이 괴사하면서 떨어져 나가는 증상을 보입니다.

페스트에 감염되면 나타나는 또 다른 증상은 목이나 사타구니, 겨드랑이 쪽 림프절이 붓기 시작하는 것입니다. 페스트는 증상에 따라 크게 세 가지로 나눌 수 있는데, 페스트균이 어떤 부위를 집중 공격하느냐에 따라 달라집니다. 첫 번째는 '가래톳 페스트'입니다. 다른 말로 림프샘 페스트라고도 하죠. 쥐벼룩에 물려서 페스트가 생기는 경우로 페스트균에게 집중 공격당한 부위들이 터질 때까지 부풀어 오르기 시작하는데, 어떤 것은 달걀 크기만큼 부어오르기도 합니다. 이런 가래톳은 겨드랑이나 목, 사타구니 부위 등에도 생길 수 있는데 쥐벼룩은 주로 사람의 다리를 물기 때문에 균이 다리를 타고 올라와서 처음 만나는 부위인 서혜부, 즉 가랑이 부위의 림프절이 부풀어 오르는 경우가 많습니다. 그 부위는 피가 안 통하기 때문에 이 역시 썩어들어갑니다.

두 번째는 다른 환자의 비말이 침투해 전염되는 '폐렴성 페스트'입니

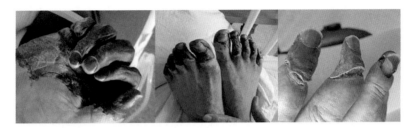
페스트 환자의 모습

다. 페스트균이 폐 쪽으로 들어가 파괴가 일어나면 호흡 곤란이 오고 숨이 점점 막히다가 오한, 기침, 가래, 각혈 증상이 일어납니다. 폐렴성 페스트는 호흡 곤란 때문에 빠른 시간 안에 사망할 정도로 위험합니다.

마지막으로 '패혈증성 페스트'가 있는데 이는 페스트균이 전신의 혈액에 확 번져서 핏 속에 균이 창궐하는 상태, 즉 패혈증을 일으키는 방식입니다. 몸의 모든 장기가 파괴되고 혈압이 떨어져 회생 불가능한 상태에 이르는 것이죠. 현대 의학이 많이 발전했다고는 하지만 이런 상태에 이르면 사망할 확률이 매우 높습니다.

이처럼 페스트에 감염돼 사지가 까맣게 변한 시체들이 쌓여가는 것을 본 유럽인들은 엄청난 충격을 받았습니다. 어느새 페스트에 대한 공포는 하늘을 찔렀습니다.

유럽에 페스트가 퍼진 이유

페스트라고 하면 많은 사람이 쥐를 떠올립니다. 그러나 페스트의 원인이 되는 페스트균의 일차 숙주는 쥐벼룩입니다. 페스트균이 있는 흙 속을 돌아다니던 쥐벼룩이 페스트에 감염되고, 쥐가 사람 주변을 돌아다니면서 쥐벼룩이 사람을 물어 여기저기 병을 퍼뜨리는 것입니다. 페스트에 걸린 쥐벼룩이 쥐를 물면 쥐도 피를 토하며 죽습니다. 대신 더 이상 사람에게 옮기지 못하고 거기서 끝납니다. 그런데 곰쥐black rat라는 종은 페스트에 걸린 쥐벼룩에 물려도 잘 죽지 않는 강한 생명력을 지녔습니다. 이 때문에 곰쥐가 페스트를 창궐시켰다고 보는 학자들도 많습니다.

그러나 페스트가 유럽 전역에 급속도로 퍼진 것은 쥐와 벼룩에 의한 감염보다 사람 간의 감염 때문입니다. 즉 쥐벼룩이 사람에게 옮기고 그 사람이 다른 사람에게 옮기면서 빠르게 널리 퍼진 것이죠. 사람 사이 감염의 가장 큰 원인은 비말입니다. 미국 질병통제예방센터(CDC)에서도 인간 사이에 페스트가 전염되는 경로로 '비말 감염'을 꼽았습니다. 코로나19가 창궐한 원인과 같습니다. 물론 코로나19는 '바이러스'고 페스트는 '균'이라는 차이점이 있지만, 비말이 사람과 사람 사이에 전염병을 퍼뜨리는 데 큰 역할을 한다는 것은 같습니다. 그래서인지 14세기에는 "쳐다만 봐도 페스트에 걸린다"라는 말도 생겼습니다. 쳐다볼 정도로 가까운 거리에 있다면 대화만 나눠도 비말로 병균을 옮길 수 있기 때문이죠. 이탈리아의 작가 보카치오Boccaccio의 소설 《데카메론》에는 당시 페스트가 얼마나 빠르게 전파됐는지를 알 수 있는 내용이 있습니다.

"건강한 젊은이들도 아침에는 가족이나 친구들과 식사를 하고 저녁에는 저세상에서 조상들과 만찬을 했다. 젊은이들이 아침에 부모와 동료, 친구와 함께 식사를 하고 나서 바로 그날 저녁에 저세상에서 앞서가신 분들과 저녁을 먹게 될 줄이야."

건강한 젊은이조차 한나절 만에 죽음에 이르게 하는 무서운 병이었던 것입니다. 그렇게 수많은 사람이 영문도 모른 채 죽어갔고 페스트는 중세 유럽을 혼란에 빠뜨렸습니다.

코로나19가 급격히 확산된 것은 전 세계 어디든 빠르고 쉽게 이동할 수 있었기 때문입니다. 그런데 중세 유럽은 비행기나 자동차가 없었는데도 페스트가 급속도로 퍼졌습니다. 그 이유는 무엇일까요? 이 시기의 유럽은 페스트가 퍼지기 딱 좋은 환경이었습니다. 먼저 기근으로 사람들의 영양 상태가 좋지 않았죠. 1300년대부터 1800년대까지의 시기를 '소빙기'라고 부르는데 전 세계적으로 기온이 매우 낮았습니다. 그러다 보니 농작물 재배가 어려웠고 반복된 기근과 흉작으로 굶주린 사람들의 면역력이 떨어져 페스트에 좀 더 쉽게 감염될 수밖에 없었던 것으로 추측하고 있습니다. 게다가 중세시대의 위생 상태는 최악이었습니다. 유럽에 가면 성벽에 독특한 구멍이 뚫려 있는 것을 발견할 수 있습니다. 이는 중세 유럽의 화장실입니다. 유럽은 18세기까지 화장실이 드물었습니다. 성안의 귀족이 볼일을 보면, 성벽의 구멍을 통해 그냥 밖으로 떨어졌습니다. 놀

유럽 성벽

랍게도 배설물이 떨어지는 곳은 사람들이 지나다니는 길이었죠. 평민들도 배설물을 따로 처리하지 않고 창밖으로 던져버리곤 했습니다. 게다가 짐승들의 배설물도 길거리에 널려 있어 위생 상태는 좋지 않을 수밖에 없었습니다.

14세기의 유럽은 상하수도 시설도 제대로 갖추지 못한 상태였습니다. 도시에 하나의 성과 농민들만 있었을 때는 악취와 더러움도 큰 문제는 아니었습니다. 그런데 점점 도시의 규모가 커지면서 상하수도 처리를 못 하자 위생 상태가 심각해졌습니다. 목욕 시설도 거의 없고 중세 유럽에서는 맨몸을 드러내는 일을 죄악시했기에 사람들은 잘 씻지 않았습니다. 당시 순결한 성녀나 성인이라고 숭상받는 사람들은 평생 손조차 씻은 적이 없었다는 기록도 있을 정도입니다. 그만큼 개인위생도 심각했습니다. 게다가 목욕을 하면 페스트에 쉽게 감염된다는 소문까지 돌았습니다. 그 이후 강물에서의 목욕은 완전히 금지됐고, 손이나 얼굴은 물로 씻어도 그 외의 신체 부위는 마른 천으로만 겨우 닦았다고 합니다. 특히 귀족들은 몸을 닦는 대신 옷을 갈아입는 것으로 목욕을 대신한다고 생각했습니다. 이런 최악의 위생 상태와 기근으로 인한 면역력 저하까지 겹치면서 페스트는 빠른 속도로 번졌습니다.

신의 형벌, 페스트

코로나19 바이러스가 발병했다는 소식을 들었을 때 우리는 인터넷으로 증상이나 예방법을 찾아보거나 뉴스를 보는 등 다양한 방식으로 정보를 습득하고 이 상황을 해결해 나갈 방법을 고민했습니다. 그렇다면 페스트가 퍼지는 상황에서 중세 유럽인들은 무엇을 찾았을까요? 그들이 찾은 것은 종교였습니다. 갈 곳 없는 사람들이 믿을 수 있는 것은 신앙뿐이었죠. 교회는 페스트를 죄지은 사람을 향한 신의 형벌로 여겼고, 사람들은 교회를 찾아 자신의 잘못을 참회하려 했습니다. 페스트에 대한 공포가 커질수록 종교에 대한 사람들의 믿음도 커졌습니다. 교회는 대규모 참회 집회와 고해성사 같은 다양한 종교 행사를 열었는데, 이는 오히려 병을 더 빨리 퍼뜨리는 원인이 됐습니다.

사실 중세 사람들도 페스트에서 벗어나기 위해 그들이 할 수 있는 최선의 노력을 했습니다. 하지만 안타깝게도 그들의 기상천외한 노력이 오히려 전염을 확산시키는 결과를 가져왔습니다. 가장 대표적인 방법 중 하나는 독실한 종교인들이 죄를 씻기 위해 거리로 나와 윗옷을 벗고 가죽으로 자신을 매질하는 것입니다. 스스로를 채찍질하는 고행으로 참회하겠다는 이른바 '채찍질 고행단'이었죠. 이는 무려 33일이나 계속됐는데 예수가 십자가에 못 박힐 당시 나이가 33세였기 때문입니다.[3]

이들은 매일 밤낮으로 한 번씩 피가 철철 흐를 때까지 몸을 때리며 행진했습니다. 면도나 목욕도 하지 않았고, 심지어 옷도 갈아입지 않았죠. 그리고 금요일에는 금식까지 했습니다. 그 결과 상처가 세균 감염을 일으키면서 위생이 더욱 안 좋아졌고, 제대로 먹거나 쉬지 못해 면역력이 떨어져 급속도로 페스트에 감염되었습니다. 게다가 마을 곳곳을 돌아다닌 탓에 슈퍼 전파자가 되어 더 많은 페스트를 퍼트렸습니다. 전염병에 대한 무지가 페스트 확산을 가져온 것입니다.

수많은 성직자들 또한 사람들을 살리기 위해 열성을 다해 기도했습니다. 그 과정에서 사람들의 손을 잡는 등 접촉을 하면서 성직자들도 결국 페스트에 걸렸고 목숨을 잃었습니다. 시간이 흐르면서 종교의 계율에 따라 죄를 짓지 않고 사는 사람들과 죄를 지을 일조차 없는 너무 어린아이까지 죽음을 피하지 못하는 것을 본 사람들의 신앙심이 흔들리기 시작합니다. 성직자들의 인간적 나약함과 종교에 대한 의심은 훗날 종교개혁의 방아쇠를 당겼습니다. 사회가 변화해 가는 모습을 생각해 보면 완전히 무너지고 난 다음에 새로운 개념이 싹트는 것을 볼 수 있습니다. 이 시기 종교가 바로 그 길을 겪은 것입니다.

이처럼 당시 유럽은 사회가 파괴되었다고 말할 정도로 참혹했습니다. 거리에는 페스트로 죽은 사람들이 산더미처럼 쌓여 있었지만 죽음의 두려움 때문에 외면할 수밖에 없었습니다. 시체 옆에는 개, 염소, 말, 새 등 동물의 사체가 인간의 사체와 함께 나뒹굴었습니다. 사람들이 짐승처럼 길거리에서 죽어 나갈 정도로 처참했죠. 급기야는 그런 시체를 짐짝처럼 수레에 담아 구덩이에 던지는 끔찍한 상황이 이어졌습니다. 영화 〈어벤져스〉에서 타노스가 손가락을 한 번 튕김으로써 인류의 절반이 사라지는 강력한 살상 능력을 보여줬던 것처럼 페스트는 유럽을 초토화시켰습니다.

페스트로 팬데믹의 절정에 이른 사람들은 불안과 좌절을 넘어 증오의 대상을 찾기 시작합니다. 당시 유럽의 최약자는 유대인이었습니다. 그런데 가만히 살펴보니 유대인의 사망률이 상대적으로 현저히 낮았습니다. 이는 아마도 유대인이 율법에 따라 손을 자주 씻었던 것과 유대교 식품 규정에 따라 까다롭게 조리하는 코셔 푸드의 영향이 아니었을까 생각합니다. 우연이었지만 깨끗한 음식과 위생을 지키는 유대인의 율법 덕분에 슬기롭게 대처해 나가고 있었던 것이죠. 그러나 중세 유럽인들은 그들이 어떤 술수를 꾸며서 자신을 죽게 한다고 의심했습니다. 여기에 종교적 배경까지 더해져 유대인은 꼼짝없이 분노의 대상으로 전락했습니다. 급기야 유대인이 페스트를 고의로 퍼뜨렸다는 소문까지 퍼지고 말았습니다.

페스트로 뒤덮인 유럽의 모습

영국의 저널리스트이자 역사학자 폴 존슨Paul Johnson의 저서 《유대인의 역사》는 "저 악랄한 유대인이 우물에 독을 넣었다"라며 모함했던 유럽인의 모습을 그리고 있습니다. 그들은 의심 가는 유대인을 마구잡이로 잡아다가 고문했는데, 겁에 질린 유대인이 사보이 지역의 '요한'이라는 사람이 페스트를 퍼트렸다는 허위 자백까지 하도록 만들었습니다.

> "1348년 9월, 그들은 랍비 요한에게 이렇게 지시받았다고 고했다. 한 뼘 정도 되는 작은 꾸러미를 주겠다. 그 꾸러미 속 비좁게 꿰맨 가죽 자루 속에는 독이 들어 있다. 이것을 베네치아 주변 우물과 물웅덩이, 샘에 뿌리고 그 밖에 네가 가는 곳마다 살포하라!"

이런 허위 자백을 듣기는 했으나 요한이라는 사람이 대체 누구인지 모르니 이번에는 시내의 모든 요한을 잡아들였습니다. 이렇게 잡혀들어온 많은 유대인이 고문을 이기지 못하고 또다시 허위 자백을 하면서 꼬리에 꼬리를 물고 일파만파 퍼졌죠. 유대인 혐오는 날로 심해졌습니다. 죄 없는 유대인이 죽어 나가기 시작했고 얼마 지나지 않아 유대인 대학살로 이어졌습니다. 특히 독일과 오스트리아, 프랑스, 스페인에서 대학살이 이루어졌는데 유대인의 자료에 따르면 독일의 한 도시에서만 약 6천 명의 유대인이, 프랑스의 한 도시에서는 2천 명의 유대인이 죽음을 맞이했다고 합니다. 이들은 우물에 독을 풀어 페스트를 퍼트렸다는 혐의로 구덩이에서 산 채로 화형당하기도 했습니다. 전염병에 대한 무지가 비극을 불러온 것입니다.

이처럼 페스트로 인한 공포로 사람들은 혼란에 빠졌고 사회 질서는

산 채로 화형당하는 유대인

무너져 내렸습니다. 나부터 살고 봐야 한다는 이기심이 극대화되기 시작했습니다. 그런데 여기서 끝이 아니었습니다. 사회 시스템이 무너지면서 부익부 빈익빈이 더욱 심해진 것입니다. 귀족들은 페스트가 없는 곳으로 이동하는 데 필요한 자본과 인력이 충분했지만 농민들은 그렇지 못했습니다. 과거에도 사회적 약자들은 전염병에 더 취약했던 것이죠. 귀족이나 부자들은 자신이 사는 곳에서 페스트가 발생했다는 소식을 들으면 황급히 다른 지역에 준비해 둔 저택으로 도망갔습니다. 도망갈 곳이 없어 마을에 남은 빈민가에는 페스트가 들끓었습니다.

도망갔던 사람들은 페스트가 끝났다는 소문을 들으면 그곳이 정말 안전한지 확인하기 위해 가난한 여성을 고용해 미리 자신이 살던 집으로 보내 몇 주간 살아보게 했습니다. 그리고 그 사람이 죽지 않은 것을 확인한 뒤에야 집으로 돌아갔죠. 가난한 사람들의 생사 여부로 귀환을 결정한 귀족들. 배려와 공존 대신 자신의 안전을 위해 하층민의 목숨을 이용하는 것도 주저하지 않았던 것이 중세 페스트 시대입니다.[4]

백 투 더 흑黑역사,
검은 죽음에 맞서 유럽을 지켜낸 사람들

페스트라는 말을 들은 유럽인이 가장 먼저 떠올리는 것은 까마귀 복장을 한 '페스트 의사들'입니다. 이 의상을 탄생시킨 주인공은 루이 13세의 수석 의사 '샤를 드 롬Charles de Lorme'입니다. 페스트 의사들의 의상은 상의와 하의가 붙은 통짜 원피스 형태였습니다. 이는 오늘날의 생화학 방호복과 비슷한 원리로, 전염병의 원인이 되는 환자와의 접촉을 최소화하기 위한 방법입니다. 옷에는 머리를 감싸는 후드가 달려 있고, 소매는 손보다 더 길게 만들었기에 접어서 입었습니다. 또한 환자의 분비물을 비롯해 액체나 공기가 통하지 않는 가죽 재질로 옷을 만들었고 다른 사람들이 자신을 피해 가도록 챙이 넓은 모자도 꼭 챙겨 썼습니다. 모두 접촉을 최소화하기 위한 장치였죠. 까마귀 마스크의 부리 끝에는 작은 숨구멍이 있는데 여기에 다양한 것들을 넣었습니다. 기록에 따르면 향신료나 식초를 묻힌 헝겊을 넣었고, 짚을 넣기도 했습니다. 나쁜 공기를 걸러내 냄새를 막고 소독 효과를 낼 것이라고 기대한 것이었죠. 한마디로 오늘날 방독 마스크의 정화통 필터 역할을 했다고 볼 수 있습니다.[5]

이 시기 페스트 의사들은 공포의 대상이었습니다. 마치 죽음을 전하러 온 저승사자처럼 보였던 것이죠. 페스트 의사들은 진맥을 보거나 약을 건네는 등 환자와의 물리적 접촉이 필요할 때, 직접 닿는 걸 방지하기 위해 막대기를 사용했습니다. 그리고 워낙 사망자가 많았던 탓에 환자를 치료하기 전에 먼저 막대기로 찔러서 생존 여부를 확인하기도 했습니다. 그런데 의사들이 막대기를 들고 다녔던 또 다른 이유가 충격적입니다. 환자를 때리기 위한 것입니다. 중세 유럽인들은 페스트를 신의 징벌이라 생각했고, 일부 의사들은 신의 죄를 씻어내야 한다며 환자들을 때리곤 했습니다.

까마귀 복장을 한 페스트 의사들

의사들의 야만적인 행동보다 더 큰 문제는 '사혈'이라고 부르는 치료법이었습니다. 피를 뽑아 질병을 치료하는 이 방식은 의학이 발달하지 않았던 중세 유럽에서 널리 사용되었습니다. 당시 의사들은 나쁜 피를 뽑아내면 좋은 피만 남아 정화된 몸이 건강해질 거라 믿었습니다. 그릇된 신념에 따라 칼로 피부를 절개하고 나쁜 피를 컵에 모아 버렸습니다. 칼 대신 거머리를 사용하기도 했습니다. 하지만 사혈이라는 무모한 행동은 면역력이 약한 페스트 환자에게는 치명타가 되고 말았습니다. 피의 양을 조절하기 어렵고 비위생적인 방식 때문에 과다출혈과 세균 감염으로 많은 환자가 목숨을 잃은 것입니다. 의사로서는 최선을 다한 것이지만 결과는 처참했습니다. 이처럼 질병의 역사는 무지와의 싸움의 역사이기도 했습니다.[6]

페스트 시대에는 의사들뿐 아니라 다양한 사람들이 치료법 개발에 힘썼습니다. 만유인력을 발견한 영국의 천재 과학자 아이작 뉴턴Isaac Newton도 페스트 치료법 개발을 연구한 사람 중 하나입니다. 2020년 뉴턴이 직접 썼으나 발표하지 않은 자필 원고가 발견됩니다. 놀랍게도 여기에는 그가 고안한 페스트 치료법이 쓰여 있었습니다.

> '최선의 방법은 두꺼비를 굴뚝 속에 3일간 거꾸로 매달아 놓는 것이다. 그러면 죽은 직후 각종 곤충을 땅에 토해내는 데 그걸 왁스가 담긴 접시에 받아낸다. 그 후 두꺼비는 분말로 만들어 배설물이나 체액, 왁스와 섞어 약을 만들어 환부에 바르면 전염병(페스트)을 몰아내고 독을 제거할 수 있다.'

두꺼비는 피부와 장기에 독이 있는 파충류인데 뉴턴은 아마도 두꺼비의 토사물에도 특수한 독이 있으리라 생각한 것 같습니다. 약과 독은 전혀 다르지만 같은 성질을 가졌습니다. 따라서 모든 독은 약이 될 수 있고, 모든 약도 독이 될 수 있습니다. 현대 약학의 아버지로 불리는 파라켈수스Paracelsus도 "용량이 약과 독을 결정한다"라고 말했죠. 뉴턴의 원고에는 사파이어나 호박 등의 보석을 부적으로 쓰거나 페스트 감염자가 나온 장소를 피한다는 일반적인 대책도 기록돼 있다고 합니다. 이런 내용은 페스트 치료에 도움이 되지 못했습니다. 하지만 독을 사용해서라도 페스트균을 치료하려는 노력을 보였다는 것은 이 시기 페스트가 절대적인 공포와 두려움의 대상이었음을 방증하는 것입니다.

　페스트 초기, 가난한 사람들을 치료했으나 오히려 죽임을 당했던 사람도 있습니다. 마녀들입니다. 마녀라고 하면 커다란 가마솥에 다양한 약초와 광물, 동물 등을 넣어 펄펄 끓여 약을 만드는 모습이 떠오릅니다. 실제로 마녀들은 고대부터 의술이 발달하지 않은 1천여 년 동안 사람들을 치료했습니다. 무녀나 점술사로 활동하면서 병자에게 먹일 약과 최음제나 묘약 같은 특수한 용도의 약을 제조하기도 했죠. 실제로 오늘날 과학자들은 마녀들이 즐겨 사용한 고약에서 다양한 성분을 추출했고, 여기에 환각이나 진통 효과가 있다는 것을 밝혀냈습니다. 원시적이긴 해도 나름 수긍이 갈 법한 의술로 가난한 사람들을 도왔던 마녀는 페스트가 널리 퍼지고 사회 질서가 무너지자 유대인처럼 공격대상으로 전락하고 맙니다. 마녀사냥이 시작된 것이죠. 특히 16세기 말부터 17세기까지 마녀사냥은 극에 달했습니다. 이 때문에 가난한 사람이 누릴 수 있었던 최소한의 의학적 치료마저 사라졌습니다. 사람들이 아프거나 죽었을 때 이들을 돌보는 데 앞장섰던 사람이 그나마 마녀들이었는데, 이제 아무도 돕지 않게 된 것입니다. 섣불리 나섰다가 마녀로 지목돼 희생당할 게 뻔했

기 때문이죠. 수많은 마녀의 학살로 가난한 서민들은 더 암울한 환경에 놓이고 말았습니다.[7]

그런데 전혀 생각지도 못했던 곳에서 예방법을 발견하기도 했습니다. 이 방법을 처음 사용한 사람들의 이야기가 알려지자 유럽 전역이 발칵 뒤집어졌습니다. 바로 은밀하게 집을 털던 도둑들에게서 찾아낸 방법입니다. 도둑들은 대담하게도 페스트에 걸린 사람들의 집만 노렸습니다. 아무도 그곳을 찾지 않아 주변을 걱정할 필요 없이 마음껏 물건을 훔칠 수 있기 때문이죠. 이들은 페스트 환자의 집을 자유롭게 드나들었음에도 병에 걸리지 않았습니다. 도둑들이 잡히고 이 사실을 알게 된 사람들은 깜짝 놀랐습니다. 1628년 프랑스 툴루즈 지역 국회 문서에 이들에 관한 자료가 남아 있습니다.

"4명의 도둑들이 대흑사병 시기에 페스트로 죽어가던 사람들의 집을 털어 부를 쌓았다. 그들은 모두 화형을 선고받았는데, 이를 사면해 주는 조건으로 페스트 환자들 사이를 누비며 접촉하면서도 페스트에 걸리지 않은 비법을 털어놓게 하였다."

그들이 공개한 비법은 식초였습니다. 환자의 집에 들어가기 전에 자신이 만든 비법 식초를 온몸에 뿌리고 문질렀다는 것입니다. 식초는 아세트산이라고 하는 약산성 물질로 살균 효과를 내기도 합니다. 즉 식초를 바르고 문지른 것이 소독 작용을 한 것이죠. 이 비법 덕분에 많은 사람이 목숨을 구했지만 도둑들은 결국 교수형에 처했습니다. 100년 정도 시간이 흐른 1720년 프랑스 마르세유에서 똑같은 일이 벌어집니다. 이 도둑들 역시 사형을 피하고자 자신의 레시피를 공개했고 다행히 목숨을 건졌다고 합니다. 도둑들의 비법 식초는 1721년 〈메르퀴르 드 프랑스 Mercure de France〉라는 잡지에 소개되었습니다. 마르세유의 약사들은 도둑들의 비법 식초를 발전시켜 약으로 만들기도 했습니다. '4인 도둑의 비법 식초'라 불리는 것으로 식초나 와인에 쑥, 로즈메리, 박하, 계피, 마늘 등의 향료를 넣었다고 합니다. 연구의 흔적은 느껴지나 이들 재료가 살균 효과를 낸 것으로 보기는 어렵습니다.

이렇듯 중세 유럽인들은 페스트에서 살아남기 위해 많은 연구와 노력을 했습니다. 코로나 시대를 살아가는 우리가 많은 일을 비대면으로 진행하듯이 이 시기의 사람들도 비대면 거래를 했습니다. 사진 속 돌의 구멍에 필요한 상품을 넣어두면, 거래를 약속한 사람이 찾아와 구멍에 넣어둔 상품을 가져가고 대신 동전을 넣는 방식입니다. 구멍에

비대면 거래용 돌

는 식초가 채워져 있었다고 합니다. 당시에는 식초가 소독제로 다양하게 쓰인 것 같습니다.

이처럼 많은 사람의 노력에도 페스트는 쉽게 사라지지 않았습니다. 수백 년 동안 밀물과 썰물처럼 잦아들었다가 다시 창궐하기를 반복했습니다. 수많은 희생자를 내고 중세 유럽을 어둠으로 물들인 페스트의 대유행은 17세기가 지나서야 막을 내렸습니다. 페스트의 종식은 영양 상태 개선과 위생 관리 등 다양한 원인이 복합적으로 연결된 결과라 하겠습니다.

페스트로 달라진 유럽 사회

오랜 기간 이어진 페스트는 중세 유럽을 완전히 바꿔 놓았습니다. 무엇보다 전체 인구의 3분의 1이 사라졌습니다. 특히 페스트를 피해 달아날 수 없었던 농민을 비롯한 하층민과 학살당한 유대인의 인구가 현저히 줄었습니다. 중세 유럽에서는 토지를 경작하는 농민은 매우 중요한 자원이자 경제 그 자체였습니다. 그런데 이들이 사라지면서 노동력 부족 현상이 일어났고, 자연스럽게 임금이 올라가자 농노가 하나둘씩 사라지고 소작농과 자작농이 생겨났습니다. 이제 농민들도 돈을 벌어서 부를 쌓을 수 있게 된 것입니다. 덕분에 오랜 기간 서양 사회의 근간을 이루던 봉건제도가 몰락합니다. 중세 유럽을 지탱한 것은 기독교와 봉건제도였습니다. 그런데 신앙은 무너지기 시작했고 봉건제도도 붕괴했습니다.

소작농과 자작농이 탄생하면서 농업의 형태에도 변화가 생겼습니다. 노동력이 풍부했던 과거에는 노동 집약적 농작물인 밀과 쌀을 많이 재배했습니다. 하지만 페스트 이후 노동력이 부족해지자 최대한 손이 가지 않는 농작물을 키우기 시작했습니다. 대표적인 것이 포도입니다. 오늘날 유럽의 와인 산업이 발전한 계기가 페스트 덕분이었다고 보는 학자들도 있습니다. 하지만 농민들에게 나타난 가장 큰 변화는 스스로를 노동력 이상의 가치로 인식하는 인본주의가 싹튼 것입니다.

페스트가 가져온 변화 중 빠질 수 없는 것이 르네상스 시대입니다. 본래 중세 유럽의 중심은 신이었으나 페스트를 거치며 자연에 대해 파악하고, 인간 본위의 사고를 시작했습니다. 이렇게 발전한 인간 중심의 새로운 사고는 정치, 과학, 예술 등 다방면이 함께 부흥한 르네상스 시대를 열었습니다. 레오나르도 다빈치, 미켈란젤로, 라파엘로 등의 예술도 모두 이때 꽃피웠습니다. 사람들은 신과 계율에만 의존하지 않고 교회에서 벗어나기 시작했습니다. 그리고 인간에게 집중했죠. 더 나은 삶을 향한 현실적인 방안을 연구하다 보니 자연스레 과학기술도 발전했습니다. 이 시기 '지식은 경험에서 나온다'라는 사상이 자리 잡았습니다. 전통적으로 전해오던 이론이나 관념적인 사상보다 실제 현상에 대한 관찰과 분석을 중요하게 여기기 시작한 것이죠. 이어서 건축과 미술도 종교적 가치관을 기반으로 했던 중세 고딕 양식에서 벗어나 새로운 예술 양식, 즉 르네상스 양식이 싹트기 시작했습니다.

이렇게 페스트는 많은 사람을 죽음으로 몰아갔지만, 끝내 위기를 극복함으로써 새로운 문명의 발전을 맞이하는 긍정적인 변화도 가져왔습니다. 어떤 어려움이라도 그것을 극복하고 나면 완전히 새로운 세계가 열리고 반전이 일어납니다. 중세 유럽이 페스트 이후 화려한 르네상스 시대를 맞이했듯이 우리도 코로나 시대를 극복한다면 더 나은 새로운 시대를 맞이할 수 있습니다. 이를 위해 우리 스스로의 의지로 함께 협력하고 공존하는 방식을 찾아 나가는 노력이 필요합니다.

벌거벗은 청일 전쟁

일본 제국주의 시작,
청일 전쟁은 왜 조선에서 일어났을까?

최태성, 서민교

● 1885년 4월 18일 중국 청나라의 톈진. 이곳에서 두 남자가 만남을 가졌습니다. 그들의 정체는 청나라 실권자인 북양대신 이홍장李鴻章과 일본 전권대신 이토 히로부미伊藤博文. 만남의 목적은 조약의 체결입니다. 청나라와 일본은 어떤 약속을 맺은 것일까요? '톈진 조약'이라 불리는 조약의 내용은 다음과 같습니다.

「톈진 조약」[1]

제1조, 청일 양국은 4개월 이내에 조선에 주둔하고 있는 군대를 철수한다. 즉시 군대의 철수를 시작해서 4개월 이내에 완료한다.

제2조, 조선 정부가 군대를 교련하여 스스로 치안을 지키게 하며 외국인 교련관을 고용할 경우 청국인과 일본인 무관을 파견하지 않는다.

제3조, 조선에 중대한 사건이 발생하여 청일 양국, 혹은 어느 한쪽이 파병하게 될 때는 우선 상대방 국가에 문서로 알리고, 사건이 진정되면 즉시 철병하고 주둔하지 않는다.

이 조약의 핵심은 '군대의 철수'와 '파병의 통보'입니다. 도대체 어떤 일이 있었기에 톈진 조약에 이와 같은 내용을 담은 것일까요? 그리고 청나라와 일본이 맺은 조약인데 왜 여기에 조선이 들어가 있을까요?

청나라와 일본, 그리고 조선이 얽힌 이 조약은 10년 뒤 동아시아 역사의 흐름과 한반도의 운명을 바꿉니다. 일본이 본격적으로 조선 침략의 야욕을 드러내고 제국주의 시대의 문을 연 청일 전쟁의 도화선이 바로 톈진 조약이기 때문입니다. 조선은 왜 청나라와 일본의 싸움에 말려들었는지, 우리나라의 비극적 역사를 세계사적인 관점에서 바라보려 합니다. 청일 전쟁이 불러일으킨 소용돌이 속에 숨어 있는 이야기를 지금부터 낱낱이 벌거벗겨 보겠습니다.

조선에서 싸움을 시작한 청나라와 일본

텐진 조약의 내용을 보면 당시 조선에 일본군과 청나라군이 머물고 있음을 알 수 있습니다. 우리나라에 하나도 아닌 두 나라의 외국 군대가 들어와 있는 이유는 무엇일까요? 이를 설명하려면 먼저 1882년에 일어난 임오군란과 1884년에 일어난 갑신정변에 관해 이야기해야 합니다.

임오군란은 조선의 구식 군대가 별기군(신식 군대)과의 차별대우에 항의하며 일으킨 난입니다. 당시 별기군이 급료와 보급에서 좋은 대우를 받는 것에 비해 구식 군대는 봉급미조차 제대로 받지 못했습니다. 그러던 어느 날 13개월이나 밀린 급료 중 한 달 치를 받았는데, 모래와 겨가 섞여 먹을 수도 없는 쌀을 준 것입니다. 쌀을 빼돌린 것이 고종과 명성황후를 비롯한 민씨 세력과 일본인이라고 생각한 구식 군인들은 창덕궁과 일본 공사관을 습격합니다. 그들은 명성황후를 찾아내 죽이려 했지만 이미 피신한 뒤였죠. 목숨을 위협받은 고종과 명성황후는 이 사태를 수습하기 위해 청나라에 도움을 요청합니다.

당시 조선 조정은 잘못된 선택을 많이 했습니다. 그중에서도 조선의 운명을 바꾼 세 가지 잘못된 선택이 있는데, 첫 번째가 청나라에 임오군란을 진압해 달라고 요청한 것입니다. 이로 인해 한반도에서 고난과 비극의 역사가 시작됐습니다.

청나라는 수천 명의 군사를 파견해 반란을 일으킨 사람들을 잔인하게 진압했습니다. 그러자 이번에는 일본이 가만히 있지 않았습니다. 구식 군인들이 일본 공사관을 습격했다며 피해 보상을 요구한 것입니다. 그리고 조선이 자신들을 지켜주지 않는다면 스스로 지키겠다는 명분을 내세워 군대를 파견하겠다고 주장합니다. 아무런 힘이 없던 조선은 결국 일본의 요구 조건을 들어주는 제물포 조약을 체결합니다. 이로써 조선에는 청나라와 일본의 군대가 주둔하게 되었고 틈만 나면 서로를 견제하며 으르렁거리는 두 나라로 인해 조선은 바람 앞의 등불처럼 위태로운 상황에 놓였습니다.

2년 뒤인 1884년, 두 나라는 결국 한판 붙게 됩니다. 싸움의 원인은 갑신정변. 조선이 청나라로부터 완전한 자주독립을 하고 근대화를 이뤄야 한다고 주장하는 개화파가 일본 공사의 도움을 약속받고 정변을 일으킨 것입니다. 이때 조정은 이 사태를 수습하며 두 번째 잘못된 선택을 합니다.

또 청나라에 갑신정변을 진압해 달라며 SOS를 외친 것이죠. 청나라 군은 고종과 명성황후를 구한다는 명분을 앞세워 창덕궁으로 진격했습니다. 이때 청나라 군대와 창덕궁을 점거하고 있던 일본 군대가 소규모 전투를 벌입니다. 결과는 청나라의 압도적 승리였습니다. 이때 체결한 조약이 앞서 이야기한 톈진 조약입니다. 청나라와 일본은 살얼음 위를 걷는 듯한 팽팽한 긴장감이 언제 어디서든 대규모 전쟁으로 이어질 수 있다는 불안을 느꼈고, 결국 조선에서의 양국 군대 철수와 파병 시 상대방 국가에 알린다는 내용의 조약을 체결했습니다. 이후 청일 양군 모두 조선에서 철수합니다.

새로운 세상을 향한
백성들의 의지가 폭발하다

톈진 조약으로 청나라와 일본의 군대가 철수하자 조선을 둘러싼 두 나라의 대립은 잠시 멈추는 듯했습니다. 하지만 호시탐탐 조선을 노리는 일본은 어떻게 해서든지 다시 조선 땅에 발을 들일 빌미를 찾고 있었습니다. 톈진 조약 이후 10년, 일본이 조선에 군대를 보낼 빌미가 되는 사건이 일어납니다.

1894년에 일어난 동학 농민 운동입니다. 참고로 1894년은 양반, 중인, 상민, 천민의 신분제가 법적으로 폐지된 갑오개혁과 동학 농민 운동, 청일 전쟁이 한꺼번에 벌어진 우리 역사에서 혁명과도 같은 해입니다.

그렇다면 동학 농민 운동은 왜 일어났을까요? 동학의 반대말은 서학입니다. 서학은 조선 중기 이후 조선에 전래된 서양 사상과 문물, 학문으로 당시에는 천주교를 이르는 말이었습니다. 이러한 서학에 반발해 우리의 전통 신앙과 사상을 바탕으로 만든 종교가 동학입니다. 동학의 핵심적 종교 사상은 평등으로, 자신을 포함한 모든 사람이 하늘처럼 존귀하다는 것을 강조했습니다. 당시는 신분제 사회였음에도 동학은 평등사상을 주장한 것이죠. 모두가 평등한 새로운 사회에 대한 강력한 염원은 동학이라는 새로운 종교를 만들어냈습니다. 그러나 왜곡된 신분제는 수탈과 억압으로 이어져서 여전히 백성들의 고혈을 빨고 있었습니다.

그러던 중 동학 세력이 봉기하는 결정적 사건이 벌어집니다. 전라도 고부에는 주민들이 자체적으로 만든 저수지인 보가 있었습니다. 이를 사용하려면 세금을 내야 하는데, 이곳의 군수 조병갑은 더 많은 세금을 거두기 위해 '만석보'라는 커다란 저수지를 만들었습니다. 백성들은 강제로 부역에 동원되었고 저수지를 완성한 뒤에는 어마어마한 세금을 내야만 사용할 수 있었습니다. 백성들이 항의하자 그들을 향한 매질을 멈추지 않았고 결국 목숨을 잃는 사람까지 생겼습니다. 이에 분노한 백성들이 새로운 세상을 꿈꿨던 녹두장군 전봉준을 앞세워 들고 일어서며 동학 농민 운동이 시작됩니다.

동학 농민군의 기세는 어마어마했습니다. 가장 먼저 정읍 황토현에서 조선 관군과 전투를 치렀는데, 동학 농민군이 정규군을 물리친 것입니다. 그들은 계속해서 진군하며 연달아 승리했습니다. 이 기세를 몰아 전라도의 중심지라 할 수 있는 전주성까지 점령하기에 이르죠. 전주는 조선 왕조의 본향이자 태조 이성계의 어진을 모시는 곳입니다. 조선의 목줄을 쥐고 있는 전라도가 동학 농민군의 손에 들어가는 놀라운 상황이 벌어진 것입니다. 새로운 세상을 향한 민중들의 의지가 얼마나 강했는지를 깨닫는 한편, 훈련도 제대로 받지 않은 백성들에게 연거푸 깨지는 관군은 당시 조선의 국방력이 얼마나 약했는지를 보여주는 것 같아 씁쓸하기도 합니다.

외교에는 반드시 영수증이 뒤따른다

전라도가 동학 농민군에게 넘어가 버린 절체절명의 상황에서 조정은 세 번째 잘못된 선택을 합니다. 왕의 명령에도 농민들이 해산하지 않자, 그들이 한양까지 치고 올라올지도 모른다는 위기를 느낀 조정은 하루빨리 동학 농민군을 진압하려면 청나라의 도움이 필요하다는 결론을 내립니다. 그리하여 임오군란, 갑신정변에 이어 또다시 청나라에 도움을 요청합니다.《고종실록》은 당시 상황을 다음과 같이 기록했습니다.

"전주가 함락되고, 청나라에 구원을 청하였다."[2]

이 선택은 훗날 청일 전쟁의 서막을 열었습니다.

조선 조정의 요청은 청나라 북양대신 이홍장에게 전해지고, 청나라는 조선을 보호한다는 명분으로 군대를 파병합니다. 이때 청나라의 속내를 알 수 있는 기록이 남아 있습니다.

"마침 잘 되었다. 조선 내의 위기가 동학교도의 분란인 것 같으니 우리가 차제에 조선에 파병하여 병권을 장악하고 조선 내정을 깊이 간여하는 것이 우리 장래 이익을 위하여 바람직한 것이다. 실제로 동학교도의 분란은 저희 군사로도 족히 진정시킬 수 있는데 이처럼 일을 크게 확대함은 자못 우스운 일이다. 그러나 우리는 그런 내색은 하지 말고 오로지 조선의 요청에 의해서 파병한 것으로만 알고 겉으로 행동하는 척해야 한다."[3]

내용을 보면 당시 조선의 위정자들이 얼마나 어리석었는지를 알 수 있습니다. 그들은 외세의 도움이 단순한 호의가 아니라는 사실을 몰랐습니다. 외교에 공짜란 없습니다. 외교에는 반드시 영수증이 첨부됩니다. 이는 과거에도 그랬고, 지금도 그러하고, 앞으로도 그러할 것입니다.

그런데 당시 조선에도 군대가 있었을 텐데 조정은 왜 청나라에 군대를 보내달라고 한 걸까요? 1882년 임오군란 때와 마찬가지로 1894년의 조선은 국방과 국내의 치안을 확보할 물리적인 능력이 부족했습니다. 그리고 감국監國(중국의 왕이 정벌을 나간 동안 권한을 대행하는 사람)의 지위에 있던 위안스카이袁世凱가 고종에게 일본은 참전하지 않을 것이니 청나라에 군대를 요청하라고 간언한 것입니다. 결국 국제 정세에 어두운 조정은 돌이킬 수 없는 선택을 합니다.

1894년 6월 8일부터 며칠에 걸쳐 청나라 군대가 충남 아산의 백석포에 상륙했습니다. 전라도에 있는 동학 농민군을 쉽게 진압하기 위해 아산으로 들어온 것이죠. 그리고 청나라와 일본이 체결한 톈진 조약 제3조(조선에 중대한 사건이 발생하여 청일 양국, 혹은 어느 한쪽이 파병하게 될 때에는 우선 상대방 국가에 문서로 알리고 사건이 진정되면 즉시 철병하고 주둔하지 않는다)에 따라 청나라는 일본에 파병 사실을 알립니다. 드디어 조선에 군대를 파병할 명분을 얻은 일본은 쾌재를 불렀습니다. 그리고 즉시 조선 내 일본 공사관과 일본 거류민을 보호한다는 대외명분을 내세워 군대를 파병합니다.

그렇다면 조선은 톈진 조약을 생각하지 못했을까요? 청나라에 파병을 요청하면 청나라는 이 사실을 일본에 알려야 합니다. 이 소식을 들은 일본이 가만히 지켜볼 리 없습니다. 일본도 출병을 요구할 것을 조선 조정도 알고 있었습니다. 그러나 동학 농민군이 전주성까지 점령하자 당황한 조정은 고민 끝에 청나라에 병력을 요청하고 만 것이죠.

일본, 10년간 갈고 닦은 칼을 뽑다

청나라군은 동학 농민군이 위치한 전주에서 가까운 아산의 백석포를 통해 조선에 상륙했습니다. 그런데 일본군은 모두의 예상을 깨고 동학

1894년 6월 13일, 인천 제물포에 도착한 일본군 선발대 [4]

농민군의 진압과 관련이 없는 인천의 제물포로 상륙합니다. 일본 제국주의 침탈의 본격적 시작이 청일 전쟁이라고 이야기하는 이유가 여기에 있습니다. 일본군은 애초에 동학 농민군을 진압할 생각이 없었습니다. 그들의 진짜 목적은 파병을 핑계 삼아 조선에서 청나라를 쫓아내는 것이었습니다. 그래서 인천에 도착하자마자 그들은 전신선을 깔며 조선의 중심지로 이동해 한성과 경기도 지역을 장악합니다.

일본은 10년 전 갑신정변 당시 창덕궁에서 청나라와 소규모 전투를 벌였고 이 전투에서 패했습니다. 이때 자국의 이익을 지키고 장차 조선을 침략하기 위해 청나라와의 전쟁을 결심합니다. 이후 10년간 군사제도를 개혁하고 군사 장비와 시설을 확장하면서 기회를 노렸습니다. 일본은 청나라의 군사력을 능가하기 위해 1884년 갑신정변 이후부터 국방비를 대대적으로 증액했습니다. 갑신정변 때는 연간 국가 예산의 20%를 군사비에 배당했는데 1890년에는 30%를 넘어섰습니다. 현재 일본의 국방비가 국가 예산의 약 1% 수준이니 당시 일본이 청과의 전쟁을 준비하며 얼마나 많은 돈을 들여 군사력을 확장했는지를 알 수 있습니다.

이로써 조선은 전주의 동학 농민군, 아산의 청나라군, 제물포와 한성의 일본군이 대치하는 일촉즉발의 긴장감이 감돌았습니다. 언제 전쟁이 나도 이상하지 않을 긴박한 상황에 동학 농민군은 전주성에서 철수했습니다. 외세가 나라에 주둔하자 본능적으로 위기의식을 느끼고 황급히 정부와 전주화약을 체결한 것입니다. 동학 농민군의 현명한 판단 덕분에 조선은 최악의 상황을 막을 수 있었습니다.

톈진 조약 제3조 '사건이 진정되면 즉시 철병하고 주둔하지 않는다'라는 내용 기억하나요? 동학 농민군이 철수했으니 이제 청나라군과 일본군이 조선에 남아 있을 이유가 없습니다. 청나라군은 조약에 따라 일본군에 조선에서 철수하자는 제안을 합니다. 그런데 일본은 이를 거절하고 오히려 청나라에 새로운 제안을 합니다. 조선에서 농민 봉기가 일어난 것은 조선 정부의 잘못도 있지만 청나라가 추진하는 조선 근대화와 개혁이 제대로 이루어지지 않았기 때문이니, 군대를 철수하지 말고 두 나라가 협조해 조선의 내정 개혁을 이뤄내자고 말입니다. 청나라는 톈진 조약에 어긋난다며 제안을 거절합니다. 그러자 일본은 즉시 청나라와의 교섭을 중지하고 단독으로 조선과 협의해 내정 개혁을 추진하겠다고 선언합니다. 사실상 청나라와의 전쟁을 선포하며 지난 10년간 갈고 닦은 칼날을 뽑아 든 것입니다.

이제 일본은 전쟁의 명분을 확보하기 위해 인천에서 새로운 곳으로 향합니다. 일본군이 청나라군을 물리치는 것을 결정하는 사람이 있는 곳. 그들은 왕이 거처하는 경복궁을 점령할 계획을 세웁니다.

1894년 7월 23일, 동이 슬며시 터오는 새벽녘. 고요한 정적을 깨고 경복궁 서쪽 영추문이 거칠게 부서집니다. 일본군이 영추문 앞에 달려들어 폭약을 터트리고, 도끼로 문을 내리친 것입니다. 그래도 문이 열리지 않자 긴 장대를 이용해 벽을 넘고서 안팎에서 톱질을 했습니다. 결국 영추문의 빗장이 열리고 그 사이로 무장한 일본군이 우르르 들이닥칩니다. 갑작스러운 상황에 조선 군인들은 속수무책이었죠. 일본군은 고종이 있는 곳으로 빠르게 이동했습니다. 그러자 "국왕이 함화당 서쪽의 옹화문 안에 있고, 조선 병사가 지키고 있다"라는 보고가 도착합니다. 잠시 후 일본군은 고종을 지키던 조선 병사들을 죽이고 고종의 눈앞에 번쩍이는 칼을 들이댔습니다. 《고종실록》은 당시 상황을 이렇게 기록했습니다.

> "새벽에 일본군 2개 대대가 영추문으로 들어오자 시위하는 군사들이 총을 쏘면서 막았다. 마침내 일본 군사들이 궁문을 지키고 오후에는 각 영에 이르러 무기를 회수하였다." 5)

경복궁을 점령하고 왕을 포로로 삼은 일본군의 만행은 조선에 상상 이상의 충격과 공포를 안겨주었습니다. 당시 조선에 거주했던 미국인 선교사의 부인 릴리어스 호튼 언더우드Lillias Horton Underwood는 훗날 자신의 책 《조선 견문록》에서 그날의 공포를 회상했습니다.

> "우리는 총소리에 잠이 깼다. 대궐이 일본군에 점령되었다는 것을 알게 되었다. 외국인들, 조선 사람들이 모두 크게 흥분했다. (중략) 신분의 높낮이를 가릴 것 없이 조선 사람들은 엄청난 공포에 빠졌다. 많은 양반들이 자기 집에서 도망쳐 나와서는 온갖

구실을 붙여 외국 공사관이나 시골로 피난을 떠났다. 평민들은 떼를 지어서 시골로 떠났다. 가게란 가게는 모두 문을 닫았고, 도시는 마치 돌림병이 번진 것처럼 보였다." [6)]

당시 일본군은 경복궁을 완벽하게 점령하기 위해서 서울-의주, 서울-인천 간 전신선을 절단했습니다. 통신을 두절시켜 경복궁이 점령당했다는 사실이 청나라에 빠르게 전해지는 것을 막은 것입니다. 그리고 일말의 지체도 없이 조정을 압박했습니다. 먼저 조선은 청나라로부터 독립된 자주독립 국가임을 선포하고 조선과 청나라가 맺은 모든 조약을 폐기할 것을 강요합니다. 그리고 일본이 청나라 군대를 몰아내주기를 원한다는 공식문서를 일본에 보낼 것을 요구했습니다. 조선을 협박해 청나라를 제거하려 한 것입니다. 일본의 협박은 그동안 숨겨온 동아시아 침략에 대한 야욕을 본격적으로 드러낸 것이기도 합니다. 당시 일본은 청나라를 공격할 만한 명분이 없었습니다. 그런데 조선이 청나라 군대를 몰아내주기를 원한다면, 그 요구를 들어준다는 조건으로 청나라를 공격하고 전쟁을 일으킬 수 있는 국제적 명분이 생깁니다. 그래서 조선을 강제로 일본의 군사동맹 국가로 끌어들이고 청나라를 공격해 전쟁을 일으키기로 한 것이죠. 전쟁을 일으킬 명분을 손에 넣은 다음에는 군수품 수송과 징발 등 전쟁에 필요한 모든 절차도 조선 정부의 명령으로 실행할 목적이었습니다. [7)]

일본은 경복궁을 약 한 달 동안 점령하며 '조일 잠정 합동 조관'이라는 강제 동맹을 맺고 나서야 철수했습니다. 다음은 전체 7개의 조항 중 하나의 내용입니다.

제5조, 일본군이 경복궁을 점령할 때 조선군과 일본군의 충돌을 우연한 사건으로 규정하며 책임을 추궁하지 않는다.

일본이 경복궁을 침략한 것을 우발적 사건으로 규정해 자신들에게 책임을 묻지 못하게 한 것입니다. 심지어 일본은 조선에 상주하는 외국 공사들에게 일본 정부의 견해를 담은 설명문을 돌리기도 했습니다. 일본군이 궁궐 담을 행군하는 도중에 조선군의 사격을 받아 어쩔 수 없이 왕궁으로 들어가 고종을 보호했으므로 침략적 의도가 없었다는 내용입니다. 그러나 100여 년 후 일본이 청일 전쟁의 역사를 체계적으로 기록한 《일청전사》의 초안이 발견되면서 일본의 거짓이 탄로 났습니다. 경복궁 점령은 우발적 사건이 아니라 계획된 것이었다는 일본 정부와 일본군의 공식 견해가 공개된 것입니다. 자료에는 경복궁 점령을 위한 일본군의 부대 배치와 이동부터 일본군이 왕궁에 들어가 조선군을 쫓아낸 사실이 자세히 기록되어 있습니다. 그리고 조선 국왕을 감금했다고 쓴 것을 나중에는 옹위, 즉 보호했다며 기록을 고친 사실도 확인할 수 있습니다.

그런데 일본은 왜 이렇게까지 명분을 따지는 걸까요? 당시 일본은 문명국 콤플렉스에 빠져 있었습니다. 자신들은 아시아 국가들과 다르며 완벽히 서구화된 문명국이라 믿었고 서양 열강과 어깨를 나란히 하고 싶어 했죠. 맹목적으로 서양을 따라 하려는 그들의 열망은 제국주의의 확장으로 이어졌습니다. 일본은 아시아를 침략해 서구 열강과 동등한 강대국이 되길 바랐고, 이를 위해 명분과 절차를 앞세웠습니다. 하지만 막상 뚜껑을 열어보면 억지 명분과 앞뒤가 맞지 않는 거짓만 가득했습니다. 결국 일본은 경복궁을 점령하고 무력으로 조약을 체결해 그들이 그토록 좋아하는 가짜 명분을 앞세워 청나라군을 공격했습니다. 청일 전쟁은 이렇게 시작됐습니다.

청일 전쟁은 어디에서 시작됐을까?

단풍이 아름다운 섬, 풍도. 잔잔하고 평화롭던 풍도 앞바다의 물결이 갑자기 거친 파도가 되어 일렁이기 시작했습니다. 이내 몇 척의 배 사이로 대포가 날아드는 포격전이 펼쳐졌습니다. 청일 전쟁의 신호탄인 풍도 해전은 이렇게 시작되었습니다. 청일 전쟁이 조선에서 일어난 이유는 제국주의에 사로잡힌 일본 때문입니다. 그런데 왜 풍도였을까요?

동학 농민군이 전주를 점령하며 봉기가 절정에 달했을 때 청나라군은 진압을 위해 아산에 상륙했습니다. 이때 들어온 청나라군은 소규모의 선발대였으며, 더 많은 병력을 실은 수송선은 아산과 가까운 풍도를 통해 상륙할 예정이었습니다. 톈진항에서 청나라 지원군 수송선이 출발했다는 정보를 입수한 일본군은 일본 본토에서 세 척의 함대를 풍도로 출동시킵니다. 아산에 있는 청나라군이 지원을 받지 못하도록 막으려 한 것이죠. 일본 함대가 풍도 앞바다에 다다랐을 무렵, 두 척의 청나라 군함 제원호, 광을호와 마주쳤고 일본군은 먼저 대포를 발사했습니다. 갑작스러운 공격에 광을호는 좌초되었고 제원호는 큰 피해를 입은 채 겨우 탈출했습니다. 일본 함대가 계속해서 제원호를 쫓는 사이 청나라에서 지원군 1천여 명을 실어 보낸 고승호와 이를 호위하는 조강호가 도착합니다. 일본군은 청나라 지원군을 실은 고승호가 항복을 거부하자 거침없이 포격했고 고승호는 끝내 침몰했습니다.

그런데 일본이 고승호를 공격한 것이 외교적으로 큰 문제가 되었습니

풍도해전 직후 좌초된 청국 군함 광을호(좌)
피격 당시의 화재로 전소된 채 철골만 남은 광을호 내부[8](우)

풍도해전에서 격침된 청나라 군함 고승호[9]

다. 앞서 풍도에 도착한 광을호와 제원호는 각종 무기를 가득 실은 탓에 많은 병사를 태우지 못했습니다. 고민 끝에 청나라는 주로 승객과 화물을 실어 나르던 영국 상선 고승호를 빌려 병사들을 태워 보냈습니다. 이 수송선에는 영국 선원들과 유럽인 승객들도 있었습니다. 문명국이 되어야 한다는 열망이 강했던 일본은 고승호가 영국 상선이라는 사실을 알고 배에 탄 유럽인과 영국인만을 구조한 뒤 배를 침몰시켰습니다. 이로 인해 대부분의 청나라군은 바다에 수장되고 맙니다.

　문제는 이것만이 아니었습니다. 일본이 청나라에 공식으로 전쟁을 선포한 것은 8월 1일입니다. 그런데 풍도해전은 7월 25일에 일어났습니다. 선전포고 전에 공격하는 것은 국제법상 불법입니다. 당시 일본은 전투상황을 정확하게 시간순으로 작성해 보고하는 시스템을 갖췄는데 여기에는 그들이 선전포고도 없이 공격한 사실이 기록되어 있습니다. 유독 서구 열강의 눈치를 보던 일본은 국제법을 위반하지 않았다는 점을 강조하기 위해 또다시 거짓말을 합니다. 청군의 선제 공격에 따른 정당방위였다는 공식 보고서를 작성해 배포한 것이죠.

　한편 청나라 실권자인 이홍장은 이 소식을 접하고 나서도 즉시 일본에게 선전포고를 하지는 않았습니다. 영국 선박이 격침당했기 때문에 영국이 이 사건에 간여하지 않을 수 없을 것이라고 판단한 것입니다. 이홍장은 영국이 이 사건을 문제 삼고 일본을 견제할 거라고 기대했지만, 일본이 신속하게 영국에 사과와 배상을 약속하면서 청나라의 희망은 물거품이 되고 말았습니다. 영국이 일본에 항의하지 않은 것은 청일 전쟁을 치르기 전인 7월 16일에 체결된 영국과 일본 사이의 영일 조약 때문이기도 했습니다. 일본은 불평등 조항인 치외 법권을 해소하고 영국은 일본에서 무역을 할 수 있는 내지 통상권을 얻으면서 영일 관계가 돈독해진 것이죠. 상황이 이러하다 보니 영국은 중국의 편을 들지 않았고, 영국의 개입을 바랐던 청나라의 희망은 물거품이 되고 말았습니다.[10]

성환 전투와 선전포고

갑신정변에서 청나라군에 패배하고 맥없이 물러났던 일본은 정확히 10년 뒤 청나라를 상대로 대승을 거뒀습니다. 풍도 해전에서 승기를 잡은 일본은 사기가 오를 대로 올랐고 이 기세로 육상에서도 청나라 군대를 제압하겠다는 계획을 실행합니다.

처음 일본이 청나라를 공격할 때만 해도 대부분 어마어마한 병력의 청나라군이 이길 것이라고 예상했습니다. 하지만 일본은 풍도 해전의 승리로 청나라의 병력 지원을 완전히 차단해 버립니다. 한성에 주둔하던 일본군은 이 기회를 놓치지 않고 청나라군의 선발대가 방어진을 구축한 천안의 성환 지역으로 빠르게 남하했습니다. 7월 28일 새벽, 일본군이 청나라군을 공격하며 성환 전투가 시작됐습니다. 병력이 부족한 청나라군은 이번에도 일본에 승리를 내준 채 다음 싸움을 준비한다는 명목하에 평양으로 후퇴합니다. 평양은 청나라가 지원군을 받을 수 있는 유리한 위치이기도 했죠.

일본은 바다와 육지에서 벌인 초전에서 승리를 거둔 뒤, 8월 1일에야 '조선의 독립과 동양 평화'라는 명목으로 청나라에 정식으로 선전포고를 합니다. 청나라도 이에 응해 대일 선전포고를 했습니다. 이때 일본이 가장 고심한 것은 '조선을 선전포고 대상으로 삼을 것인가?'였습니다. 청나라와 일본의 싸움이지만 그 싸움이 벌어지는 곳은 조선이었기 때문입니

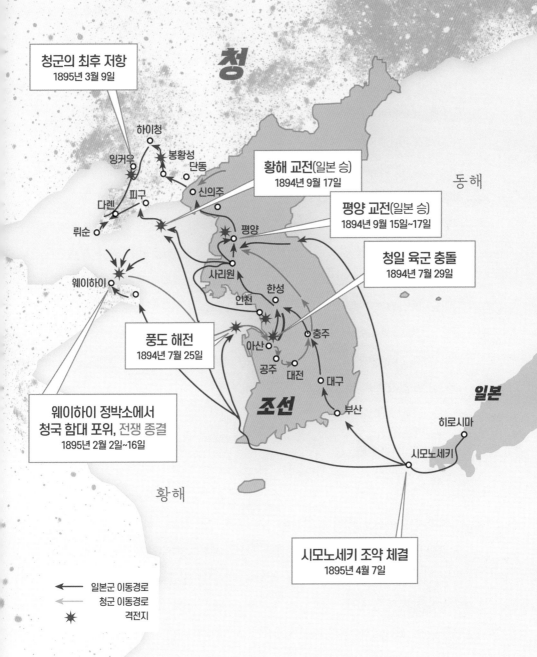

청

청군의 최후 저항
1895년 3월 9일

하이청
잉커우
봉황성
다롄
피구
단둥
뤼순
신의주

황해 교전(일본 승)
1894년 9월 17일

평양 교전(일본 승)
1894년 9월 15일~17일

평양
사리원

청일 육군 충돌
1894년 7월 29일

동 해

웨이하이

풍도 해전
1894년 7월 25일

한성
인천
충주
아산
공주
대전
대구

조선

부산

일본

히로시마

웨이하이 정박소에서
청국 함대 포위, 전쟁 종결
1895년 2월 2일~16일

시모노세키

황 해

시모노세키 조약 체결
1895년 4월 7일

→ 일본군 이동경로
← 청군 이동경로
✳ 격전지

다. 만일 조선이 선전포고 대상에 포함되었다면 이 전쟁은 '조청일 전쟁'이 되었을지도 모르는 일입니다.

그렇다면 일본은 왜 조선을 선전포고 대상에서 뺀 것일까요?

메이지 유신 이후 선전포고가 처음이었던 일본은 선전포고에도 매우 신중했습니다. 무려 6안의 시나리오를 작성했는데, 3안까지는 조선도 교전 상대국으로 간주해 선전포고 대상을 '청국 및 조선국'이라고 설정했습니다. 그러나 최종적으로는 '청국'만을 교전 상대국으로 한 선전 조칙을 결정합니다. 조선을 일본 편으로 끌어들여서 이용해야 하는데 조선이 국제법상 교전 상대국이 되면 원하는 것을 얻을 수 없다고 생각해 뺀 것이죠. 이로써 7월 23일 경복궁 점령부터 8월 20일 조일 잠정 합동 조관 체결까지 한 달 가까이 일본이 조선에서 한 행위는 국제법을 위반한 것이 되었습니다. 교전 상대국도 아닌데 무력으로 조선을 점령해 강제로 군사 동맹을 맺고, 고종으로부터 청나라군 축출의 승인을 강요하여 조선을 일본의 동맹으로 전쟁에 끌어들이는 정책으로 전환했으며, 조선에 대해 선전포고도 없이 무력을 행사했기 때문입니다.

평양 전투와 동족상잔의 비극

성환 전투에서도 승리한 일본은 청나라에 선전포고를 하면서 평양으로 북진했습니다. 평양성은 이미 청나라가 장악한 상황이었고 그들의 무기는 일본보다 앞선 것이었습니다. 성곽 안에 있는 청나라군은 수비하는 수성전을 치르고 성곽 밖에 있는 일본군은 성을 향해 공격하는 공성전을 치러야 했습니다. 여러모로 청나라가 유리한 입장이었습니다. 그러나 믿을 수 없게도 청나라군은 평양 전투마저도 일본에 승기를 내주고 맙니다. 그냥 진 게 아니라 어마어마한 피해를 입으며 대패했습니다. 두 나라가 평양전투에서 입은 피해를 비교해 보겠습니다. [11]

	군사 동원 수	부상자	사망자
일본	약 1만 명	약 506명	약 180명
청나라	약 1만 3,000~ 1만 5,000명	약 4,000명	약 2,000명

청일 전쟁의 승기는 완전히 일본으로 기울었습니다. 이제 일본은 만주를 바라보기 시작했습니다. 그런데 말입니다, 평양에서 청나라군과 일본군이 전투를 벌일 때 조선 관군은 무엇을 했을까요? 비록 교전 상대국은 아니지만 조선 땅에서 전쟁이 벌어지고 있으니 가만히 지켜보고만 있을 수는 없었을 것입니다. 어느 한쪽의 편을 들어야 했을 텐데, 과연 누구를 선택했을지 궁금합니다.

이 시기 조선의 관군은 크게 두 가지로 나뉩니다. 왕이 있는 한성과 경기를 관할하는 중앙군, 그리고 조선 8도 각 지역을 수비하는 지방군. 이때 조선 정부는 일본의 강요에 의해 어쩔 수 없이 일본과 군사 동맹을 맺었습니다. 그리하여 조선 정부는 관군에게 일본군에 협조할 것을 명령합니다. 하지만 평양은 청나라군이 점령 중이었습니다. 평양에 있는 지방군은 중앙군과 달리 청나라에 협조할 수밖에 없는 상황이었죠. 즉 중앙에서 파견된 장위영 군대는 일본군과 연합했고, 당시 평양 감사가 이끌던 평양의 지방 주둔군인 위수병들은 청나라 군대와 연합해 결과적으로 같은 민족끼리 싸우게 되었습니다. 이뿐만 아니라 전라도, 충청도 지역에 주둔하고 있던 동학 농민군은 일본군과 연합한 조선 관군과 맞서 싸우는 중이었죠. 청일 전쟁에서 동족상잔의 비극이 진행되고 있었다는 사실은 우리가 청일 전쟁에서 놓친 부분이자 가장 뼈아픈 사실입니다.

나라 안의 문제를 스스로 해결하지 못하고 임오군란, 갑신정변, 동학 농민 운동 모두 외세에 의존한 조선 정부는 끔찍한 결과를 불러일으켰습니다. 첫째, 조선을 청나라와 일본의 전쟁터로 만들었습니다. 둘째, 그들의 싸움에 우리가 이용되어 동족상잔의 비극을 초래했습니다. 그런데 조선을 휩쓸고 간 청일 전쟁의 여파는 여기서 끝나지 않았습니다.

문명국의 탈을 쓴 야만국, 일본

일본군은 평양 전투 이후 압록강을 건너서 청나라 랴오둥반도(요동반도)를 진격한 뒤 뤼순까지 점령합니다. 이 소식에 청나라 사람들은 큰 충격을 받습니다. 뤼순은 베이징과 톈진의 관문이라고 불릴 만큼 수도와 가까운 곳이니 일본군이 언제 베이징까지 침략할지 몰라 불안감에 떨었던 것이죠. 또 뤼순은 이홍장이 '북양의 요새이자 경기의 문호(수도로 통하는 문)'라며 치켜세워 해군 기지를 만든 곳이기도 했습니다. 항구 주위에 10개 포대를 설치하고 군함을 수리하는 거대한 공장을 갖춘, 청나라 해군의 요충지라 자부했던 곳입니다. 이런 뤼순을 점령했다는 것은 게임이 거의 끝났다는 뜻이었습니다. 그만큼 전략적으로 중요한 위치를 점령했다는 소식에 일본 내에서도 앞 다퉈 승전보를 전했습니다. 일본인들도 "반년은 걸릴 것이라던 뤼순 요새가 놀랍게도 만 하루 만에 점령되고 말았다"라며 열광했습니다.[12]

그렇다면 청나라 해군의 요충지라는 뤼순은 왜 이렇게 빨리 함락되었

전략의 요충지 뤼순

을까요? 당시 뤼순을 지키던 청나라군은 약 1만 2천 명이었습니다. 하지만 이들 중 대부분인 9천 명은 훈련되지 않은 신참 병력이었죠. 얼마 전까지 민간인이었던 사람들이 1만 명의 일본군을 상대하기에는 역부족이었습니다. 그뿐 아니라 청나라군은 싸울 의지도 별로 없었습니다. 이런 이유로 뤼순은 너무도 쉽게 일본에 함락되고 말았습니다.

게다가 일본의 뤼순 점령 이면에는 잘 알려지지 않은 경악할 만한 사건이 벌어지고 있었습니다. 청일 전쟁 중 일본군이 뤼순에서 벌인 대학살 사건으로 당시 약 2만 명의 청나라군과 민간인이 희생되었습니다. 당시 청일 전쟁에 참전한 일본군이 쓴 종군 일기가 있습니다.

"효수형에 처해진 아군의 머리가 길가의 나무 위에 매달려 있었다. 나는 이것을 보고 분노를 참지 못해 청군을 보면 뼈를 가루로 만들어버리겠다고 별렀다. 뤼순 시내에서 청나라 사람을 보면 닥치는 대로 모두 쳐 죽였다. 길바닥은 청나라 사람들의 시체가 널려 있어 전진에 방해가 될 정도였다. 집집마다 두세 명 내지 대여섯 명의 시체가 없는 집이 없었다. 맞아 죽거나 목이 잘린 채 죽어 있는 사람의 수는 헤아릴 수 없었다. 나도 40명이 넘는 여자들을 죽였다." [13]

학살 현장을 목격한 영국 신문의 특파원 토마스 코완Thomas Cowan이 "거리에는 우리가 셀 수 없을 정도로 수백, 수천의 시신이 있었다. 어떤 시신은 다리가 없었고 어떤 시신은 머리가 잘려있었다. 십자형으로 잘린 시신도, 길게 쭉 찢어진 시신도 있었다"라고 기록할 정도로 일본군은 민간인과 청나라 군사, 포로를 무차별적으로 학살했습니다. 뤼순 학살 사건이 외부에 알려지자 일본을 향한 서구 열강의 질타가 멈추지 않을 정도였습니다. 결국 청일 전쟁은 문명국이라는 탈을 쓴 야만국 일본의 전쟁이었던 셈입니다.

뤼순이 베이징과 톈진의 관문이었던 만큼 일본은 다음 격전지로 베이징을 선택했습니다. 그런데 계획에 차질이 생깁니다. 청나라에 가장 많은 이권을 가진 영국, 프랑스, 미국이 문제를 제기한 것입니다. 그들은 일본이 베이징까지 점령해 청나라 정부가 무너지면 자신들이 가진 이권을 빼앗길 거라 생각해 일본을 압박했고, 이에 일본은 주춤했습니다.

사실 일본도 상황이 마냥 좋지만은 않았습니다. 일본이 뤼순을 공략한 시기는 10월 말이었는데, 이곳은 위도가 높아 날씨가 매우 추웠습니다. 11월이 되자 일본군 10명 중 두세 명이 동상에 걸릴 만큼 만주 지역의 날씨는 매서웠죠. 게다가 긴 수송로 때문에 본토로부터의 보급이 원활하지 못해 굶어 죽는 병사가 생길 정도였습니다. 이 와중에 서구 열강들이 청나라와 일본을 중재하겠다며 개입한 것입니다. 예상하지 못한 난관에 부딪힌 일본은 전략을 대폭 수정했습니다. 만일 일본이 베이징을 점령하는 중에 청나라 정부가 무너지면 전쟁의 성과를 독점하지 못하고 서구 열강에 빼앗길 것이라는 계산이 나왔기 때문입니다. 결국 일본의 이토 히로부미 총리는 지상전을 계속하는 것은 의미가 없다고 판단해 북양함대 사령부가 있는 웨이하이(위해)로 방향을 틀었습니다. 그곳의 해군 기지를 점령해 청나라를 압박하고 타이완으로 해군을 보내 차지하겠다는 계획이었죠. 이 시기의 전시 국제법은 자신이 점령한 지역의 소유를 인정했습니다. 따라서 수도를 공격하는 대신 점령 지역을 넓히는 것으로 목표를 바꾸고 랴오둥반도와 타이완을 점령해 소유하기로 한 것이죠.

그렇다면 일본군이 청나라로 넘어간 뒤 한반도에는 평화가 찾아왔을까요? 당시 조선은 일본에 대항하기 위해 다시 한번 동학 농민군이 봉기한 상황이었습니다. 일본은 북쪽으로는 청과의 전쟁을, 남쪽으로는 조선 동학군과의 전쟁을 치르고 있었던 것이죠. 일본은 청나라를 공격하는 과정에서 배후를 안정시키기 위해 동학 농민군을 확실하게 진압하려 했습니다. 동학 농민군을 남쪽 끝까지 몰아붙이면서 살육 전쟁을 벌였습니다. 이때 일본은 군사기밀이라는 이유로 청일 전쟁에서 희생된 동학 농민군의 피해를 명확하게 기록하지 않고 은폐하려 했습니다. 청일 전쟁을 연구한 학자들에 의하면 당시 전사자는 일본인 약 1만 3천 명, 청나라인 약 3만 명, 조선인 약 3만~5만 명이라고 합니다. 심지어 20만~30만 명이라는 일부 기록도 있습니다. 아이러니하게도 청일 전쟁으로 인해 가장 많은 사망자가 발생한 것은 일본도 청나라도 아닌 조선이었습니다.[14]

뤼순에 이어 웨이하이까지 일본군에 궤멸당한 청나라는 패배를 인정했습니다. 그리고 서둘러 전쟁을 끝내기 위해 일본에 강화 회담을 요청합니다. 조선의 풍도 앞바다에서 첫 해전을 벌인 지 8개월여 만에 청일전쟁은 일본의 완전한 승리로 끝났습니다. 동시에 동북아시아의 절대 강자이자 세계의 중심으로 군림하던 청나라의 권력은 일본으로 이동했습니다. 이로써 동아시아는 완전히 새로운 패러다임을 맞이했습니다.

청일 전쟁이 끝나고 두 나라는 전후 처리에 필요한 조약을 체결하는 강화 회담을 시작했습니다. 1885년 톈진 조약을 맺은 강화 이후 약 10년 만이었습니다. 당시에는 창덕궁의 소규모 전투에서 승리한 청나라의 이홍장이 일본의 이토 히로부미를 톈진으로 불러들였습니다. 그런데 청일전쟁에서 일본이 승리하면서 두 나라의 입장은 완전히 역전되었습니다. 이번에는 청나라의 이홍장이 일본의 이토 히로부미를 만나기 위해 바다를 건너 일본의 시모노세키로 향했습니다. 이홍장은 국가의 위상이 떨어졌다는 치욕스러움 속에서도 회담을 이어갔습니다. 이때 일본은 휴전에 동의하지 않으며 승전국의 거만함을 보였습니다. 그러던 중 이홍장이 시모노세키에서 특별한 이유 없이 일본의 우익 청년에게 피습을 받는 사건이 벌어집니다. 이홍장은 부상에도 청나라로 돌아가지 않고 긴급 수술을 받으면서 서둘러 강화 조약을 체결하고 회담을 마무리 지었습니다. 청일 전쟁의 강화 조약인 시모노세키 조약은 다음과 같은 내용으로 시작합니다.

제1조, 청국은 조선국이 완전무결한 독립 자주국임을 확인한다. 따라서 자주독립을 훼손하는 청국에 대한 조선국의 공헌·전례典禮 등은 장래에 완전히 폐지한다.

청나라와 일본이 마음대로 조선 땅에서 전쟁을 벌여놓고 자기들끼리 강화를 맺으면서, 회담에 참석하지도 않은 조선의 독립을 확인한다니. 이게 대체 무슨 말일까요? 일본은 1876년 조선과 강화도 조약을 맺을 때부터 집요하게 조선의 독립을 주장해 왔습니다. 청일 전쟁의 이유와 시모노세키 조약의 핵심 역시 조선의 독립이었습니다. 조선에 대한 청나라의 종주권(정치·경제·군사 등을 지배하고 외교를 통제하는 관계)을 부인함으로써 조선을 일본의 식민지로 만들기 위한 기반을 마련한 것이죠. 그리고 일본은 시모노세키 조약으로 또 다른 야욕을 드러냈습니다. 일본이 청나라의 영토를 차지한다는 조항을 만든 것입니다.

> 제2조, 청국은 아래 토지(랴오둥반도, 타이완 및 펑후섬)의 주권 및 해당 지방의 성루城壘 병기 제조소 및 관청 소유물을 영원히 일본에 할여한다.

임진왜란 당시 일본은 조선에 정명가도(일본군이 명을 침략하고자 하니 조선은 명으로 가는 길을 빌려달라)라는 말도 안 되는 억지 주장을 내세우며 중국을 차지하려고 했습니다. 그리고 300년 뒤 이 욕망을 다시 끄집어낸 이토 히로부미는 끝내 중국의 뤼순(랴오둥반도)에 일장기를 꽂았습니다. 이때 타이완도 일본의 영토로 강제 편입되며 1945년 일제가 패망할 때까지 일본의 식민지가 되었습니다.

이 외에 배상금 조항도 있습니다.

> 제4조, 청국은 군비 배상금으로 고평은庫平銀 2억 냥을 일본국에 지불할 것을 약정한다.

고평은 2억 냥은 당시 일본의 3년~4년 재정 규모의 엄청난 금액입니

다. 이마저도 처음 일본이 제시한 고평은 3억 냥에서 많이 낮춘 것이죠.[15)

일본이 청나라를 상대로 전쟁을 벌이겠다고 했을 때만 해도 일본 국민들은 의구심을 가졌습니다. 청에서 온 한자를 쓰고, 청의 영웅 이야기를 들으며 자라고, 생활품과 예술품 대부분이 청나라에서 온 것인데 왜 동양에서 가장 큰 나라와 싸워야 하는지 이해하지 못했던 것이죠. 하지만 계속해서 일본의 승전보가 들려오자 점점 생각이 바뀌었습니다. 결국 일본이 청일 전쟁에서 완전히 승리하고 대국의 땅이었던 타이완과 랴오둥반도 등을 차지하자 일본의 기세는 하늘을 찌를 듯이 올랐습니다. 신문에서는 연일 청나라를 조롱하는 듯한 보도를 냈고, 일본인 사이에서는 청나라를 경멸하는 마음과 서양을 과도하게 경외하는 마음이 동시에 싹텄습니다. '서양을 따라 했더니 중국을 이겼다'라고 생각한 것입니다. 이전까지만 해도 일본인에게 가장 위대한 사람은 자신이 사는 지역의 영주였습니다. 그런데 대국인 청나라와 싸우면서 '우리에겐 천황이라는 위대한 분이 있구나'라는 깨달음을 얻고 천황의 존재를 크게 인식하게 된 것입니다. 무엇보다 중앙 정부에 대한 일본 국민의 신뢰도 커졌습니다. "나는 어느 번 사람이오"라고 소개하던 것을, 청일 전쟁 즈음에는 "나는 대일본제국의 국민이오"라고 말하게 된 것이죠. 그렇게 일본인들은 승전국인 일본의 국민, 일본인이라는 자부심을 키웠습니다. 일본군은 어느새 국민의 군대로 격상했고 일본 전체가 전쟁에 대한 거부감을 지워버렸습니다.[16)

게다가 일본은 청일 전쟁을 조선의 독립을 위해 치른 전쟁이라며 미화하기 시작했습니다. 일본이 조선을 가르치고 이끌어 독립국으로 만들었는데, 청나라가 잘못된 욕망으로 조선을 속국으로 여겨 간섭하니 일본이 부득이하게 전쟁을 하지 않을 수 없었다는 것입니다. 그러면서 조선을 독립국으로 여기는 일본과 조선을 속국으로 여기는 청나라가 벌인 전쟁이므로, 일본은 문명국이고 청나라는 야만국이라는 논리를 펼쳤습니다. 당시 일본에서 가장 영향력이 컸던 철학자 후쿠자와 유키치福沢諭吉는 '문명의 의로운 전쟁'이라며 청일 전쟁의 정당성을 주장하기도 했습니다. 조선을 야만의 경지에서 문명의 경지로 이끌어낸 조선을 위한 전쟁이었다는 궤변입니다. 때문에 청일 전쟁 이후 곳곳에서는 조선-청나라-일본의 상황을 그린 만평이 쏟아져 나왔습니다.

첫 번째 그림은 일본에서 내놓은 '문명의 이름으로 중국에 사격'이라는 만평입니다. 일본인이 청나라인에게 총을 쏘는데 총알의 이름은 '문명'이며, 일본인에게 안겨 있는 사람은 조선인입니다. 당시 일본의 의도를 적

나라하게 표현한 만평이라 할 수 있습니다. 두 번째 그림은 오스트리아 신문에 실린 만평입니다. 청일 전쟁을 조선을 상징하는 토끼를 둘러싼 줄다리기로 묘사했습니다. 세 번째는 일본으로 건너간 프랑스 화가가 그린 '조선 낚시 놀이'라는 만평입니다. 조선이라는 물고기를 일본과 청나라가 낚으려 하고 있고, 러시아까지 노리고 있음을 보여줍니다.[17]

청일 전쟁의 명분을 위해 일본이 계속 주장한 내용은 '조선의 독립과 동양의 평화를 위해 청나라와 전쟁한다'라는 것이었습니다. 하지만 일본이 앞세운 문명이라는 것은 위선에 지나지 않습니다. 뤼순 대학살과 동학 농민군 대학살을 통해 평화가 아닌 학살과 공포만 가득했던 당시 현실을 확인할 수 있기 때문입니다. 또한 조선 독립을 위해 싸운 것이라 포장했지만 일본은 전쟁에서 승리하며 각종 이권을 획득했습니다. 이기면 돈이 생기고 랴오둥반도, 타이완 같은 식민지가 생긴다는 사실을 깨달은 일본은 이 속내를 숨긴 채 미사여구로 전쟁을 정당화했습니다. 결국 일본에게 청일 전쟁은 제2차 세계대전의 리허설이었던 셈입니다.

일본 야욕의 출발점이었던 청일 전쟁은 이름만 보면 우리와 무관한 역사처럼 느껴지지만 세계사 속에서 우리가 꼭 기억해야 할 한반도의 가슴

아픈 역사를 담고 있습니다. 이러한 역사가 반복되지 않으려면 슬프고 고통스럽고 아파도, 짧게 기록된 역사라 할지라도 우리가 반드시 기억해야 합니다. 그래야 다시는 같은 아픔을 겪지 않을 수 있습니다. 역사는 과거에 대한 기록이기도 하지만 앞으로 쓰여질 현재와 미래에 대한 기록이기도 합니다. 따라서 똑같은 실수를 반복하지 않을 거라는 믿음으로, 우리는 변화하고 발전하고 있다는 희망으로 역사를 기억해야 합니다.

벌거벗은 러일 전쟁

20세기 최초의 세계 전쟁과 한반도의 아픔

최태성, 서민교

Портъ-Артуръ. Углубленный западный бассейнъ. По фот. авт. «Нивы».

● 길이 9,288km, 정차역 850개, 시착역에서 종착역까지 소요 시간 7박 8일.

이것은 무엇일까요? 아시아 대륙을 가로질러서 유럽까지 달리는 시베리아 횡단열차입니다. 많은 사람들이 이 열차를 타고 여행하는 것을 버킷리스트로 삼기도 하죠. 그런데 대륙의 끝과 끝을 연결하는 시베리아 횡단철도는 우리나라의 비극적인 운명과도 연결되어 있습니다. 대륙을 달리는 열차가 한반도에 어떤 영향을 준 것일까요?

20세기 초, 러시아의 시베리아 철도 건설을 둘러싸고 커다란 전쟁이 벌어집니다. 이른바 러일 전쟁입니다. 서구 열강을 대표하는 러시아와 아시아에서 가장 큰 권력을 쥐게 된 일본의 싸움은 세계정세와 여러 국가의 운명에 많은 영향을 주었습니다. 청일 전쟁에 이어 다시 한번 열강의 전쟁에 휘말린 조선 역시 그들 국가 중 하나였습니다. 러일 전쟁으로 얽히고설킨 세계사 속에서 한반도는 일본의 식민 지배를 받게 되었고 상상도 하지 못한 아픔과 피해를 겪어야만 했습니다.

러일 전쟁이 불러일으킨 소용돌이 속에 숨어 있는 이야기는 무엇이며, 우리나라의 비극적 역사와 어떤 관련이 있는지 지금부터 세계사적인 관점에서 낱낱이 벌거벗겨보겠습니다.

더 그레이트 게임

러일 전쟁을 이야기하기 위해서는 먼저 19세기의 상황을 이해해야 합니다. 이 시기 세계정세를 정치학적으로 표현한 말이 있습니다. '더 그레이트 게임The great game.' 열강들이 마치 체스판에서 말을 두고 게임하듯 식민지를 침탈하는 모습을 비유한 것입니다. 당시 세계 바다를 장악한 해양 세력 영국과 넓은 영토를 가진 대륙 세력 러시아는 첨예하게 대립했습니다. 영국은 아프리카 일부 국가 및 인도 등을 점령하며 다수의 식민지를 침탈했고, 러시아도 식민지를 통한 영토 확장의 욕망을 드러냈습니다.

그런데 러시아는 얼지 않는 항구, 즉 부동항이 없어서 바다로 세력을 펼치지 못했습니다. 러시아가 있는 발트해의 겨울은 매우 혹독한데 매년 10월에 겨울이 시작돼 이듬해 5월까지는 바다가 얼어붙어 물자와 군사 이동이 힘들었습니다. 게다가 서쪽으로는 이미 영국이 해양을 장악해 바다로 나아갈 방법이 막히고 말았죠. 러시아는 어쩔 수 없이 육로를 최대한 활용해 세력을 확장할 계획을 세웠습니다. 상업과 문화의 중심지이자 러시아의 수도 상트페테르부르크에서 동쪽 끝에 있는 블라디보스토크까지 물자를 이동시킨다면 러시아의 오랜 꿈에 한 걸음 더 가까워진다고 생각한 것이죠. 그리고 블라디보스토크의 부동항을 통해 넓은 바다로 진출하는 것이 러시아의 최종 목표였습니다. 바다를 제패해야 세력 확장이 가능했기 때문이죠. 그리하여 시베리아를 횡단하는 철도 건설에 온 힘을 쏟기 시작합니다.

이때 러시아는 청나라에 손을 내밀었습니다. 국경을 따라 철도를 까는 것보다 청나라를 통과하는 게 거리가 훨씬 줄어들었기 때문입니다. 이를 위해 청일 전쟁 이후 배상금에 허덕이는 청나라에 돈을 빌려주며 만주를 가로지르는 철도 부설권을 요구했고, 청나라는 어쩔 수 없이 이를 허락합니다. 이제 시베리아 철도가 완공되면 러시아는 태평양 진출과 함께 대규모의 육군을 동아시아로 신속하게 보낼 수 있게 된 것입니다.

시베리아 철도의 길이는 9,000km가 넘습니다. 문제는 러시아가 동쪽

시베리아 횡단철도

끝으로 계속해서 향하다 보면 충돌하는 세력이 있다는 것입니다. 그 세력은 일본입니다. 청일 전쟁에서 승리한 일본은 청나라의 군사적 요충지인 뤼순을 확보한 상황이었습니다. 이를 계기로 본격적으로 동아시아에 진출할 계획을 세우던 중 러시아가 시베리아 철도 건설에 박차를 가한다는 소식이 들려온 것입니다. 일본은 전부터 눈엣가시였던 러시아가 동아시아에 눈길을 돌리자 위협을 느꼈습니다. 철도가 개통되면 애써 영향력을 확보한 한반도에 러시아가 진출할 수 있다고 판단한 것이죠. 청일 전쟁 당시 일본이 경복궁을 점령하고 내정 개혁을 한다며 조선 왕실을 흔들었을 때, 조정은 일본의 위협에서 벗어나기 위해 러시아 세력을 끌어들인 전적이 있었습니다. 그러니 조선을 노리던 일본으로서는 러시아를 건

코리예츠 호

제할 수 밖에 없었습니다.

　게다가 일본은 이미 러시아가 만주와 우리나라를 갈망하는 것을 알고 있었습니다. 러시아의 황태자 니콜라이 2세Nicholas II는 블라디보스토크에서 열리는 시베리아 철도 기공식에 참석하기 위한 항해를 하던 중 여러 척의 함대를 이끌고 일본으로 향했습니다. 이때 함께한 극동함대 중에 놀라운 이름의 배가 있습니다. 만주호와 코리예츠호입니다. 과거 러시아에서는 우리나라 사람을 코리예츠koryeets라고 불렀습니다. 고려 시대에 알려진 우리나라 국호 COREA가 서방 국가에서 널리 사용되었기 때문이죠. 만주와 조선에 대한 관심을 드러낸 배 이름만으로도 러시아가 동북아를 중요하게 여긴다는 것을 알 수 있습니다. 제국주의 세력을 넓히기 위해 동북아 지역의 질서를 장악하려 한 일본에게 강대국 러시아의 관심은 위협 그 자체였습니다.

　그즈음 청일 전쟁 이후 대륙 진출을 꿈꾼 일본과 그들에게 도전장을 내민 러시아를 발칵 뒤집어놓은 사건이 벌어집니다. 일본을 방문한 황태자의 경호를 담당하던 일본 순사가 황태자의 머리를 칼로 내려친 것입니다. 심각한 부상은 아니었으나, 세계 강대국의 중심축인 러시아의 황태자가 일본인에게 테러를 당한 것은 자칫 전쟁으로 번질 수도 있는 상황이었습니다. 이 사건으로 일본은 발칵 뒤집혔습니다. 일본은 러시아의 분노를 피하고자 천황까지 나서서 전력을 다해 사죄했고, 미안함의 표시로 스스로 목숨을 끊는 사람까지 생겼습니다. 이러한 일본의 태도는 러시아가 매우 강한 나라이며 얼마나 일본에 위협적이었는가를 보여줍니다. 사건이 일어나기 전까지 일본에서는 러시아를 적으로 여기는 분위기가 팽배했는데 이것이 순사의 독단적 행동으로 이어진 것입니다. 테러를 가한 순사는 감옥에서 사망하고 그의 집안은 멸문지화를 당했다고 합니다.

이런 와중에 러시아와 일본의 불편한 관계를 부추기는 일이 생깁니다. 청일 전쟁 직후 청나라와 일본 사이에 시모노세키 조약을 맺으면서 일본이 랴오둥반도, 타이완, 평후섬을 얻게 되었는데, 러시아가 랴오둥반도를 걸고넘어진 것입니다. 일본은 랴오둥반도를 기점으로 만주를 장악할 계획이었습니다. 일본의 세력이 확장되는 것을 막고 싶었던 러시아는 동맹국인 독일과 프랑스를 설득해 일본이 랴오둥반도를 소유하는 것은 청나라의 수도를 위협하는 동시에 조선의 독립을 유명무실하게 만든다며 일본을 압박합니다. 이것이 바로 삼국 간섭입니다.

일본은 분노를 느꼈지만 강대국 러시아와의 싸움을 감당할 수 없었기에 랴오둥반도를 두고 고심했습니다. 그리고 세 가지 방안을 생각해 냅니다. 첫째, 러시아의 요구를 거절한다. 이는 전쟁을 선포하는 것과 같았고, 청일 전쟁이 막 끝난 시점이었기에 불가능했습니다. 둘째, 영국을 비롯한 서구 열강에 중재를 요청한다. 요즘으로 치면 국제 사법 재판소 같은 곳에 가는 것과 같은 원리입니다. 실제로 일본은 영국에 중재를 요청했으나 영국의 외면으로 이 방법도 포기합니다. 셋째, 러시아의 요구를 수용해 랴오둥반도를 반환한다. 결국 일본은 배상금 3천만 냥을 더 받기로 하고 이 방법을 선택합니다.

이로써 청나라는 랴오둥반도를 되찾은 대신 일본에 추가 배상금을 지급하게 되었습니다. 하지만 그럴 만한 돈이 없었죠. 이때 러시아가 돈을 빌려주는 조건으로 대가를 요구합니다. 삼국 간섭으로 일본이 반환한 랴오둥반도의 뤼순과 다롄을 일정 기간 관할하고 군대를 주둔시킬 수 있는 권한을 달라고 말입니다. 뤼순은 블라디보스토크와 달리 겨울에도 얼지 않는 부동항이었기 때문입니다. 청나라는 이 제안을 받아들였고, 러시아는 드디어 숙원 사업이었던 부동항을 갖게 되었습니다. 이때 삼국 간섭에 참가한 독일은 칭다오를, 프랑스는 광저우를 차지합니다.

사실 러시아는 랴오둥반도를 호시탐탐 노려왔습니다. 겨울에도 사용할 수 있는 부동항을 확보하려면 랴오둥반도와 조선이 꼭 필요했기 때문이죠. 그런데 혼자서 차지할 수는 없으니 동맹국인 독일과 프랑스를 설득해 끌어들인 후 러시아가 차지할 계획을 세운 것입니다. 이는 마치 일본이 청나라와 싸워서 랴오둥반도라는 알사탕을 뺐었고, 그 알사탕을 삼키려는 찰나 러시아가 나타나 일본 입에 들어 있던 알사탕을 빼앗은 것과 같습니다. 결국 삼국 간섭은 서구 열강의 땅따먹기 게임이었던 셈입니다.

이 사건으로 일본은 엄청난 굴욕을 느꼈습니다. 그리고 대륙을 침략하며 뻗어 나가려면 러시아와의 전쟁을 피할 수 없다고 생각합니다. 문제는 청일 전쟁으로 큰 피해를 입은 조선도 함께 러일 전쟁의 늪에 빠진 것입니다. 러시아와 일본이 충돌한 20세기 최초의 세계 전쟁인 러일 전쟁의 서막이 오른 장소가 뜻밖에도 조선이었기 때문입니다. 러시아와 일본의 싸움에 엮이게 된 조선은 두 나라의 만행에 또다시 아픔과 피해를 겪어야만 했습니다. 대체 조선에서는 무슨 일이 일어난 것일까요?

경복궁의 공포와 뻔뻔한 일본

먼저 청일 전쟁 이후 조선의 정세부터 살펴보겠습니다. 청나라라는 대국이 일본에 졌다는 사실은 조선에게 공포 그 자체였습니다. 과거에 경복궁을 점령하며 왕을 협박했던 일본은 백성들을 상대로 극악무도한 짓도 서슴지 않았습니다. 고종은 일본군의 감시에 극심한 불안을 느껴 경복궁 안에 항상 두 명의 외국인을 체류시키며 일본인의 활동을 감시할 정도였습니다.[1]

그런데 러시아의 압력에 일본이 순순히 랴오둥반도를 반환하자, 이를 본 조선은 러시아의 힘을 빌리기로 합니다. 고종은 친러파를 대거 등용해 내각을 구성하고 명성황후는 러시아 공사 카를 베베르Karl Weber를 불러들여서 국정을 상담하기도 했습니다. 청일 전쟁 때와 마찬가지로 외세에 손을 내미는 안타까운 선택을 반복한 것이죠.[2]

한편 조선 내에서 러시아의 영향력이 점차 강해지자 일본은 조선마저 러시아에 빼앗길 수 있다는 불안을 느낍니다. 1876년 강화도 조약부터 공을 들여서 청일 전쟁이라는 막대한 피해까지 보면서 지배해 온 조선을 이제 와서 잃을 수는 없기에 일본은 극단적인 선택을 합니다. 친러 세력의 정점이라고 여긴 명성황후를 살해하고 내각을 친일파로 교체하면 조선에서의 지배력을 회복할 수 있다고 생각한 것입니다.

1895년 을미년 10월 8일, 고요한 적막이 내려앉은 새벽 5시 무렵 한 발의 총성이 조선의 하늘을 울립니다. 그 순간 총성을 신호탄 삼아 대여섯 명의 괴한들이 고함을 지르며 사다리를 타고 담을 타기 시작합니다. 그들이 올라탄 것은 왕이 거처하는 경복궁의 정문, 광화문 성벽. 잠시 후 문이 열리자 수많은 괴한들이 경복궁으로 쳐들어갔습니다. 갑작스러운 난입에 광화문을 수비하던 병사들은 저항했지만 총성과 위협이 이어지자 힘없이 무너지고 맙니다.

이날 괴한들의 경복궁 습격은 우리 역사에 두 번 다시 벌어져서는 안 될 비극을 가져옵니다. 을미사변이라 불리는 명성황후 살해 사건입니다. 괴한들은 고종의 왕비, 후일 명성황후로 추대된 중전 민씨를 살해하려고 모인 자객들로 일본 공사관 수비대, 영사관 경찰, 민간인 신분의 낭인들이었습니다. 여기에는 조선의 훈련대 군인도 일부 포함되어 있었습니다. 이들은 조선군 시위대를 제압하고 곧장 왕과 왕비의 거처인 건청궁으로 침입해 내부를 뒤지며 명성황후를 찾았습니다. 궁녀들의 머리채를 잡고 밖으로 질질 끌어내며 명성황후의 소재를 추궁하고 대답하지 않는 궁녀들은 창문 너머로 내던져 버리기도 했습니다. 심지어는 고종과 세자까지 위협하며 명성황후를 찾는 데 혈안이 되었습니다. 경복궁이 공포로 가득 찬 그날, 명성황후는 어떻게 됐을까요? 당시 주한 러시아 공사 베베르가 남긴 그날의 기록입니다.

> "일본인들은 여인들의 방으로 들어갔지만 왕비의 얼굴을 알지 못했다. 그래서 그들은 제멋대로 짐작하여 비무장한 궁중 여인들을 죽였다. (중략) 왕비는 복도를 따라 도망쳤고, 그 뒤를 한 일본인이 쫓아가 붙잡았다. 그는 왕비를 바닥으로 밀어 넘어뜨리고, 그녀의 가슴으로 뛰어들어, 발로 세 번 짓밟고, 칼로 찔러서 죽였다."[3]

일본의 끔찍한 만행은 이 정도에서 그치지 않습니다. 당시 명성황후의 죽음에 대한 한 선교사의 기록입니다.

"왕비의 시체를 덮어두었다가 궁녀를 데려와서 보여주었다. 그러자 그들은 공포에 질려 '중전마마 중전마마' 하고 소리쳤다. 그 뒤에 곧 거기서 그다지 멀지 않은 작은 숲으로 시체들을 옮겼고 그 위에 등유를 부었다. 그리고 불을 붙였고 뼈 몇 줌만이 남았다."[4]

조선을 경악에 빠뜨린 이 비극은 1895년 프랑스 주간지에도 실렸습니다. '조선 왕비 암살'을 묘사한 그림은 매우 끔찍했으며, 당시 유럽에서도 매우 충격적인 사건으로 여겼습니다.

일본인들은 한 나라의 궁궐에 침입해 왕비를 무참히 살해했고 그것도 모자라 시신을 태우기까지 했습니다. 이 사건은 일본 낭인들이 벌인 짓으로 알려져 있는데 이는 사실과 다릅니다. 명성황후를 살해한 자들의 진짜 정체는 일본 엘리트 우익 세력이었습니다. 매우 조직적이고 계획적이었던 사건이었죠. 일본은 왜 이런 말도 안 되는 일을 벌였을까요?

일본은 고종이 만든 친러 내각을 무너뜨리고 다시 친일 내각을 세우고자 했습니다. 이를 일본의 강제가 아닌 조선 스스로 바꾼 것처럼 보이게 하려고 조선인이 명성황후를 시해했다는 궁중 쿠데타를 계획한 것입니다. 그리하여 일본 정부는 관여하지 않았다며 끝까지 발뺌했지만 전 세계는 일본을 믿지 않았습니다. 이렇게 되니 일본도 진짜 범인들을 처벌하지 않을 수 없었고 그들을 재판장에 세웠습니다. 하지만 모두 증거 불충분으로 죗값을 치르지 않았습니다. 또한 일본은 이미 조선에서 조선인 세 명을 진범으로 처형했으므로 이 재판은 성립되지 않는다고 주장했습니다.

서양 열강의 시선이 두려운 일본은 을미사변의 책임을 지지 않으려고

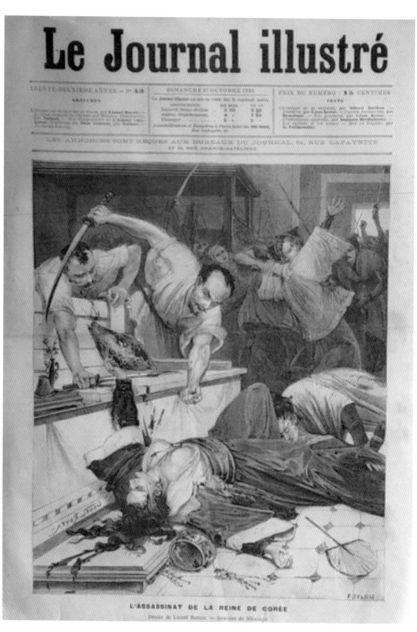

명성황후 시해 사건을 다룬 프랑스 주간지[5]

오히려 고종을 궁지로 몰아붙였습니다. 명성황후를 폐위시키고 왕후 작위를 박탈하도록 압박한 것입니다. 일본이 명성황후를 폐서인으로 만들라면서 내민 이유는 여러 가지가 있는데《고종실록》에 그때의 기록이 남아 있습니다.

> "민씨는 오래된 악을 고치지 않고 그 패거리와 보잘것없는 무리를 몰래 끌어들여 짐의 동정을 살피고 국무대신을 만나는 것을 방해하며 또한 짐의 나라의 군사를 해산한다고 짐의 명령을 위조하여 변란을 격발시켰다." [6]

즉 명성황후가 평소 조정의 기강을 문란하게 하면서 왕실을 위험에 빠트렸기 때문에 변란이 일어났다며 모든 것을 명성황후의 탓으로 돌린 것입니다. 또 일본은 명성황후가 을미사변이 터진 뒤 달아나 몸을 숨겼다는 이유로 왕후의 자격을 박탈하게 했다는 이유를 덧붙였습니다. 하지만 명성황후는 이미 일본인의 손에 살해당한 상태였습니다. 일본이 직접 명성황후를 죽이고 시신을 불에 태우기까지 했으면서 명성황후가 도망가서 몸을 숨겼다는 말도 안 되는 오명을 뒤집어씌우고 거짓 발표를 한 것입니다. 뻔뻔하게 자신들의 범죄를 은폐하려는 일본의 시도는《고종실록》에 거짓 기록으로 남아 있습니다.

> "사변이 터지자 짐을 떠나고 그 몸을 피하여 임오년의 지나간 일을 답습하였으며 찾아도 나타나지 않았다. 이것은 왕후의 작위와 덕에 타당하지 않을 뿐만 아니라 그 죄악이 가득 차 선왕들의 종묘를 받들 수 없는 것이다. 짐이 할 수 없이 짐의 가문의

고사를 삼가 본받아 왕후 민씨를 폐하여 서인으로 삼는다."[7]

　명성황후가 나타나지 않았다는 말의 속뜻은 명성황후가 도망가서 어딘가에 살아있다는 것이고, 그렇다면 명성황후를 죽인 사람도 없으니 일본은 아무런 잘못이 없다는 책임 회피라 할 수 있습니다. 왕후를 서인으로 강등시키는 이 칙령에는 악랄한 속내가 하나 더 숨어 있습니다. 훗날 일본이 명성황후를 죽였다는 사실이 밝혀지더라도 한 나라의 왕비가 아니라 강등된 신분인 서인, 즉 일반인을 죽인 것이기 때문에 본인들의 책임을 줄일 수 있다는 일본의 사악한 의도를 담은 것입니다. 고종은 일본의 뜻에 끝까지 동의하지 않았지만 전 각료가 서명한 이 칙령은 강제로 관보에 발표되었습니다. 훗날 고종은 일본의 강요에 의해 명성황후를 폐위한 것이라며 칙령을 무효화하고 왕후 작위를 복호했습니다.

고종의 아관파천

　명성황후가 살해되고 큰 두려움에 휩싸인 고종은 몇 개월간 국사를 처리할 때 아무런 발언도 하지 못했고, 언제나 죽음의 공포에 시달렸습니다. 대궐 밖에 있는 친지들이 자물쇠를 채운 통 속에 넣어 보내준 음식 외에는 아무것도 먹지 않을 정도로 고종의 상황은 좋지 않았습니다.[8]
　일본의 위협과 감시 속에 하루하루를 보내며 생명의 위협을 느낀 고종은 결국 궁을 떠나기로 결심합니다.
　궁을 떠난 고종이 향한 곳은 러시아 공사관이었습니다. 러시아 공사 베베르와 친러파는 친일파가 고종의 폐위를 공모하고 있으니 왕실의 안전을 위해 잠시 러시아 공사관으로 몸을 피하자고 권유했고 고종이 이에 동의한 것입니다. 이를 두고 '아라사(러시아) 공관에 임금이 들어갔다'라는 뜻의 아관파천이라고 합니다. 러시아는 아관파천을 매우 좋은 기회라고 생각했습니다. 조선을 통해 태평양으로 진출하려는 것을 일본이 방해하고 있는 상황에서 조선의 왕이 일본을 피해 러시아 공사관으로 피신하면 일본을 견제할 수 있기 때문입니다.[9]

고종과 세자는 일본의 감시를 피해 새벽녘에 호위병도 없이 극비리에 궁녀들이 타는 가마를 타고 경복궁 영추문을 빠져나와 러시아 공사관으로 이동했습니다. 러시아도 고종의 아관파천에 대비해 공사관을 보호한다는 구실로 인천에 정박 중인 군함 수군 100여 명을 무장한 뒤 서울에 주둔시켰습니다.[10]

아관파천으로 고종은 신변의 위협에서 벗어났지만 그 대가는 혹독했습니다. 이때부터 러시아의 이권 침탈이 시작된 것입니다. 청일 전쟁에서 받았던 외교의 영수증은 이번에도 어김없이 등장했습니다. 아관파천을 도운 러시아는 두만강, 압록강, 울릉도의 삼림 채벌권을 가져갔고 다른 열강들도 앞다퉈 철도 부설권과 금광 채굴권을 가져갔습니다.[11]

친러 세력을 제거하기 위해 국모 살해라는 짐승보다 못한 짓까지 벌인 일본은 상황이 계획과 다르게 흘러가자 분노했습니다. 미국의 선교사 헐버트는 그때의 상황을 정확하게 묘사했는데, '그들(일본)의 노력은 어처구니없이 허사가 되어 버렸다. 왕은 스스로 러시아의 품에 자기의 몸을 던졌으며 모든 한인은 일본에 대해 열화같이 분노해 임진왜란 당시의 민족 감정을 방불케 했다'라고 기록했습니다.[12]

러시아와 일본의 대립은 더욱 팽팽해졌지만 일본은 아직 러시아에 맞설 힘이 없었습니다. 이렇게 러시아와 일본이 세력 균형을 이루고 있는 틈을 타 경운궁으로 환궁한 고종은 대한 제국을 선포합니다. 이로써 러시아와 일본의 대립은 일단 진정세를 보였습니다.

한국사 최악의 비극, 러일 전쟁

일본은 한국에서 세력을 키우는 러시아를 몰아낼 기회만 노렸습니다. 그리고 이때 뜻밖의 나라와 손을 잡게 됩니다. 세계 최강대국 영국과 군사 동맹을 맺은 것입니다. 영국이 극동의 작은 섬나라 일본과 동맹을 맺은 것은 러시아를 견제하기 위해서였습니다. 러시아가 랴오둥반도를 차지하며 부동항을 획득하자 화가 난 영국이 일본과 손을 잡은 것이죠. 게다가 영국은 미국과 대외 관계에서 파트너였기에 일본이 영국의 지원을 받는다는 것은 미국의 지원도 받을 수 있다는 의미였습니다. 이렇게 일본은 영국의 힘을 이용해 다시 한반도에서 세력을 키울 기회를 얻었습니다.

그렇다면 1902년 체결된 영일 동맹의 내용은 어떠했을까요? 핵심 내용만 살펴보겠습니다.

제1조, 영국과 일본이 서로 청국과 한국의 독립을 승인한다.

독립이라는 단어만 보면 좋은 말처럼 느껴지지만 실상은 전혀 다릅니다. 한국의 이권을 일본이 주장하고, 청나라의 이권을 영국이 주장한다는 내용입니다. 결국 러시아를 떼어놓기 위해 우리나라의 독립을 언급한 것이죠. 일본이 계속해서 한국의 독립을 주장하는 것은 한마디로 '다른 나라는 한국을 건드리지 말라'는 일종의 시그널인 셈입니다.

제3조, 만일 일본 또는 영국이 치르고 있는 전쟁에 다른 국가들
이 가담할 경우 영국과 일본은 동맹국을 원조하고 협동
하여 전투에 가담해야 한다.

이는 러시아와 일본이 전쟁을 일으켰을 때 프랑스와 독일이 러시아를 지원한다면 영국은 일본의 편에서 함께 싸우겠다는 내용입니다. 사실 러일 전쟁의 가장 큰 원인 중 하나는 1900년 중국에서 발생한 의화단 사건입니다. 청일 전쟁으로 막대한 배상금을 지불해야 하는 청나라에 서구 열강들이 하이에나 떼처럼 몰려들었습니다. 일본에 갚을 돈을 빌려주는 대신 각종 이권을 빼앗아가려고 한 것이죠. 그러자 청나라 민중은 청 왕조를 도와서라도 서양 오랑캐를 몰아내야 한다고 생각해 봉기했고, 의화단을 조직해 톈진에서 베이징까지 쳐들어갑니다. 이들은 외국 공사관과 영사관을 습격하고 철도와 전신선 등 핵심 시설을 파괴하며 저항운동을 했습니다. 그러자 8개 나라(영국, 미국, 러시아, 영국령 인도, 독일, 프랑스, 오스트리아 헝가리, 이탈리아, 일본)가 연합군을 결성해 베이징으로 진격합니다. 이때 러시아도 파병을 했으나 베이징에는 군사를 거의 보내지 않고 만주와 뤼순을 잇는 철도 주변에 군대를 배치해 만주를 점령해 버립니다. 게다가 의화단 사건이 끝나도 병력을 철수하지 않았습니다. 이에 분노한 영국과 일본이 영일 동맹을 맺으며 러일 전쟁의 서막을 연 것입니다.

이렇게 영국을 등에 업은 일본은 러시아만 이기면 원하는 그림을 그릴 수 있다고 생각했습니다. 그러기 위해서는 시베리아 철도가 완공되기 전에 속전속결로 러시아의 전쟁을 시작해야 했습니다. 시베리아 철도가 개통돼 러시아에서 수많은 병력과 물자들이 밀려오면 전쟁에서 이길 가능

성이 작았기 때문입니다.

다른 열강국은 러시아와 일본의 일촉즉발을 대수롭지 않게 여겼습니다. 당연히 러시아가 이길 것이라 생각했으며, 러시아 또한 자신만만한 상태였습니다. 러일 전쟁이 막 시작됐을 당시 프랑스 잡지에 실린 그림이 그때의 분위기를 말해줍니다. 그림 속 몸집이 작은 사람(일본인)은 한반도와 일본 위에, 왼쪽에 거대한 사람(러시아인)은 러시아와 만주 위에 서 있습니다. 경기를 지켜보는 관객들은 서구 열강을 상징합니다. 저 멀리 장막 위에 매달린 채 구경하는 사람은 청나라인입니다. 이처럼 그림만으로도 국력의 차이가 느껴집니다.

러시아와 일본의 대결 풍자[13]

실제로 당시 러시아와 일본은 군사력만 해도 차이가 심했습니다. 러시아는 이미 1만 톤급 전함을 만들 능력을 갖췄지만 일본은 소형 함정밖에 만들지 못했습니다. 그렇기 때문에 일본은 매우 철저하게 전쟁을 준비했습니다. 동맹국인 영국에 군함과 대포를 대량 주문했고 다른 나라에서 제작한 전함을 구입하기도 합니다. 청일 전쟁 당시 일본이 국방비를 국가 예산의 30%까지 올렸다면 러일 전쟁에서는 무려 40%까지 늘려서 전쟁에 투자했습니다. 한마디로 러일 전쟁에 모든 것을 걸었던 것이죠.[14]

러시아는 모든 면에서 자신보다 약한 일본이 쉽게 덤비리라 생각하지 못했습니다. 일본조차 스스로 러시아를 이길 수 있다는 확신을 갖지 못했습니다. 전력이 열세인 상황에서 일본이 주로 사용하는 전술은 기습 공격입니다. 일본은 전쟁의 승기를 먼저 잡기 위해 청일 전쟁과 마찬가지로 선전포고도 없이 러시아를 공격합니다. 일본의 첫 공격 지역은 뤼순항과 인천항이었습니다. 거의 동시에 각각의 지역에서 러시아 군함 두 척을 공격하며 전쟁의 시작을 알렸습니다. 압도적인 전력 차이로 제물포에서 맞붙은 일본과 러시아. 포격이 시작되고 러시아 군함 두 척이 격침되었고 만신창이가 된 러시아 군함은 결국 자폭을 선택합니다. 그리고 한반도는 청일 전쟁에 이어 또다시 다른 나라들의 침략 전쟁에 이용당했습니다.

이때 일본은 한반도가 위험하다는 명분으로 고종의 중립 선언을 무시하고 인천에 상륙해 서울에 군대를 주둔시킨 뒤에야 선전포고를 합니다. 우리 민족은 이 모습을 지켜볼 수밖에 없었습니다. 선전포고 후 인천에 상륙해 있던 일본군 장교들이 고종을 찾아가 군사력으로 압박하며 강제로 '한일 의정서'를 체결했기 때문입니다.[16]

한일 의정서에는 어떤 내용이 담겨 있기에 일본이 마음껏 한반도를 누빌 수 있었을까요?

> 제4조, 제3국의 침해나 혹은 내란으로 인하여 대한제국 황실의 안녕과 영토의 보전에 위험이 있을 경우 대일본제국 정부는 신속히 임기응변의 필요한 조치를 취할 수 있다. 따라서 대한제국 정부는 위의 대일본제국의 행동이 용이하도록 충분한 편의를 제공한다. 대일본제국 정부는 전항의 목적을 성취하기 위하여 군사 전략상 필요한 지점을 상황에 따라 차지하여 이용할 수 있다.

러시아

청

블라디보스토크

봉천 전투
1905년 3월

회령

백두산 나진
경성

봉천(선양)

의주

다롄

뤼순

대호산 용암포

함흥

압록강 전투
1904년 5월

뤼순항 공격
1904년 2월

평양

원산

동해

한성

인천

인천항 공격
1904년 2월

대한제국

부산

일본

시모노세키

황해

발트 함대 격파
1905년 5월

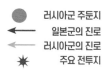

러시아군 주둔지
일본군의 진로
러시아군의 진로
주요 전투지

1904년 한성에 입성한 일본군 [15]

    가장 핵심이 되는 부분은 '전항의 목적을 성취하기 위하여 군사 전략상 필요한 지점을 상황에 따라 차지하여 이용할 수 있다'입니다. 이는 필요하다면 군용지를 마음껏 쓰겠다는 것입니다. 당시 한국에 처음 상륙한 일본군 부대 이름은 '임시 한국 주차대'였습니다. 이들은 일본 정부로부터 특별한 명령을 받았습니다. 인천 상륙 후 빠르게 경성(서울)에 진입하여 그 땅을 점령하고, 반드시 확실히 유지하라는 내용입니다. 이는 곧 영구 주둔지를 확보하라는 것입니다. 그리하여 한일 의정서 제4조에 따라 용산에 있는 토지를 강제로 수용합니다. 일본은 러일 전쟁과 더불어 한국을 무력으로 점령하고 영구히 한국을 일본의 식민지로 삼겠다는 계획을 실천하기 시작합니다. 이른바 일제 강점기, 일본의 한국 식민지화가 러일 전쟁에서부터 시작되는 것이죠.

    러일 전쟁에서 일본은 상당한 군비를 투자했고, 선제 공격을 했기 때문에 전쟁 초기에는 러시아와의 군사력 차이를 극복하고 주도권을 장악할 수 있었습니다. 반면 러시아는 제대로 전쟁 준비를 하지 못했기 때문에 일본의 기습공격에 제대로 대처할 수 없었습니다. 게다가 시베리아 철도의 미완성으로 육군 병력과 군수품 보급도 힘들었죠. 다급해진 러시

얼어붙은 호수 위 기관차와 말

아는 얼어붙은 바이칼 호수 위에 레일을 깔고 약 3천 필의 말로 기차를 끌게 했습니다.

일본 해군의 기습 공격이 성공하자 일본 육군은 제물포에서 북쪽으로 빠르게 진군해 러시아군과 압록강에서 한 번 더 전투를 벌입니다. 일본은 청일 전쟁 때 경험을 살려 러시아군을 압록강 건너로 퇴각시켰고 압록강 인근의 구련성과 봉황성까지 차례로 함락하면서 한반도에서 러시아 주력군을 몰아냈습니다. 우리나라는 이 과정에서 끔찍하고 참담한 상황을 겪게 됩니다. 러시아와 일본 모두 각자의 본국이 아닌 나라에서 싸우다 보니 군수 물자가 절실했는데, 부족한 것을 한국에서 해결하려 한 것입니다.

전쟁의 소용돌이 속 고난의 한반도

러일 전쟁은 러시아와 일본의 국제전이자 제국주의 침략 전쟁입니다. 그런데 전쟁이 본격화되면서 우리 땅의 국민들은 자신의 의지와 상관없이 두 나라에 군수 물자를 동원하고 강제 노역을 하는 등 엄청난 고통과 희생을 겪습니다. 전쟁 초기에는 러시아군에 의한 피해가 막심했는데 당시 평남 관찰사가 의정부로 보낸 보고서를 보면 그 참상에 말문이 턱 막힙니다.

'러시아 병사들은 이들(강제로 동원된 한국인들)에게 자신들의 군복을 입혀 위장하여 같이 전진하다가 밤이 되면 쇠줄로 결박하여 도망갈 수 없게 하였고 또한 먹을 것도 주지 않고 채찍질만

러일 전쟁에 인부로 동원된 우리나라 사람들

하였다. 따라서 살아서 돌아올 바를 헤아리기 어려우며 아녀자가 남편을 잃고 아들이 아비를 잃어 소리 내어 우는 상황을 차마 듣고 볼 수 없을 정도였다.'

혹독한 나날이었지만 러시아군이 국민들을 힘들게 한 것은 압록강 전투 전의 3개월 정도입니다. 그런데 일본군은 평안도 지역을 청나라 대륙을 침략하는 전진 기지로 삼고 강제로 이 지역의 인력과 물자를 혹독하게 갈취했습니다. 군수 물자를 나르는 한국인의 얼굴에는 빨간색, 파란색, 노란색 등의 페인트를 칠했는데, 페인트 색상이 곧 군수 물자의 분류였습니다. 특히 함경도는 일본군이 모든 것을 좌지우지하는 한국 유일의 군정 지역이었기 때문에 전쟁이 끝날 때까지 지역민들의 삶은 고통 그 자체였습니다. 청일 전쟁이 청나라와 일본 두 나라만의 싸움이 아니었듯, 러일 전쟁도 러시아와 일본 두 나라만의 싸움이 아니었습니다. 우리 국민들은 두 침략자 사이에서 말로 다 할 수 없는 고달픈 삶을 이어가야만 했습니다.

러일 전쟁의 결정적 사건 1

뤼순항 공격과 봉천 전투

러일 전쟁이 한창이던 시기, 러시아의 뤼순항이 일본에 함락되는 사건이 발생합니다. 러시아 해군의 기지이자 태평양 진출의 거점인 뤼순은 일본으로서는 반드시 차지해야 할 지역이었습니다. 물론 러시아로서도 절대 포기할 수 없는 부동항이었죠. 청일 전쟁 때 일본이 뤼순을 함락하는

데 걸린 시간은 단 하루였습니다. 러시아는 이곳을 빼앗기지 않기 위해 콘크리트를 부어 철벽같은 요새를 만들었습니다. 그리고 그곳에서 꼼짝도 하지 않았습니다.

뤼순항은 천혜의 요새라 불리는 곳으로 안쪽에는 넓은 만이 펼쳐지지만 입구가 좁아 배가 한 척밖에 들어갈 수 없습니다. 그 안에서 러시아 함대가 포진한 채 공격하니 일본은 항구 쪽으로 진입조차 하지 못했습니다. 일본 해군은 고민 끝에 뤼순항 앞 해상에 자신들의 낡은 함선을 침몰시켜서 러시아 함선이 어디로든 빠져나가지 못하도록 출입로를 봉쇄했습니다. 그리고 러시아 함선을 파괴하기 위해 물속이나 물 위에 폭탄을 설치하는 작전을 펼칩니다. 하지만 러시아 해군은 쉽게 무너지지 않았습니다.

항구 봉쇄가 길어지면서 지친 일본은 압록강을 건너 일본 육군을 활용해 뤼순 요새를 공격하기로 결정합니다. 이곳은 러시아가 뤼순항에 콘크리트를 부어 만든 것으로, 러시아군은 여기에 철조망까지 설치해서 기관총을 걸고 일본군을 맞이할 준비를 마쳤습니다. 게다가 뤼순항 뒤쪽에는 항구 전체가 내려다보이는 203고지라는 산이 있는데 러시아는 여기도 막아서 완벽하게 요새로 만들었습니다. 또한 일본의 침입을 감시할 목적으로 203고지로 올라오는 길목의 나무를 모두 베어버렸습니다. 아무것도 모르는 일본은 청일 전쟁 작전대로 기관총을 앞세워 무작정 돌격했습니다. 일본군보다 높은 위치에 난공불락의 요새를 만들어 방어와 공격 태세를 모두 갖춘 러시아는 일본의 공격이 닿기도 전에 아래에 있는 일본군을 향해 폭격을 날렸습니다. 이 전투에서 일본군은 6만여 명의 사상자가 발생했습니다.

러일 전쟁에 모든 것을 건 일본은 그래도 물러서지 않았습니다. 뤼순항은 러시아 함대와 일본 함대가 대치 중이고, 203고지는 일본 육군의 능력으로는 공격이 불가한 상황에서 일본 정부는 결단을 내립니다. 타이완 총독이던 고다마 겐타로兒玉源太郎를 만주총군 총참모장으로 투입한 것이죠. 그는 상황을 살펴본 뒤 일본 본토의 주요 항구에서 28cm 구경의 해안포를 뜯어옵니다. 수 km까지 날아가는 해상용 대포를 203고지 밑에 설치해 공격한 것입니다. 자살 행위와 다를 바 없는 작전으로 일본군은 마침내 203고지를 점령합니다. 그곳에서 다시 해안포로 뤼순항에 정박 중인 러시아 함대를 공격했고 러시아 함대는 끝내 침몰했습니다.

1904년 2월 러일 전쟁이 발발한 지 1년이 다 되어가던 1905년 1월, 러시아가 장악했던 뤼순항이 함락되었습니다. 이후 1905년 3월, 러시아와 일본은 봉천(심양)에서 최대 규모의 육지전을 펼칩니다. 이 전투에만 일본군 25만 명, 러시아군이 36만 명이 투입됩니다. 일본은 7만 명이 넘는 사상자를 내면서까지 치열하게 싸워 또다시 승리합니다.[17]

이로써 육지에서의 대규모 전투는 모두 끝이 납니다.

우리나라를 두고 신경전을 벌였던 러시아와 일본은 뤼순을 시작으로 우리 땅인 제물포와 평안도, 함경도 일대, 압록강, 그리고 서해와 동해에 이르기까지 숱한 전투를 벌였고 이제 동아시아의 최강자가 누구인지 전 세계에 입증하기 직전이었습니다. 수개월 동안 이어진 전투에서 연이어 승리한 일본군은 스스로를 최강자라 여기며 자신만만해했습니다. 단 한 번의 승리도 얻지 못한 채 후퇴한 러시아 사령부도 "이것은 러시아의 위대한 후퇴다. 최종 승리는 러시아다!"라며 아직까지 물러날 생각이 없었습니다. 두 나라의 팽팽한 긴장감 속에서 전쟁의 운명을 가르는 예상치 못한 일이 발생합니다.

러일 전쟁의 결정적 사건 2

피의 일요일

러일 전쟁이 시작되고 1년이 채 안 되었을 때 러시아에서는 이른바 '피의 일요일'이라고 불리는 유혈 사태가 발생합니다. 상트페테르부르크의 광장을 피로 물들인 이 사건은 러일 전쟁의 막을 내리게 하는 결정적 계기가 됩니다. 러일 전쟁은 뤼순에서 벌어지고 있는데 그곳과 멀리 떨어진 반대편 상트페테르부르크에서 일어난 일이 어떻게 러일 전쟁의 승패에 영향을 준 것일까요?

상트페테르부르크는 제정 러시아의 수도로 황제 니콜라이 2세가 거주하는 궁전이 있고, 전쟁 지휘부가 있던 곳입니다. 러시아는 일본과의 전쟁으로 국민이 감당해야 할 세금의 부담이 크게 늘어 생활이 파탄에 이를 지경이었습니다. 게다가 근대화를 추진하면서 농민들이 저임금 노동자가 되어 경제적 빈곤과 억압에 시달리고 있었죠. 이렇게 경제적 위기를 겪던 중 상트페테르부르크 최대의 금속기계 공장에서 노동자들을 부당 해고하자 공장의 전체 노동자가 파업에 돌입합니다. 사실 일본은 이전부터 러시아의 내부 균열을 악화시키기 위해 막대한 자금을 동원해 러시아 혁명 세력을 배후에서 지원해 왔습니다.[18]

1905년 1월 22일, 노동자들은 부당 해고에 맞서 청원 행진을 합니다. 약 30만 명의 러시아 국민이 직접 황제 니콜라이 2세에게 급여를 올려달라며 거리로 나선 것입니다. 당시 러시아 국민에게 황제는 구세주였습니다. 어려운 일이 있으면 황제가 우리를 도와줄 것이란 막연한 희망을 가지고 상트페테르부르크에 있는 황제의 겨울 궁전으로 향했습니다.

그런데 그들을 기다리고 있는 것은 무장한 군인들이었습니다. 사진은

겨울 궁전 앞 노동자와 군인의 대치

노동자와 군대가 대치하고 있는 모습입니다. 군인이 행렬을 막았지만 사람들은 멈추지 않고 궁으로 향했습니다. 그 순간 일제히 사격이 시작됐고 약 1천 명이 그 자리에서 희생되었습니다. 그들에게서 흘러나온 피는 이날 거리를 새하얗게 덮은 눈을 붉게 물들였습니다. 군인들은 쓰러진 사람들을 말발굽으로 짓밟고, 무자비하게 칼을 휘두르기도 했습니다. 이것이 바로 피의 일요일입니다. 자국민에게 끔찍한 학살을 자행한 황제를 보며 러시아 국민은 더 이상 그를 숭배하지 않기로 합니다.[19]

러시아 전역에 퍼진 황제에 대한 배신감과 충격. 이를 계기로 러시아 전역에 혁명의 불길이 거세게 타오르기 시작합니다. 다음 날에도 상트페테르부르크에서 노동자와 군대의 무력 충돌이 벌어졌고, 모스크바에서도 총파업이 시작됐습니다. 1905년 1월은 러일 전쟁 중이었습니다. 같은 시기 러시아의 심장부에서 한 달 동안 파업에 참가한 사람만 약 44만 명에 이릅니다. 상황이 심각해지자 러시아는 일본과의 전쟁보다 전국에 번진 자국 내 혁명 운동을 먼저 수습하기로 합니다. 나라 밖의 전쟁보다 발등에 떨어진 불인 혁명을 처리하는 게 더 시급했던 것입니다.[20]

'피의 일요일'을 계기로 러시아는 내정 혼란을 겪게 되었고 러시아 내부에서는 전쟁을 중단하라는 목소리가 커지고 있었습니다. 하지만 강경파의 주도로 전쟁을 이어나갔습니다. 이때 세 번째 결정적 사건이 발생합니다.

러일 전쟁의 결정적 사건 3

러시아 발트함대 vs 일본 연합함대

뤼순항 전투 패배와 피의 일요일 사건, 여기에 봉천(심양) 전투까지 패배한 러시아는 최후의 수단을 동원하기로 합니다. 러시아의 자존심이자 해군의 상징인 발트함대입니다. 러시아 최강 함대 발트함대는 1703년 대북방전쟁 와중 표트르 대제Pyotr大帝에 의해 창립, 러시아 해군 함대 중 가장 오랜 역사를 가졌으며 일본보다 두 배 이상 많은 공격용 전함을 보유했습니다. 러시아는 발트함대야말로 영국함대와 맞서서 버텨낼 수 있는 최후의 보루라고 생각했는데, 육상전의 패배를 만회하기 위해 러일 전쟁에 투입하는 것입니다.

그런데 발트함대가 있는 발트해와 전쟁이 벌어지고 있는 뤼순항과의 거리는 너무도 멀었습니다. 한시라도 빨리 발트함대가 격전지까지 와야 하는 상황에서 뤼순항까지 가는 최단 거리는 수에즈운하를 통과해 가는

발트함대 이동 경로

것입니다. 그런데 발트함대는 이 루트가 아닌 아프리카 대륙을 거치는 훨씬 먼 루트를 선택합니다. 일본과 동맹을 맺은 영국이 러시아의 항로를 방해하고 나섰기 때문입니다. 러일 전쟁은 동북아시아의 전쟁이 아니라 전 세계의 정세와 밀접한 관련이 있는 전쟁입니다. 따라서 러시아는 단순히 일본과 싸우는 것이 아니라 그 뒤에 있는 영국과도 싸우는 셈이었죠. 발트함대가 지나는 곳곳이 영국의 식민지인 상황에서 지름길로 갈 수 없었습니다. 게다가 긴 항해에는 반드시 연료가 필요합니다. 발트 함대가 이동하는 과정에서 중간중간 석탄을 공급받거나 선체를 수리할 수 있는 항구에 들러야 했는데, 세계 최강의 해양 대국인 영국이 자신의 식민지들을 압박해 러시아 해군이 자신의 식민지 영토에 정박할 수 없게 만든 것입니다. 그래서 발트 함대는 지름길인 수에즈 운하를 두고도 아프리카

최남단인 희망봉까지 우회해서 가야 했습니다.

1905년 5월, 발트함대가 드디어 영국의 방해를 뚫고 약 200여 일 동안 3만km에 가까운 장거리 원정 끝에 쓰시마 해협에 모습을 드러냈습니다. 긴 항해 동안 단 한 척의 배도 잃어버리지 않고 39척의 배가 무사히 도착한 '기적의 항해'를 이뤄낸 것입니다. 그들은 곧바로 전투를 치르기보다 먼저 블라디보스토크에 가서 군사를 정비하기로 합니다. 그런데 일본 해군이 이들의 앞길을 가로막았습니다. 블라디보스토크로 가려면 일본을 지나야 했기에, 일본은 이 길목을 노리고 있었던 것이죠. 결국 쓰시마 섬(대마도) 앞바다에서 러시아의 발트함대와 일본의 연합함대의 대해전이 벌어졌습니다.

러시아와 일본 전함들은 일자 대형으로 대치 중이었습니다. 이때 일본 해군 연합함대 사령관 도고 헤이하치로東鄕平八郞가 독특한 전술을 펼칩니다. 갑자기 일본 전함들이 뱃머리를 꺾어 옆으로 늘어서더니 발트 함대를 향해 포를 퍼부은 것입니다. 사실 이 방식은 일본 함대의 전열이 흐트러질 수 있어 매우 위험합니다. 하지만 일본 군함들은 일사불란하게 가로줄 대열을 완성해 발트함대의 진출로를 가로막았습니다. 그러자 러시아 해군들은 우왕좌왕했고, 그 사이 선두에 있던 함대부터 집중 포격했습니다. 곧바로 러시아 사령부가 탄 함대도 공격했습니다. 속수무책으로 당하면서 지휘부를 상실한 러시아는 혼란에 빠졌고 일본은 이 틈을 타 전열을 흐트리지 않고 계속 포격하며 무자비한 공격을 퍼부었습니다. 전력이 총동원된 대규모 해전은 약 40시간 만에 러시아의 자랑 발트함대가 쓰시마 앞바다와 동해 일대에서 완벽히 침몰하며 끝났습니다.

그런데 일본은 발트함대를 무찌르려는 과정에서 우리 땅을 마음대로 사용했습니다. 일본 해군의 연합함대는 허락도 구하지 않은 채 경상남도

진해를 불법 점거하며 발트함대를 기다렸습니다. 마치 자기들 영토인 것처럼 사용한 것이죠. 이때 약 3개월 동안 진해만 서쪽 한 모퉁이에 있는 작은 섬 취도를 발트함대로 상정하고 과녁 삼아 섬을 향해 함포사격 훈련을 했습니다. 이 훈련 때문에 섬의 약 98%가 소실되었습니다.

일본 제국주의와 한반도 식민지화의 시작

사실 일본군은 러일 전쟁의 끝 무렵 병력, 물자, 재정의 모든 면에서 한계에 도달한 상태였습니다. 병력과 자원 보충이 얼마든지 가능한 러시아가 전쟁을 포기하지 않으면 일본은 망할 수도 있는 상황이었죠. 그런데 피의 일요일 사건으로 러시아는 전쟁을 정리하고 싶어 했고 두 나라는 강화를 맺게 됩니다. 일본 입장에서는 불행 중 다행이었습니다.

일본에 있어 러일 전쟁은 청일 전쟁과 비교가 안 될 정도로 엄청난 물량 소비 전쟁이었습니다. 청일 전쟁에서 7개월간 소비한 무기 사용량을 러일 전쟁 개전 일주일 만에 초과했을 정도였으니까요. 일본은 청일 전쟁에서 2억 엔을 사용했기에 러일 전쟁에서 1년간의 전쟁 비용을 4억~5억 엔 정도로 예상했습니다. 그런데 1년 7개월간 사용한 전쟁 비용은 약 20억 엔으로 청일 전쟁 비용의 10배였습니다. 그중 빚이 13억 엔 정도였는데 절반은 영국과 미국에 빌렸고, 나머지 절반은 국민에게 채권을 강매한 것입니다. 전쟁 후에 모든 국민이 이것을 갚아야 했습니다.

청일 전쟁에서 일본이 학습한 오류는 전쟁에서 승리하면 돈이 된다는 것이었습니다. 이 때문에 국가의 명운을 걸고 빚을 내서 전쟁을 했지만 이는 도박이었습니다. 또한 일본은 인명 피해도 컸습니다. 러일 전쟁에서 일본이 동원한 병력은 108만 명이 넘었는데 전사자만 8만 7천여 명, 부상자가 38만 명이 넘었습니다.[21] 연전연승했지만 전쟁이 남긴 것은 상처와 빚뿐이었습니다. 이러니 장기화된 전쟁에 기진맥진한 정부도 슬슬 강화 조건을 검토하기 시작했는데 러시아가 먼저 패배를 인정한 것입니다.

러시아는 피의 일요일이라는 정치적 혼란과 발트함대의 궤멸로 전쟁을 이끌기 어려웠고, 일본은 전쟁 장기화로 인한 물리적 부담으로 더는 전쟁을 할 수 있는 힘과 여력이 없었습니다. 이때 일본은 미국에 급히 도움을 청했습니다.

1905년 9월, 러시아와 일본 대표가 미국 동부 뉴햄프셔주 북쪽 해안에 있는 포츠머스 해군기지에 모여 조약을 맺기로 합니다. 치열했던 러일전쟁의 중재자로 나선 것은 미국의 시어도어 루스벨트Theodore Roosevelt 대통령입니다. 하지만 두 나라는 조항에 대한 의견 차이로 신경전을 이어갔습니다.

일본 외상 고무라 주타로小村壽太郎는 "한국에 대한 일본의 보호권을 인정하라"고 주장했습니다. 러시아 전권대사 세르게이 비테Sergei Vitte는 "그럴 경우 러시아의 이익이 손상될 수 있다"라며 거부합니다. 일본은 다시 "전비 배상과 사할린섬 할양"을 요구하지만, 러시아는 "승자도 패자도 없으니 한 치의 땅도, 1루블의 배상금도 줄 수 없다. 전쟁을 속행하면 러시아에 승산이 있다"라며 버팁니다.

약 1개월의 협상 끝에 러시아와 일본의 강화가 최종적으로 체결됩니다. 러시아는 랴오둥반도에서 철수하고 우리나라에 대한 간섭을 포기합니다. 그리고 일본이 대한제국의 정치·군사·경제적 우월권을 가지며 국가의 지도, 보호 감독에 필요한 조치를 할 수 있음을 승인합니다. 사실상 일본의 독점적 지위를 인정해준 셈입니다. 다음은 포츠머스 조약의 주요 내용입니다.

> 제1조, 한국에 있어서의 일본의 우월권을 승인한다.
> 제2조, 청국 정부의 승인을 전제로 랴오둥반도의 조차권과 창춘, 뤼순 간의 철도(남만주철도)를 일본에 위양할 것.
> 제3조, 북위 50도 이남의 사할린을 일본에 할양할 것.

이 외에도 일본은 우리나라 식민 지배를 위한 사전 작업으로 서구 열강과 조약을 맺습니다. 영국과는 대한제국에 대한 일본의 권리, 인도에 대한 영국의 권리에 서로 동의한다는 제2차 영일 동맹을, 미국과는 대한제국에 대한 일본의 지배, 필리핀에 대한 미국의 지배 서로 승인한다는 가쓰라-태프트 밀약을 맺은 것입니다. 당시 우리나라의 위상이 얼마나 약했으면 일본이 대한제국을 강제로 지배한다는 내용에 열강들이 동의했을지, 짐작이 갑니다. 곱씹을수록 가슴 아려오는 우리의 역사입니다.

짓밟힌 대한제국의 염원

일본은 포츠머스 조약 강화로 세계 강국 러시아를 꺾고 서구 열강에 버금가는 제국주의 국가로 발돋움합니다. 러시아와 일본이 벌인 19개월의 전쟁 중 두 나라 땅에서 일어난 전투는 얼마나 될까요? 청일 전쟁 때와 마찬가지로 일본 영토는 침략당하기는커녕 러시아군이 땅을 밟지도 않았습니다. 러시아 영토 역시 사할린 외에는 전쟁과 무관했죠. 기이하게도 그들의 주요 전쟁터는 만주와 한반도였습니다. 우리나라와 청나라

에서 대부분의 전쟁이 벌어진 것입니다.[22]

게다가 일본은 러일 전쟁이 한창이던 1905년 1월, 동해에서 움직이는 러시아 함대를 감시하겠다는 목적으로 독도를 다케시마라고 부르면서 시마네현 소속으로 강제 편입합니다. 곧이어 독도를 군사 요충지로 활용하기 위해 일본 영토로 편입한다는 〈시마네현 고시 제40호〉를 발표합니다.

〈시마네현 고시 제40호〉

북위 37도 9분 30초, 동경 131도 55분, 오키시마에서 서북으로 85해리 거리에 있는 섬을 '다케시마'라고 칭하고 지금 이후부터는 본현 소속의 오키도사의 소관으로 정한다.

이때 일본은 대한제국에 아무런 문의도 하지 않았고 알리지도 않았습니다. 이는 엄연히 다른 나라의 영유권을 침해한 불법 행위입니다. 심지어 몇 개월 뒤 일본은 독도에 해군 감시 초소인 망루를 설치해 울릉도, 독도를 거쳐 일본 시마네현의 중심지인 마쓰에라는 지역까지 연결되는 군용 해저 통신선을 설치합니다. 우리 영토를 일본에 빼앗긴 식민지의 시작이 바로 독도 강탈입니다.

이 사실을 알게 된 대한제국의 의정부 참정대신 박제순은 지령 제3호를 통해 독도의 일본 영토 편입을 부인하고 독도가 대한제국 영토

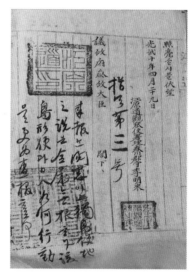

지령 제3호

임을 명백히 밝힙니다. 그리고 울릉도 군수 심흥택에게 독도를 실효적으로 지배하도록 명령했습니다. 독도를 다녀온 심흥택의 보고 내용은 당시 〈대한매일신보〉에 실렸습니다.

> 〈대한매일신보〉 1906년 5월 1일
> 울도 군수 심흥택 씨가 내부에 보고하되, "일본 관원 일행이 본군에 와서 본군 소재 독도는 일본에 속한 땅이라 자칭하고 지역의 넓이, 호구와 농지 면적을 일일이 적어 갔다"라고 했다. 내부에서 지령하기를 "유람하는 길에 지계와 호구를 적어 간 사실은 괴이할 것이 없지만 독도가 일본에 속한 땅이라고 하는 것은 결코 그럴 이유가 없으니 이번의 보고가 매우 놀랍다"라고 했다고 한다.

'본군 소재 독도'라는 말은 독도가 울도군 소속의 땅임을 분명히 밝힌 것입니다. 하지만 대한제국이 뒤늦게 일본의 독도 불법 편입을 알았을 때는 제2차 한일 협약, 즉 을사늑약으로 일본에 외교권을 박탈당한 뒤였습니다. 이미 손을 쓰기에는 너무 늦어 일본에 더 이상 항의할 수 없었습니다.

이렇게 독도를 강탈당하고 1905년 을사늑약이 체결되었습니다. 일본군이 둘러싼 공포 분위기 속에서 강제로 체결된 을사늑약은 일본 정부의 중개를 거치지 않고서는 국제적 성질을 가진 어떤 조약이나 약속도 맺지 않는다는 내용입니다. 이로 인해 우리나라는 외교권을 상실합니다. 을사늑약으로 대한제국의 자주 외교가 불가능하자 조선에 들어온 각국 공사관들이 철수하기 시작했습니다. 영국, 러시아, 미국 등이 대한제국과

외교를 하려면 반드시 일본을 거쳐야 하는 상황이 된 것이죠. 이는 대한
제국과의 직접적인 외교 관계가 단절되었음을 의미합니다. 그로 인해 대
한제국은 국제적으로 고립되었습니다. 이처럼 외교권을 빼앗기는 것은
주권과 자주 국가로서의 독립이 상실되는 것입니다. 좀 더 적나라하게 이
야기하면 실질적인 일본의 식민지로 전락하기 시작했다는 뜻이죠. 이처
럼 을사늑약은 국민에게 국가를 상실했다는 비통함에 빠지게 만들었습
니다.

　을사늑약 당시 이 협약에 대해 고종뿐 아니라 대신 다수가 반발했으
나, 오늘날 을사오적이라고 부르는 이완용·박제순·이근택·이지용·권중
현은 조약 체결에 찬성합니다. 이들의 행동은 단순한 찬성이 아니라 대
한제국의 외교권을 빼앗은 을사늑약에 찬성한 것입니다. 일본은 이를 두
고 8명 중 5명이 찬성했으니 다수결에 근거해 가결되었다고 선언합니다.
심지어는 군대를 이끌고 외부대신의 직인을 훔쳐 조약에 날인함으로써
을사늑약이 강제 체결되었습니다. 이 조문에는 대한제국 최고 통치권자
인 고종황제의 직인과 서명 없이 외부대신 박제순의 도장만 찍혀 있습니
다. 이는 을사늑약이 강제 조약이라는 증거입니다. 우리는 을사오적을 반
드시 기억해야 합니다. 우리에게 이렇게 큰 치욕을 안긴 인물을 기억하
는 것이 우리 역사의 정의를 바로 세우는 방법이기 때문입니다.[23]

　을사늑약이 강제로 체결됐다는 사실이 알려지자 전국 각지에서 조약
파기와 을사오적을 규탄하는 상소와 청원이 빗발쳤습니다. 하지만 일본
과 강제로 맺은 을사늑약은 돌이킬 수 없었고 이후 일본은 대한제국을
통치하기 위해, 즉 내정 간섭을 위해 한국 통감부를 설치했습니다. 을사
늑약 체결에 큰 공을 세운 이토 히로부미가 초대 통감에 임명됩니다.

　을사늑약이 체결된 이후에도 고종과 수많은 사람들은 포기하지 않고

학부대신 이완용　　　　　　　　외부대신 박제순

내부대신 이지용　　　농상공부대신 권중현　　　군부대신 이근택

을사오적

대한제국을 살릴 마지막 방도를 고심합니다. 그리고 1907년 네덜란드 헤이그에서 열릴 만국평화회의에서 대한제국의 간절함을 알리고자 비밀 특사를 보내기로 계획합니다. 헤이그 특사라 불리는 이준, 이상설, 이위종, 그리고 외국인 헐버트는 고종의 밀지를 받아 네덜란드로 향했습니다. 이들은 을사늑약의 부당함을 호소하고 대한제국이 주권 국가임을 알리는 임무를 가지고 비밀리에 파견되었습니다. 하지만 일본의 방해로 이들은 본회의장에 입장조차 하지 못합니다.

이 시기 열강들은 강한 나라가 약한 나라를 점령하는 것이 당연하다고 생각했습니다. 따라서 어떤 나라도 대한제국이 내민 손을 잡아주지 않았습니다. 그럼에도 헤이그 특사는 장외 투쟁을 통해 불합리함을 알리려고 노력했습니다. 기자회견을 열고 연설을 하면서 을사늑약의 부당성과 대한제국이 당당한 하나의 자주독립 국가라는 것을 세계에 알리려 한 것입니다. 이 사실은 1907년 7월 5일자 〈만국평화회보〉와 8월 22일자 〈The Independent〉에 기사로 실립니다. 이로 인해 헤이그 특사는 일본의 감시를 받으며 죽을 때까지 고국으로 돌아가지 못했습니다. 그런데 일본은 외교권이 없음에도 헤이그 특사를 파견한 책임을 물어 고종을 강제 퇴위시킨 뒤 대한제국의 군대마저 해산했습니다. 이후 우리나라는 한국 병합 조약으로 일본에 주권까지 빼앗기고 맙니다. 대한제국은 불과 13년 만에 역사 속으로 사라졌습니다.

러일 전쟁은 단순히 한반도에서 벌어진 싸움이 아니라 세계 패권 경쟁의 정점을 보여주는 사건이라 할 수 있습니다. 러시아는 러일 전쟁으로 혁명의 소용돌이에 빠져들었고 10월 선언을 시작으로 마지막 왕조가 붕괴됩니다. 동북아 국제 정세의 판도가 완전히 뒤바뀐 것입니다. 한편 일본은 제국주의 대열에 합류하며 대한제국의 식민지 건설에 박차를 가했습니다. 러일 전쟁 이후 대한제국은 비극적 운명에 놓였습니다.

지금까지 세계사의 흐름 속에서 우리가 어떻게 식민 지배를 받게 되었는지 알아보았습니다. 그럼에도 우리 민족은 일본의 지배에 당하고만 있지는 않았습니다. 애국 계몽 운동과 실력 양성 운동, 온몸을 바쳐 싸운 의병 투쟁, 국권 침탈에 항거한 의열 투쟁 등 조선의 수많은 민중이 모두 독립운동가가 되어 피와 눈물로 광복을 위해 목숨을 다해 싸웠고 역경 속에서도 독립을 향한 의지는 꺾이지 않았습니다. 일본의 압제에 맞서 총으로, 펜으로 싸웠던 수많은 이들. 그들이 흘린 피로 우리나라는 마침내 독립이라는 자유를 얻게 됩니다. 세계열강 속에서 우리나라는 나약했을지언정 우리 민족은 결코 나약하지 않았습니다.

나무는 자라면서 큰 줄기에서 잔가지로 뻗고, 잔가지는 더 작은 가지로 뻗어나갑니다. 이런 패턴은 줄기 끝부분까지 수차례 반복되죠. 모든 나라의 역사는 나무의 줄기와 가지처럼 다른 나라의 역사와 연결되어 있습니다. 때문에 역사는 반복될 수밖에 없습니다. 그럼에도 이 세상은 꾸준히 발전해 왔습니다. 우리가 역사를 배웠기 때문입니다. 역사를 안다는 것은 과거의 사실을 확인하는 것이 아니라, 스스로를 돌아보는 시간으로 연결하는 것입니다. 그래야 과거와 같은 실수를 저지르지 않으며, 다른 선택을 할 수 있습니다. 역사를 통해 명확히 따지지 못한 잘못을 바로잡고자 노력하고 과오를 반복하지 않는 것이야말로 우리가 역사를 배우는 이유입니다.

벌거벗은 제1차 세계대전

암살 사건이 불러온 대량 살육전

류한수

● 1914년 6월 28일 일요일 오전. 오스트리아-헝가리 이중왕국(이하 오스트리아 제국)에 합병된 보스니아의 수도 사라예보는 오스트리아 제국 제위 계승 후보자인 프란츠 페르디난트Franz Ferdinand 대공과 그의 아내를 보기 위해 모인 군중으로 가득했습니다. 오픈카에 올라탄 대공 부부는 군중을 향해 웃으며 손을 흔들었습니다. 그때 오픈카 트렁크에서 '툭' 하고 무언가 부딪히는 소리가 들리더니 이내 '쾅' 하는 폭발음이 울려 퍼졌습니다. 대공 부부를 노린 폭탄 테러였습니다.

불행 중 다행으로 수류탄이 튕겨 나가 대공 부부는 무사했습니다. 하지만 뒤따르던 수행원 차량이 폭발하는 바람에 장교 두 사람이 부상을 당하고 말았죠. 시청에서 예정된 환영 행사를 무사히 마친 대공 부부는 숙소로 가지 않고 장교들이 이송된 병원으로 행선지를 변경합니다. 주변의 만류에도 다시 오픈카를 타고 병원으로 향하던 중 길을 잘못 든 운전사가 후진을 하다가 엔진이 꺼지는 작은 사고가 발생합니다. 당황한 운전사가 다시 시동을 거는 순간 두 발의 총성이 연이어 울렸습니다. 대공 부부를 살해하려는 시도가 아직 끝나지 않았던 것입니다. 오픈카에 타고 있던 두 사람은 치명상을 입었고 끝내 사망했습니다.

범인은 19살의 청년 가브릴로 프린치프Gavrilo Princip. 그는 세르비아의

사라예보 시청을 나서는 대공 부부

대공 부부의 생전 마지막 모습

지하 조직 '검은손'의 조직원이었습니다. 검은손은 오스트리아 제국이 세르비아와 보스니아가 통합해서 독립하는 걸 방해한다고 여기는 비밀 조직입니다. 이들은 세르비아의 성장과 확장을 막지 말라는 의사표현으로 대공 부부를 살해할 계획을 세웠습니다. 하지만 프린치프와 동료들의 수류탄 투척은 무참히 실패했고 좌절한 프린치프는 근처를 방황하고 있었죠. 이때 그의 앞에 행선지를 바꾼 대공 부부가 나타난 것입니다. 우연한 만남으로 검은손의 음모는 성공했고 세계는 거대한 소용돌이에 휘말리게 됩니다. 만약 주변의 말을 듣고 대공 부부가 병원에 가지 않았더라면, 운전자가 길을 잘못 들지 않았더라면 지금 전 세계는 전혀 다른 모습일 수도 있습니다. 왜냐하면 대공 부부 저격 사건이 오스트리아 제국과 세르비아, 두 나라의 전쟁이 아닌 세계 31개국이 직간접적으로 참여한 제1차 세계대전으로 번졌기 때문입니다. '사라예보의 총성'이라고도 불리는 이 사건은 어떻게 약 2천만 명이 사망한 참혹한 살육 전쟁의 도화선이 되었는지 지금부터 제1차 세계대전의 숨은 이야기를 벌거벗겨 보겠습니다.

제1차 세계대전의 신호탄, 빌헬름 2세의 치명적 실수

세계 역사를 다시 쓰게 만든 제1차 세계대전이 일어난 이유를 제대로 알려면, 먼저 정치적 앙숙이었던 두 사람을 만나봐야 합니다. 독일 제국의 초대 총리 비스마르크Bismarck와 독일 제국의 3대 황제 빌헬름 2세 Wilhelm II입니다. 서로 다른 외교 정책을 주장한 두 사람의 대립이 훗날 벌어진 사라예보의 총성을 세계대전의 신호탄으로 만들었습니다. 그렇다

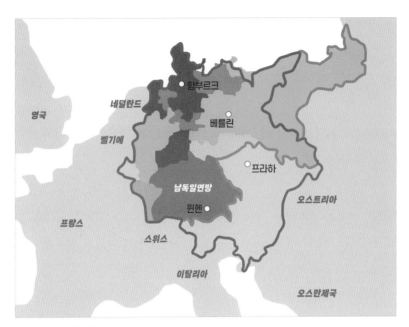

독일 연방과 독일 제국 지도

면 두 사람은 어떤 이유로 대립했을까요?

　19세기 중반까지 지금의 독일은 존재하지 않았습니다. 독일어를 사용하는 32개의 작은 나라와 4개의 자유도시가 동맹으로 묶인 '독일 연방'이 있었을 뿐이죠. 이를 1871년 프로이센 왕국의 총리였던 비스마르크가 강력한 정치력으로 통일했고, 프로이센을 중심으로 마침내 '독일 제국'이 탄생하게 된 것입니다. 지도 속 빨간 선은 독일 연방 시절의 땅이고, 파란 선은 통일된 독일 제국의 땅입니다. 독일 제국의 주도권을 놓고 프로이센과 다투기도 했던 오스트리아는 분리해 따로 국가를 이뤘습니다.

　보다시피 독일 주변에는 오스트리아 제국, 프랑스, 그리고 바다 건너 영국, 동쪽에는 러시아까지 쟁쟁한 강대국이 많았습니다. 독일의 총리 비스마르크는 신생 국가인 독일 제국이 힘을 키우려면 주변 강대국과의 정면충돌을 피하고 내실을 다져야 한다고 생각했습니다. 그리하여 평소 앙숙처럼 지내던 프랑스를 고립시키기 위해 독일 제국과 근접한 러시아, 오스트리아 제국, 이탈리아와 이중, 삼중으로 동맹을 맺어 분쟁이 일어나지 않도록 탄탄한 관계를 쌓는 데 집중합니다. 하지만 비스마르크보다 44세나 어린 황제인 빌헬름 2세의 생각은 달랐습니다. 패기 넘치는 그는 주변 강대국의 눈치를 보지 않았고, 독일의 힘을 더욱 키우고 더 확장해야 한다고 주장한 것이죠. 이렇게 내실을 다지는 안정적인 외교 정책을 펼치려는 비스마르크와 세력 확장으로 공격적인 외교 정책을 앞세운 빌헬름 2세는 매번 부딪혔습니다. 감정의 골은 점점 깊어졌고 서류를 집어 던지며 격렬하게 싸우는 날도 늘었습니다.

그러던 어느 날 두 사람의 갈등이 정점을 찍는 사건이 발생합니다. 빌헬름 2세가 비스마르크에게 러시아와 가까이 지내지 말라며 비난을 퍼부은 것입니다. 비스마르크는 전쟁에 휘말리지 않기 위해 러시아와 우호관계를 이어 갔지만 빌헬름 2세는 비스마르크의 방어적 외교 정책을 이해하지 못했습니다. 결국 빌헬름 2세는 비스마르크에게 사임을 요구했고 비스마르크는 총리직에서 물러납니다. 이 일이 훗날 커다란 비극이 될 것이라고 어느 누구도 예상하지 못했습니다.

비스마르크가 떠난 뒤 본인의 뜻대로 정책을 펼칠 수 있게 된 빌헬름 2세는 거칠 게 없었죠. 당시는 제국주의 시대였기에 영국과 프랑스는 유럽 밖에 식민지를 많이 가지고 있었는데, 독일에는 식민지가 없었습니다. 그는 독일도 다른 유럽 강대국처럼 해외 식민지를 만들겠다며 적극적으로 대외 팽창 정책을 펼칩니다. 식민지 정책을 펼친 빌헬름 2세는 세 가지 치명적 실수를 저지르는데, 이는 제1차 세계대전이 일어날 수밖에 없도록 만든 원인이 됩니다.

첫째, 러시아와의 동맹 파기.

독일과 러시아는 각각 프랑스, 오스트리아 제국과 전쟁이 났을 때 서로 중립을 약속한다는 동맹을 맺었습니다. 비스마르크의 노력으로 독일과 러시아가 우호적 관계를 유지한 것이죠. 그런데 빌헬름 2세는 러시아가 갈수록 반독 성향을 보인다고 생각해 동맹 연장을 거부하며 러시아의 손을 놓아버렸습니다. 당시 러시아는 오스트리아 제국과 오랜 갈등을 빚고 있었는데, 두 나라 사이를 조정해 주던 독일과의 동맹이 소멸하자 새로운 동맹이 필요했습니다. 그래서 이번에는 프랑스와 동맹을 맺고 한쪽이 공격을 받으면 군사적으로 도움을 주기로 약속합니다. 그 결과 프랑스와 러시아가 독일을 견제하는 상황이 만들어졌습니다.

둘째, 해군력 증강으로 영국과의 관계 악화.

당시 세계정세의 중심은 영국이었습니다. 섬나라인 영국은 바다를 지키는 것이 곧 제국을 지키는 것이라 여기고, 바다 사수를 위해 군사력을 해군에 집중했습니다. 덕분에 세계 최강의 해군을 자랑했습니다. 그런데 빌헬름 2세는 독일이 영국과 어깨를 나란히 하고 패권국 대열에 합류하기 위해서는 해군력을 키워야 한다고 생각합니다. 그리하여 막대한 재정을 투입해 독일 해군을 강력하게 키웠습니다. 독일이 세계 패권을 노리고 해군을 키우자, 독보적이었던 영국의 해양 열강의 지위가 흔들리기 시작합니다. 그 결과 독일과 영국의 사이도 틀어져 버립니다. 불안해진 영국은 독일을 견제하기 위해 새로운 외교 노선을 물색합니다. 그리고 프랑스와 손을 잡고 공동의 적 독일의 세력 확장을 막기 위한 동맹을 결성합니다. 이후 러시아와도 동맹 관계를 형성함으로써 러시아, 프랑스, 영국 세 나라가 똘똘 뭉쳤습니다. 영국은 훗날 아시아에서 독일과 식민지 문제로 마찰이 생기자 일본과도 상호 방위 동맹을 맺었습니다.

셋째, 무리한 팽창 정책과 고립.

당시 프랑스는 모로코를 식민지로 점령할 계획을 세웠는데, 앙숙 관계인 독일이 이를 방해합니다. 모로코에 이권을 가지고 있다고 생각한 빌헬름 2세는 그곳을 방문해 모로코의 독립과 자유무역을 지지하는 발언을 합니다. 그 바람에 프랑스와의 관계는 더욱 악화되고 말았습니다. 설상가상으로 독일은 패권 확장을 위해 베를린, 터키의 비잔티움(이스탄불), 이라크의 바그다드를 잇는 철도를 구상했고 어느새 독일의 세력이 동유럽에서 중동까지 확장되었습니다. 독일의 세력 확장을 가장 불편해한 나라는 영국입니다. 해외 식민지 확대와 유지를 기반으로 세계를 좌우하는 강력한 패권국 영국에 독일이 도전했기 때문이죠. 이로 인해 독일은 영국과도 완벽히 등진 사이가 돼버립니다.

결국 독일의 강력한 세력 확장 정책으로 독일을 둘러싼 영국, 프랑스, 러시아가 독일만 쏙 뺀 채 동맹을 맺는 결과를 가져왔습니다. 주위를 둘러보니 열강 사이에 고립되었다는 사실을 깨달은 독일은 오스트리아 제국과의 동맹을 더욱 강화할 수밖에 없었죠. 이런 상황에서 사라예보의 총성 사건이 발생한 것입니다.

오스트리아 제국의 황제가 될 예정이었던 후계자가 세르비아 청년에게 암살되자 오스트리아 제국은 발칵 뒤집어졌습니다. 하지만 세르비아에 섣불리 전쟁을 선포할 수는 없었습니다. 세르비아 뒤에는 슬라브계 국가의 맏형 격인 러시아가 있었기 때문이죠. 오스트리아 제국은 세르비아를 공격하면 러시아가 가만히 있지 않을 거라 생각해 분노를 누르고 일단은 상황을 지켜보았습니다. 그런데 이때 독일이 오스트리아 제국을 무조건 지원하겠다고 제안합니다. 이를 역사학계에서는 '백지 수표'라 하는데, 한마디로 '너희 마음대로 해라. 우리가 뒤를 봐주겠다'라는 의미였습니다.

독일의 '백지 수표' 발행은 제1차 세계대전에 불을 지폈습니다.

7월 28일, 오스트리아 제국은 독일의 지원을 믿고 세르비아에 선전포고를 합니다. 그러자 세르비아의 후견국인 러시아는 동원령을 내리고 병력을 꾸려 오스트리아로 향합니다. 전시체제에 돌입한 것이죠. 이에 가만히 있을 리 없는 빌헬름 2세가 오스트리아의 동맹국으로서 러시아에 선전포고를 합니다. 이와 동시에 러시아의 동맹국인 프랑스가 독일에 군대를 동원합니다. 이에 독일도 곧바로 프랑스에 선전포고를 하죠. 오스트리아-세르비아-러시아-독일-프랑스로 이어지는 꼬리에 꼬리를 문 선전포고는 여기서 끝나지 않습니다.

프랑스로 진격하던 독일군은 벨기에를 거쳐 파리로 가기로 합니다. 이때 벨기에에 무사통과를 요구했지만 중립국인 벨기에가 격렬히 거부하자 독일은 벨기에에도 전쟁을 선포합니다. 벨기에의 독립과 중립을 보장하는 조약을 맺었던 영국은 벨기에가 공격당하자 독일이 국제협약을 위반했다며 조약에 따라 8월 4일 독일에 선전포고를 했습니다. 독일 역시 가만히 있지 않고 영국에 선전포고합니다. 마침 영국에게 전함 사기를 당해 사이가 좋지 않던 오스만 제국(현재의 터키)도 독일, 오스트리아와 한편이 되어 전쟁에 참여합니다. 또한 평소 세르비아와의 국경 분쟁으로 철천지원수였던 불가리아가 독일의 동맹국으로 참전했죠. 꼬리에 꼬리를 무는 선전포고로 1914년 8월에 제1차 세계대전이 시작됐습니다.

이해관계가 얽힌 유럽의 대부분 국가가 참전한 전쟁은 크게 오스트리아 제국 측의 동맹국과 세르비아 측의 연합국으로 나뉩니다. 이후 영국과 동맹 관계인 일본이 독일에 선전포고를 하고, 중립국이었던 미국도 어떤 사건을 계기로 전쟁에 참가하게 됩니다. 이처럼 사라예보의 총성으로 시작한 사건은 오스트리아 제국과 세르비아 두 나라의 국지전으로 끝날

동맹국	연합국
오스트리아 제국 독일 제국 오스만 제국 불가리아	세르비아 러시아 제국 프랑스 벨기에 영국

선전포고

수 있었는데도 결국은 대륙을 넘나드는 수많은 나라가 참전한 대규모 전쟁으로 번졌습니다. 특히 독일은 유럽의 중앙이라는 지리적 특성과 빌헬름 2세의 공격적 외교 정책의 여파로 참전과 동시에 세계대전의 중심이 되어버립니다.

전쟁의 소용돌이에 휩싸인 유럽의 분위기는 어땠을까요? 놀랍게도, 전쟁이 일어나자 사람들은 마치 축제라도 열린 양 열광하며 전투에 나섰습니다. 제1차 세계대전 전까지만 해도 많은 사람이 죽거나 오랜 시간 이어지는 전쟁이 거의 없었기 때문이죠. 유럽 사람들은 지금껏 그래왔듯이 짧은 전쟁에 참가해 영웅이 되는 모습을 꿈꿨습니다. 군악대까지 동원해 온 나라가 축제 분위기에 젖었고, '드디어 전쟁'이라는 말을 하기도 했습니다. 전쟁이 아니라 소풍 가는 듯한 분위기 속에서 사람들은 1년도 채 되지 않아 전쟁이 끝날 거라 믿었습니다.

묵혀뒀던 독일의 전쟁 계획

사실 전쟁을 선포한 빌헬름 2세에게는 믿는 구석이 있었습니다. 독일을 전쟁의 승리자로 만들어 줄 '슐리펜 계획'입니다. 독일은 유럽의 중앙에 위치했는데 이는 이점인 동시에 단점이기도 합니다. 프랑스와 러시아 사이에 끼어 있던 독일은 언제든 양면 전쟁이 일어날 수도 있는 상황이었습니다. 이를 미리 예상한 독일의 참모총장 알프레트 슐리펜Alfred Schlieffen 장군이 양면 전쟁에 대비해 세워 놓은 것이 슐리펜 계획입니다. 당시 독일과 프랑스는 근대화가 많이 진행되었고 철도로 신속한 병력 수송이 가능했습니다. 반면 러시아는 넓은 국토와 더딘 근대화로 병력 동원 속도가 떨어졌죠. 따라서 슐리펜 장군은 병력의 90%를 프랑스 쪽 서부전선에 배치해 파리를 신속히 점령한 뒤, 그 병사들을 모두 기차에 태워 러시아 쪽 동부전선으로 재빨리 옮겨서 러시아군을 격파한다는 작전을 세웠습니다.

슐리펜 계획에서 가장 중요한 것은 시간입니다. 독일은 철도를 이용한 병력 수송 시간을 치밀하게 계산했습니다. 따라서 국토는 드넓은데 철도망은 부실한 러시아가 병력을 다 동원하려면 최소 6주가 필요하다고 판단했습니다. 즉 모든 계획이 단 6주 안에 이루어져야 슐리펜 계획은 성공할 수 있었죠. 하지만 이렇게 정교하게 세운 계획은 완벽히 실패했습니다. 독일이 세 가지 잘못된 판단을 했기 때문입니다.

슐리펜 계획이 실패한 첫째 이유는 예상보다 거센 벨기에군의 저항이었습니다. 이 계획에서는 다른 무엇보다 빠른 속도가 중요했습니다. 독일은 프랑스와 독일의 접경지대를 통과해 정면 공격을 하면 시간이 오래 걸릴 것이라 예상했습니다. 그곳에서는 프랑스군이 이미 철저하게 방어 태세를 갖추고 있기 때문이었죠. 따라서 독일-프랑스 접경 지역 대신 방비가 비교적 허술한 중립국 벨기에를 뚫고 파리로 진군하려 했습니다. 그런데 벨기에가 독일의 침입에 거세게 저항해 오랜 시간 발이 묶여버린 것입니다. 독일은 벨기에에서 계획에 없던 전투를 벌였고 예상보다 시간을 더 많이 허비했습니다.

슐리펜 계획이 실패한 두 번째 이유는 초기 계획과 달라진 병력 배치 때문입니다. 러시아는 독일의 예상을 깨고 빠른 속도로 동부전선에 병력을 배치했습니다. 원래 계획대로라면 독일은 거의 모든 병력을 파리 점령에 쏟아부어야 했으나, 당장 러시아가 빠르게 치고 들어오자 크게 당황하며 파리로 돌진할 병력 일부를 급히 동부전선으로 보냈습니다. 덕분에 가까스로 러시아군을 격파할 수 있었지만, 문제는 서부전선이었죠. 일부 병력을 동쪽으로 빼돌리는 바람에 정작 파리로 돌진하는 속도가 늦어졌습니다.

슐리펜 계획이 실패한 마지막 이유는 프랑스군의 예비대가 예상보다 빨리 서부전선에 도착한 것입니다. 프랑스는 벨기에를 지나 파리 외곽에

도착한 독일군을 막기 위해 서둘러 부대를 배치해야 했습니다. 하지만 독일이 대포를 쏴서 프랑스의 철도망을 파괴해 열차로 병력을 이동할 수 없는 상황이었죠. 이에 독일은 승리를 확신했습니다. 그런데 갑자기 프랑스의 예비군들이 전선에 도착해 독일군의 공격을 막아내기 시작합니다. 알고 보니 파리 외곽의 전선에 군 병력을 빠르게 투입하기 위해 택시로 병사들을 실어 나른 것이었습니다. 긴급 동원령을 듣고 600여 대의 택시가 모였고 이들은 이틀 밤 동안 무려 6천 명이 넘는 병력을 실어 날랐습니다. 독일군은 철도를 끊었는데도 빠르게 투입되는 병력에 혀를 내두를 수밖에 없었죠. 결국 독일군은 파리를 목전에 두고 프랑스군의 반격에 밀려 뒷걸음쳐야 했습니다.

슐리펜 계획의 실패로 독일은 그토록 피하고 싶었던 동부와 서부에서 벌어지는 양면 전쟁을 맞이합니다. 동부전선에서는 독일이 러시아와 싸우며 대군을 격파하는 한편, 서부전선에서는 독일군과 영국-프랑스 연합군이 팽팽하게 대치했습니다. 게다가 서부전선은 북해에서 지중해까지 뻗어 나갔습니다. 오스트리아 제국과 맞닿은 지중해 전선에서는 연합군인 세르비아, 몬테네그로 왕국과 동맹국인 오스만 제국, 불가리아 왕국이 치열한 전쟁을 벌였습니다. 금방 끝날 줄 알았던 전쟁은 무려 4년 넘게 계속됐습니다.

신무기의 등장과 달라진 전쟁 양상 - 마른 전투

금방 끝날 줄 알았던 전쟁은 무려 4년이나 계속됐습니다. 제1차 세계대전의 가장 큰 비극은 20세기 초 과학기술의 발전이 신무기로 변화해

전선에 투입된 것입니다. 이로 인해 수많은 이들이 목숨을 잃었습니다. 새로운 무기들이 어떻게 제1차 세계대전을 그전과는 다른 전쟁으로 만들었는지 살펴보겠습니다.

1914년 9월에 프랑스 마른강 근처에서 독일군과 영국-프랑스 연합군의 전투가 벌어졌습니다. 연합군은 강력한 기세로 독일에 거센 공격을 퍼부었는데, 독일은 이에 맞서 기관총으로 대응합니다. 기관총은 그전에도 있었지만 전쟁에 대량으로 사용된 것은 제1차 세계대전이 처음이었습니다. 독일에서 만든 새로운 기관총은 뜨거워진 총신을 물로 식혀 지속 사격 능력이 뛰어난 무기였습니다. 독일군은 돌격해 오는 수백 명의 연합군을 향해 기관총을 난사했습니다. 그러자 엄청난 화력의 신무기는 순식간에 수많은 적군을 제거했습니다. 한 영국 장교는 "악마 같은 기관총 하나에 부대원들이 쓰러지는 모습을 보면 대규모 돌격전은 꿈도 못 꾼다"라고 보고하기도 했습니다. 기관총이 전장을 완벽하게 장악한 셈이죠. 이후에도 기관총의 위력은 줄지 않고 숱한 목숨을 앗아갔습니다.

그런데 기관총의 위력을 보고도 연합군은 계속 병력을 더해서 돌격했습니다. 기관총의 위력이 아무리 강하다 한들 용기와 기세만 있다면 이길 수 있다고 생각한 것입니다. 새로운 무기가 투입되고 전쟁 체계가 달라졌음에도 19세기 나폴레옹식 전술인 "돌격 앞으로!"를 고수한 지휘관들 때문에 무수한 연합국 병사들이 희생되었습니다.

독일이 승기를 잡은 듯한 이 시기 슐리펜 계획은 실패로 돌아갔고 파리를 목전에 둔 독일군은 서부전선에 주저앉게 됩니다. 퇴각하던 독일군은 더 이상 물러설 수 없다고 판단해 방어 태세를 갖추기 위해 참호를 만들기 시작했습니다. 지금은 전쟁 시 참호를 만드는 것이 당연한 일이지만 이전까지만 해도 몸을 꼿꼿이 세우고 돌진하면서 싸우는 전투를 했기에 참호는 필요 없었습니다. 그러다가 기관총과 대포가 등장하면서 기존 방식으로 싸우던 사람들이 목숨을 잃었고, 이를 막기 위해 참호가 등장한 것입니다. 먼저 성인 남성의 평균 키를 넘는 2m 이상 땅을 팝니다. 앞에는 말뚝에 맨 철조망을 둘러 적군이 함부로 넘어올 수 없도록 했고 병사들이 휴식을 취할 수 있는 대피호까지 만들었습니다. 적군이 방어선을 뚫고 참호에 침투했을 경우를 대비해 내부를 미로처럼 설계해 병사들도 종종 길을 잃었다고 합니다. 독일군의 참호는 보안 강화를 위해 좁고 구불구불하게 설계해 방어가 뛰어났고 마치 요새 같았죠. 연합군 역시 기관총을 피하기 위해 참호를 만들었습니다. 이렇게 전투가 있을 때마다 참호를 파고 참호와 참호 사이를 잇다 보니 점차 체계적으로 대규모 참호가 구축되었습니다.

당시 서부전선의 참호는 북해에서 스위스 국경까지 무려 760km나 이어졌습니다. 직선거리로 서울에서 러시아의 블라디보스토크에 달합니다. 전쟁이 교착 상태에 이르며 장기전의 양상을 보이자, 이때부터 전쟁은 기동전이 아닌 참호전으로 바뀌었습니다. 동맹국과 연합국 모두 참호에 의지해 전쟁을 이어간 것입니다. 이 참호전은 제1차 세계대전이 끝날 때까지 계속됩니다.

기관총과 대포를 피해 참호를 팠지만, 병사들은 참호 안에서 끊임없이 생명을 위협받았습니다. 참호 속 최악의 문제는 위생이었습니다. 땅을 파고 생활하니 온갖 질병이 생겼고 참호 안에는 시체가 쌓여갔습니다. 게다가 본격적으로 참호를 파기 시작한 제1차 세계대전 초기인 1914년 10월 25일부터 1915년 3월 10일까지 비가 안 온 날은 겨우 18일뿐이었죠. 배수구가 없는 참호는 계속해서 내린 비로 늘 물이 가득해 걷기 힘들 정도였습니다. 심할 때는 겨드랑이까지 물이 차기도 했습니다. 빗물을 피해 참호 밖으로 머리를 내밀면 언제 총알이 날아올지 몰라 차가운 물 속에서 며칠씩 근무를 설 때도 있었다고 합니다. 참호 밖과 안, 어디에서도 병사들은 안전할 수 없었죠.

진흙이 묻고 물을 먹은 외투는 15kg으로 불어나 병사들을 짓눌렀고 변소는 아비규환이었습니다. 규정에 따르면 참호에 1.5m 깊이로 변소를 파야 했는데, 비가 오면 오물이 빗물과 섞여 올라왔습니다. 참호 안에 가득 찬 적군과 아군의 부패한 시체에서 풍기는 지독한 악취 때문에 음식, 마시는 물, 손대는 모든 것에 시체 썩는 냄새가 뱄습니다. 상황이 이렇게 되자 독일군은 보급품으로 담배를 늘려달라고 요구했습니다. 냄새를 덮기 위해 담배를 피운 것입니다. 하지만 악취보다 끔찍한 것은 이런 시신들을 노리는 쥐 떼였습니다. 어느 날 저녁 정찰을 돌던 한 프랑스 군인이 시신을 발견하는데, 당시 상황을 생생히 기록했습니다.

> "철모가 벗겨진 상태로 짓이겨진 얼굴이 보였다. 살점이 뜯겨 나갔고, 뼈가 노출돼 있었다. 눈은 먹히고 없었다."

시체를 먹은 쥐들은 토실토실해져서 강아지만큼 컸다고 합니다. 참호

참호 속 시체들

참호에서 잡은 쥐

안에 물이 차면 쥐 떼가 헤엄치며 돌아다녔는데, 잠든 병사를 시체로 착각하고 물어뜯기도 했습니다. 쥐에 물려 상처가 나면 감염의 위험이 있기 때문에 병사들은 얼굴을 보호하기 위해 체인이 달

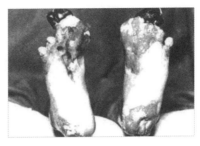

참호족

린 마스크를 쓰고 잠을 자기도 했죠. 쥐만큼 많았던 것이 해충입니다. 자고 일어나면 손목과 어깨 사이의 팔뚝 위부터 온몸에 파리 떼가 득실득실했고 머릿니가 두피 안까지 파고 들어가 병사들은 삭발을 할 수밖에 없었습니다. 이보다 더 심각한 것은 '참호족'이라는 병입니다. 더러운 물에 젖은 군화를 벗지도 씻지도 못하는 비위생적인 생활 때문에 생기는데, 처음에는 발의 신경이 마비되고 검푸르게 변하다가 썩어서 결국에는 발을 절단해야만 했습니다. 이런 참호족에 희생된 병사들이 셀 수 없을 정도로 많았습니다.

영국군의 트렌치코트

힘든 전쟁 생활 때문에 생긴 새로운 물품도 있었습니다. 지금은 널리 알려진 트렌치코트입니다. '트렌치trench'의 말뜻은 참호입니다. 지금은 낭만을 상징하는 옷이지만 사실은 전쟁 물품이었던 것이죠. 전쟁 전부터 비가 올 때 몸이 젖지 않게 입는 코트는 많았습니다. 하지만 제1차 세계대전 당시 비와 추위가 몰아치는 참호 속에서 고생하던 영국

장교들이 방수 기능이 있는 트렌치코트를 애용하기 시작하면서 확산되고 개량되었죠. 장갑과 호루라기 등의 군용 장비를 거는 견장, 수류탄 휴대에 쓰인 D링 등 전쟁 때 고안된 디자인이 지금도 남아있습니다. 다만 보급품이 아니었기 때문에 장교들은 사비로 장만해야 했고 비싼 가격 때문에 일반 병사는 꿈도 못 꿨다고 합니다. 우리가 잘 아는 버버리가 트렌치코트 공식 공급 업체였습니다. 손목시계가 대중화된 것도 제1차 세계대전 때부터입니다. 당시 남자들은 "손목시계를 차느니 차라리 치마를 입겠다"라며 손목시계를 수치스럽게 여겼습니다. 그러나 긴박한 전장에서 회중시계를 꺼낼 여유가 없자, 회중시계를 헝겊과 가죽에 덧대서 손목에 묶고 다녔고 곧 손목시계는 대중화되었습니다.

다시 본론으로 돌아가, 1914년부터 1918년까지 서부전선에서 500만 명이 넘는 군인이 죽거나 다쳤습니다. 갈수록 병력이 부족해지자 영국에서는 18세부터 41세까지 징집하는 영국 최초의 병역법을 만들어 징병제를 실시하기도 했습니다.

신무기의 등장과 달라진 전쟁 양상 - 베르됭 전투

독일의 슐리펜 계획 실패 이후 서부전선은 지지부진한 상황이 이어졌습니다. 수많은 병사들이 목숨을 잃었음에도 겨우 몇백 미터를 뺏고 뺏기는 상황이 계속됐고, 오직 살상만을 위한 신무기들을 전쟁터에 쏟아붓는 소모전이 계속됐습니다. 전쟁을 끝내기 위한 지옥 같은 전투가 끝나지 않자 군인들은 점차 절망과 공포에 휩싸였죠. 그러던 중 인간 도살장을 방불케 하는 역사상 가장 참혹한 전투를 마주하게 됩니다. 무자비한 신무기가 투입된 베르됭 전투입니다.

베르됭은 프랑스 육군이 오랜 세월 동안 보강해 온 최고의 요새 지대입니다. 과거 독일과 프랑스의 전쟁(1870년 독일 통일을 주도하려는 프로이센과 프랑스의 전쟁)에서 프랑스가 패전할 때도 마지막까지 지키면서 저항한 지역으로 프랑스의 자존심이라 불렸습니다. 당시 베르됭은 제1차 세계대전의 주요 전쟁터가 아니었기에 병력과 장비들이 빠져나가 방어력이 허술해진 상태였는데, 이 사실을 안 독일이 베르됭을 집중 공격 목표로 삼은 것입니다. 독일은 베르됭 지역에 병력을 집결해 요새를 선점한 뒤, 요새를 탈환하려고 오는 프랑스군에 포격을 퍼부어서 프랑스의 군대를 말려 죽이는 전술을 세웠습니다. 전쟁을 끝내려면 병사들의 씨가 말라야 끝이 난다고 생각한 것이죠.

프랑스군 역시 독일군을 모두 죽일 때까지 공격을 퍼부었습니다. 결국 베르됭 전투는 모두가 죽어야 끝나는 극단적인 소모전으로 변하고 말았죠. 당시 프랑스군에서 복무했던 알프레드 주베르Alfred Joubert라는 소위가 남긴 일기가 있습니다.

> "인류가 미쳤다. 너무나 끔찍한 학살이다. 이처럼 끔찍한 공포와 대학살의 아수라장이 또 어디 있단 말인가! 지옥인들 이보다 더 끔찍하랴. 인간은 미쳤다."

이 뒤의 기록은 없습니다. 이 일기를 마지막으로 독일군의 포탄에 맞아 생을 마감했기 때문이죠. 이런 총격과 포탄 속에서 병사들은 지옥을 마주했습니다. 포탄의 파편이 튀어 배를 다쳐 흘러내리는 창자를 두 손으로 움켜잡은 병사, 두개골이 없이 목숨만 붙어 있는 병사, 달리던 도중

다리가 날아가 허공을 걷는 병사, 상체만 남아 구덩이로 기어가는 병사도 있었습니다. 10개월간 지속된 전투에서 프랑스군의 사상자는 37만 명이 넘었고 독일군은 33만 명이 넘는 사상자를 냈습니다. 너무도 지독한 상황을 마주한 프랑스군은 이 전투를 '고기 분쇄기'라고 불렀다고 합니다. 당시 베르됭에는 천문학적인 숫자의 포탄이 발사되는데 터지지 않고 남아 있는 불발탄만 1,500만 발이 넘어 베르됭 일부 지역에서는 지금도 출입이 통제되고 있습니다.

신무기의 등장과 달라진 전쟁 양상-솜전투

　베르됭 전투 이후에도 최악의 소모전은 계속됐습니다. 프랑스의 솜강에서 벌어진 최대 살육전 솜 전투에서 첫날에만 약 6만 명의 영국군이 죽거나 다쳐서 1초당 8명의 사상자라는 전에 없던 기록을 세웠습니다. 약 4개월간 지속된 솜 전투의 최종 사상자는 무려 100만 명입니다. 이렇게 사상자가 많이 나온 이유는 제1차 세계대전이 20세기 과학기술의 실험장이었기 때문입니다. 그만큼 최신 기술을 사용한 무기가 많이 등장했고 이로 인해 목숨을 잃는 군인들이 많았습니다.

　솜 전투 첫날 독일군은 1분에 300발 이상 발사되는 '맥심 기관총'을 사용해 대량 학살을 저질렀습니다. 그러자 영국은 보병의 돌격으로는 뚫리지 않는 독일군의 방어선을 돌파하기 위해 탱크를 처음으로 투입했습니다. 당시 전쟁터는 땅이 울퉁불퉁하고 진흙탕이 많아 사람이나 차량이 지나갈 수 없어 진격에 어려움을 겪었습니다. 이때 영국의 종군기자 어니스트 스윈턴Ernest Swinton이 진창에서도 잘 구르는 농업용 트랙터의 바퀴를 보고 아이디어를 냅니다. 트랙터의 무한궤도식 바퀴를 이동식 무기에 장착해 전쟁터에서 사용하자고 제안한 것이죠. 영국은 곧 신무기 개발에 들어갔고 1916년 역사상 최초로 실전 투입된 전차인 영국군의 마크 1(Mark I) 탱크가 탄생합니다.

탱크라는 이름은 개발한 신무기를 숨기기 위해 불렀던 암호명입니다. 영국은 솜 전투에 50대의 탱크를 투입하려 했으나, 실제로 전투에 쓰인 탱크는 모두 24대입니다. 나머지는 기술적인 결함으로 사용하지 못했습니다. 초기의 탱크는 기관총 세례로부터 아군을 지키고 철조망을 무너뜨리는 방어와 진격에 주력했습니다. 탱크를 처음 본 독일군은 공포에 휩싸여 '악마가 온다'라고 외치며 도망치기 바빴습니다.

이렇게 온갖 신무기가 난무한 솜 전투에서 영국군이 숱한 목숨을 희생하고 전진한 거리는 100m도 되지 않을 때가 많았습니다. 한 영국군은 당시 상황을 이렇게 말했죠.

"우리는 복귀한 뒤에 점호를 하지 않았다."

이 말의 의미는 무엇일까요? 그가 속한 부대에서 솜 전투에 처음 투입한 인원은 약 800명이었습니다. 그런데 돌아온 병사는 겨우 25명이었죠. 살아남은 병사가 얼마나 되는지 한눈에 알 수 있을 정도로 적었기 때문에 점호를 따로 하지 않아도 됐던 것입니다.

초 단위로 날아드는 기관총, 불을 뿜는 화염방사기, 철갑을 두른 탱크. 하지만 병사들이 가장 두려워하는 무기는 따로 있었습니다. 독가스였습니다. 1915년 독일군은 프랑스군을 상대로 염소가스라는 독가스를 처음 사용했습니다. 파인애플과 후추를 섞은 냄새가 났는데 이걸 맡으면 숨이 가빠지면서 입술은 자줏빛으로, 얼굴은 잿빛으로 변하고 쓰러진 후 시름시름 앓다가 며칠 뒤에 죽었다고 합니다. 이후 프랑스군은 독가스 연기가 퍼지면 총도 내던지고 후방으로 달아나기 바빴습니다. 독가스의 공포에서 벗어나기 위해 중화 용액부터 유리 고글이 있는 두건, 튜브형 헬멧 등 다양한 보호구가 만들어졌습니다. 당시 사용한 방독면이 무려 2,700만 개나 된다고 하니 얼마나 많은 독가스를 살포했는지 짐작할 수 있습니다.

방독면 기술이 발달하자 각 나라는 경쟁하듯 더 강력하고 고통스러운 독가스를 만들기 시작했습니다. 1915년 말에는 영국에서 발명한 포스겐이라는 새로운 독가스가 등장합니다. 포스겐을 마시면 폐가 녹아내리거나 찢어져서 몇 시간 안에 질식사에 이르렀죠. 그러자 독일은 1917년에 제1차 세계대전에서 가장 악명 높은 살상무기로 알려진 겨자 가스를 만들었습니다. 겨자 가스를 흡입하면 12시간 이내에 지독한 고통이 시작됐는데 피부 안팎으로 살이 썩어들어가서 온몸에 화상을 입은 것처럼 겨자색 고름과 물집이 잡히고 기관지 점막이 벗겨졌습니다. 격렬한 아픔에 시달리다 시력을 상실하고 고통으로 몸부림치는 환자를 진정시키려면 침대에 묶을 수밖에 없었다고 합니다. 더욱 끔찍한 사실은 이런 상태가 무려 4~5주나 이어진다는 것입니다.

제1차 세계대전 중 독가스로 10만 명이 사망하고 130만 명이 부상을

전쟁에서 사용한 방독면

겨자 가스에 시력을 잃은 군인들이 서로 의지하며 걸어가는 모습

입었습니다. 독가스의 등장은 최소한의 규칙을 지키면서 상대를 존중하는 신사적 전쟁의 종말을 뜻했습니다. 이후 독가스의 참혹함을 막고자 1925년 제네바 협약을 맺고 전쟁에서의 화학무기 사용을 금지합니다.

제1차 세계대전에서 최초로 등장한 것은 기관총, 참호, 탱크, 독가스만이 아니었습니다. 그때까지 전 세계 군대는 육군과 해군뿐이었습니다. 그런데 제1차 세계대전에서 처음으로 공군이 등장합니다. 처음에는 공격 부대가 아닌 적군을 정찰하는 부대로 시작했습니다. 적군의 움직임을 사진으로 촬영하거나 눈으로 확인하고 상부에 보고했던 것이죠. 그런데 독일군의 정찰기가 날아다니는 것을 본 영국군 조종사 두 명은 이 정찰기를 격추하기 위해 비행기에 경기관총을 싣고 전투 사격을 시작했습니다. 이것이 전투기의 시초입니다.

비행기를 타고 높은 곳으로 올라가 폭탄을 직접 투하했는데, 손으로 떨어뜨리는 수작업 방식이긴 해도 당시로서는 매우 경이로운 공격법이었습니다. 또한 정찰기를 직접 기관총으로 공격하기도 했습니다. 적기를 5기 이상 격추하면 조종사에게 '에이스'라는 특별한 칭호를 주었습니다. 우리가 일상생활에서 사용하는 에이스라는 표현도 이때 처음 비롯한 것입니다.

하늘과 땅 외에 또 다른 공간, 바다에는 어떤 신무기가 등장했을까요? 세계 최강의 영국 해군은 바닷길을 통제하는 해상 봉쇄 작전으로 독일로 들어오는 전쟁 물자는 물론 식량 공급을 막으려 했습니다. 굶어 죽기 직전까지 몰린 독일은 해상 봉쇄를 뚫기 위해 신무기 개발에 열을 올렸습니다. 그렇게 개발된 무기가 운터제보트Unterseeboot라 불린 잠수함입니다. 독일의 잠수함은 어뢰를 쏴서 처음으로 영국군 순양함 세 척을 격침했습니다. 이후 독일은 1915년에 영국이 해양을 봉쇄하자 맞불 작전으로 영국을 둘러싼 모든 해역을 전쟁터로 선포하고 연합국과 중립국을 가리지 않고 이곳을 통과하는 모든 상선을 격침하는 '무제한 잠수함 작전'을 펼칩니다. 작전 기간 중 독일 잠수함의 공격을 받고 침몰하거나 끌려간 연합국과 중립국의 선박은 7천 척이 넘었다고 합니다. 그런데 어떤 사건을 계기로 독일의 무제한 잠수함 작전은 중단되고 맙니다.

세계대전의 키맨, 미국의 등장

1915년 5월 7일, 아일랜드 남쪽 해안의 작은 어촌마을 킨세일에서 일어난 사건 때문입니다. 영국 여객선 루시타니아호는 승객과 승조원 2천여 명을 태우고 킨세일 앞 바다를 지나 리버풀을 향해 가고 있었습니다. 전쟁 중에 이동하는 이 여객선에 승선하기 위해서는 특별할 조건을 숙지해야 했습니다. 미국 신문에 실린 여객선 발권 광고에서 그 내용을 알 수 있습니다.

"독일과 영국이 전쟁 중이기 때문에 독일군은 영국 근해에서 영국 국기를 내건 모든 선박을 격침할 것이다. 영국의 여객선을 타고 대서양을 횡단할 당신들도 마찬가지로 그 위험을 스스로 감수하라."

해운사는 광고 내용과 달리 승객들에게 자신들의 배는 잠수함보다 두 배나 더 빨라서 격침당할 수 없다고 단언했고, 승객들은 그 말을 철석같이 믿고 배에 올랐습니다. 해전을 치를 때 잠수함은 반드시 수면 위로 올라와 연합국과 중립국 선박임을 확인하고 어뢰를 쏜다고 미리 경고해야 했습니다. 하지만 독일은 승객과 승조원의 안전을 지키기 위한 국제협약을 무시할 만큼 궁지에 몰린 상황이었죠.

루시타니아호 승선 신문 광고

두 번의 어뢰 공격에 여객선은 15분 만에 침몰했고 무려 1,201명의 승객이 사망합니다. 그런데 이 중 128명이 미국인이었습니다. 이 사건을 계기로 미국이 제1차 세계대전에서 '키맨Key Man'으로 등장합니다.

당시 미국은 제1차 세계대전에서 중립의 입장을 취하며 한발 물러나 있는 상황이었습니다. 하지만 자국민이 사망하자 이틀 안에 독일과 외교 단절이란 초강수를 둬서 참전 가능성을 높였죠. 겁을 먹은 독일이 무제한 잠수함 작전을 완화하겠다며 미국의 마음을 달래며 상황은 잘 무마되는 듯했습니다. 그런데 1917년에 미국이 독일에 완전히 등 돌리게 되는 사건이 벌어집니다. 독일의 외무장관 아르투어 치머만Arthur Zimmermann 이 보낸 비밀 전보를 영국이 몰래 입수해 밝혀진 이른바 치머만 전보 사건입니다. 전보의 내용은 다음과 같습니다.

"독일이 미국과 중립관계를 유지하는 것이 불가능하다면, 멕시코와 동맹을 맺고 미국을 공격하자. 그 대가로 멕시코에게 미국에 뺏겼던 텍사스, 뉴멕시코, 애리조나를 돌려주겠다."

비밀 작전의 유출은 독일에는 끔찍한 실수였고, 연합군에는 중립국인 미국을 끌어들일 최고의 찬스였죠. 영국은 바로 미국 국무부에 이 사실을 전달했고 미국의 모든 언론이 독일의 비밀 작전을 공개했습니다. 루시타니아호 사건과 치머만 전보 사건을 계기로 미국 내에는 반독일 여론이 치솟았고, 중립을 지키던 미국의 우드로 윌슨Woodrow Wilson 대통령은 1917년 4월 6일 독일에 전쟁을 선포합니다.

급작스러운 선전포고로 병력을 준비할 시간이 부족했던 미국은 매달 1만 2천 명의 병사를 연합국으로 보냈습니다. 많은 숫자는 아니었지만 병력 부족에 시달리던 독일로서는 적군에게 매달 새로운 병력이 보강된다는 사실만으로도 심리적 압박을 느꼈습니다. 영국과 프랑스는 곧 지원군이 올 것이라는 믿음으로 열심히 버텨냈습니다.

하지만 아직 독일에게도 희망은 있었습니다. 미군 본대가 도착하기까지 몇 달의 시간이 남았고, 오랜 전쟁으로 지친 연합국 군대에 균열이 생기기 시작한 것입니다. 특히 프랑스 군대에서 장교의 명령에 따르지 않는 항명이 자주 일어났습니다. 상관이 공격을 지시해도 전투에 나서기를 거부하는 병사들도 있었죠. 이 일로 수천 명의 병사가 군사재판에 넘겨졌고 일부는 총살형을 받기도 했습니다. 그리고 재판 없는 처형, 즉결 처형을 당한 병사도 많았습니다. 한편으로는 좋은 식사와 휴가를 제공하고 공격 명령도 자제하면서 가까스로 항명 사태를 막아냈습니다. 하지만 러시아의 상황은 달랐습니다. 전쟁에서 수많은 젊은이가 죽고 다치면서 경제 위기가 심해졌고 국민의 생활고도 극심해졌습니다. 1917년 러시아 병사들은 싸우기를 거부했고, 결국 러시아 혁명이 일어납니다. 이때 러시아의 급진 좌파 레닌이 등장해 정권을 잡았고, 러시아 혁명 정부는 우여곡절 끝에 1918년 3월에 독일과 단독 강화 조약을 맺고 종전 선언을 하며 전쟁에서 완전히 물러났습니다.

러시아가 전쟁에서 이탈하자 독일은 동부전선의 병력을 서부전선으로 옮길 수 있었습니다. 그러나 서부전선으로 매달 미군이 도착하고 있기에 독일로서는 시간을 끌수록 불리한 상황이었죠. 독일은 미국군이 본격적으로 투입되기 전에 영국군과 프랑스군을 몰아붙여 전쟁을 끝내기로 합니다. 독일의 총공세가 시작된 것입니다.

1918년 3월 21일 독일은 기습적으로 독가스 폭탄을 퍼부었고, 독가스 안개를 틈타 연합군의 참호를 공격했습니다. 첫날의 공세로 승기를 잡았지만 독일군은 약 4만 명의 병력 손실을 입었는데 이 중 1만 명이 목숨을 잃었습니다. 이후 7월부터 연합군의 반격인 100일 전투가 시작되었고, 8월 8일에는 400대가 넘는 탱크가 투입됩니다. 그리고 9월 26일, 드디어 미군이 연합군과 함께 제1차 세계대전을 끝내기 위한 마지막 공격을 시작합니다. 1,500대에 가까운 비행기가 출격해 독일군의 참호를 두들겼고 퇴각하는 적에게 폭탄 세례를 퍼부었습니다. 모든 것을 쏟아부은 전투로 미군은 48시간 만에 1만 3천 명의 포로를 생포하며 독일의 방어선을 돌파했습니다. 방어선이 뚫린 독일군은 재기불능 상태에 이르렀는데도 항복하지 않고 전쟁을 계속 이어갑니다. 그러던 중 독일 사절단이 백기를 들고 연합군 사령관과 정전 협정을 요청했습니다.

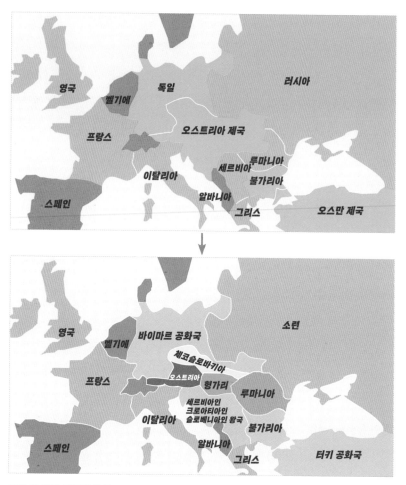

전쟁 후 유럽 지도의 변화

    11월 7일에 연합군은 프랑스 상리스 마을 콩피에뉴 숲에 열차를 세우고 독일군 대표를 불렀습니다. 독일군에게 큰 피해를 입은 상리스 마을 주민의 희생을 기리는 한편, 패배한 독일을 배려하는 마음에서 사람들의 눈을 피할 수 있는 장소로 알맞았기 때문이죠. 정전 협정에 합의한 11월 11일 오전 11시 이후 서부전선에서는 더 이상 총성이 들리지 않았습니다. 미군과 연합군의 첫 협조 공세로 드디어 제1차 세계대전의 막이 내렸습니다.

그리고 패전국 독일에는 가혹한 강화 조약이 남아 있었습니다. 프랑스는 조약을 맺을 장소로 1871년 프로이센-프랑스 전쟁에서 이긴 독일 제국이 통일을 선언했던 베르사유 궁전 거울의 방을 선택합니다. 당시의 치욕을 그대로 갚아주겠다는 의도에서였죠.

1919년 6월 28일의 베르사유 조약으로 제1차 세계대전은 공식적으로 끝을 맺었습니다. 독일은 기존 영토의 13%에 이르는 땅을 내주고 10만 명 이상의 군인을 유지할 수 없다는 병력 제한을 받았으며 탱크와 잠수함 등 신식 무기의 사용도 금지되었습니다. 가장 가혹했던 것은 전쟁 피해 복구를 이유로 책정된 배상금이었는데 1,320억 마르크를 지급해야 했죠. 이는 환산 불가한 천문학적인 금액이었습니다. 그로 인해 독일의 화폐 가치는 폭락하고 물가는 폭등합니다. 이후 제국들이 몰락하고 신생 국가들이 탄생하면서 유럽 지도가 바뀌게 됩니다. 러시아는 소련으로, 독일은 바이마르 공화국으로, 오스트리아-헝가리 제국은 생제르맹 조약에 따라 오스트리아와 헝가리, 체코슬로바키아로 분리됐습니다.

전쟁이 남긴 참상과 아이러니

전쟁은 끝났으나 이후의 상황은 여전히 끔찍했습니다. 제1차 세계대전에 동원된 병사들은 약 6,500만 명으로 사상자는 이들의 절반이 넘는 3,700만 명이었죠, 그중 무려 850만 명이 목숨을 잃었습니다. 너무나 많은 희생자가 발생한 전쟁의 참상에 사람들은 큰 충격을 받았습니다.

금세 집으로 돌아갈 것이란 기대와 달리 전쟁이 4년 넘게 이어지면서 전쟁의 끔찍한 기억은 병사들의 몸에 고스란히 남았습니다. 쏟아지는 총알과 포탄은 병사들의 마음까지 병들게 했습니다. 언제 죽을지 모르는 무섭고 무기력한 전쟁터에서 병사들은 큰 충격을 받았습니다. 너무 많은 동료의 죽음을 겪다 보니 나중에는 감정을 쏟는 것도 힘들어져서 아무리 가까운 이가 죽어도 병사들은 감정의 변화를 느낄 수 없었죠. 한편 전쟁터의 포격이나 전투의 충격과 공포로 정상적인 사고가 불가능해진 병사도 있었습니다. 심한 경우 잠을 자거나, 걷고 말하는 것조차 불가능했다고 합니다. 이런 상태를 가리켜 '셸 쇼크Shell Shock(포탄 충격)'라고 부릅니다. 전쟁에서 느낀 공포심과 긴장 상태를 견디지 못하고 정신이 피폐해진 것입니다. 전쟁이 끝난 후 이런 군인들을 치료하기 위해 심리 치료가 크게 발달했다고 합니다.

비극은 군인에서 끝나는 게 아니라 확장되어 그들의 가족에게도 이어졌습니다. 대량 살육이 남긴 또 하나의 문제는 가족들의 트라우마입니다. 당시에는 같은 고향 출신으로 전투 부대를 편성했습니다. 이는 한 부대가 전멸하면 한 동네 청년들이 몰살당하는 결과를 가져왔습니다. 한날한시에 한꺼번에 전사 통지서를 받은 마을은 큰 충격에 빠졌습니다. 이런 비극은 지역 전체가 겪는 일이었고, 참전국 모두가 겪는 일이기도 했습니다.

제1차 세계대전으로 사회는 커다란 변동을 맞이합니다. 가장 눈에 띄는 변화는 여성의 사회 진출이 가속화된 것입니다. 남성이 전쟁에 나가자 노동력이 부족했고 그 자리를 여성이 채웠습니다. 예전에는 진입이 허용되지 않았던 공장과 군대에도 여성이 진출했습니다. 프랑스에서는 여성이 포탄 공장에 동원됐고, 1만 5천 명을 웃도는 미국 여성이 야전병원에서 근무했으며, 그 공로를 인정받은 몇몇은 무공훈장을 받기도 했습니다. 해군에서는 여성이 서기와 비서 업무를 보기도 했죠. 이렇게 다양한 분야에서 여성의 사회 참여가 높아지자, 1920년 미국과 1928년 영국에서 여성에게 참정권이 주어졌습니다. 아이러니하게도 전쟁이 여성에게 정치에 참여할 수 있는 권리를 준 셈입니다.

베르사유 조약의 부작용은 곳곳에서 다양한 모습으로 일어났습니다. 미국은 군수물자 수출로 경제 대국으로 성장했고, 동시에 대금을 지불하지 못한 연합국이 미국 은행에 큰 빚을 지면서 세계의 돈이 미국으로 모였습니다. 덕분에 미국은 금융과 증권의 중심으로 거듭났지만 얼마 지나지 않아 최악의 경제 대공황을 겪게 됩니다. 바이마르 공화국이 된 독일은 1930년 공황이 닥치자 모든 것을 조약 탓으로 돌리고 잃어버린 영토와 영광을 되찾아 줄 강한 지도자를 바라게 됩니다. 그 결과 히틀러라는 괴물이 탄생하고 인류 최악의 전쟁인 제2차 세계대전의 포문이 열립니다.

20세기 초까지 유럽인은 인간의 이성과 합리성으로 인류가 무한한 발전을 거듭하고 행복하게 살 것이라 기대했습니다. 그러나 이런 무한한 믿음은 제1차 세계대전을 겪은 뒤에 산산이 깨져버렸죠. 사상과 과학에서 절대성보다는 상대성이, 확정성보다는 불확정성이 강조되었던 것입니다. 사라예보에서 울린 총성은 이처럼 세계인의 사고방식과 생활을 크게 바꿔놓았습니다.

벌거벗은 세계 대공황

미국 자본주의의 빛과 그림자

김봉중

● "누구나 주식시장에 매달 15달러씩 투자한다면 부자가 될 수 있습니다."

"천하무적 주식시장, 사세요! 사세요!"

"자동차를 사는 가장 쉬운 방법. 빚을 내고 자동차를 사면 됩니다!"

이 외침은 번영과 평화의 시기를 맞이한 1920년대 미국의 이야기입니다. 지금으로부터 약 100년 전, 미국은 유례 없는 호황기를 누리며 자본주의 '빛'을 만끽하는 중이었습니다. 그러던 중 돌연 '어둠' 속으로 빠지고 맙니다. 1929년 세계 경제의 중심이었던 미국의 주식시장이 붕괴하며 수백만 명의 투자자가 전멸하는 엄청난 일이 벌어진 것이죠. 미국 증시는 추락을 거듭했고 3년여 동안 시가총액의 90%가 증발합니다. 전국에 있는 수만 개의 회사가 파산하고, 9천 개 이상의 미국 은행이 문을 닫았으며, 약 1,500만 명의 미국인이 실직자가 됩니다.

1920년대는 미국 역사에서 매우 흥미로운 시기입니다. 전쟁 이후 최고의 호황을 누리던 미국인에게 세계 역사상 최악의 경제 침체 사건인 대공황이 불어닥치면서 생활상과 사고방식에 급격한 변화를 맞이했기 때문입니다. 끝이 없을 것 같던 경제 번영기가 순식간에 불황이라는 가면을 쓰게 된 이유는 무엇일까요? 지금부터 미국 자본주의 민낯을 벌거벗겨 보려 합니다. 미국이 경제 대공황을 겪을 수밖에 없었던 원인과 그 위기에서 벗어날 수 있었던 방법은 무엇인지, 자본주의의 빛과 그림자를 찾아서 함께 떠나볼까요.

미국, 부자들의 탄생

미국의 경제 호황기와 경제 대공황 시대를 알아보려면 먼저 시계를 앞으로 돌려서 19세기 후반으로 돌아가야 합니다. 미국은 남북 전쟁을 치르면서 세계 최강의 산업국이 됩니다. 군수물자를 대량 공급하는 시스템으로 생산과 물류 체계가 획기적으로 바뀌고 철강, 조선, 전기 산업 등이 크게 발달했기 때문이죠. 대기업도 하나둘 씩 탄생하기 시작했습니다. 하지만 안타깝게도 소수 대기업의 독과점으로 시장경제는 혼란해졌습니다.

18~19세기 미국을 포함한 많은 서양 국가들은 강력한 산업화로 자본주의를 발전시켰습니다. 초기 자본주의의 가장 중요한 원칙은 '자유방임주의(개인 경제 활동의 자유를 최대한 보장하고 국가의 간섭을 최소화한다는 경제사상)'입니다. 때문에 모든 시장의 경제활동은 경제 주체인 가계와 기업의 자율성에 맡기고 국가는 일절 규제하지 않았습니다. 정부는 오직 치안과 국방만 담당한 것이죠. 이렇다 보니 금전적으로 탄탄한 큰 기업들이 작고 약한 기업을 사들이거나 망하게 하는 방법으로 시장을 독점하기 시작했습니다. 반면 작은 기업들은 합병과 파산을 거치면서 설자리를 잃었습니다. 시장 지배와 기업 독점을 목적으로 기업이 결합하는 '트러스트trust'라는 개념도 이때 등장합니다. 19세기 후반에는 미국의 독과점 자본주의를 대표하는 거대 산업 자본가도 탄생합니다. 대표적인 인물이 석유왕 존 록펠러John Rockefeller, 철강왕 앤드루 카네기Andrew Carnegie, 금융왕 J. P. 모건J. P. Morgan입니다. 이들은 미국 경제에 막대한 영향을 끼쳤습니다.

록펠러, 카네기, 모건이 왕이라 불린 것은 각자의 사업 분야를 독점으로 지배하며 실제 왕처럼 군림했기 때문입니다. 어마어마한 미국 시장에

석유왕 록펠러, 철강왕 카네기, 금융왕 모건

서 무언가를 독점한다는 것은 곧 세계 최고 부자가 되는 것과 같았습니다. 석유 사업으로 막대한 부를 축적한 록펠러는 인류 역사상 최고의 부자로 기록되었습니다. 록펠러의 최절정기 재산은 약 15억 달러로, 오늘날 미국 GDP에 적용해 계산하면 약 3,310억 달러입니다. 한화로는 약 395조 원에 해당하며 현재 세계 부자 순위 1위인 테슬라의 일론 머스크의 재산인 약 318조 원보다 훨씬 많은 금액입니다. 카네기와 모건 역시 록펠러 못지않은 부자였습니다. 카네기의 최절정기 재산을 록펠러와 같은 방식으로 계산하면 약 380조 원이라고 합니다. 록펠러와 카네기는 가난한 집에서 태어난 흙수저로 알려져 있습니다. 그들은 어떤 방법으로 기업을 독점하고 세계 최고의 부자가 됐을까요? 세 사람에게는 몇 가지 공통점이 있습니다.

첫 번째, 남북 전쟁으로 돈을 번 것입니다. 록펠러는 일찌감치 석유산업이 급부상할 것을 예견했습니다. 1859년 펜실베이니아에서 석유 광맥이 발견되었다는 소식을 듣자 본격적으로 석유 정제업에 뛰어듭니다. 이후 남북 전쟁이 발발하자 미국 내 석유산업이 급부상하며 사업은 상승세를 탑니다. 1870년에는 주식회사의 형태를 갖춰 스탠더드 오일이라는 정유회사를 설립했고, 이는 미국 최대 정유회사로 등극합니다.

카네기 역시 남북 전쟁에 필요한 많은 양의 군수 물자가 철도를 통해 빠르게 운송되는 모습을 보고 철도의 시대가 올 것을 예감했습니다. 그는 낡은 목교에서 튼튼한 철교로 교체하는 수요 증가를 예측해 1865년 키스톤 브리지라는 회사를 설립합니다. 그의 예상대로 철강 사업은 커다란 성공을 거뒀습니다.

모건은 대놓고 남북 전쟁을 이용해 돈을 번 케이스입니다. 그는 북군에게서 낙후되거나 고장 난 소총을 한 자루에 3.5달러씩 사들인 후 약간의 수리를 거쳐 다시 북군에게 22달러를 받고 되파는 방법으로 6배 이상의 막대한 이익을 챙겼다고 합니다. 또 정보 수집에 뛰어났던 모건은 북군이 우세하면 금 가격이 내려가고 남군이 우세하면 값이 몇 배로 뛰는 시세 차이를 이용해서 현재 가치로 약 2천억 원의 돈을 벌기도 했습니다.

두 번째, 시장 독점을 위해 수단과 방법을 가리지 않았습니다. 록펠러는 스탠더드 오일이라는 정유 회사를 세운 후 자신의 회사보다 작은 주변 회사들과의 합병을 통해 몸집을 키웠습니다. 그리고 석유를 운반해주는 철도회사를 계속 이용하는 대가로 운송 수입의 10%를 되돌려 받는 리베이트 방식을 이용해 약 500조 원의 수익을 올립니다. 제품 가격에서 운송비가 차지하는 비중이 매우 큰데 이를 이용한 것이죠. 비밀 협약을 모르는 경쟁사들은 운송 가격을 따라가지 못해 경쟁에서 밀릴 수밖에 없었습니다. 록펠러는 리베이트를 통해 경쟁 기업을 파산시키거나 합병시켜버렸고, 그 결과 미국 석유 거래량의 약 95%를 독점합니다.

카네기 역시 리베이트를 활용했습니다. 그는 더 나아가 외국 경쟁사가 국내시장에 뛰어드는 것을 막기 위해 유력 정치인들을 매수해 자신에게 유리한 보호관세법을 통과시키기도 했습니다. 한편 모건은 1901년 철강왕 카네기로부터 카네기 스틸을 사들여 자신의 제철 회사와 합병해 US 스틸을 탄생시킵니다. 사상 최대 규모의 M&A로 10억 달러가 넘는 초대형 제철 왕국을 만들어 엄청난 수익을 올립니다.

이처럼 세 명의 기업가는 리베이트, 정경유착, 인수합병이라는 비슷한 방법으로 부를 이뤘고, 대기업의 시장 독점은 곧 '부익부 빈익빈' 현상을 불렀습니다. 부자들만 더 부자가 되는 경제구조를 만든 것이죠.

독점 자본주의의 숨겨진 민낯

부익부 빈익빈으로 인한 빈부격차는 기업과 노동자 간의 충돌로 이어졌습니다. 최고의 부자 록펠러와 카네기, 모건의 마지막 공통점은 노동 착취와 노동자 탄압입니다. 이들의 독과점 기업은 노동자에게 저임금을 지불하면서 노동 시간을 늘리는 행위도 서슴지 않았습니다. 이에 노동자가 반발하면 가차 없이 해고했으며, 미성년자를 고용하는 일도 빈번했죠. 그런데도 노동자들이 부당한 대우에 맞설 수 있는 방법은 거의 없었습니다. 이 시기 노동조합은 불법이었기에 노동자들이 파업을 하면 경찰과 군대가 들이닥쳐 폭력으로 진압한 것입니다. 게다가 반항하는 노동자들을 탄압하기 위한 탐정 회사까지 존재했습니다. 특히 악명 높았던 '핑거톤 탐정 회사'는 기업으로부터 의뢰받아 노동자들의 파업을 무력으로 진압하는 것은 물론, 핵심 노동운동가들의 블랙리스트까지 작성해 그들이 산업 현장에서 활동할 수 없도록 기업 접근을 차단했습니다. 이렇듯 기업은 수단과 방법을 가리지 않고 노동자를 탄압했습니다. 결국 기업이 부도덕한 행위까지 저지르며 무분별하게 몸집을 키울 수 있었던 가장 큰 이유는 이러한 상황에도 정부가 아무런 간섭과 규제를 하지 않았기 때문입니다.

기업과 노동자 간의 계속된 물리적 충돌은 무시무시한 학살로까지 이어졌습니다. 1914년, 록펠러의 콜로라도 연료 철강 회사에서 일하는 광부들은 열악한 노동환경 개선과 노동자의 권리 보장을 요구합니다. 하지만 회사는 이들의 요구를 거절하고 해고하죠. 하루아침에 직장을 잃은 1~2만여 명의 광부들은 가족을 동원해 탄광 부근에 천막을 치고 농성을 벌였습니다. 곧 경찰과 군인이 출동했고 서로 대치하던 중 군인들이 천막촌을 향해 발포 사격을 시작했습니다. 기관총과 소총을 무자비하게 쏘고 불을 지른 것입니다. 광부들과 가족들은 공황 상태에 빠졌고 노동자들을 이끌던 사람들은 사살당합니다. 이때 일어난 화재로 천막촌 안의 굴에서 지내던 사람들이 불길에 갇혔고 11명의 어린이와 2명의 여성이 목숨을 잃고 말았죠. 이 사건은 19명의 목숨과 수만 명의 희망을 빼앗아갔습니다.

카네기도 예외는 아니었습니다. 1892년 카네기 소유의 홈스테드 철강소에서 공장 폐쇄에 반발한 노동자들이 공장을 점거하는 농성이 벌어집니다. 그러자 회사는 핑거톤 탐정회사의 용역 300명을 고용해 노동자들을 진압하고 공장을 탈환합니다. 이 과정에서 총격전이 벌어졌고 10여 명이 사망하는 참극이 발생합니다.

놀라운 것은 독점 기업의 잔인한 만행에도 미국 국민들이 이들을 바라보는 시선은 그리 나쁘지 않았다는 사실입니다. 여기에는 여러 이유가 있는데 가장 먼저 이들이 모두 엄청난 기부왕이었기 때문입니다. 록펠러는 자신의 이름을 딴 자선단체를 세우고 시카고 대학교를 설립하는 등 100조 원이 넘는 돈을 사회에 기부했습니다. 카네기 역시 '부자로 죽는

완전히 타버린 천막촌

것은 나의 수치'라며 미국 전역에 2,500개가 넘는 도서관을 짓는 등 재산의 90%를 기부했죠. 모건은 자신이 수집한 어마어마한 규모의 예술품을 박물관에 기증하기도 했습니다. 이 모든 것이 대중을 위한 쇼맨십이라 해도 긍정적 이미지를 만들기에는 충분했습니다.

심지어 모건은 위기에 빠진 미국 경제를 구하기까지 합니다. 경제 대공황 이전인 1907년, 미국에 금융 위기가 찾아옵니다. 뉴욕 증권거래소 주가가 전년도 최고치에 비해 50%까지 폭락하며 다수의 은행과 신탁회사에 뱅크런Bank Run이 발생한 것이죠. 경제 상황이 악화하면 은행에 대한 불안감이 커지면서 대규모로 예금을 인출하는 것을 뱅크런이라고 하는데, 폭락하는 주가에 불안해진 국민들이 너도나도 예금을 인출한 것입니다. 뉴욕에서 시작된 위기는 곧 미국 전역으로 퍼졌습니다. 뱅크런이 일어난 이유 중 하나는 주식이었습니다. 기업을 안정적으로 운영하려면 다양한 형태로 자금을 구성해야 하는데, 대부분 주식에 투자하는 바람에 주가가 폭락하자 기업이 휘청인 것입니다. 당시에는 중앙은행도 없

홈스테드 학살 사건

었기에 이 문제를 해결할 방법도 제대로 찾지 못했습니다.

이때 위기를 해결한 사람이 모건입니다. 유럽에 머물던 중 소식을 들은 모건은 뉴욕으로 돌아와 많은 금융기업과 협업해서 경제 위기를 극복하기 위한 자금을 마련합니다. 그 돈으로 회생 가능성이 있는 기업을 지원해 금융 위기를 막고 경제를 다시 살려낸 것이죠. 아이러니하게도 독과점 기업 때문에 일어난 위기를 대표적 독과점 기업가인 모건이 해결한 것입니다.

독점 기업가에 대한 시선이 나쁘지 않았던 마지막 이유는 '아메리칸 드림'입니다. 당시 미국에는 엄청난 숫자의 이민자들이 몰렸는데 이들은 미국에만 가면 무엇이든 다 잘될 것이라는 환상을 가지고 있었습니다. 게다가 흙수저에서 백만장자가 된 록펠러와 카네기의 이야기는 오히려 거대 재벌에 대한 좋은 인식을 심어주었습니다. 근면 성실함에 행운의 공식이 맞아떨어지면 백만장자까지는 아니어도 미국에서 성공할 수 있다는 믿음을 준 것이죠. 이 시기는 미국 역사 전체를 통틀어서 아메리칸 드림에 대한 이상이 가장 거세게 일어났고, 덕분에 독점 기업가를 바라보는 시선도 나쁘지 않았습니다.

광란의 1920년대, 위대한 개츠비의 탄생

미국의 일부 기업이 경제를 독점하는 사이, 유럽은 제1차 세계대전 (1914~1918)으로 혼란을 겪었습니다. 전쟁 중 수많은 사상자가 발생하고 산업시설이 파괴된 유럽은 경제적 쇠퇴에 들어섰고, 전쟁이 끝난 후에도 물건을 제대로 생산할 수 없었죠. 반면 자국 영토에 직접적인 피해가 없었던 미국은 산업시설을 보전할 수 있었을 뿐만 아니라 유럽에 식량과 무기 등의 군수물자를 수출하며 눈부신 경제 성장을 이뤘습니다. 피폐해진 유럽을 대신해 세계 경제의 중심에 선 것이죠. 그렇게 1920년대 미국의 본격적인 호황기가 찾아왔는데, 그 정도가 엄청나서 '광란의 시대'라고 불렀습니다.

활기와 자신감이 넘치던 1920년대의 미국은 세계 제조업의 42%를 차지하며 독보적 위치로 올라섭니다. 특히 미국 자동차 회사는 세계 시장의 80%를 장악했습니다. 포드 자동차가 세계 최초로 자동 조립 라인을 가동하면서 대량 생산이 가능해졌기 때문입니다. 이 외에도 대량 설비 시스템을 갖춘 공장들이 많은 양의 물건을 끊임없이 만들어내면서 미국은 유례없는 경제 호황을 누렸습니다. 돈이 모이는 곳에 사람이 모이듯, 아메리칸 드림을 쫓아 수많은 사람이 계속해서 미국으로 몰려들었습니다.

경제 호황은 소비의 증가를 불러왔습니다. 미국인들은 자동차, 세탁기, 냉장고, 진공청소기, 라디오, 피아노 등 한때는 사치품이었던 물건을 마구 사들였습니다. 고가의 사치품이었던 자동차가 없는 집이 거의 없을 정도였죠. 당시 대량생산한 고가의 사치품을 팔기 위해 탄생한 기가 막힌 금융 시스템이 바로 할부 제도입니다. 이는 국민의 소비를 부추기는 역할을 했습니다. 미국의 백화점이나 주유소 등에서는 오늘날의 신용카드와 유사한 형태의 후불카드를 발급했고, 한 달 동안 해당 백화점이나 주유소에서 외상 구입한 대금을 월말에 한꺼번에 갚는 형식으로 사용한 것입니다. 그전에는 당장 돈이 있어야만 물건을 살 수 있었는데, 이제는 빚을 내서 얼마든지 비싼 물건을 쉽게 구매할 수 있게 된 것이죠.

이제 기업들은 소비자를 상대로 할부 광고를 시작했습니다. 빚을 내서 매주 돈을 갚는 방법으로 '자동차를 사는 가장 쉬운 방법'을 소개하고,

할부 광고 '자동차를 사는 가장 쉬운 방법'

할부 광고 '오늘 사고 나중에 갚아라'

'오늘 사고 나중에 갚아라!'라며 소비를 유도한 것이죠. 당시 대학가에서는 한 벌에 300~400달러나 하는 라쿤 털 코트가 유행하기도 했습니다. 이 시기 노동자들의 평균 월급이 약 80달러였던 것을 생각한다면 월급의 약 4배 가격의 고가 코트가 유행한 셈이니 사치의 규모를 짐작할 수 있습니다.

물질적 사치뿐 아니라 새롭고 다양한 문화도 많이 탄생했습니다. 그중 하나가 라디오와 재즈 열풍입니다. 제1차 세계대전 이후 전쟁이라는 스트레스에서 벗어나고 싶었던 미국인들은 라디오의 유행과 함께 '재즈'라는 새로운 음악 문화를 유행시킵니다. 자유분방한 분위기의 재즈에 푹 빠진 미국인들은 경제 호황기를 '재즈 시대'라 부르며 즐겼습니다. 라디오에서는 끊임없이 재즈가 흘러나왔고, 매일 밤 파티가 끊이지 않았습니다. 광란의 파티에서 빠지지 않는 게 있다면, 바로 춤과 술입니다. 아이러니하게도 매일 밤 파티가 열리는 광란의 1920년대에 술을 금지하는 금주령이 내려집니다. 당시 미국의 범죄율이 급격히 상승했는데, 술을 좋아하는 이민자들 때문이라고 생각한 정부는 결국 악의 뿌리인 술의 제조와 유통을 불법으로 간주했습니다. 이미 만들어진 술은 모두 버렸으며 술집 영업도 금지했죠. 그 외에 종교적, 사회적 문제를 이유로 미국 전역에는 금주령이 선포됩니다.

결과적으로 금주법은 실패했습니다. 몰래 술을 만들고 거래하는 밀수업이 엄청나게 성행한 것이죠. 그 중심에는 마피아가 있었습니다. 마피아들은 마약을 거래하는 것처럼 술을 거래하거나 직접 무허가 술집을 운영하기도 했습니다. 술집에서는 매일 밤 재즈 음악이 흘러나왔고, 밖에선 총성이 오갔습니다. 마피아의 세력 다툼으로 도심 한복판에서 살인사건이 일어나는 등 말 그대로 '광란의 시대' 그 자체였죠. 금주법 시대를 대표하는 유명한 마피아는 밤의 대통령이라 불리는 알 카포네입니다. 그는 밀주 제조 사업으로 엄청난 돈을 벌었습니다. 이는 사람들이 금주령에도 아랑곳하지 않고 술을 마셨다는 뜻입니다. 당시 사람들은 합법적으로 술을 마시기 위해 병을 핑계로 처방전까지 받아 약국에서 술을 교환해 마셨다고 합니다. 결국 금주령은 마피아의 세력만 키워준 유명무실한 제도에 불과했습니다.

사실 이 시기의 가장 큰 어둠은 돈만 있으면 모든 게 해결된다는 황금만능주의였습니다. 돈이 넘쳐나는 시대에 사람들은 돈을 가장 소중한 가치로 여겼습니다. 그리하여 거리낌 없이 사치와 향락에 빠져들었습니다. 이런 시대 상황을 적나라하게 보여주는 작품이 스콧 피츠제럴드Scott Fitzgerald의 소설 《위대한 개츠비》입니다. 소설은 당시 미국 상류사회의 화려함과 허영의 끝을 보여줍니다. 가난한 농부의 아들로 태어난 개츠비는 밀주를 제조해 약국에 공급하고, 채권 사기로 부를 쌓습니다. 1925년에 출판된 이 책은 흥청망청 시대의 민낯을 그대로 드러내며 물질주의에 따라 변질한 아메리칸 드림과 미국 사회의 어두움을 사실적으로 묘사합니다. 이후 미국은 정치적·경제적 위기와 정체성의 혼란 등 국가적 위기에 직면할 때마다 《위대한 개츠비》를 떠올리며 현실을 직시합니다. 그만큼 미국 자본주의의 빛과 그림자를 잘 보여주는 작품이라 하겠습니다.

끝을 모르는 경제 호황에 경제성장률 역시 끊임없이 올라갔습니다. 1929년 3월, 대통령에 당선된 허버트 후버Herbert Hoover는 취임 연설에서 다음과 같이 말했습니다.

> "나는 우리나라의 미래에 대해 두려움이 전혀 없습니다. 오직 희망에 찬 밝은 미래만 있을 뿐입니다."

1920년대의 미국 경제는 GDP 기준 42%, 평균 소득은 약 1,500달러까지 상승했습니다. 실업률은 4% 아래로 떨어졌죠. 지금으로서는 상상도 할 수 없는 경제 호황을 이뤘으니 후버의 입장에서는 충분히 할 수 있는 말이었습니다.

호황으로 불어닥친 주식 광풍

이런 경제 호황을 뒷받침한 것이 미국 뉴욕 월스트리트의 주식시장입니다. 이 시기 "그까짓 월급으로 어느 세월에 집을 장만하겠어? 주식이 답이야"라는 사람이 넘쳤습니다. 주식을 안 하면 바보라는 소리를 들을 정도로 주식 열풍이 어마어마했죠. 그럴 수밖에 없었던 것은 재산의 10배를 은행에서 대출받아 주식을 살 수 있는 신용거래제도가 도입됐기 때문입니다. 가령 내가 가진 돈이 100만 원뿐이어도 주식에 투자한다고 하면 은행에서 1천만 원을 대출받을 수 있는 것입니다. 그러는 사이 주식시장은 투기장으로 변했습니다. GM 자동차의 CEO는 이런 말까지 합니다.

> "누구나 주식시장에 매달 15달러씩 투자한다면 부자가 될 수 있습니다."

이때 미국 노동자의 평균 주급이 약 20달러였으니, 월급의 20%를 투자해 부자가 될 수 있다는 것은 하루하루가 엄청난 호황이었음을 의미합니다. 누구든 투자하지 않을 수 없는 환경인 것이죠. 여기에 당시 최고의 경제학자였던 어빙 피셔Irving Fisher가 쐐기를 박았습니다.

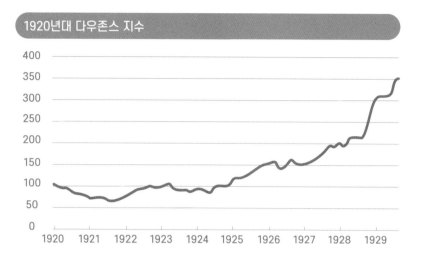

1920년대 다우존스 지수

400
350
300
250
200
150
100
50
0

1920 1921 1922 1923 1924 1925 1926 1927 1928 1929

"주가가 영원히 떨어지지 않는 고점에 도달했습니다."

앞으로 주식이 떨어지지 않고 계속 높은 수준에 머물러 있을 것이라고 예견한 것이죠. 1929년 9월, 그의 말대로 미국 주식시장을 대표하는 다우존스 지수는 최고점을 찍습니다. 전례 없는 호황에 사람들은 재산을 끌어모아 주식에 투자했습니다. 뉴스와 신문은 연일 최고치를 기록하는 주식시장과 성공한 투자자의 이야기를 다뤘습니다. 하지만 주식 열풍으로 가득 찬 세태를 비판적으로 바라보는 시선도 있었습니다.

이 시기 신문의 만평은 끊임없이 주식을 탐하는 미국 국민과 곧 터질 것 같은 주식 광풍의 세태를 풍자했습니다. 또한 경제 호황기라고는 하나 국민들이 체감하는 것보다 주식시장이 훨씬 앞서 나가는 것을 우려하기도 했죠. 하지만 국민들은 이런 경고를 듣지 않았습니다. 실제로 당시 시장 경제를 이끌던 주식시장과 실물 경기 사이에는 상당한 거리가 있었습니다. 앞서 이야기한 것처럼 미국 정부는 자본주의 원칙에 따라 시장

투기에 미친 대중

경제에 간섭하지 않았습니다. 여기에 급격한 경제 상승으로 시장 규제와
기업평가 방식도 미흡한 상황이었죠. 이는 기업이 주식시장에서 얼마든
지 숫자를 조작해 기업 가치를 부풀릴 수 있다는 뜻이기도 합니다.

끝없는 폭락, 검은 목요일

1920년에서 1929년 10월까지 다우지수 누적 상승률은 무려 245%. 사
람들은 무서운 속도로 경제 성장을 이루는 미국이 황금시대를 맞이했
다며 환호했습니다. 그런데 주가가 신기록을 세운 지 얼마 지나지 않은
1929년 10월 24일, 충격적인 사건이 일어납니다. 미국의 경제 대공황의
시발점인 주가 대폭락이자 미국 역사에서 결코 잊지 못할 검은 목요일이
찾아온 것이죠.

주가가 폭락한 검은 목요일은 이미 전날부터 조짐을 보였습니다. 미국의 대표 전력 회사인 웨스팅하우스와 여러 우량주들이 급격히 하락하면서 뒤숭숭한 분위기로 장을 마감한 것이죠. 이 소문은 순식간에 퍼졌고 투자자들은 불안감을 안은 채 집으로 돌아갔습니다. 아니나 다를까 다음 날 아침 불안은 공포로 바뀌었고 주식 시장이 열리자마자 대규모 매도가 쏟아졌습니다. 이를 본 다른 투자자들 역시 불안을 이기지 못하고 주식 팔기에 나서면서 말도 안 되는 수치로 주식이 폭락하기 시작했습니다. 주가가 곤두박질치자 뉴욕 월스트리트 증권거래소에는 비명과 함께 겁에 질린 투기꾼들의 매도 주문이 더욱 쇄도했죠. 주식이 자유 낙하 상태에 있다는 말까지 나올 정도로 엄청나게 떨어졌고, 두 시간도 채 되지 않아 주식에 투자한 100억 달러가 사라졌습니다. 증권거래소 안팎은 주식을 팔겠다는 사람들로 순식간에 난장판으로 변했습니다.

검은 목요일을 기점으로 주식은 더욱 떨어졌습니다. 그래프에서 상승세가 확 꺾이며 떨어지는 지점이 검은 목요일입니다. 이날 하루에만 다우존스 산업 평가지수가 20% 이상 하락합니다. US 철강은 261달러에서 166달러까지 폭락했고, 우리나라의 한국전력이라 할 수 있는 GE의 주식은 396달러에서 210달러까지 떨어졌습니다. 이날 거래된 주식은 이전 하루 최대 거래량인 400만 주의 3배가 넘는 1,289만 주였죠. 시카고와 버펄로 주식거래소는 낮 12시 반에 아예 문을 닫아 버렸고, 11명의 주식 투자자가 스스로 목숨을 끊었다는 소문이 들렸습니다.

검은 목요일 오후 1시, 월스트리트의 주식 중개인들이 긴급 회동을 했습니다. 그들은 사태를 수습하기 위해 여러 기업의 주식을 높은 가격에 매입하기로 합의합니다. 앞서 미국을 경제 위기에서 구했던 모건은행도 도움의 손길을 내밀었지만 미국의 경제 규모는 이미 과거와 비교할 수 없

을 정도로 커진 상태였습니다. 그 거대한 경제가 주식시장과 연동되었기에 예전처럼 막대한 재산을 가진 일부 자산가들의 돈으로 해결할 수 있는 규모가 아니었던 것이죠. 어느 역사가는 이러한 해법은 나이아가라 폭포를 양동이에 담으려는 것과 같다고 했을 정도입니다. 아무튼 신속하게 사태를 수습한 덕분에 다음 날인 금요일은 주식시장이 진정되었습니다.

하지만 여기에는 변수가 있었습니다. 인터넷이나 스마트폰이 없던 시대였기에 정보가 늦게 전달된 것입니다. 주말 사이 검은 목요일 사태가 신문 헤드라인을 통해 미국 전역으로 퍼졌고, 월요일이 되자마자 주가는 약 13% 폭락합니다. 그다음 날인 화요일에는 투자자들의 공포가 절정에 달해 주식을 모조리 팔아버리는 지경에 이르렀습니다. 대폭락이 시작된 검은 목요일의 거래량이 1,289만 주였다면, 검은 화요일에는 무려 1,641만 주가 빠졌습니다. 수십억 달러의 손실이 발생했고, 증권거래소 기계조차 엄청난 거래량을 감당하지 못했습니다. 이 기록은 약 40여 년간 깨지지 않았죠. 이렇게 미국의 경제 대공황이 시작됐습니다.

미국 증시는 추락을 거듭하면서 1932년 7월까지 3년여 동안 시가총액의 90%가 증발했습니다. 앞으로 주식은 절대 떨어지지 않을 것이라 예견한 경제학자 어빙 피셔도 주식으로 거의 모든 재산을 잃었다고 합니다.

대체 검은 목요일은 왜 일어난 것일까요? 사실 경제 대공황의 정확한 원인을 찾을 수는 없습니다. 다만 여러 가지 가설이 존재합니다. 대규모 사건인 만큼 한 가지로 정의할 수 없으며, 역사학자와 경제학자가 바라보는 시각도 다르기 때문이죠. 그럼에도 공통된 의견은 분명 존재합니다. 그중 가장 유력한 것이 '과잉 설비, 과잉 생산'입니다. 사는 사람은 한정되어 있는데 수요와 공급의 균형을 깨고 무작정 설비를 늘려서 물건을 찍어내는 데만 집중한 것이죠. 그러다 소비가 줄어들면서 물건이 창고에 쌓이기 시작했고, 재고가 쌓이자 기업은 이익을 위해 주식에 투자했습니다. 이후 제조업 공장들이 무너지면서 대공황이 시작됐다는 것입니다.

또 다른 가설은 '지나친 주식 열풍'입니다. 주식시장에 너무 많은 거품이 껴있어서 아무런 이익을 내지 못하는 부실기업도 쉽게 증시에 상장됐고, 수익을 남긴다는 데이터도 없는데 주식에 투자하면 돈을 벌 수 있다는 분위기가 만들어졌습니다. 이런 맹목적인 믿음 때문에 실체를 알 수 없는 회사의 주식이 몇 배씩 뛸 정도로 시장이 과열되었던 것이죠. 심지어 대부분의 은행들까지 주식에 투자했으니 주식시장의 거품이 걷히면 경제는 파국으로 치달을 수밖에 없었습니다.

경제의 고속 성장에 따른 부의 재분배도 큰 문제였습니다. 1920년대 경제 호황으로 그동안 미국의 고질적인 문제였던 부익부 빈익빈 현상이 오히려 더 심해진 것입니다. 상위 0.5~1% 계층이 전체 부의 약 25%를 소유했고, 미국 가정의 80%는 은행에 예치한 돈이 없었습니다. 이는 소수의 부자가 주식을 팔아도 그것을 사줄 사람이 없다는 뜻입니다. 때문에 한 번 폭락한 주식시장은 회복이 어려웠습니다.

결국 검은 목요일 사태는 19세기 후반부터 끊임없이 지속되던 미국 자본주의의 구조적 모순이 주식시장의 붕괴를 계기로 미국 경제 전체를 파국으로 치닫게 한 것입니다.

가난과 빈곤의 시대, 경제 대공황

경제 대공황이 시작되자 미국은 패닉에 빠졌습니다. 매일 기록적인 경제 성장 속에서 최고의 풍요를 누리던 미국인들에게 대공황은 재난과도 같았죠. 주가 대폭락 이후 몇 개월 만에 전국에 있는 수만 개의 회사가 파산했고, 4년 동안 9천 개 이상의 은행이 문을 닫았습니다. 거리마다 실업자가 넘쳐나며 실업률은 25%까지 치솟았습니다. 세계 자본주의를 선도하던 미국 경제가 무너지자 세계 경제도 곤두박질쳤습니다. 미국을 도와줄 수 있는 나라가 없었던 것이죠. 무엇보다 공황이 10년이나 지속되면서 국민들의 생활은 점점 더 피폐해졌습니다.

거리 곳곳의 무료 급식소에는 빵을 받기 위해 줄을 선 사람들로 넘쳐났습니다. 광란의 시대에 금주령으로 어마어마한 돈을 벌어들인 마피아 알 카포네는 대공황이 시작되자 무료 급식소를 열었습니다. 하루 평균 2,200명이 그곳을 이용했고, 1931년 추수감사절 때는 무려 5천 명이 넘는 시민이 끼니를 해결했다고 합니다. 밀주 제작과 탈세 등 불법 행위로 번 돈을 이렇게나마 사회에 환원한 것이죠. 그래서 혹자들은 알 카포네를 가리켜 '대공황의 로빈 후드'라고 불렀습니다. 하지만 이런 무료 급식마저 받지 못한 사람들이 넘쳐났고 배고픈 사람들은 쓰레기통을 뒤져 그곳에서 끼니를 이어나갈 수밖에 없었죠.

알 카포네의 무료 급식소

무료 급식소에 늘어선 행렬과 더불어 눈에 띈 것은 일자리를 구하는 사람들이었습니다. 당시 실업자들은 이력서를 몸에 붙이고 다니면서 일자리를 구했습니다. 1933년 미국의 실업률은 무려 25%였는데 이는 미국 역사상 최고의 실업률로 기록되었습니다. 우리나라의 IMF 시절 최고 실업률이 7% 정도였으니 그 세 배가 넘는 실업률이라 하면 얼마나 심각한 상황인지 짐작할 수 있을 것

일거리를 찾아 나선 실업자

입니다. 최악의 상황을 맞이한 미국 국민들은 살아남기 위해 허리띠를 졸라맬 수밖에 없었습니다. 클리블랜드나 뉴욕 같은 대도시의 외곽으로는 주식과 대출로 집을 잃은 수십만 명이 판자촌을 만들어 생활했습니다. 사람들은 이곳을 당시 대통령이었던 후버의 이름을 따서 '후버빌'이라고 불렀습니다. 대공황을 초래한 그의 무능함을 비아냥거린 것이죠.

미국을 집어삼킨 검은 폭풍, 더스트 보울

이처럼 불황은 도시를 집어삼키고 있었습니다. 하지만 도시 밖에서는

그보다 더 참혹한 재난이 벌어지고 있었습니다. 경제 대공황이 일어나기 전, 미국의 전례 없는 경제 호황 속에서도 소외된 사람들은 여전히 존재했습니다. 도시를 벗어난 곳에서 농사를 짓던 농민들입니다. 그들은 누구에게도 보호받지 못하며 궁지에 몰렸습니다.

제1차 세계대전 당시 농촌도 큰 호황을 맞았습니다. 농민들은 경제 호황기의 대량 생산에 발맞춰 농작물의 생산량을 크게 증가시켰죠. 그런데 전쟁이 끝난 뒤 수출 판로가 막혔고, 농산물 과잉 생산은 농산물 폭락으로 이어졌습니다. 예기치 못한 불황에 농민들은 거리로 몰려나와 채소와 우유를 던지며 정부에 항의했습니다. 정부는 군대를 동원해 농민들의 항거를 진압합니다.

이때 설상가상으로 경제 대공황과 맞물려 더욱 참혹한 사태가 벌어집니다. 미국 대륙 중앙을 가로지르는 넓은 초지, 축복받은 땅이라 불릴 만큼 비옥한 대평원이 급속도로 사막화되기 시작한 것입니다. 이내 '더스트 보울'이라 부르는 모래바람이 솟구쳐 한 치 앞을 내다볼 수 없었고, 한낮에도 하늘을 가려 칠흑 같은 어둠을 만들어냈습니다. 지붕에 모래가 쌓여 천장이 무너지고, 붉은 모래 먼지 때문에 겨울이면 붉은 눈이 내릴 정도였죠. 1935년에는 기록적인 더스트 보울이 발생했는데, 높이가 무려 3km를 넘었고, 바람을 따라 3천km를 넘게 이동해 동부 해안까지 넘어갔습니다. 이때 이동한 먼지로 뉴욕 자유의 여신상까지 뿌옇게 보일 정도였다고 합니다.

이런 땅에서 농작물이 잘 자랄 리 없습니다. 모든 작물에 모래와 먼지가 쌓여 말라 죽었습니다. 이제 텍사스는 축복받은 땅이 아니라, 그 어떤 식물도 자랄 수 없는 저주받은 땅이 된 것이죠. 이때 더스트 보울의 피해를 입은 경작지 면적은 약 40만km²로 한반도 크기의 약 두 배입니다. 농

더스트 보울

산물 가격 폭락에 이어 자연재해까지 일어나자 농민들은 점차 삶의 의미
를 잃어갔습니다.

대공황의 시작과 더스트 보울로 모든 것을 잃은 농부들은 그래도 살
기 위해 짐을 싸서 고향을 떠나 캘리포니아로 향했습니다. 대공황의 깊
은 수렁에서 빠져나오기 위해 실낱같은 희망을 품고 캘리포니아로 떠난
농민의 수는 250만 명이 넘었습니다. 그렇다면 미국 서부 캘리포니아로
간 농민들의 상황은 좀 나아졌을까요?

꿈을 가지고 도착한 캘리포니아에서 그들을 맞이하는 것은 냉혹한 현
실뿐이었습니다. 이미 도시는 이주 농민들로 포화 상태였고 정착하지 못
한 이들은 판자촌을 만들어 겨우 지낼 곳을 마련했습니다. 캘리포니아
역시 길거리에는 실업자들이 넘쳐났고 일자리를 찾기란 하늘의 별 따기
수준이었죠. 게다가 현지인들은 가난한 이주민을 '오키Okie'라는 경멸적
이름으로 부르며 차별했습니다. 힘들게 일자리를 찾아도 말도 안 되게 적

은 돈을 주며 노동력을 착취하기 일쑤였죠. 당시 벼랑 끝으로 몰린 오키들의 현실을 그대로 표현한 작품이 있습니다. 존 스타인벡John Steinbeck의 《분노의 포도》란 소설입니다. 《위대한 개츠비》가 허영에 가득 찬 미국 상류사회의 이면을 이야기했다면, 《분노의 포도》는 정직하게 농사를 지으며 살다가 하루아침에 이주노동자로 전락한 벼랑 끝에 놓인 한 가족의 참혹한 비극에 대해 고발합니다.

> "사람들이 버려진 오렌지를 주우려고 덜컹거리는 자동차를 몰고 오지만, 오렌지에는 이미 (불태워 버리기 위해) 휘발유가 뿌려져 있다. 산처럼 쌓인 오렌지가 썩어 문드러지는 것을 지켜본다. 사람들 눈 속에 패배감이 있다. 굶주린 사람들의 눈 속에 점점 커져 가는 분노가 있다."

더욱 심해진 빈부격차로 희망도 미래도 없었던 당시 상황이 잘 드러납니다. 이런 상황이 이어지자 결국 사람들 사이에서는 미국 사회구조에 대한 극심한 불신의 씨앗이 싹트기 시작합니다. 각지에서 시위가 일어나고 급속도로 사회주의와 공산주의 사상이 퍼졌습니다. 1933년에 2만 명 정도였던 미국 공산당원 수는 1939년에 무려 6만 6천 명까지 증가합니다. 정부에 대한 불만이 극에 달한 것입니다.

비장의 카드, 뉴딜 정책의 비밀

그리고 마침내 혼란스러운 시대를 바꿀 새로운 인물이 등장합니다.

1932년 말, 대공황이라는 절체절명의 위기에 민주당 대통령 후보에 오른 프랭클린 루스벨트Franklin Roosevelt입니다. 그는 후보 연설에서 기존의 자유방임주의와 달리 국가가 주도하는 대공황 극복 계획, 이른바 '뉴딜 정책'을 선언합니다. 뉴딜은 '새로운 카드를 돌린다'라는 의미로 기존의 미국 자본주의의 판을 쓸어버리고 국민에게 대공황을 극복할 완전히 새로운 판을 짜겠다고 나선 것입니다. 그 결과 루스벨트는 압도적인 득표 차로 대통령에 당선됩니다. 그는 취임사에서 이렇게 말했습니다.

> "무엇보다 먼저 본인의 확고한 신념을 말씀드리고자 합니다. 우리가 오직 두려워해야 할 것은 '두려움 그 자체'일 뿐입니다."

그의 말에는 뉴딜 정책의 핵심이 담겨 있습니다. 대공황을 극복할 수 있는 근본적인 방법은 미국의 자본주의 체제에 대한 국민의 신뢰를 회복하는 것밖에 없다는 것입니다. 이제껏 개인의 자유를 보장한다는 명분으로 시장경제에 개입하는 것을 꺼렸던 미국 정부가 처음으로 적극적으로 개입을 선언한 것이죠. 이런 루스벨트가 대공황을 극복하기 위해 꺼낸 카드는 크게 세 가지입니다. 금융, 개발 사업, 문화예술. 그중 제1차 뉴딜 정책과 함께 가장 먼저 실행한 것이 은행 개혁입니다.

루스벨트는 취임 다음 날 미국의 모든 은행에 휴일을 선포합니다. 불안에 빠진 사람들의 마구잡이식 출금을 막기 위해 상황이 진정될 때까지 미국의 모든 은행이 업무를 정지한 것입니다. 다시 뱅크런(은행의 안정성을 불신한 고객들이 대규모로 자금을 인출하는 사태) 사태가 일어나지 않도록 시장의 안정을 기다렸습니다. 그리고 은행이 다시 문을 열기 전날, 라디오를 통해 경제 회복을 위해 필요한 모든 조치를 취했으니 동요할 필요 없다는 연설을 내보냅니다. 그의 목소리를 들은 국민들은 불안함을 지울 수 있었습니다.

루스벨트는 여기서 또 하나의 묘수를 꺼내 듭니다. 마피아 전성시대를 열어준 금주법을 폐지하고 술의 제조와 판매를 허가합니다. 대공황이라는 힘든 시기에 국민들이 맥주 한잔하면서 삶의 활기를 되찾을 수 있게 만든 것이죠. 금주법 폐지로 애주가들의 지지는 물론 주세를 징수할 수 있게 되어 막대한 세금도 함께 얻었습니다. 루스벨트는 이후에도 수많은 뉴딜 정책을 시행했습니다. 무엇보다 실업률을 낮추기 위한 공공사업을 활발히 진행했는데, 가장 유명한 것이 테네시강 유역 개발 공사 'TVATennessee Valley Authority'입니다.

TVA는 테네시강 유역의 테네시주를 중심으로 앨라배마, 미시시피, 켄터키, 조지아, 노스캐롤라이나, 버지니아주까지 7개 주에 26개의 대형 댐을 건설한 것입니다. 댐 건설은 전력 생산, 홍수 조절, 농업 현대화 등 산업 발전에 기여했고 무엇보다 이 사업으로 어마어마한 규모의 일자리를 만들었습니다. 실업자를 구제한 건 댐뿐만이 아닙니다. 나무가 실업자들을 구제하기도 했습니다. 루스벨트는 CCCCivilian Conservation Corps라 불리는 민간자원보존단을 만들었습니다. 약 2백만 명 이상의 젊은이를 나무 심기, 하천 개간 등 국유지를 보존하는 국토개발 현장에 투입하면서 9년 동안 30억 그루 이상의 나무를 심은 것이죠. 이는 현대 미국의 국립공원 시스템의 기초를 형성하는 데 크게 기여했습니다.

사실 대공황에서 가장 심각한 타격을 받은 세대는 청년층이었습니다. 이른바 '호보hobo'라 불리던 떠돌이 젊은이들은 일자리가 없어 정처 없이 히치하이크나 도둑 기차를 타고 전국을 떠돌아다녀야만 했죠. 그런 호보들이 뉴딜 정책을 통해 일자리를 갖게 된 것입니다. 이들은 숙식을 제공받고 한 달에 약 30달러를 벌었는데, 당시로서는 적지 않은 금액이었습니다. 그중에 25달러를 고향으로 보냈다고 합니다. 가족에게 도움을 주었다는 자부심, 그리고 국가 발전에 기여했다는 애국심이 그들에게는 무엇보다도 가슴 뿌듯한 일이었죠. 이는 루스벨트가 뉴딜 정책에서 추구한 목표이기도 합니다. 일거리를 만들어주는 것도 중요하지만 젊은이들이 국가사업에 참여함으로써 미국 시민의 일원으로 자부심을 느낄 수 있도록 정책을 펼친 것이죠.

1935년 루스벨트 정부는 제2차 뉴딜 정책이라는 새로운 법률들을 내놓았습니다. 이때 등장한 것이 뉴딜 정책을 대표하는 '공공사업진흥국'입니다. 뉴딜 정책에서 가장 규모가 컸던 실업률 구제 사업으로, 공공시설 공사에 투입될 일자리를 창출할 뿐만 아니라 음악, 미술, 연극 등 예술 산업에도 손을 뻗쳐 수많은 예술가를 지원했습니다. 공공장소에 그림을 그리고 거리의 악사들이 연주를 하는 등 예술인들이 지역에 희망의 기운을 불어넣은 것이죠. 당시 뉴욕 극장에서는 흑인 배우들로만 이뤄진 셰익스피어의 〈맥베스〉를 공연하기도 했습니다. 인종 차별이 극심하던 시기에 이런 파격적인 공연이 가능했던 이유는 뉴딜 정책을 통해 사회적으로 소외된 계층 역시 정부의 지원을 받음으로써 용기와 자부심을 갖길 원했기 때문입니다.

루스벨트는 대공황 사태 해결과 더불어 소외된 국민들이 나라에 대한 자부심과 긍지를 가지길 바랐습니다. 그래서 기존의 인디언 문화 말살 정책 역시 바꿔버립니다. 그는 인디언의 독특함을 인정하는 다문화주의를 펼쳤는데, 그때 만들어진 인디언 재조직 법률은 현재까지 이어지고 있습니다.

그러나 이렇게 다양한 뉴딜 정책으로도 대공황을 극복하기는 어려웠습니다. 여러 통계적 수치를 살펴볼 때 대공황을 극복할 수 있었던 진짜 요인은 제2차 세계대전이었습니다. 미국이 1941년 진주만 공습을 계기로 참전을 선언한 이후 미국 경제는 다시 성장세로 돌아섭니다. 군수 물품의 보급을 위해 산업 전반에 걸쳐 막대한 투자와 생산이 이루어졌기 때문이죠. 그만큼 대공황의 늪은 깊었고, 전쟁이 만든 풍요라는 아이러니를 다시 한번 체감하게 되었습니다.

하지만 역사는 수치와 통계의 학문이 아닙니다. 눈에 보이지 않는 이면을 보는 것도 중요합니다. 우리는 루스벨트의 뉴딜 정책이 단순히 경제 위기를 극복하기 위한 정책이 아니라는 사실에 주목해야 합니다. 19세기 말부터 이어져 왔던 황금만능주의를 타파하고 소외 계층에게 좌절이 아닌 자부심을 심어줌으로써, 그들을 사회 일원으로 통합해 나라에 대한 자긍심을 갖게 한 정책이기에 후대에 높이 평가된 것입니다.

루스벨트와 히틀러의 연결고리

경제 대공황에서 벗어나려 노력한 루스벨트와 공통점을 가진 인물이 있습니다. 독일의 독재자 히틀러입니다. 우선 두 사람은 동시대를 살았습니다. 히틀러는 1933년 1월 30일에 총리로 임명됐고, 루스벨트는 약 1개월 뒤인 1933년 3월 4일 대통령에 취임합니다. 그리고 두 인물이 등장했을 당시 미국과 독일의 상황이 매우 비슷했습니다. 미국은 경제 대공황으로 온 나라가 어수선했고 국민들은 위기를 극복할 새로운 리더가 나타나기를 바랐습니다. 그때 루스벨트가 혜성처럼 나타난 것이죠. 히틀러도 취임 후 루스벨트처럼 아우토반 건설과 베를린 올림픽 등 각종 개발 사업을 벌이며 경제 부흥 정책을 시도했습니다. 이렇게 두 사람은 각각 경제 공황의 늪에서 허덕이는 국민들에게 희망을 던졌고, 열성적인 환영을 받았습니다. 그런데 왜 히틀러는 독일의 뉴딜을 만들지 못했을까요? 히틀러와 루스벨트의 차이점은 과거를 바라보는 자세입니다.

히틀러는 이전의 바이마르 정권을 가리켜 독일의 제1차 세계대전 패배와 경제 공황을 초래한 무능한 정부라고 원색적으로 비난했습니다. 분노를 정치의 동력으로 사용한 것이죠. 또 독일의 문제 저변에는 유대인이 있다며 당시 유럽에서 팽배했던 반유대주의 정서를 자극해 유대인 말살 정책을 펼쳤습니다. 그리고 끝내 경제 부흥의 열쇠로 전쟁, 즉 제2차 세계대전을 선택하고 말았습니다.

이에 반해 루스벨트는 분노와 혐오의 정치가 아닌 무한한 신뢰의 정치를 선보였습니다. 정적이었고 대공황을 초래했다고 비판받던 이전 후버 정부의 실책을 감싸며 예의를 갖춘 것입니다. 또한 미국 자본주의와 민주주의 전통에 대한 무한한 신뢰와 자부심을 보이며 정책을 펼쳐나갔습니다. 그는 취임사에서 "미국은 아직도 감사할 것이 많은 나라입니다"라고 말했습니다.

이처럼 과거를 어떤 시선으로 바라보느냐의 차이에서 두 지도자의 결말은 극명하게 갈렸습니다. 한 사람은 구원자로 불렸고 또 다른 사람은 희대의 악마가 되어 비참한 최후를 맞이했습니다.

경제 대공황을 직접 겪었던 미국인들은 그 시대를 회상하면서 아이러니하게도 "아, 그때가 좋았지"라고 말합니다. 미국 자본주의 사상 최악의 재난이라 불릴 만큼 경제적으로 어렵고 가난했던 순간이었지만 어째서인지 좋은 기억으로 남아 있는 것입니다. 이는 아마도 어려움 속에서 가족이 뭉치고 이웃과 하나가 되고, 모두가 함께 어려움을 극복하고자 했던, 서로에게 의지할 수 있었던 시기로 기억하기 때문입니다.

역사는 과거의 경험에서 무엇을 선택하고 기억하느냐가 중요한 '선택과 기억의 예술'입니다. 우리가 최악의 상황을 맞이했을 때 희망을 잃지 않고 슬기롭게 대처한다면 잘 극복할 수 있을 것입니다. 그리고 언젠가는 힘든 상황에서도 서로를 의지하며 잘 버텨냈다고 그 시기를 기억할 날이 올 것입니다.

벌거벗은 세계사

벌거벗은 핵폭탄

일본 제국 패망과 민족 분단의 비밀

최태성, 서민교

● 뉴욕 맨해튼 하면 가장 먼저 떠오르는 곳은 어디인가요? 세계에서 가장 유명한 교차로이자 24시간 불빛이 꺼지지 않는 타임스 스퀘어일 것입니다. 19세기 말까지만 해도 마구간과 마차들로 붐비던 이곳은 이제 낮보다 밤이 훨씬 화려한 곳이 되었습니다. 매년 4천만 명이 넘는 관광객이 찾는 타임스 스퀘어의 바로 옆에는 공연 예술의 상징이자 전 세계 연극·뮤지컬의 성지 브로드웨이 42번가도 있습니다.

이렇게 수많은 사람이 오가는 화려한 도시에서 아무도 모르는 사이에 은밀하게 지구 종말 프로젝트가 시작되었다면 믿을 수 있겠습니까? 1942년 9월, 뉴욕시 브로드웨이 270번지 18층에서 인류 역사상 최악의 발명품이라 불리는 핵폭탄을 개발할 첫 번째 본부가 출발합니다. 제2차 세계대전의 발발과 함께 독일 나치즘이 극에 달할 무렵 뉴욕 맨해튼을 시작으로 시카고, 워싱턴 D.C, 버클리 등 미국 30여 개 도시에서 '맨해튼 프로젝트'라 불리는 전 지구적 기밀 연구가 시작됩니다. 엄청난 비용과 인력을 투입해 극비로 개발한 핵폭탄은 1945년 인류 역사 최초로 일본 열도에 떨어집니다. 그리고 전쟁에 미쳐 있던 일본은 마침내 완전 항복을 선언하죠.

그런데 이 핵폭탄은 우리나라에도 커다란 영향을 주었습니다. 일본이 패망하는 과정에서 38선이 그어지고 한반도는 남과 북으로 분단되고 맙니다. 일본의 항복과 제2차 세계대전의 종결이 어떻게 우리나라의 분단으로 이어진 것이며, 왜 하필 그 위치에 선을 그은 것일까요? 지금부터 인간에게 최초로 투하된 핵폭탄의 역사와 우리의 분단이 어떤 연결고리를 가지고 있는지 그 비밀을 낱낱이 벌거벗겨 보겠습니다.

아인슈타인의 편지와 인류 멸망

인류 최악의 발명품인 핵폭탄은 독일과 함께 출발합니다. 히틀러Adolf Hitler의 두 손에 핵무기가 들어갈 수 있다는 소식이 유럽과 미국의 과학계에 퍼지면서 핵폭탄의 역사가 시작된 것이죠. 1938년, 독일에서 우라늄 원자핵을 분열하는 실험에 성공했다는 소식이 파다하게 퍼집니다. 이 사실을 알게 된 전 세계 과학자들은 엄청난 공포를 느꼈습니다. 히틀러와 나치의 손에 핵폭탄이 들어간다는 것은 어쩌면 인류의 종말이 예견되는 일이었기 때문입니다. 가만히 두고만 볼 수 없던 과학자들은 물리학자 아인슈타인Albert Einstein을 찾아갑니다. 그리고 당시 미국 대통령인 루스벨트에게 쓴 편지에 함께 서명해 달라고 설득합니다. 편지는 핵폭탄의 위력을 경고하며 미국이 핵폭탄 연구를 진행해야 한다는 과학자들의 생각을 정리한 것입니다. 평소 전쟁을 혐오했던 아인슈타인은 깊은 고민에 빠졌습니다. 그러나 히틀러의 손에 무시무시한 무기가 들어가는 것만은 막아야 했기에 결국 편지에 서명합니다.

수취인 루스벨트 대통령, 아인슈타인의 친필 서명이 담긴 이 편지에는 "새로운 형태의 폭탄은 가장 낮춰 생각해도 극도로 강력한 폭탄이 될 것입니다. 이런 종류의 폭탄 단 한 개를 선박에 실어 폭발시킨다면, 선박이 있던 항구 전체와 인근 지역 모두를 일순간에 파괴할 수 있습니다. 하지만 폭탄의 상당한 무게로 인해 항공을 이용한 운반은 불가능할 것입니다"라는 내용이 담겨 있었습니다.

아인슈타인과 과학자들의 편지를 받은 루스벨트는 선뜻 답을 내리지 못합니다. 당시 나치는 이탈리아, 일본과 함께 주변 나라를 위협했고 영국과 프랑스 등의 연합국은 이에 대항하던 상황이었습니다. 미국도 나치의 위협이 유럽에만 국한되지 않는다는 것을 알기에 연합국에 군수 물품을 지원했습니다. 다만 루스벨트가 대통령 후보 시절 '여러분의 아들을 외국의 전쟁에 보내지 않겠습니다'라는 공약을 내걸었기에 직접적인 참전은 하지 않았죠. 이런 상황에서 아인슈타인의 요구를 받아들이는 것은 전쟁 참가와 다름없었습니다. 루스벨트가 망설이자 영국의 처칠Winston Churchill 총리도 적극적으로 미국의 핵폭탄 개발을 설득했습니다. 핵무기를 만들려면 엄청난 자본과 인력이 필요했는데 이를 감당할 수 있는 나라는 미국밖에 없었기 때문이죠. 게다가 영국은 핵폭탄 연구를 하고 싶어도 영토가 좁고 독일과 가까워 비밀 유지가 불가능했습니다. 반면 미국은 땅이 넓어 은밀히 연구할 수 있고 독일과 멀리 떨어져 있어 폭격당할 걱정도 없어 핵무기 개발에 매우 적합했습니다. 루스벨트는 고민 끝에 노벨상 수상자들을 포함한 우수 과학자들을 모아 핵폭탄을 개발하기로 합니다.

모두의 비밀, 맨해튼 프로젝트

제2차 세계대전이 한창이던 무렵 루스벨트 대통령의 주도로 비밀 조직이 결성됩니다. 실질적 책임자 레슬리 그로브스Leslie Groves 장군과 이론 물리학자 오펜하이머Oppenheimer를 주축으로 모인 수많은 천재 과학자들은 세상에 공개되지 않은 연구를 시작합니다. 맨해튼 프로젝트라 불린 이것의 목표는 오직 하나 '히틀러보다 먼저'였습니다. 나치 독일보다 빠르게 핵무기를 개발하는 것이죠.

그러던 어느 날 미국의 트루먼Harry Truman 부통령은 급히 백악관으로 들어오라는 대통령 비서의 연락을 받습니다. 곧장 백악관으로 달려간 트루먼은 영부인으로부터 루스벨트 대통령이 뇌출혈로 사망했다는 충격적인 소식을 듣게 됩니다. 그리고 몇 시간 뒤 트루먼은 루스벨트의 후임자가 되어 대통령직을 물려받습니다. 취임식을 끝낸 트루먼은 전쟁부 장관(지금의 국방부 장관) 헨리 스팀슨Henry Stimson으로부터 놀라운 이야기를 듣게 됩니다. "믿을 수 없을 정도의 파괴력을 지닌 새로운 폭발물이 개발되고 있다"라는 내용이었습니다. 그리고 "이 새로운 폭발물이 실험에 성공하면 미국은 4개월 안에 세상에서 가장 강력한 폭탄을 가지게 된다"라는 것이죠. 즉 맨해튼 프로젝트는 부통령도 몰랐던 극비 연구였습니다.[1]

핵폭탄 개발은 지구상에서 가장 비밀스러운 프로젝트라 해도 과언이 아니었습니다. 참가자들은 무엇을 연구하는지 들통나지 않도록 애매하고 말하기 쉬운 용어를 사용하기로 합니다. 그렇게 가져다 붙인 이름이 맨해튼 프로젝트였죠. 이들은 프로젝트 본부를 도심 속 맨해튼에서 시골 마을 오크리지로 옮겨 비밀리에 연구를 이어갔습니다. 이후 미국 전역의 약 30개 단지에서 본격적으로 핵 개발 연구를 진행했는데, 보안을 위해 참가자들은 가명을 사용해 서로의 이름도 알지 못했습니다. 그저 지금 이 연구가 전쟁에 있어 매우 중요하다는 사실만 알려줬을 뿐입니다. 또 서로가 어떤 일을 하는지도 몰랐습니다. 심지어 자신이 만드는 것이 최종적으로 무엇인지도 모른 채 개발에 참여한 과학자까지 있었죠. 그곳에서 일하는 청소부조차 연구 단지에 들어가면서 '전쟁이 끝나도 6개월 후에야 이곳을 나갈 수 있다'라는 비밀 유지 계약서에 서명해야 했습니다. 그리고 무의식중에 폭탄이나 핵이라는 말을 사용하지 않도록 이들 단어 대신 '더 가제트The Gadget'라는 코드명을 붙여 불렀습니다. 보안 유지를 위해 핵심 단어에는 코드명을 사용한 것이죠.[2]

이렇게 미국이 핵 개발에 몰두하는 사이 독일의 핵 개발은 어디까지 진행됐을까요? 독일은 미국보다 먼저 핵실험에 성공했으나 일분일초를 다투는 전쟁을 치르느라 핵무기를 개발할 겨를이 없었습니다. 그보다는 전쟁 물자를 조달하는 데 급급했죠. 이때 미국이 핵 개발에 13만 명이 넘는 인원과 현재의 화폐 가치로 약 300조 원에 달하는 자금을 투입함으로써 독일보다 먼저 핵무기를 완성합니다.

인류 최초의 핵무기 실험, 트리니티 실험

나치 독일은 핵폭탄을 개발하기도 전인 1945년 5월에 패망합니다. 그 사이 미국은 최초의 핵폭탄, '더 가제트'의 개발을 끝내고 그 위력을 확인하기 위한 트리니티 실험을 진행합니다. '트리니티' 역시 보안 유지를 위한 코드명으로 그 뜻은 '핵무기'입니다. 핵무기 실험은 동이 트지 않은 새벽, 미국 뉴멕시코주 사막에서 이뤄졌습니다. 실험 장소로는 사람들이 쉽게 접근할 수 없는 곳, 폭탄이 터지는 효과를 정확히 볼 수 있는 평평한 지형, 안전을 위한 충분한 거리와 시야를 확보할 수 있는 넓은 장소가 적합했습니다. 이 모든 조건을 만족한 장소가 뉴멕시코주 사막이었습니다. 트리니티 실험에는 90명이 넘는 사람들이 참여했습니다. 이들의 눈앞에 기괴한 모양의 핵폭탄, 가제트가 모습을 드러냈습니다.

새벽 5시 29분, 모두가 지켜보는 가운데 가제트가 점화되었습니다. 이윽고 하늘 위 12km 높이의 버섯구름을 만들며 성공적으로 폭발했습니다. 가제트는 실험 장소에서 16km 떨어진 곳에서 폭발했는데, 멀리 떨어진 거리에서도 태양보다 밝은 강력한 빛을 볼 수 있었고 오븐처럼 뜨거

가제트 핵폭탄

운 열을 느낄 수 있었다고 합니다.

과학자들은 이제껏 한 번도 경험하지 못한 신무기인 핵폭탄의 위력이 얼마나 큰지, 그 피해가 어느 정도인지 정확히 예상하지 못했습니다. 그래서 실험을 시작할 때 "모두 모래 위에 엎드려 폭발물로부터 얼굴을 돌리고 머리를 팔로 감싸라"라고 말한 게 전부였죠. 그렇게 핵폭탄이 폭발하는 순간을 지켜본 과학자들은 이렇게 말했습니다.

"한낮의 태양보다 몇 배는 더 큰 강도의 빛이 사방에 쏟아졌다."

"눈이 완전히 멀어버렸고 30초가 지난 다음에야 시력을 되찾았다."

과학자들이 핵폭탄의 위력을 완전히 예상하지 못했던 것은 아닙니다. 트리니티 실험에 참가한 과학자들은 핵폭발 시 강력한 빛과 뜨거운 열을 낸다는 사실은 이미 파악하고 있었습니다. 다만 그 예상을 훨씬 뛰어넘었을 뿐이죠. 과학자들은 실험을 시작하기 전 핵폭탄이 폭발할 때 발생하는 강렬한 빛과 뜨거운 열로부터 신체를 보호하기 위해 선크림을 챙겨와 나눠 발랐습니다. 이날 비밀 엄수를 약속받고 실험을 참관한 〈뉴욕타임스〉의 과학 기자 윌리엄 로런스William Lawrence는 이 모습에 충격을 받고 "괴기스러운 광경이었다. 칠흑같이 어두운 밤에 내로라하는 과학자들한 무리가 진지하게 선크림을 얼굴과 손에 문지르고 있는 모습이라니"라고 말했습니다.[3]

일부 과학자들은 용접할 때 쓰는 두꺼운 검은색 유리판을 둘러 보호했고, 폭발 시 유출된 해로운 자외선을 자동차 앞 유리가 걸러내 줄 것이라며 트럭 운전석에서 참관하기도 했습니다. 심지어 맨해튼 프로젝트의 책임자였던 물리학자 오펜하이머와 그로브스 장군마저도 약 두 달 뒤 핵폭발 현장을 방문했을 때 보호 장비 없이 신발에 종이 덮개만 두르고 돌아다녔습니다. 방사능에 노출되는 게 얼마나 위험한지 누구도 제대로 알지 못했던 것입니다.

현장을 방문한 오펜하이머와 그로브스 장군

　미국은 트리니티 실험을 통해 핵무기의 파괴력이 상상을 초월한다는 사실을 알게 됐습니다. 그렇다면 이토록 강력한 살상 무기를 일본 제국에 두 발이나 떨어뜨린 이유는 무엇일까요? 그리고 인간에게 최초로 투하된 핵폭탄과 우리나라의 분단은 어떤 연결고리를 가지고 있을까요? 이를 알아보기 위해서는 트리니티 실험을 하기 4년 전으로 돌아가야 합니다.

잠자는 거인을 깨운 피의 일요일

　이곳은 에메랄드빛 바다와 새하얀 모래가 눈앞에 펼쳐져 있고 따뜻한 햇볕이 내리쬐는 하와이 오아후섬의 진주만입니다. 누구도 방해하지 않는 평화로운 일요일 아침이죠. 그런데 이때 머리 위로 까만 비행기가 한

대, 두 대 나타나더니 어느새 하늘을 새카맣게 뒤덮기 시작합니다. 곧이어 약 350대의 비행기에서 엄청난 굉음과 함께 수백 발의 폭탄과 어뢰가 떨어지고 타는 듯한 화염과 앞을 볼 수 없는 시커먼 연기, 끔찍한 비명이 휘몰아칩니다.

지상 낙원이라 불리던 하와이가 순식간에 붉은 피로 물들고 불지옥으로 변한 1941년 12월 7일은 일본이 미국의 영토 하와이 진주만을 공습한 날입니다. 하와이에 주둔하고 있던 미군은 손쓸 틈도 없이 일본의 기습 공격에 무차별적으로 당했고 태평양 함대와 육군 항공대는 전력에 큰 타격을 입었습니다. 악몽 같은 2시간 동안 2천 명이 넘는 사망자가 발생했고 300대 이상의 비행기와 약 20척의 배가 파괴됐습니다. 누구도 일본 제국의 전투기가 평화로운 휴일을 무참히 깨리라 생각하지 못했습니다. 미군들은 세계 최강의 전함이 불타는 모습과 전우들의 시체를 망연자실하게 바라볼 수밖에 없었습니다.[4]

일본의 진주만 공습이 있던 날 아침, 미군은 두 훈련병에게 새로운 장비였던 이동식 레이더를 다뤄볼 것을 명령합니다. 잠시 후 최신식 레이더에 수상한 낌새가 포착되더니 금세 수많은 비행기가 잡혔습니다. 당황한 훈련병은 곧바로 본부에 연락해 "레이더에 비행기들이 잡힙니다. 몇 대인지 모르나 수없이 많습니다"라고 보고합니다. 하지만 미군은 당일 아침에 본토에서 오기로 한 비행기라며 대수롭지 않게 여겼습니다.[5]

태평양 한가운데 있는 하와이는 어디서 출발하더라도 도착까지 오랜 시간이 걸리는 섬입니다. 실제로 일본 제국에서 하와이까지는 약 6,300km로 배로 12일이 넘게 걸리는 먼 거리였기에 일본이 공격을 계획했다면 도중에 발각될 위험이 매우 컸습니다. 또한 물자 보급도 힘든 위치였기에 더욱 공격을 예상하기 어려웠습니다. 일본조차도 진주만 공습의 성공 확률이 50%밖에 되지 않을 거라고 짐작했다고 합니다.

당시 일본과 미국의 국력 차이는 매우 컸습니다. 일본의 종합 국력이 1일 때, 미국 종합 국력은 12. 항공기 1대를 만들 때 미국은 8대 이상을 만들고, 자동차 숫자는 160배나 많았습니다.[6] 이처럼 국력과 군사력에서 압도적 우위를 차지하는 상황에서 일본은 실패할 가능성이 크다는 것을 알면서도 진주만을 공격한 것입니다. 대체 왜 그랬을까요?

당시 일본은 제2차 세계대전으로 태평양 일대에서 세력을 확장하는 중이었습니다. 미국의 루스벨트 대통령은 이를 저지하기 위해 일본 제국의 대미자산 동결과 석유를 포함한 모든 수출을 금지해 버렸습니다. 수출 금지를 해제하는 조건은 일본이 지금까지 획득한 모든 영토에서 군경을 철수하고 이권을 포기하는 것! 그러나 일본은 순순히 물러나지 않고 버텼습니다. 다만 비행기와 함선을 사용하려면 반드시 석유 연료가 필요했습니다. 석유 사용량의 80%를 미국에서 수입하는 일본은 수출 금지로 큰 타격을 입었고 이대로 가다가는 군사적·경제적 움직임이 모두 중단될 가능성도 보였습니다. 고민 끝에 일본은 동남아에 있는 유전을 노리기로 합니다. 일본이 동남아를 안정적으로 손에 넣기 위해서는 해상권을 장악해야 하는데, 미국이 태평양 일대에서 버티고 있어 뜻대로 되지 않았습니다. 초조해진 일본은 동남아 유전 확보를 위해 미국에 선제 타격이 필요하다고 판단했습니다. 그들이 선택한 지역은 미국 태평양 함대가 모여 있는 일요일의 진주만. 이곳을 기습 공격해 미국의 기세를 꺾어버리기로 한 것입니다.

진주만 공습 성공으로 기세등등해진 일본은 아시아·태평양 지역을 점령해 나갑니다. 진주만 공습 24시간 만에 말레이시아, 싱가포르, 인도네시아, 필리핀, 미얀마(버마)를 침공했고 유전까지 성공적으로 확보했죠. 진주

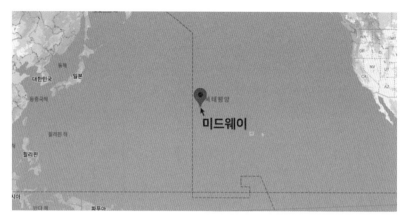

미드웨이 위치

만 공습으로 하와이에 있던 미 태평양 함대 등 해군 세력이 거의 괴멸했는데 이 틈을 타 동남아시아를 점령한 것입니다. 태평양 함대 재건까지는 약 6개월이 필요했고 우쭐해진 일본은 기세를 몰아 다시 한 번 미국을 공격하기로 합니다. 태평양에서 확실한 주도권을 잡기로 한 것이죠. 일본이 다음 타깃으로 삼은 곳은 미국령의 산호초 섬이자 태평양 전쟁 당시 미군이 비행기지로 활용한 '미드웨이'였습니다.

태평양 지배를 향한 일본 제국의 욕망은 멈출 줄 몰랐고 대병력을 동원해 미드웨이 침략을 준비했습니다. 1942년 6월, 일본이 미드웨이를 공격하면서 해전이 시작됐습니다. 진주만 공습 때 살아남은 미국의 항공모함을 완전히 끝장내기 위한 작전이었지만 복수의 칼날을 갈고 나온 미국 폭격기의 급습으로 오히려 일본은 항공모함 4척을 잃는 대참패를 당합니다. 미드웨이 해전으로 주력 부대가 타격을 받은 일본 제국은 제해권과 제공권을 완전히 상실하고 태평양 지역에서의 주도권을 미국에 빼앗깁니다.[7]

바보 폭탄, 가미카제

미드웨이 해전을 기점으로 태평양 전쟁의 판도는 완전히 뒤집힙니다. 복수의 칼날을 간 미국의 승리가 이어지고 하와이-길버트 제도-마셜 제도-마리아나 제도 등으로 점점 세력을 확장해 나갔습니다. 승기를 잡은 미국은 일본 곳곳에 폭탄을 투하해 일본을 초토화했습니다. 주력 부대를 잃은 일본의 피해는 점점 더 커졌지만 항복을 수치스러워한 그들은 끝까지 저항합니다. 그 저항 중 하나가 1억 인구가 모두 죽을 때까지 싸우자는 '1억 총옥쇄' 작전입니다. 그 연장선으로 제2차 세계대전에서 인간을 폭탄으로 사용하는 자살 특공대 '가미카제'가 등장합니다. 가미카제의 유래는 우리 역사와 관련 있습니다. 고려 시대 때 원나라(몽골)가 고려를 침략하며 원 간섭기가 시작되는데, 원나라의 압박으로 고려와 몽골이 연합한 여몽 연합군이 형성됩니다. 막강한 여몽 연합군이 일본을 침략하자 일본은 큰 피해를 예상하고 두려움에 떨었습니다. 그런데 여몽 연합군은 일본과 제대로 싸워보지도 못하고 돌아오고 말았습니다.

심한 태풍이 불어 여몽 연합군의 배가 침몰해 후퇴할 수밖에 없었던 것이죠. 이 모습을 본 일본은 이 태풍을 가리켜 '일본을 지키기 위해 신이 불어준 바람이다'라고 하며 신풍이라 칭했습니다. 신풍은 일본말로 가미카제神風라고 부릅니다. 그들이 가미카제라는 말을 다시 쓴 것은 신이 불어준 바람에 폭탄을 싣고 날아가서 미 군함에 던지겠다는 의미였죠. 당시 일본은 미드웨이 해전 이후 수많은 숙련된 조종사를 잃었기 때문에 미숙련 조종사를 전쟁에 투입할 수밖에 없었습니다. 제대로 된 훈련을 받지 못한 이들이 할 수 있는 유일한 작전은 적진으로 직접 뛰어들어 자폭하는 것뿐이었습니다.

가미카제 전투기

　가미카제는 일본에서 용맹한 전사로 묘사되곤 하지만 실상은 전쟁에
서 인간을 소모품 취급한 행태일 뿐입니다. 당시 미군은 가미카제의 폭격
기가 오직 자살 공격만을 위해 설계된 것을 보고 '바보 폭탄fool bomb'이
라고 불렀습니다. 일본군은 가미카제가 인간 폭탄으로서 완벽하게 임무
를 수행하도록 바퀴가 없는 전투기를 만들었습니다. 바퀴 없는 전투기는
날 수 없으니 거대한 폭격기에 폭탄을 장착한 바퀴 없는 전투기를 매달
아 하늘을 날았습니다. 이렇게 비행을 하다가 적의 군함을 발견하면 폭
격기에서 분리했고, 그 안에 타고 있는 조종사가 적에게 돌진하도록 한
것입니다. 심지어는 이륙할 때 바퀴가 떨어지는 전투기를 만들기도 했습
니다. 여기에 탄 가미카제 대원들은 착륙할 수 없었고 적에게 돌진해야만
비행을 멈출 수 있었습니다.

　일본은 가미카제를 천황 폐하를 위해 목숨을 바치는 영웅으로 묘사하
며 '순국'이라고 선전합니다. 하지만 그들은 왜 죽어야 하는지도 모르는
사람들이 대부분이었습니다. 당시 가미카제 특공대원이 목격한 바에 따
르면 "그들은 도살장에 끌려온 양과 같았다. 어떤 이는 서 있을 수조차

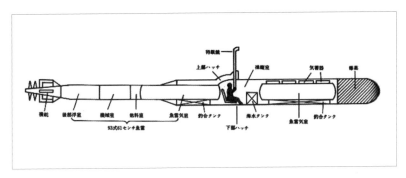

가이텐 구조

없어서 지상 요원들이 비행기에 밀어 넣기도 했다"라고 할 정도로 공포를 느꼈습니다. 그들도 죽고 싶지 않은 평범한 인간이었던 것이죠. 가미카제는 조종사들의 자원을 받기도 했지만, 대부분은 일본이 세운 비행병 학교에서 선발한 소년들이었습니다. 약 3~6개월의 짧은 실전 교육을 받은 어린 소년들을 곧바로 전장에 투입한 것입니다. 결국 가미카제는 수세에 몰린 일본 제국의 마지막 발악이었던 셈입니다.

놀랍게도 일본의 자살 공격은 이것으로 끝나지 않았습니다. 하늘에 인간 폭격기 가미카제가 있다면 바다 밑에는 인간 어뢰 '가이텐'이 있었습니다. 가이텐은 어뢰의 명중률을 높이기 위해 사람이 직접 어뢰를 몰고 적함에 들이받는 것입니다.

이처럼 끝날 줄 모르는 일본의 비인간적 행위에 미국은 자국민의 희생을 최소화하기 위해 하루라도 빨리 전쟁을 끝내기로 합니다. 물러서지 않고 최후의 발악을 하며 저항하는 일본의 심장, 도쿄를 불바다로 만들 계획을 세운 것이죠.

10만 명을 재로 만든 꺼지지 않는 불

미드웨이 해전 이후 승기를 잡은 미군은 일본 본토를 향해 본격적으로 무차별 공격을 실행합니다. 1945년 3월, 300여 대의 폭격기가 도쿄 상공을 시커멓게 물들이기 시작했고 잠시 후 약 1,500톤의 소이탄이 마치 폭우가 내리듯 하늘에서 떨어졌습니다. 소이탄으로 일어난 불길은 삽시간에 사방으로 옮겨붙었습니다.

네이팜탄으로도 불리는 소이탄은 한마디로 불바다로 만드는 무기입니다. 지금은 사용이 금지된 폭탄이기도 합니다. 미군이 이번 공습에 소이탄을 선택한 것은 대부분의 일본 가옥이 목조 건물인 것을 노린 전략이었습니다. 소이탄으로 일어난 불길은 한순간에 건물과 사람들을 집어삼켰고, 사람들이 도망칠 수 있는 속도보다 불길이 더 빠르게 번져나갔습니다. 화염 폭풍이 일으킨 바람이 워낙 거세서 부모의 손을 잡고 도망가던 아이들이 화염 속으로 빨려 들어갈 정도였죠. 순식간에 잿더미가 된 도쿄에서는 소이탄 폭격으로 약 10만 명 이상이 목숨을 잃었고, 우리나라 강서구 크기에 해당하는 면적이 잿더미만 남았습니다.

타죽지 않은 사람들은 불이 산소를 모두 태워버린 탓에 뜨거운 연기 속에서 질식해서 죽었고, 끔찍한 열기로 화재 현장 가까이만 가도 화상을 입거나 옷이 화르르 타오를 정도의 열기를 내뿜었습니다. 소이탄은 한 번 발화하면 다 탈 때까지 꺼지지 않아서 모두가 잠든 깊은 밤의 도쿄는 한동안 한낮보다 더 밝게 빛났다고 합니다. 도쿄 대공습으로 일본의 심장부는 잿더미로 변했고 미군은 이를 시작으로 일본의 60여 개 주요 도시에 소이탄 등의 폭탄을 투하해 일본 전역을 죽음의 공포로 몰아넣었습니다.

단 1분 만에 사라진 히로시마의 비극

수차례 벌어진 미군의 대공습으로 주요 도시들이 폐허가 되었는데도 일본은 미국이 원하는 완전한 항복을 하지 않고 버텼습니다. 일본이 끝까지 싸우겠다는 의지를 계속 드러내자 미국의 트루먼 대통령은 핵폭탄을 투하해 전쟁을 종결시키기로 합니다. 인류 역사상 가장 무자비한 대량 살상 무기 핵폭탄 리틀 보이가 등장한 것입니다.

인류 역사를 뒤바꿀 운명의 날. 미군은 핵폭탄 투하지를 히로시마로 정합니다. 여기에는 여러 이유가 있지만 무엇보다 핵폭탄이 터지기 전과 후, 즉 폭격 이전과 이후를 비교하기 위한 결정이었습니다. 도쿄 대공습 이후 여러 도시가 초토화되었지만 히로시마는 미군의 폭격에서 벗어난 몇 안 되는 도시였습니다. 또 연합군의 일본 본토 공격을 방어하는 전쟁의 중요한 거점이었기 때문에 후보지에 올랐습니다. 특히 히로시마 주변에는 조선소와 비행장, 항공기 부품 공장 같은 군사적 목표물들이 있었고, 외곽의 사업체와 주택은 타격을 입기 쉬운 목조건물이 대부분이었습니다. 치명타를 가할 수 있는 최적의 조건을 가지고 있었기 때문에 첫 번째 타깃이 된 것이죠.

1945년 8월 6일, 히로시마에 핵폭탄을 떨어트리기로 한 미 공군은 남태평양 티니언섬에서 길이 3m, 무게 약 4톤의 리틀 보이를 탑재한 폭격기를 출발시킵니다. 폭격기는 이오지마를 지나 35만 명이 거주하는 최종 목적지 히로시마를 향해 전속력으로 날아갔습니다. 잠시 후 히로시마 상공 580m에서 거대한 버섯구름을 만들며 폭발한 리틀 보이는 히로시마를 지옥 그 자체로 만들어버렸습니다.[8]

같은 날 오전 7시 5분, 히로시마에 폭격기가 진입하자마자 레이더 관

핵폭탄 리틀 보이

측소가 이를 발견하고 라디오를 통해 공습경보를 발령합니다. 그런데 7시 31분에 돌연 공습경보를 해제합니다. 미군은 도쿄 대공습 이전부터 약 1년 동안 일본의 주요 도시들을 파괴했는데 그때마다 수백 대의 폭격기가 날아다녔습니다. 그런데 그날 레이더에 잡힌 폭격기는 단 4대였습니다. 그마저도 레이더망에 잠깐 잡혔다가 사라지자 정찰기라고 생각한 일본은 공습경보를 해제한 것이죠. 잠시 후 오전 8시 14분, 한낮의 태양보다 밝은 하얀 빛이 히로시마 전역을 집어삼켰습니다. 리틀 보이는 일반 폭탄과는 비교조차 할 수 없는 굉음을 내며 폭발했습니다. 5,500℃의 화염 폭풍 사이로 자줏빛 거대한 버섯구름이 14km 높이까지 솟아올랐고 버섯구름 아래에서는 마치 세상의 종말이 온 듯한 풍경이 펼쳐졌습니다.

조금 전까지만 해도 전차가 있고 학교와 집과 공장과 가게가 있던, 사람들이 모여 살던 평범한 도시는 완전히 지워져 버립니다. 거리에는 죽은 사람들과 살아있어도 사람의 모습이 아닌 사람들이 널브러져 있었고 그들의 살과 피부는 녹아내려 늘어진 셔츠처럼 허리에 붙어 덜렁거렸습니다. 피폭자를 직접 본 사람들의 증언에 따르면 얼굴은 온통 불에 데었고,

핵폭발이 일어난 히로시마

눈구멍은 비었으며 녹아내린 눈에서 쏟아져나온 것들이 뺨으로 흘러내렸다고 합니다. 폭격에서 살아남았어도 살아있다고 할 수 없는 모습이었죠. 영국 신문 〈가디언〉은 히로시마의 모습을 이렇게 보도했습니다.

> "사람, 동물, 모든 생명을 가지고 있는 것이 말 그대로 죽음 속에 그슬렸다."

핵폭탄 투하로 히로시마 인구 약 14만 명이 목숨을 잃었습니다. 폭격기에 타고 상공에서 히로시마를 지켜본 B-29 조종사 폴 티베츠Paul Tibbets는 "단테가 쓴《신곡》의 지옥처럼 검은 연기가 우리를 집어삼킬 듯 위로 끓어올랐다"라고 증언했고, 한 승무원은 "검은 기름을 태우는 가마솥 같았다"라고 표현했습니다.[9]

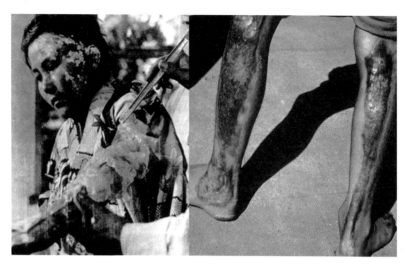

히로시마 핵폭탄 피폭자

히로시마에 끔찍한 재앙이 내린 뒤에야 트루먼 대통령은 미국이 핵무기를 일본에 투하했다는 사실을 전 세계에 알립니다. 하지만 이는 단순한 발표가 아니었습니다. 핵무기는 하나가 아니라는 선언이었습니다.

"조금 전 미합중국의 비행기가 히로시마에 폭탄 하나를 투하했습니다. 이 폭탄들은 계속 생산 중입니다. 심지어 더 강력한 폭탄을 개발하고 있습니다. 만약 지금 우리의 조건을 받아들이지 않으면 지구 역사상 전례가 없는 파괴의 비가 하늘에서 내릴 것입니다. 이런 공중 공격 뒤에 우리는 해상과 지상에서의 공격을 여러 차례 이어갈 것입니다. 그들이 아직 본 적도 없는 힘과 그들이 이미 잘 알고 있는 공격 기술로 말입니다."

그런데 핵폭탄이 떨어져 도시 하나가 날아가고 수십만 명의 무고한 시민들이 하루아침에 목숨을 잃었음에도 일본 군부는 공식적으로 항복하지 않았습니다. 그들은 왜 항복하지 않았을까요? 당시 일본 제국의 모든 결정권을 가진 사람은 천황이었습니다. 그가 항복하고 전쟁을 중단시켜야 했죠. 사실 일본 내부에서도 항복에 대해 논의한 적이 있었습니다. 1945년 2월 이전에 일본 수상을 역임했던 고노에 후미마로가 항복을 제안하지만 천황은 불리한 상황에서 항복하면 가혹한 조건을 내걸 것이라며 거절합니다. 전세가 뒤집혀 일본이 좀 더 유리한 조건에 섰을 때 유리한 협상을 위해 싸움을 중단하겠다는 것이었죠. 왕의 명령은 누구도 거역할 수 없었고, 이 때문에 히로시마에 원폭이 떨어졌지만 일본 제국은 항복하지 않았습니다.

지구의 종말을 앞당긴 마지막 핵폭탄, 비운의 도시 '나가사키'

결국 히로시마의 악몽에서 채 깨기도 전에 일본 땅에는 또다시 핵폭탄 투하라는 죽음의 그림자가 짙게 드리워졌습니다. 미국이 히로시마 핵폭탄 투하 3일 만에 새로운 핵폭탄 팻맨을 나가사키 위로 떨어뜨린 것입니다. 무게 4.6톤의 팻맨은 이름대로 뚱뚱한 모양을 하고 있으며 인류 전쟁사에서 그 유례를 찾기 힘들 정도의 어마어마한 파괴력을 선보였습니다.

사실 미국은 일본에 핵폭탄을 떨어뜨리기 전에 일본 주요 도시 주변에 약 300개의 호박 폭탄을 떨어뜨리는 예행연습을 했습니다. 당시에는 슈퍼컴퓨터가 없었으므로 눈으로 직접 목표지를 확인한 후 핵폭탄을 떨어뜨렸습니다. 미국은 단 한 발의 핵폭탄을 정확히 조준하기 위해 팻맨과 거의 같은 크기로 호박 폭탄을 만들어 투하한 것입니다.

조준점에서 약 3km 벗어난 팻맨은 나가사키 상공 600m에서 폭발했고 약 4만 명이 즉사합니다. 이후 약 7만 명이 방사능과 질병으로 사망했

핵폭탄 팻맨

습니다. 또한 팻맨은 5km 범위의 지역과 나가사키 건물 5만 채 중 3분의
1 이상을 파괴했습니다. 팻맨이 폭발한 순간 엄청난 기압이 만들어졌는
데 이로 인해 초속 440m의 거센 폭풍이 나가사키를 휩쓸었던 것이죠. A
급 태풍이었던 매미의 최대 풍속이 초속 75m라는 것을 생각하면 상상을
초월하는 수준의 불바람이 분 것을 알 수 있습니다. 연이은 핵폭탄의 공
격으로 일본 제국민들은 지옥과 다름없는 생활을 해야 했습니다.

　더욱 끔찍한 것은 화재로 생긴 먼지와 그을음이 한데 뒤섞여 쏟아진
'검은 비'였습니다. 엄청난 열로 참을 수 없는 갈증을 느낀 사람들은 입을
벌리고 빗물을 받아서 마셨습니다. 사람들은 방사능이라는 개념 자체를
알지 못했기에 검은 비를 단순히 흙먼지가 섞인 비라고 생각해 별다른
의심 없이 받아 마신 것입니다. 하지만 방사선을 머금은 검은 비는 사실
상 죽음의 눈물이었습니다. 방사능 덩어리인 검은 비가 내린 뒤 강과 연
못에는 죽은 물고기들이 떠올랐고 비를 맞으며 아버지를 찾아다니던 여
성은 머리카락이 빠졌습니다. 빗물을 마신 사람들은 물론 핵폭탄에 직

접 피해를 보지 않았던 사람들도 검은 비를 맞아 피폭자가 되었고, 방사능이 몸에 축적된 후유증으로 병마와 싸우면서 죽음보다 더한 고통으로 살아가게 되었습니다.

핵폭탄으로 두 도시가 처참한 지옥으로 변하고 수십만 명이 죽는 비극이 발생하자 그제야 일본 제국은 공식적으로 항복하며 미국에 백기를 들었습니다. 1945년 8월 15일, 히로히토裕仁 천황의 무조건 항복 선언과 함께 일본 제국의 패전으로 제2차 세계대전이 끝을 맺었습니다.

아무도 기억하지 못한 두 번째 원폭 피해국

히로시마와 나가사키의 피폭 결과를 확인한 미국의 트루먼 대통령은 예상을 뛰어넘은 리틀 보이와 팻맨의 파괴력에 놀랐습니다. 그리고 다시는 핵무기를 사용하지 않겠다고 선언합니다. 이로써 일본은 공식적으로 핵폭탄으로 인해 가장 큰 피해를 입은 국가가 되었습니다. 그렇다면 두 번째로 가장 큰 피해를 받은 나라는 어디일까요? 한국입니다. 한국을 핵폭탄 피해국으로 여기는 사람은 거의 없습니다. 하지만 두 번의 핵폭탄 투하 당시 사망한 한국인은 약 4만 명이며, 피해자는 약 7만 명이나 됩니다. 게다가 당시 한국인 피폭자와 사망자의 비율은 무려 57.1%로 일본 제국인의 비율인 33.7%보다 월등히 높았습니다. 그 이유는 다음과 같습니다.

① (일본인에 비해) 빈곤과 민족적 차별에 시달렸다.
② 민족 차별로 적절한 의료 조치를 받을 수 없었다.

③ 한국인이 폭심지 근처에 많이 거주하고 있었다.

④ 일본에 친인척이 없었기 때문에 타지역으로의 피난이 불가능했다.

⑤ 핵폭탄 투하 지역에 투입되어 사후 처리를 했다.

히로시마와 나가사키는 한국인 노동자가 많이 거주했던 곳입니다. 도시 일대에서 지내던 한국인 노동자들은 핵폭탄 투하로 직접적인 피해를 받은 것은 물론이고, 또 다른 이유로 더 많은 피폭자가 나왔습니다. 원폭 현장의 사후 처리와 도시 복구에 한국인들이 동원된 것입니다. 아무런 보호 장비도 없이 사체 처리, 일본 피해자 구호 등의 강제 노역과 핵폭탄 투하 지역을 청소해야 했기 때문에 한국인 피폭자 수는 늘어날 수밖에 없었습니다. "청소 작업 후 2주 동안 각혈이 멈추지 않았다"라는 피해자들의 증언이 있을 정도였죠. 가난했던 한국인들은 치료도 제대로 받지 못하고 피폭지 주변에 방치되기까지 합니다. 핵폭탄이 떨어지고 많은 일본인이 목숨을 잃었다는 사실은 알고 있지만, 수만 명이 희생당한 한국인의 고통은 알려지지 않았습니다. 그리고 지금도 여전히 많은 피해자가 고통받고 있습니다.

가장 기뻐해야 할 순간,
분단의 비극이 시작되다

미국은 제2차 세계대전이 한창이던 때, 이미 일본의 패망을 기정사실로 해놓고 영국, 중국과 함께 전후 처리를 위한 계획을 세웠습니다. 그 첫 번째 회의가 1943년 11월 이집트 카이로에서 열립니다. 이 회담에서 당시 식민지였던 우리나라에 매우 중요한 사안이 결정됩니다. 한국의 독립 문제가 최초로 언급된 것이죠. 전 세계 수많은 식민지 국가 중 우리나라만 콕 찍어서 독립을 언급한 이유는 무엇일까요?

핵폭탄이 터지기 전인 1943년에 카이로에서 한국의 독립을 언급한 것은 우리가 그만큼 독립을 위해 치열하게 싸워왔기 때문입니다. 참담한 일제 강점기 샛별처럼 빛났던 항일 투사들의 노력이 없었다면 일본이 핵을 맞고 패망했다고 해도 우리의 독립은 없었을지 모릅니다. 즉 우리는 핵폭탄이 터져서, 외세의 힘만으로 독립을 맞이한 것이 아닙니다. 오랜 시간 굴하지 않고 나라를 지키기 위해 끊임없이 싸워왔기 때문에 광복을 이룰 수 있었던 것이죠. 카이로 회담에서 우리의 독립이 언급된 것은 바로 이러한 역사적 의의를 갖고 있습니다.[10]

이제 2차 세계대전은 막바지로 치닫습니다. 나치 독일과의 전쟁에서 연합국의 승리가 임박하자 연합국은 전쟁 이후 처리에 대해 논의하기로 합니다. 1945년 2월 러시아 크림반도의 얄타 지역에 연합국 소속 미국, 영국, 소련의 수뇌부가 모여 회담을 가집니다. 이때 미국은 소련의 스탈린을 대일 전쟁에 끌어들일 계획이었습니다. 소련이 대일 전쟁에 참여해 일본 관동군과 맞붙어 피해를 입으면 소련과의 대결 구도에서 미국이 우위를 점할 수 있다는 속셈이었죠. 결국 소련은 독일이 항복한 날로부터 2~3개월 안에 대일 전쟁에 참가한다는 약속을 합니다.

사실 소련도 미국의 제안이 나쁘지 않다고 생각했습니다. 전쟁의 끝자락인 데다 참전의 대가로 러일 전쟁에서 잃었던 사할린섬과 쿠릴열도의 섬들을 되돌려 받기로 했기 때문이죠. 게다가 전쟁에서 이기면 국제적으로 영향력을 행사할 수 있겠다고 판단했습니다. 그러나 독일과의 오랜 전쟁으로 큰 희생을 치른 소련은 체제 정비를 이유로 시간을 끌며 참전을 미뤘습니다. 결국 속이 타들어 간 미국이 일본에 핵폭탄을 떨어뜨린 것입니다. 미국의 핵폭탄 투하 후 본격적으로 일본의 패전 분위기가 확실시될 때쯤 다급해진 소련이 대일 전쟁 참가를 결정합니다. 이 상태로 일본이 연합군에 항복하면 향후 동아시아 세력을 재편할 때 미국보다 불리한 위치에 설 것이라 계산한 것입니다.[11]

대일 전쟁에 참가한 소련은 만주를 휩쓸고 무서운 기세로 남하합니다. 제2차 세계대전 연합국으로 한반도에서 전쟁을 치르고 일본의 식민 통치를 무너뜨린 유일한 나라가 바로 소련이었습니다. 1945년 8월 8일 대일 선전포고를 한 뒤 9일 새벽, 소련은 만주와 한국에 있는 일본군에 대대적 공격을 시작합니다. 소련군은 함경북도 웅기에 주둔한 일본군에 공습을 실시하고, 육군은 두만강을 건너 일본군을 공격했죠. 8월 11일 웅기 함락을 시작으로 12일 나진, 13일 청진까지 함락시킵니다.

소련군이 큰 어려움 없이 남하하던 중 8월 15일 정오에 일본이 무조건 항복을 선포합니다. 갑작스러운 일본의 항복으로 자칫 한반도 전체가 소련으로 넘어갈 상황이 되자 당황한 미국은 한밤중에 긴급하게 회의를 소집합니다. 국무성-전쟁성-해군성 조절위원회 위원장 제임스 던James Dunn은 찰스 본스틸Charles Bonesteel 대령과 딘 러스크Dean Rusk 중령에게 군사분계선을 고안할 것을 지시합니다. 내셔널 지오그래픽에서 발간한 지도만을 지참한 이들은 미군 관할지역 내에 한국의 수도 서울을 포함하는 것이 중요하다고 판단합니다. 그리하여 서울 바로 위 북위 38도선을 찍고 선을 쭉 그어버립니다. 이 38선 분할 점령안을 소련, 영국, 중국이 받아들임으로써 현재 휴전선의 전신이라 할 수 있는 38도선이 생겼습니다. 이는 6·25 전쟁이라는 동족상잔의 비극으로 이어졌고 우리는 지금까지도 남북으로 갈라져 살고 있습니다.

1941년 11월 카이로 회담, 1945년 2월 얄타 회담, 1945년 8월 6일 히로시마 원자폭탄 투하, 1945년 8월 9일 나가사키 원자폭탄 투하.

두 번의 원자폭탄 투하 이후 일본은 항복을 선언했고 우리 민족은 수십 년간 이어진 일제의 식민 통치에서 벗어나 그토록 원하던 광복을 맞이했습니다. 그런데 이 기쁨을 온전히 누리기도 전에 38도선이 남과 북을 가르고 말았습니다. 그날 이후 남과 북에는 각각 다른 정부가 들어섰습니다. 두 나라 사이의 갈등과 대립은 같은 민족끼리 총칼을 겨누고 싸워야 했던 6·25전쟁이라는 비극을 남겼습니다. 여전히 남과 북으로 나뉜 한반도는 핵무기로 인해 또다시 전쟁이 일어나지 않을까 긴장감을 놓지 못하고 있습니다. 이처럼 일본에 떨어진 핵폭탄은 우리에게 광복의 기쁨과 분단의 아픔을 동시에 가져다주었습니다.

그렇다면 일본은 전쟁의 가해자일까요, 피해자일까요? 전쟁의 원인을 제공하고 수많은 일본 국민을 불지옥에 빠뜨린 일본 정부는 명백한 가해자입니다. 하지만 민간인의 입장에서 보면 '학살'이라고 할 만큼 너무나 많은 무고한 사람들이 피해를 입었습니다. 따라서 그들은 국적과 관계없이 모두 피해자입니다. 그러나 상대를 죽이지 않으면 내가 죽어야 하는 전쟁통에서 이런 이성적 판단이 작동할 수 있는지는 장담할 수 없습니다. 그리스의 철학자 플라톤은 "역사는 승자의 기록이다"라고 말했습니다. 과거의 역사 기록이 권력자의 관점을 중심으로 기록된다는 뜻입니다. 하지만 패자와 소외된 계층의 기억까지 없앨 수는 없습니다. 따라서 우리는 승자의 기록에 묻혀 잊혀진 피해자로 남지 않기 위해 다양한 시각의 역사를 배워야 합니다. 더불어 앞선 시대의 사람들이 우리에게 남긴 것을 가지고 뒤이어 살아갈 사람들을 위한 더 나은 역사를 써내려 간다면 해결되지 않은 과거가 미래로 다시 찾아오는 일은 없을 것입니다.

벌거벗은 냉전 시대

핵 개발의 비밀과 제3차 세계대전의 위기

류한수

● 1922년에 결성되었다가 1991년에 해체되어 사라진 소련이라는 나라를 들어본 적 있나요? 정식 명칭 '소비에트 사회주의 공화국 연방'을 줄여서 '소비에트 연방'으로, 이를 다시 줄여서 '소련'이라고 불렀습니다. 30여 년 전만 해도 존재하는 나라였으나 현재는 러시아 연방의 전신 국가로 여겨지고 있습니다. 그런데 소련이 강성했던 시기에 제3차 세계대전이 일어날 뻔했던 위기가 있었습니다. 핵을 이용한 전쟁이었기에 제2차 세계대전보다 훨씬 큰 피해를 낼 수 있었던, 어쩌면 인류가 멸망할 수도 있었던 위기 상황이었죠.

제2차 세계대전이 끝난 뒤 소련과 미국은 서로를 믿지 못했습니다. 자본주의와 자유주의 체제의 미국과 공산주의와 사회주의 체제의 소련은 너무도 달랐고 두 나라는 이로 인해 약 40년이라는 긴 시간 동안 적대적 긴장 관계를 유지했습니다. 총알과 폭탄이 난무하지는 않지만 언제든 전쟁이 일어날 수 있는 이 상황을 가리켜 '차가운 전쟁cold war', 즉 냉전이라 불렀습니다. 또 다른 말로는 '총성 없는 전쟁'이라고도 했죠.

당시 미국과 소련은 서로 침공당할 수 있다는 공포심을 가지고 있었습니다. 이 때문에 언제든 공격 가능한 무기를 개발하는 데 엄청난 돈과 노력을 들였죠. 가령 소련은 1961년 강력한 위력을 지닌 차르 봄바 수소폭탄을 개발하기도 했습니다. 이 폭탄은 상상을 벗어난 위력을 보여줬는데, 핵실험 장소인 노바야제믈랴 제도에서 1천㎞ 떨어져 있던 핀란드 건물의 유리창이 충격파에 깨질 정도였습니다. 쉽게 말해 이 폭탄이 서울 한복판에 떨어지면 서울은 바로 흔적도 없이 사라지고 그 여파로 수도권의 모든 건물이 파괴되는 것이죠. 그뿐 아니라 핵폭발 시 뿜어내는 엄청난 열기는 반경 100km 안에 있는 사람들, 그러니까 세종시에 사는 사람들까지 피부가 다 드러나는 3도 화상을 입을 정도라고 합니다.

이처럼 소련과 미국의 대립은 전 세계를 또 다른 전쟁이라는 공포로 몰아넣었습니다. 주변의 여러 나라는 대리전쟁, 스파이 활동, 핵무기 등 여러 사건 속에서 극도의 긴장과 공포를 경험해야 했죠. 두 나라가 냉전에 돌입한 이유는 무엇인지, 그 시대에 어떤 일이 있었기에 제3차 세계대전이 일어났을지도 모를 끔찍한 위기를 불러왔는지 지금부터 냉전 시대를 벌거벗겨 보겠습니다.

동맹에서 적대국으로

소련과 미국이 처음부터 서로를 불신한 것은 아니었습니다. 두 나라는 한때 동맹을 맺고 서로를 도왔던 적이 있었죠. 이를 설명하기 위해서는 제2차 세계대전을 살펴봐야 합니다. 당시의 세력은 크게 두 진영으로 나뉘었습니다. 미국·영국·소련의 연합국과 독일·이탈리아·일본의 추축국입니다. 전쟁 준비에 박차를 가하던 나치 독일은 서방 세력을 견제하기 위해 1939년 소련과 협약을 맺었습니다. 이른바 독소 불가침 조약으로, 10년 동안 상호 국가 간에 어떠한 공격도 하지 않을 의무와 양국 간의 중립을 약속한 것입니다.

그해에 독일이 폴란드를 침공하면서 제2차 세계대전이 시작되었습니다. 그리고 유럽을 거의 장악한 독일은 1941년에 소련을 침공합니다. 독소 불가침 조약을 무시한 독일의 기습 공격이었죠. 이때 소련은 독일에 연전연패하며 국가가 무너질 위기에 처했습니다. 그러자 미국이 소련을 지원하겠다며 나섰습니다. 미국의 루스벨트 대통령과 소련의 스탈린 서기장은 서로 다른 이념과 체제를 가졌으나 히틀러라는 공공의 적을 타도하기 위해 손을 잡았습니다. 두 나라 사이에 우호적 관계가 형성된 것이죠.

미국은 소련이 독일의 공격에 무너지는 일을 막으려고 1945년까지 약 436억 달러를 지원합니다. 나아가 소련과 동맹을 맺으며 일종의 전략적 제휴를 시작했습니다. 하지만 당시 미국 내에서 스탈린은 환영받지 못했습니다. 미국은 소련을 도울 명분을 만들기 위해 언론을 통해 스탈린의 친근한 이미지를 계속해서 노출했습니다. 얼마 뒤 미국인들은 스탈린을 '조 아저씨'라 부르며 익숙하게 대했습니다. 그의 영어 이름인 조지프 스탈린Joseph Stalin을 친근한 애칭으로 부른 것이죠.

이렇게 히틀러 제거와 나치 타도라는 공동 목표를 위해 소련과 서방 연합국은 미국의 지원을 받아 독일을 함께 공격했습니다. 1942년 5월에는 1천 대를 웃도는 폭격기가

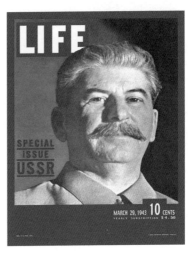

미국 잡지 〈라이프〉 속 스탈린

독일의 쾰른 등 공업 지대를 파괴했습니다. 연합군은 물량 공세와 일사불란한 공격으로 독일의 수도 베를린을 점령하며 독일의 전쟁 의지를 꺾는 데 성공합니다. 이때 소련은 연합군이 승리하는 데 큰 역할을 했습니다. 스탈린은 총을 쥘 수 있는 남자는 물론 여자까지 전선으로 보냈는데, 그 수가 무려 3,450만 명이었습니다. 사망자만 해도 2,900만 명이었으니 엄청난 피해를 감수하고 전쟁에 나선 것이죠. 2,900만 명은 현재 스위스, 스웨덴, 벨기에의 인구를 모두 합친 수와 비슷합니다. 소련으로서는 세

나라가 한 번에 사라진 것과 다름없는 인명 피해를 입었던 셈입니다.

하지만 미국과 소련의 우호 관계는 오래가지 않았습니다. 1945년 2월, 제2차 세계대전에서 독일이 패망할 기미가 보이자 두 나라 사이에 긴장감이 찾아온 것입니다. 독일을 상대로 싸운 연합국들은 전쟁 종료 이후 독일을 통치할 방법을 논의하기 위해 크림반도의 알타에서 회담을 열었습니다. 미국의 루스벨트, 영국의 처칠, 소련의 스탈린 등 연합국의 지도자들이 한자리에 모였죠. 이 회담은 나치를 완전히 타도한다는 공동 목표를 이루려는 노력의 절정이라 할 수 있습니다. 다만 절정이 지난 뒤에는 내리막길이 나오듯 알타 회담을 계기로 갈등의 씨앗이 싹트기 시작했습니다. 연합국은 패전 후의 독일을 분할 점령한다는 원칙을 세웠습니다. 여기까지만 해도 세 나라가 순조롭게 합의하는 듯 보였으나 폴란드 처리 문제를 두고 갈등을 빚기 시작했습니다.

당시 폴란드는 영국과 소련, 두 나라와 밀접한 관계였습니다. 영국은 이미 폴란드와 동맹을 맺었기에 우호 관계를 유지해야 한다고 생각했습니다. 그런데 소련의 입장은 달랐습니다. 폴란드는 서유럽 국가와 소련 사이에 위치해, 과거 서방 세력이 러시아 제국으로 쳐들어올 때면 반드시 폴란드를 거쳤습니다. 이와 같은 지리적 이유로 소련은 폴란드를 자신의 영향권 아래에 두어야 안전하다고 생각했습니다. 이 시기 폴란드는 영국이 지지하는 친서방적 망명정부와 소련이 지지하는 공산주의 임시정부로 나뉘어 있었는데, 폴란드가 해방되었을 때 이 나라를 누가 주도할 것인가 하는 문제를 두고 두 나라가 기 싸움을 벌인 것입니다. 영국과 소련, 그 어느 쪽도 자국이 지지하는 단체를 포기하려 하지 않았습니다. 긴 회의 끝에 폴란드의 자유 선거를 통해 국민이 선택하는 정권을 수립하는 데 합의합니다. 그러나 당시 소련군이 폴란드의 대부분을 점거했기에 자유가 보장되지 않는 허울뿐인 자유 선거를 치러야 했습니다. 결국 소련이 배후에서 주도한 선거로 1947년에 폴란드의 공산정권이 세워집니다. 이에 미국과 영국이 강력하게 반발하면서 연합국 사이에 금이 가고 긴장 상태에 접어들게 됩니다.

냉전의 전조, 포츠담 회담

제2차 세계대전 종결 직전인 1945년 7월 26일에 미국·영국·소련의 수뇌부는 다시 한번 독일의 포츠담에서 회담을 열었습니다. 그런데 얄타 회담과 포츠담 회담 사이에 큰 변화가 생겼습니다. 이 변화는 미국과 소련의 관계에 위기를 불러일으켰고, 곧 세계를 뒤흔든 냉전의 문을 열고 말았습니다.

사진을 보면 알 수 있듯이 미국과 영국의 수뇌부가 바뀐 것입니다. 얄타 회담 당시 건강이 좋지 않았던 루스벨트가 얼마 뒤 숨지면서 트루먼이라는 새로운 인물이 미국 대통령을 승계해 포츠담 회담에 참석했습니다. 영국 또한 전쟁이 끝나기 직전에 치른 선거에서 처칠을 누르고 당선된 클레멘트 애틀리Clement Attlee 총리가 참석했습니다. 결국 얄타 회담에 참석했던 연합국의 지도자는 소련의 스탈린뿐이었죠. 스탈린은 새로운 인물들과 다시 교섭을 시작해야 하는 상황에 놓였습니다. 소련에 우호적이었던 루스벨트에 비해 트루먼은 매우 강경한 자세를 보였습니다. 소련에 반감을 품은 트루먼은 소련의 동유럽 정책에 분노했고 냉소적 발언도 서슴지 않았습니다. 영국의 애틀리 총리 역시 스탈린을 불신했습니다. 이처럼 불과 5개월 사이에 연합국의 수뇌부가 교체되면서 미국과 소

1945년 2월, 얄타 회담

1945년 7월, 포츠담 회담

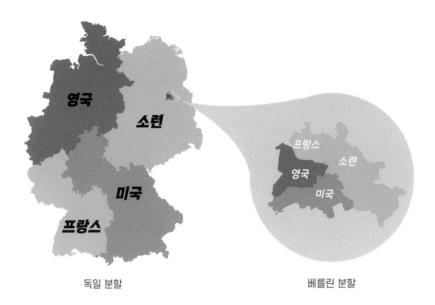

독일 분할   베를린 분할

런의 관계는 조금 더 틀어졌습니다. 이런 상황에서 스탈린은 포츠담 회담을 통해 트루먼, 애틀리와 함께 독일 분할 점령을 구체화한 것은 물론 독일의 무장 해제, 탈나치화 및 민주화 등의 원칙을 세웠습니다.

독일 분할은 소련이 독일의 동쪽, 영국이 북쪽, 미국이 중앙, 프랑스가 남쪽을 관할하는 것으로 의견을 모았습니다. 다만 제2차 세계대전의 원흉이었던 독일의 심장부 베를린을 소련이 단독 점령하는 것에 나머지 연합국이 불만을 드러냈습니다. 따라서 베를린은 또다시 4개국이 분할해 공동 관리하기로 합니다. 독일에 항복했던 프랑스가 독일 분할에 포함된 것은 소련을 견제하고 싶었던 영국의 강력한 주장 때문입니다. 물론 소련은 독일을 무릎 꿇리는 데 기여도가 없는 프랑스의 합류에 엄청난 불만을 품었지만 얄타 회담 당시 루스벨트의 설득으로 합의했습니다.

제2차 세계대전에서 극심한 인명 피해와 물적 피해를 입은 소련은 무슨 일이 있더라도 국가안보를 확보하겠다는 요구를 품을 수밖에 없었습니다. 때문에 서유럽 국가가 또다시 침공해오는 일이 없도록 서유럽과 소련 사이의 동유럽 국가들을 자기 편으로 만들기 위해 많은 노력을 기울였습니다. 동유럽 국가에 친소련 정부가 들어서게 함으로써 이들을 완충지대 삼아 자국을 보호하려고 했던 것이죠. 이에 미국과 영국 같은 서유럽 국가들은 소련의 공산주의 체제가 유럽을 물들일까 불안해졌습니다. 그 불안은 소련을 향한 처칠의 연설에서도 느낄 수 있습니다.

> "발트해의 슈체친(폴란드)에서 아드리아해의 트리에스테(이탈리아)까지 철의 장막이 대륙을 건너 드리워졌습니다."

제2차 세계대전 종결 이후 외부와 교류하지 않고 내밀히 움직이는 소련에 영국의 전 총리 처칠이 경고한 것입니다. 이후 '철의 장막'이라는 표현은 동서 진영의 냉전을 상징하는 말이 되었습니다. 당시 소련의 세력 아래서 독립적 주권을 행사하지 못한 나라들은 소련의 통제로 인적·물적 교류가 끊어졌고, 나중에는 국가 간 교류마저 끊기고 맙니다. 외부와 교류를 차단하고 폐쇄적 정치를 하는 소련을 두고 볼 수만은 없었던 미국의 트루먼 대통령은 '트루먼 독트린'이라는 선언을 합니다. 독트린은 국제 사회에서 한 나라가 공식적으로 내세우는 정책상의 원칙을 뜻합니다.

> "우리는 공산주의 세력의 확대를 막을 것입니다. 자유와 독립을 꼭 지켜 내겠습니다."

공산주의, 즉 소련의 세력이 확장되는 것을 막고자 한 트루먼 대통령은 자유 선거를 강조했습니다. 모든 나라의 국민이 자유의사에 따라 자신이 원하는 정당과 통치자를 뽑아야 한다는 것이었죠. 미국은 터키, 그리스 같은 국가에서 반공 정부의 힘을 키우기 위해 약 4억 달러의 거금을 들여 군사적·경제적 원조를 제공했습니다. 트루먼 독트린은 공산주의의 팽창에 위기감을 품은 미국이 소련을 적으로 돌리는 냉전에 접어들었음을 보여주는 사건으로 남아 있습니다.

미국 vs 소련, 쩐의 전쟁

미국과 소련의 기 싸움은 날이 갈수록 심해졌고, 두 나라는 자신의 영역을 넓히기 위해 금전적인 투자도 아끼지 않았습니다. 냉전으로 말미암아 쩐의 전쟁이 시작된 것입니다. 이러한 상황이 지속되던 1947년 6월, 미국의 국무장관 조지 마셜George Marshall이 한 가지 주장을 합니다. 제2차 세계대전 때 미국의 참모총장이었던 그는 루스벨트 대통령 측근에서 조언자로 활약한 인물입니다.

> "유럽 여러 나라에 퍼지고 있는 공산주의를 막으려면 미국이 유럽에 대규모 원조를 실시해야 합니다."

실제로 제2차 세계대전 이후 유럽 국가는 수천만 명의 인명 피해와 규모조차 가늠할 수 없는 재산 피해를 입었습니다. 전쟁에서 살아남았다고는 하지만 많은 사람이 극심한 굶주림에 시달렸고, 그 틈을 타 공산주의 정권이 들어설 가능성이 커지고 있었죠. 미국은 마셜의 말대로 유럽 국가에 경제 원조를 시행해 유럽의 경제 부흥을 꾀했습니다. '마셜 플랜'

이라 불린 이 계획을 통해 미국은 4년에 걸쳐 약 130억 달러(현재 가치 약 100조 원)가 넘는 거대한 금액을 유럽 국가에 지원합니다. 유럽 경제를 다시 세워 공산주의가 스며드는 것을 막고 민주주의 국가들이 안정적인 환경을 이루는 것이 마셜 플랜의 취지였습니다. 더불어 미국의 상품 시장을 확대하려는 목적도 있었죠. 유럽이 되살아나야 세계 무역시장도 활발해지리라 생각한 것입니다. 마셜 플랜이 끝난 1952년 무렵에는 미국의 도움을 받은 유럽 대부분 국가의 경제가 되살아났고, 미국은 세계 경제의 선두 주자로 자리매김했습니다.

소련은 미국이 마셜 플랜으로 주변 국가들로부터 인정받고 세력을 넓히는 모습에 위기를 느꼈습니다. 동시에 정치적·경제적 연대를 맺고 있는 동유럽 국가들이 미국의 마셜 플랜을 거부하자 이들을 위한 독자적인 경제 원조 계획을 세웁니다. 소련의 외무장관 뱌체슬라프 몰로토프 Vyacheslav Molotov는 1947년 동유럽 국가의 경제 발전을 위한 기술, 물자, 설비 등의 교환과 원조 공여를 목적으로 하는 몰로토프 플랜을 입안합니다. 이를 가리켜 소련판 마셜 플랜이라고 합니다. 이 계획의 목표는 유럽 국가들이 미국의 원조에 의존하는 것을 막는 한편 폴란드, 루마니아, 헝가리 등 몰로토프 플랜 참가국들과 소련의 긴밀한 무역 관계를 구축하는 것이었습니다. 이로써 미국과 소련의 관계는 점점 더 멀어져 갔습니다.

1950년대의 유럽 지도를 살펴보면 노란색은 미국의 영향을 받아 자본주의 정부가 들어선 국가들이고, 보라색은 소련의 영향을 받아 공산주의 국가가 된 국가들입니다. 흰색의 스위스, 오스트리아, 유고슬라비아는 미국, 소련과 동맹을 맺지 않은 중립국이죠. 유럽 대륙은 이렇게 자본주의와 공산주의가 팽팽하게 맞서게 됩니다. 나아가 미국과 소련은 각각 군사

1950년대 유럽 지도

동맹기구까지 만들었습니다. 미국 중심의 군사 동맹기구인 NATO(북대서양 조약기구)가 서유럽과 미국 사이에 체결되었고, 이에 대항하는 소련 중심의 군사 동맹기구인 바르샤바 조약기구가 창설되었습니다. 이에 따라 냉전 시대에는 NATO와 바르샤바 조약기구가 군사적으로 대치했습니다.

미국과 소련의 경제 원조가 활발히 이루어지던 시기, 서부 독일은 미국의 도움을 받아 전쟁으로 부서졌던 건물과 공장을 다시 세우면서 빠르게 경제를 회복했습니다. 반면 소련이 점령한 동부 독일에서는 여전히 경제적 어려움이 지속되었습니다. 무려 1천여 개에 이르는 공장이 문을 닫았고 대량 실업이 발생해 매우 심각한 상황이었죠. 소련이 전쟁 배상금이라는 명목으로 동독의 공장 설비를 뜯어가 버렸기 때문입니다. 그뿐 아니라 사람과 물자를 나르던 철도도 1만km가 넘도록 뜯어가 소련에 다시 설치했습니다. 다만 제2차 세계대전 당시 독일이 소련에 입힌 물질적 피해는 이보다 훨씬 더 컸습니다. 이렇게 동독의 공장이 문을 닫기 시작하면서 원래부터 서독과 경제적 격차를 보이던 동독은 점점 더 뒤처지기 시작했습니다.

미국, 영국, 프랑스 덕분에 경제 위기를 극복하고 자본주의가 자리 잡는 서베를린을 보며 불안을 느낀 소련은 무모한 계획을 세웠습니다. 미국에 대한 불신을 키우고 동독과 동유럽을 확실히 소련의 영향권 아래 두기 위해서는 베를린을 완전히 차지해야 한다고 생각한 것이죠. 이를 위해 서베를린과 서방 연합국의 연결을 완벽히 차단하기로 합니다. 서베를린 지역의 철도, 도로, 수로를 모두 막고 전기와 물까지 끊으며 베를린 봉쇄를 시작한 것입니다. 당시 베를린은 소련이 관할하는 동독 지역에 위치해 소련이 마음만 먹으면 얼마든지 완전히 고립될 수 있는 상황이었습니다.

하루아침에 고립된 서베를린 사람들은 당장 먹을 것을 걱정해야 할 처지가 됐습니다. 미국과 서유럽 국가들은 서베를린 시민을 구하기 위해 소련과 협상을 벌였지만 마땅한 답은 나오지 않았습니다. 결국 이들은 소련의 봉쇄 정책에 양보하지 않고 맞서기로 합니다. 그리고 생필품조차 구하기 어려운 서베를린 시민 200만 명을 도울 방법을 생각해냅니다. 비행기로 필요한 물건을 실어나르기로 한 것이죠. 약 1년 동안 미국의 수송기가 20만 번 이상 비행하며 서베를린 사람들을 위한 생활필수품 230만 톤을 실어날랐습니다. 이 작전으로 서베를린 시민은 미국과 서방 연합국에 더욱 의지하게 됐고 아무런 성과 없이 국제적 여론만 나빠진 소련은 더 큰 곤경에 빠졌습니다. 1949년 5월, 소련은 마지못해 베를린 봉쇄를 풀었습니다.

하지만 소련은 베를린을 결코 포기하지 않았습니다. 공산 체제를 견디지 못한 동독 주민들이 계속해서 서독으로 탈출하자 새로운 계획을 세운 것입니다. 1961년까지 서독으로 넘어간 동독 인구는 약 250만 명으로 전체 인구의 20%에 육박했습니다. 동독과 서독으로 나뉜 독일은 냉전 체제의 대립을 상징하는데, 동독 사람들이 서독으로 넘어간다는 것은 미국과의 체제 싸움에서 소련이 지고 있다는 것을 의미합니다. 더 이상 두고 볼 수 없던 소련은 궁여지책으로 서베를린 지역을 원천 봉쇄하기로 합니다. 1961년 8월 12일, 소련군은 새벽부터 동·서 베를린 사이의 40km 경계선에 철조망을 치고 동·서 베를린을 연결했던 도로와 철도를 파괴합니다. 그리고 우리가 잘 알고 있는 베를린 장벽을 세우죠. 동·서 베를린 경계에는 외국인만 지나갈 수 있는 검문소 '체크 포인트 찰리'가 세워졌고 초소를 세워 무장한 군인들은 베를린 장벽 주변을 지켰습니다. 그럼에도 동독에서 서독으로 탈출하려는 사람들은 넘쳐났고 국경 경비대는 서독으로 넘어가는 사람들을 총으로 쏴 죽이기까지 했습니다. 이때 많은 사람이 목숨을 잃었습니다.

미국 vs 소련, 스파이 전쟁

지금까지는 냉전 시대의 유럽 상황을 살펴보았습니다. 하지만 냉전은 유럽뿐만 아니라 전 세계에 영향을 미쳤습니다. 그 가운데서도 가장 심각한 문제는 핵폭탄이었습니다. 베를린 봉쇄에 실패하며 한발 물러나는 듯한 소련은 미국에 이어 4년 만에 핵무기 개발에 성공하면서 냉전 분위기를 단숨에 역전합니다. 1945년 인류 역사상 처음으로 원자폭탄을 개발했던 미국은 당시 소련의 과학기술과 경제 상황으로 미루어볼 때 소련이 원자폭탄을 개발하려면 최소 10년은 걸릴 거라고 예상했습니다. 그런데 소련은 4년 만에 핵무기 개발에 성공합니다. 소련 최초의 핵무기는 미국이 일본 나가사키에 떨어뜨렸던 원자폭탄과 비슷한 위력을 가졌습니다. 소련이 핵무기를 가지면서 냉전은 새로운 국면으로 접어들게 됩니다.

소련이 불과 4년 만에 핵 개발에 성공한 업적에는 비밀이 숨어 있습니다. 맨해튼 프로젝트의 스파이 덕분이었죠. 맨해튼 프로젝트는 제2차 세계대전 중에 독일이 먼저 핵무기를 손에 넣는 것을 막기 위해 미국에서 비밀리에 진행한 핵무기 개발 연구입니다. 미국은 여기에 현재 가치로 무려 30조 원이라는 엄청난 돈을 쏟아부었고, 수많은 천재 과학자들이 모여 핵무기를 연구했습니다. 이 프로젝트에서 가장 중요한 것은 보안. 워낙 철저한 보안 덕분에 당시 부통령이던 트루먼도 이 프로젝트의 실체를 몰랐고, 이곳에서 일하는 13만 명 중 99%가 정확히 무슨 일을 하는지 모를 정도였죠. 그런데 이 프로젝트에 참여한 독일 출신 물리학자 클라우스 푹스Klaus Fuchs가 소련의 스파이였던 것입니다. 그는 한 국가가 핵무기를 독점하는 것은 올바르지 못하며, 소련도 핵무기를 보유하게 된다면 힘의 형평성이 맞다고 생각했습니다. 그리하여 미국 핵실험의 주요 정보를 소련에 넘겼던 것입니다. 냉전 시대에는 수많은 스파이가 활약했는데 소련 스파이는 미국과 서유럽에서, 미국과 유럽 스파이는 소련에서 정보를 빼내기 위해 암투를 벌였습니다. 이처럼 소련은 스파이 덕분에 미국의 예상보다 훨씬 빨리 핵실험에 성공합니다.

미국 vs 소련, 대리전쟁

소련의 핵무기 개발은 우리나라의 아픈 역사와도 연결되어 있습니다. 냉전의 반대말은 열전입니다. 제1, 2차 세계대전처럼 무기를 사용해 직접적인 전쟁이 일어나는 것을 열전이라 부르고, 직접적인 전쟁은 없으나 일촉즉발의 대치가 이어지는 것을 냉전이라 부릅니다. 그런데 미국과 소련의 입장에서는 냉전일지 몰라도 그 이외의 나라에서는 냉전의 영향으로 열전이 일어나기도 했습니다. 극도의 긴장 상태가 이어지던 냉전 시대에 발생한 최초의 열전은 한국 전쟁이었습니다.

1950년 6월 25일, 북한이 남한을 침공합니다. 당시 미국 대통령이었던 트루먼은 고향에 내려가 주말을 보내던 중이었죠. 잠자리에 들기 전 국무장관에게서 한 통의 전화가 걸려옵니다.

"중대한 사태가 발생했습니다. 북한이 38선을 넘어 남한을 침공했습니다."

그 시각 남한의 하늘에서는 전투기의 굉음이, 지상에서는 소련이 북한에 제공한 242대의 탱크들이 38선을 넘어 남한을 전면 침공하고 있었습니다. 북한의 기습 공격 소식을 들은 트루먼은 즉시 워싱턴으로 돌아가 비상회의를 소집했습니다. 트루먼은 한국 전쟁을 공산주의의 도전으로 받아들이고 미국의 참전을 결정합니다.

"한국은 미국에서 수천 마일 떨어진 곳에 있는 작은 나라지만, 그곳에서 일어나고 있는 일은 모든 미국인에게 중요합니다. 6월

> 25일 일요일에 공산주의 세력이 대한민국을 공격했습니다. (중략) 남한 공격은 노골적인 평화 파괴이며 유엔 헌장 위반입니다. (중략) 우리는 이에 정면으로 맞서야 합니다."

16개국에서 수많은 유엔군이 참전했고 한국 전쟁은 한반도 분단이 고착되는 결과를 낳았습니다. 이후 미국과 소련 사이의 긴장과 대립은 더욱 격렬해졌습니다. 미국과 소련은 직접적인 충돌은 없는 냉전을 벌였지만, 열전에 휘말린 한반도는 크나큰 피해를 입었습니다. 그뿐 아니라 베트남 전쟁, 아랍-이스라엘 전쟁까지 미국과 소련은 계속해서 전쟁에 개입했습니다. 두 나라의 이념 차이가 전 세계 곳곳에 전쟁을 일으킨 것이죠. 자본주의와 공산주의를 앞세운 미국과 소련의 대립과 긴장 속에 전 세계는 전쟁이 다시 일어날지도 모른다는 극심한 불안감과 공포감을 느껴야만 했습니다.

미국 VS 소련, 개발 전쟁

소련이 핵실험에 성공한 지 반년이 채 지나지 않은 1950년 1월 31일. 미국의 트루먼 대통령이 중대 발표를 합니다. 핵무기보다 훨씬 강력한 슈퍼 폭탄을 개발하겠다고 선언한 것입니다. 힘의 우위를 확보하기 위해서는 원자폭탄보다 더욱 강력한 무기가 필요했기 때문이죠. 사람들은 원자폭탄보다 강력한 무기를 만들 수 있다는 사실을 믿지 않았습니다. 하지만 그로부터 2년 뒤, 미국은 수소폭탄 개발에 성공합니다. 미국이 핵분열이 아닌 핵융합을 이용해 개발한 수소폭탄 아이비 마이크는 히로시마에

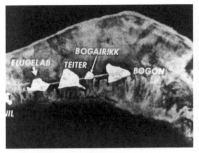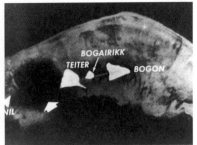

아이비 마이크 폭발 후 섬의 변화

떨어졌던 원자폭탄보다 700배는 더 강력한 위력을 발휘했습니다. 이 폭탄의 위력은 폭발 실험 전후의 섬을 사진으로 비교해보기만 해도 알 수 있습니다.

태평양의 작은 섬에 수소폭탄이 떨어지자, 오른쪽 사진처럼 검은색 구멍이 커다랗게 나타날 만큼 섬의 일부가 완전히 날아가 버렸습니다. 섬을 날려버리는 어마어마한 폭탄을 미국이 개발했다는 소식에 위기를 느낀 소련은 이에 질세라 1년 뒤에 세계 최초로 실용화가 가능한 건식 수소폭탄 RDS-6을 실험하는 데 성공합니다. 이에 자극받은 미국도 가만있지 않았죠. 기존의 습식 수소폭탄이 아닌 공중 폭격이 가능한 건식 수소폭탄 '캐슬 브라보'를 만든 것입니다. 이처럼 미국과 소련의 양보 없는 핵개발 경쟁은 멈출 줄 몰랐습니다. 캐슬 브라보는 미국의 핵실험 역사상 가장 강력한 15메가톤의 위력을 지닌 것으로, 히로시마 폭탄의 1천 배나 되는 폭발이 일어났다고 합니다. 이로 인해 전 세계 방사능 탐지기에서 방사능이 감지되면서 비밀리에 진행한 실험이 알려지고 말았습니다. 폭발 이후 섬 반경 160km에 걸친 태평양 마셜 제도가 방사능에 오염됐고, 그곳에 사는 원주민과 인근에서 조업 중이던 어선의 선원들이 피폭되었습니다. 2019년 미국의 조사에 따르면 핵실험 이후 60년이 지났음에도 마셜 제도에는 후쿠시마보다 최대 1천 배가 넘는 방사능이 검출된다고 합니다. 핵실험은 끝났지만 그 고통은 끝나지 않은 셈입니다.

지금까지의 상황을 지켜보면 늘 한 걸음 앞서가는 미국을 소련이 따라가는 방식이었습니다. 그런데 이 흐름을 뒤바꿀 엄청난 사건이 일어납니다. 1957년 10월 4일, 소련이 세계 최초로 인공위성 '스푸트니크 1호' 발사에 성공한 것입니다. 전 세계 라디오에서 스푸트니크 1호의 신호음이 울려 퍼졌고, 미국은 패닉에 빠졌습니다.

> "소련, 인공위성을 우주로 발사. 지구를 시속 1만 8천 마일로 공전. 미국 상공을 4회 가로지른 것 포착."

당시 미국은 '스푸트니크 쇼크'라는 말이 나올 정도로 큰 충격을 받았습니다. 인공위성은 단순히 소련의 기술력이 미국을 앞질렀다는 자존심 싸움에서 끝나는 게 아니었기 때문이죠. 인공위성을 쏘아 올린다는 것은 아주 무거운 물체를 멀리까지 보낼 수 있다는 것입니다. 이를 위해서는 로켓 기술이 필요한데 이는 대륙 간 탄도미사일 기술과 비슷합니다. 즉 소련이 우주로 인공위성을 쏘았다는 것은 대륙을 넘어설 수 있는 탄도미사일 기술을 보유했다는 것을 의미합니다. 다시 말해 소련이 핵탄두를 장착한 미사일로 선제공격을 할 수 있다는 것이죠.

이제껏 미국과 소련이 핵무기 개발 경쟁을 했다고 하지만 미국은 언제나 핵무기의 수에서 소련보다 월등히 앞서 있었습니다. 무엇보다 그 핵무기를 싣고 비행해서 적의 영토에 떨어뜨릴 수 있는 장거리 폭격기가 미국에는 있었지만 소련에는 없었습니다. 그래서 미국은 전쟁이 나도 소련을 쉽게 이길 수 있다는 자신감을 품고 있었습니다. 그런데 소련의 우주 발사체 기술 개발로 미국이 지닌 힘의 우위가 한순간에 사라지고 오히려 소련에 당할 수도 있는 상황이 된 것입니다. 때문에 미국은 패닉에 빠지고 엄청난 위기감을 품을 수밖에 없었죠.

한편 소련은 여기서 멈추지 않고 스푸트니크 1호에 이어 2호 발사에도 성공하면서 사람을 우주에 보낼 계획을 세웠습니다. 이때 사람 대신 다른 생명체를 먼저 우주로 보낸 뒤 그곳에서의 생존력과 적응 여부를 조사하기로 합니다. 온순한 성격의 유기견 라이카가 실험 대상으로 선정되었고 모스크바 항공의학연구소에서 우주견 훈련을 받았습니다. 몇 개월의 훈련 끝에 우주로 쏘아 올린 라이카는 인공위성 온도 조정 시스템의 오작동으로 추정되는 과열과 무중력 상태에 따른 스트레스로 끝내 살아서 돌아오지 못했습니다. 하지만 이 실험을 통해 지구 생명체가 지구 궤도에 진입하는 과정과 무중력 상태의 신체 변화 등 귀중한 데이터를 확보했습니다. 이를 바탕으로 우주 공간에서 생명체가 적응할 방법을 연구할 수 있게 된 것이죠.

소련의 행보에 마음이 조급해진 미국은 서둘러 우주 개발을 위한 대통령 직속 기구 NASA(미항공우주국)를 만들었습니다. 그리고 세계 최초로 통신 위성 익스플로어 1호 발사에 성공합니다. 이를 계기로 세계는 더 치열한 우주 개발 경쟁에 접어들었습니다. 소련이 최초로 사람을 우주로 보내는 우주 비행에 성공하자, 미국은 아폴로 11호로 인류 최초로 인간을 달에 보내서 그곳에 착륙해 발자국을 남겼습니다.

두 나라의 계속된 우주 경쟁은 전 세계 사람들에게 언제 어디서든 미사일로 공격받을 수 있다는 공포심을 심어주기도 했습니다. 실제로 인류 전체가 멸망할 수 있다는 위험을 상기시키는 사건이 소련에서 일어납니다. 1961년 10월 30일 오전 11시 33분, 소련의 노바야제믈랴 제도에서 인류 역사상 가장 강력한 수소폭탄 차르 봄바가 터진 것입니다. 황제 폭탄이라는 이름에 걸맞게 무게만 27톤에 달하는 차르 봄바는 50메가톤의 위력을 가졌습니다. 히로시마에 떨어진 원자폭탄의 3,333배의 폭발이 일어난 것이죠. 당시 약 100km 밖에서도 3도 화상을 입을 정도의 열이 발생했고 약 700km 떨어진 곳에서도 충격파가 감지되었다고 합니다.

차르 봄바에서 피어오른 버섯구름의 높이는 약 67km로 에베레스트산 높이의 7배나 됩니다. 이는 1,000km 떨어진 곳에서도 목격될 만큼 어마어마한 높이입니다. 한반도의 직선 길이가 약 1,000km 정도이니 북한의 끝에서 터진 핵폭탄의 버섯구름이 최남단인 해남 땅끝마을에서도 보이는 셈이죠. 차르 봄바 핵실험 당시 다행히도 사상자는 없었습니다. 하지만 실험을 한 소련조차 상당히 놀랐을 만큼 엄청난 위력을 확인할 수 있었습니다. 원래 소련은 100메가톤 규모의 핵실험을 하려다 반으로 줄였다고 합니다. 이처럼 무분별한 핵 개발은 사람들에게 인류의 멸망만이 기다릴 것이라는 공포를 불러일으켰습니다.

핵폭탄의 위력 비교

제3차 세계대전 일보 직전

차르 봄바가 성공한 뒤 소련의 핵 전력은 미국이 쉽게 무시할 수 없는 수준이 됐습니다. 미국과 소련의 군사 격차가 줄어드는 상황에서 전 세계를 제3차 세계대전의 공포로 몰아넣는 사건이 일어납니다. 이 사건의 중심에는 두 사람이 있습니다.

냉전의 시작은 미국의 트루먼 대통령과 소련의 스탈린 원수의 대결이었습니다. 이후 시간이 흘러 미국의 대통령 존 F. 케네디John F. Kennedy와 소련의 당서기장 니키타 흐루쇼프Nikita Khrushchev로 세대교체가 이루어졌습니다. 1961년 오스트리아 빈에서 열린 정상회담에서 처음 만난 두 사람 사이에는 심상치 않은 기류가 흘렀습니다. 67세의 흐루쇼프는 자신보다 23세나 어린 케네디를 얕잡아 보며 가르치듯 말했습니다.

"자본주의가 봉건제에 도전해 승리했듯, 공산주의가 자본주의에 도전하는 건 역사 발전의 법칙입니다."

그러자 케네디도 지지 않고 맞받아쳤죠.

"모든 사람은 선택의 자유를 누려야 하며 정치적 자유를 지지하는 게 미국의 입장입니다."

두 사람은 계속해서 설전을 펼쳤고, 이 회담은 실패한 회담의 교과서라고 불릴 만큼 양쪽 모두 건진 것 하나 없는 싸늘한 분위기로 끝을 맺었습니다. 회담 이후 케네디는 "이런 사람은 처음이다. 내 인생에 이렇게 힘겨웠던 순간도 없었다"라고 말했다고 합니다.

한편 전 세계가 미국과 소련의 냉전을 바라보며 불안에 떨고 있던 그때, 쿠바에서 혁명이 일어납니다. 혁명 전 쿠바에는 미국에 고분고분한 독재 정권이 있었습니다. 그러나 독재 정권의 국민 탄압이 너무도 심해지자 1959년에 독재 정권을 몰아내고 새로운 정부를 세우자는 혁명이 일어난 것입니다. 혁명의 주인공 피델 카스트로Fidel Castro는 미국에 고분고분하지 않았습니다. 소련은 이 틈을 타 쿠바의 혁명 정부와 친밀한 관계를 맺었죠.

코앞의 나라 쿠바의 새 정부가 못마땅했던 미국은 CIA를 통해 카스트로를 죽이기 위한 암살단을 구성했습니다. 1960년 CIA는 카스트로의 혁명에 반대하는 1,400명의 쿠바 망명자를 모집해 침공 훈련을 시켰습니다. 이듬해 케네디는 그 망명자들에게 카스트로를 공격하라고 지시합니다. 이들은 쿠바의 해안에 상륙해 기습 작전을 펼쳤지만 정보가 유출되는 바람에 발각됩니다. 결국 침공 계획은 4일 만에 실패로 돌아갔습니다. CIA는 그 뒤 50년에 가까운 시간 동안 카스트로의 암살을 시도했습니다. 최근 공개된 기밀문서에 따르면 미국의 카스트로 암살 기도 횟수는 2006년까지 638회에 달했다고 합니다. 쿠바의 특산품인 시가 안에 소형 폭탄을 넣어 암살을 계획할 정도였죠.

이렇듯 미국의 계속된 압박에 위기를 느끼던 카스트로는 소련에 도움을 청했습니다. 카스트로와 만난 흐루쇼프는 이를 기회로 삼아 엄청난 계획을 세우기 시작합니다. 미국은 1950년대 후반부터 소련 견제용으로 터키와 이탈리아에 미사일을 배치하기 시작했는데, 흐루쇼프 역시 미사일로 미국을 견제하고 싶은 마음이 컸습니다. 이때 쿠바의 지도자 카스트로가 찾아온 것이죠. 소련은 처음에는 미국의 공격으로부터 쿠바를 지켜줄 방어용 무기를 지원했습니다. 하지만 시간이 지날수록 욕심이 생겼고 군사 지원은 점차 공격용 무기 배치로 변했습니다. 미국과의 거리가 150km밖에 되지 않는 쿠바라면 미국 공격에 용이하다고 판단한 것이죠.

미국을 공격할 미사일 기지를 만들겠다는 소련과 쿠바의 은밀한 계획은 한 사람에 의해 어긋나기 시작합니다. 공산주의 체제에 환멸을 느낀 소련 군사정보국 소속 올레크 펜콥스키Oleg Penkovsky 대령이 핵전쟁 위기를 막기 위해 기꺼이 미국의 스파이가 되기로 결심한 것입니다. 그는 소련 탄도미사일의 설계도와 미사일 포대 배치상황 등 핵심 정보를 영국 사업가 그레빌 윈Greville Wynne을 통해 CIA에 전달했습니다. 이때 빼돌린 정보만 5천 건이 넘었다고 합니다. 당시 소련은 대외적으로 쿠바에 주둔 중인 소련군을 보호한다는 명목으로 방어용 단거리 미사일 발사대를 짓고 있었는데, 절대로 핵미사일용이 아니라던 그들의 주장이 스파이가 제공한 정보 덕분에 거짓으로 밝혀졌습니다. 하지만 확실한 증거를 손에 넣지 못한 미국은 섣불리 나서지 못했습니다. 그러던 어느 날 비밀리에 쿠바를 감시하던 미국 정찰기가 무언가를 포착합니다.

미국 전역을 타격할 수 있는 중거리 핵미사일 기지를 설치하는 장면이었습니다. 이 항공사진은 곧바로 백악관에 전달됩니다. 결정적 증거가 나오자 미국이 발칵 뒤집어졌고, 미군은 소련 중거리 미사일의 사정거리를 계산한 보고서를 내놓았습니다. 쿠바와 미국은 150km밖에 떨어져 있지 않아 미국 북서부 끝자락을 제외하고는 모두 그 미사일의 사정권 안에 들어왔습니다. 쿠바에서 핵탄두 미사일을 발사하면 8분 안에 워싱턴을 쑥대밭으로 만들 수 있는 상황이었죠. 1962년 10월 16일, 케네디는 소련에 '미사일 기지 철수'를 요구합니다. 동시에

쿠바 미사일 기지 확인

항공모함 8척을 비롯한 해군 함정 90척을 동원해 쿠바 해상을 봉쇄하고 그 안으로 들어오는 선박을 모두 수색했습니다. 소련이 추가로 미사일을 운용할 수 있는 부품이나 시설, 핵탄두를 반입하지 못하게 막은 셈이죠. 국제법상으로 불법이지만 국가의 생존이 달린 엄청난 상황이었기에 전쟁도 마다하지 않겠다는 의지를 보여준 것입니다. 전 세계를 죽음의 공포에 숨죽이게 미국과 소련 간의 숨 막히는 대치는 계속됐고 케네디는 방송을 통해 소련에 최후통첩을 보냈습니다.

> "미국의 정책은 다음과 같습니다. 쿠바에서 발사된 핵미사일이 서반구 나라를 공격하면 소련이 미국을 공격한 것으로 간주하고 전면적인 보복 대응에 나설 것입니다."

만일 소련이 요구를 받아들이지 않는다면 두 나라가 핵무기를 가지고 서로를 공격하는 제3차 세계대전이 일어날 수도 있는 상황이었죠. 미국의 도발에도 소련은 미사일 기지를 철수하지 않았습니다. 두 나라 간의 긴장은 끝없이 고조되었고, 군대는 비상사태에 돌입했습니다. 미군은 실제상황의 핵전쟁을 준비하며 쿠바를 봉쇄하고 플로리다에 20만 명 이상의 군대를 파견합니다, 1만 4천여 명으로 편성된 24개 공군 예비군 병력 수송대대까지 소집했습니다. 그리고 모든 핵전력에 비상대기 명령을 하달하고 플로리다에 핵탄두 미사일을 탑재하며 준비를 마쳤습니다. 미국과 소련이 대치하자 동맹국들도 긴장하며 전 세계는 핵전쟁의 공포에 휩싸였습니다. 언제 전쟁이 터질지도 모른다는 상황에 긴장감은 치솟았고, 인류는 핵전쟁으로 인한 멸망의 문턱까지 내몰렸습니다.

10월 26일, 소련 정부는 TV 뉴스를 통해 미국이 쿠바를 침공하지 않겠다는 약속만 한다면 쿠바 내 미사일 기지 건설을 포기할 것이라는 비공식 발표를 합니다. 그 뒤 흐루쇼프는 케네디에게 연속으로 전보를 보내면서 협상을 제안했습니다. 소련의 요구사항은 소련을 노리는 터키의 미사일 기지를 철수하는 것이었죠. 한편 미국 내에서는 강경파들이 케네디가 소련에 지나치게 물러터진 반응을 보인다며 확실하게 소련을 제압하기 위해 쿠바를 선제 공습하고 핵전쟁도 불사해야 한다고 강하게 주장했습니다. 이때 케네디가 강경파의 의견을 수락했다면 제3차 세계대전이 일어날 만큼 위급한 상황이 계속됐습니다.

실제로 10월 27일에 쿠바 상공을 정찰하던 미국의 U-2기가 소련 미사일에 맞아 격추되고 미군 조종사 루돌프 앤더슨Rudolf Anderson이 죽는 사건이 벌어졌습니다. 같은 날 쿠바 해상에서는 미군의 오인 사격으로 소련의 핵잠수함에 폭뢰가 발사되는 사건이 일어납니다. 미 해군은 훈련 상황이었으나 소련 본국과 교신이 끊겼던 잠수함 승조원들은 이를 핵전쟁의 시작으로 오인해 자체적으로 핵 어뢰 발사를 논의했습니다. 핵 어뢰를 발사하려면 장교 세 명의 찬성이 필요했는데 부함장이 반대하며 공격이 중단되었죠. 만일 부함장이 발사 버튼을 눌렀다면 핵전쟁이 일어났을 것입니다.

다음 날 흐루쇼프는 라디오 방송을 통해 "미국이 터키에서 중거리 미사일을 철수하면 소련도 쿠바에서 미사일을 빼겠다"라고 선언합니다. 당시 미국과 소련 양국이 외교 라인을 통해 의사소통을 하려면 상대에게 말을 전하는 데만 6~7시간이 걸렸는데, 그 사이 상황이 급변할 것을 우려해 소련의 입장을 조금이라도 빨리 알리려고 라디오를 선택한 것입니다. 공포와 긴장의 연속 상태에서 케네디가 소련의 요구를 받아들이면서 쿠바 사태는 가까스로 위기에서 벗어납니다. 전 세계 사람들은 제3차 세계대전을 막았다며 안도의 한숨을 쉬었죠. 이후 케네디와 흐루쇼프는 직접 연락의 필요성을 느끼고 이듬해인 1963년 미국과 소련을 잇는 핫라인을 만들었습니다. 그리고 모든 이들이 그토록 원했던 긴장 완화의 시간, 데탕트 시대가 도래합니다. 미국과 소련은 지하를 제외한 모든 핵폭발 실험 금지와 핵무기 전쟁을 억제하자는 '부분적 핵실험 금지 조약'을 맺었습니다.

데탕트 시대 이후 많은 것이 바뀌었습니다. 1990년에 독일이 통일을 맞이하면서 베를린을 동서로 갈라놓는 장벽이 무너졌습니다. 소련을 이루고 있던 공화국들이 독립을 꿈꾸기 시작했고, 1991년에 세계 초강대국이었던 소련이 경제 파탄과 공화국들의 독립 움직임 속에서 해체되어 역사 속으로 사라졌습니다.

우리는 냉전 시대를 통해 인간의 어리석음과 슬기로움을 동시에 볼 수 있습니다. 한때 나치라는 공동의 적을 두고 동맹을 맺었던 미국과 소련은 전쟁이 끝난 뒤 우호적인 관계를 유지해 나가면서 세계 평화를 앞당길 수 있었음에도, 서로를 향한 불신을 극복하지 못하고 의심과 시기심으로 인한 극한의 대립에 치닫고 말았습니다. 또한 쿠바 미사일 위기는 전쟁의 위험이 단지 싸움을 치르는 두 나라(미국과 소련)만의 피해로 끝나지 않고 인류 전체가 멸망할 위기를 초래하는 인간의 어리석음을 적나라하게 보여주었습니다.

반면 양측의 오해로 온 인류가 한순간에 멸망할 수도 있었지만, 마지막 순간에 케네디와 흐루쇼프가 자국의 강경파를 억제하고 정치가다운 타협을 하면서 미사일 기지를 철수하고 제3차 세계대전을 피했다는 점에서 인간의 슬기로움도 볼 수 있었습니다.

이처럼 냉전 시대는 순간의 판단이 얼마나 큰 결과를 불러오는지, 그

중압감이 얼마나 엄청난지를 보여줍니다. 그리고 이와 같은 시대는 언제 어디서라도 다시 찾아올 수 있습니다. 순식간에 모든 것이 파괴될 수 있다는 공포를 다시 겪지 않으려면 우리가 어떻게 해야 할지, 무엇이 현명한 방법일지 생각해 보는 시간이 필요합니다.

벌거벗은 걸프 전쟁

검은 황금, 석유가 불러온 전쟁

박현도

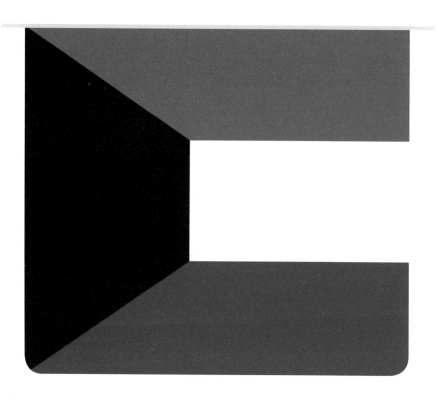

● 1991년 1월 17일 새벽 2시 45분, 전운이 감돌던 이라크의 수도 바그다드에 폭발음이 울려 퍼집니다. 공습의 시작과 함께 조지 부시George Bush 대통령은 걸프 전쟁 시작을 알리는 연설을 했습니다.

> "우리의 목표는 분명합니다. 사담 후세인의 군대는 쿠웨이트를 떠날 것입니다. 쿠웨이트는 다시 자유를 찾을 것이며 정통성 있는 정부를 복원할 것입니다. 이라크는 결국 유엔이 결의한 모든 요구를 따르게 될 것입니다. 그리고 평화가 다시 찾아올 것입니다. (중략) 왜 지금 행동에 나섰느냐고, 왜 기다리지 않았느냐고 묻는 이들도 있겠지요. 대답은 분명합니다. 세계는 더 이상 기다릴 수 없습니다."

이 내용은 TV로 생중계되었습니다. 전 세계에 실시간으로 중계된 것은 이뿐만이 아닙니다. 다국적군의 공습으로 칠흑 같은 밤하늘에 불꽃놀이 폭죽처럼 대공포 사격의 섬광이 퍼지는 모습과 폭격으로 불타는 바그다드, 그리고 토마호크 미사일과 레이저 유도폭탄이 놀라울 만큼 정확하게 목표물을 추적해 폭파하는 모습이 방송을 타고 그대로 노출되었습니다. CNN의 종군기자 피터 아넷Peter Arnett은 공습을 시작한 직후 바그다드 현지에서 17시간이 넘도록 전쟁 현장을 생생하게 보도했습니다. 덕분에 걸프 전쟁은 인류 역사상 TV로 생중계된 최초의 전쟁으로도 유명해졌습니다. 전 세계 10억 인구는 안방에서 마치 한 편의 영화나 비디오 게임을 보듯 실제 전쟁 상황을 생생하게 지켜본다는 사실에 큰 충격을 받았습니다.

30년도 더 된 일이지만 아직도 많은 사람이 그날의 충격적인 장면을 똑똑히 기억하고 있습니다. 걸프 전쟁은 중동의 스탈린이라 불린 이라크의 독재자 사담 후세인Saddam Hussein이 쿠웨이트를 침공하며 시작합니다. 이후 미국을 주축으로 총 39개국이 참여한 큰 전쟁으로 번졌죠. 사담 후세인이 쿠웨이트를 침공한 이유, 그리고 그 전쟁에 미국이 적극적으로 나서면서 더 큰 전쟁으로 번진 데에는 검은 황금이라 불리는 석유가 있습니다. 석유를 향한 욕망은 걸프 전쟁에서만 20만 명의 희생자를 만들어냈죠. 대체 석유가 뭐길래, 이를 둘러싼 전쟁이 끊이지 않았던 걸까요? 지금부터 중동을 피로 물들인 독재자 사담 후세인과 검은 욕망이 일으킨 걸프 전쟁을 벌거벗겨 보겠습니다.

미국은 어떻게 세계 최강국이 되었나?

1908년은 중동 역사뿐 아니라 세계 역사에서도 굉장히 중요한 해입니다. 세계 경제를 완전히 바꿔 놓은 엄청난 발견이 있었기 때문이죠. 이란의 남서부에 있는 사막 도시 마스제데 솔레이만, 사막 한가운데서 굉음을 내며 검은 기둥이 높이 치솟았습니다. 지표를 뚫고 15m 높이까지 오른 것은 석유입니다. 유전이 터진 중동은 일확천금의 땅이자 황금의 샘이 되었습니다.

석유가 검은 황금이라 불린 계기는 영국이 제공했습니다. 제1차 세계대전이 일어날 무렵 영국 해군이 함선의 연료를 석탄에서 석유로 바꾼 것입니다. 이후 석유 확보는 전쟁의 승리를 좌우하는 핵심 조건이 되었습니다. 이후 제2차 세계대전까지 겪으면서 전 세계는 석유가 곧 국가의 힘이라는 사실을 확실하게 깨달았습니다. 나아가 전쟁뿐 아니라 우리 일상

레드라인 협정

에서도 없어서는 안 되는 필수 자원이 되면서 세계 경제를 좌우하는 요
인이 되었습니다. 다만 당시 중동은 아직 석유를 탐사하거나 채굴할 기
술이 미흡했습니다. 그러자 기술을 보유한 서구 열강들이 중동 국가를
대신해 석유 개발에 참여하기 시작했고, 곧이어 중동의 석유를 차지하기
위한 전쟁이 벌어졌습니다.

　승자는 1991년 냉전 시대가 막을 내리고 세계 초강대국으로 떠오른 미
국이었습니다. 미국이 본격적으로 중동에 진출해 유전 개발을 시작한 것
은 제1차 세계대전 후인 1927년 키르쿠크에서 석유가 발견된 것을 계기
로 1928년 '레드 라인 협정'에 참가하면서부터입니다. 레드 라인 협정은

제1차 세계대전의 승전국인 영국, 프랑스, 미국의 석유 회사들이 중동 석유의 주도권을 갖기로 합의한 것입니다. 앞의 지도 속 빨간 선은 주요 산유국을 표시해 둔 것으로, 협정을 맺은 국가의 석유회사만 빨간 선 안에 있는 유전에 대한 이권을 갖는다는 내용입니다. 1908년 이란을 시작으로 1927년 이라크의 키르쿠크, 1930년 이후 페르시아만(걸프) 지역에서 석유가 발견되었습니다. 레드라인 협정은 이미 중동에 진출한 영국과 프랑스에 이어 미국이 후발주자로 참가하는 중요한 계기가 되었습니다.

사실 미국은 처음에는 중동에 관심이 별로 없었습니다. 1859년 미국 펜실베이니아에서 이미 첫 유전을 발견한 산유국이기 때문입니다. 미국이 중동 석유에 별다른 관심을 두지 않던 1930년대 말, 앞으로 미국에서 새로운 유전이 발견되기 어려울 것이라는 예측이 나오기 시작했습니다. 이후 미국의 석유 지질학자들이 팀을 이뤄 중동으로 건너가 조사를 했고, '페르시아만 지역의 석유는 역사상 단연 최고의 상품'임을 확인했습니다. 이 무렵부터 미국의 관심이 중동을 향했습니다. 하지만 그때는 이미 영국이 중동에서 큰 영향력을 행사하고 있을 때였죠. 미국이 영국을 제치고 석유 전쟁의 승자가 되는 데에는 중요한 사건 두 가지가 있습니다.

먼저 제2차 세계대전 종식 1년 전인 1944년에 첫 번째 사건이 벌어집니다. 미국이 중동 석유에 자꾸만 관심을 보이며 영향력을 행사하려 하자 영국은 딜레마에 빠졌습니다. 미국의 적극적인 중동 진출에 자국의 입지가 줄어들까 봐 불안한 한편, 중동을 노리는 소련의 위협을 방어하기 힘들었기 때문이죠. 게다가 유전 개발에 필요한 자본도 부족했기 때문에 미국의 도움도 필요했습니다. 그리하여 주미 영국대사인 에드워드 핼리팩스는 미국의 루스벨트 대통령에게 접견을 요청합니다. 그 자리에서 루스벨트는 종이에 중동 지도를 그리며 역사적으로 회자되는 제안을 하나 합니다.

"이란 석유는 영국이 갖고, 이라크와 쿠웨이트의 석유는 공유하고, 사우디아라비아 석유는 미국이 갖는다."

루스벨트가 중동의 정세를 정리하며 미국과 영국의 이권을 나눠버린 것입니다. 그러나 영국은 사우디아라비아의 석유를 미국이 가져간다는 일방적인 통보에 불만을 가졌습니다.

그러던 중 1945년 미국이 영국을 제치고 중동 석유의 주도권을 가져올 수 있었던 두 번째 결정적 사건이 일어납니다. 미국이 영국, 소련의 정상들과 제2차 세계대전 이후 세계 질서를 논의한 얄타회담 직후인 1945년 2월 14일 밸런타인데이, 미국 군함 퀸시호에서 은밀한 회담이 열립니다. 미국으로 돌아가던 루스벨트가 중동에 들러 홍해에서 비밀리에 사우디아라비아 국왕을 만난 것입니다. 루스벨트는 사우디아라비아 국왕의 전통적 예법과 카리스마에 호감을 표시하며 극진히 대접했습니다. 그리고 국왕에게 특별한 선물도 줍니다. 소아마비를 앓았던 루스벨트 대통령은 휠체어를 타고 다녔는데 사우디아라비아 국왕 또한 내전 중 입은 사고로 다리가 불편했던 것입니다. 국왕이 휠체어를 타고 자유자재로 다니는 루스벨트를 부러워하자, 똑같은 휠체어를 선물로 주었습니다. 이날 사우디아라비아 국왕이 루스벨트에게 형제애를 느꼈다고 할 정도로 회담 분위기는 좋았습니다. 진심을 담은 루스벨트 대통령의 외교는 사우디아라비아 국왕의 마음을 얻는 데 성공했고, 그 결과 미국은 사우디아라비아에서 석유 개발 특권을 갖게 되었죠. 그 대가로 미국은 사우디아라비아의 안보를 보장해주기로 합니다. 회담이 끝난 뒤에도 아랍 사람들이 싫어하는 일은 절대 하지 않겠다며 따뜻한 마음을 전한 루스벨트는 안타깝게

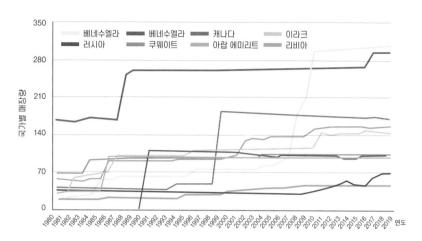

국가별 원유 매장량

도 두 달 뒤 지병으로 사망했습니다.

미국이 여러 중동 국가 중 특히 사우디아라비아의 석유를 노린 이유
는 당시 원유 매장량이 압도적으로 높았기 때문입니다. 우리나라의 하
루 석유 사용량은 270만~290만 배럴입니다. 장충체육관을 꽉 채울 정도
의 양이죠. 그런데 사우디아라비아에는 하루에 1천만 배럴을 뽑아낼 수
있을 정도로 엄청난 양의 석유가 매장되어 있습니다. 게다가 사우디아라
비아는 이슬람의 성지인 '메카(무함마드의 출생지)'와 '메디나(무함마드가 이
주한 곳)'가 있는 곳이기 때문에 무슬림에게 미치는 영향력이 강한 국가
이기도 합니다. 한마디로 풍부한 석유 매장량과 종교적인 권위까지 갖춘
막강한 나라였습니다.

미국은 이런 사우디아라비아의 가치를 알기에 양국의 관계를 굳건히
하고자 공을 들인 것이죠. 사우디아라비아 국왕의 마음을 산 루스벨트
덕분에 미국은 중동의 강자로 부상합니다. 반면 중동에서 영국의 입지는
조금씩 흔들리기 시작합니다.

중동 전쟁 시대를 연 이스라엘 건국

1960년 9월, 이제껏 서양 열강이 석유를 좌지우지하는 것을 지켜보기만 했던 중동 국가들이 움직이기 시작합니다. 사우디아라비아를 비롯해 이란, 이라크, 쿠웨이트, 남미의 베네수엘라까지 석유 매장량이 많은 5개국이 이라크의 수도 바그다드에 모였습니다. 당시 석유 가격을 결정한 것은 시장을 장악하고 있던 영국, 미국, 네덜란드의 7개 석유회사였습니다. 시장을 장악하기 위해 저유가를 유지하는 현실에 불만을 품은 5개국은 국제 석유 가격에 대한 발언권을 강화하기 위해 석유 수출기구 오펙OPEC을 결성합니다. 오펙에 가입한 5개국의 원유 생산량은 전 세계 생산량의 86.6%로 시장을 지배하기 충분한 조건이었습니다. 오펙은 유가 결정권을 주장했습니다.

중동의 산유국이 자신의 무기인 석유에 관한 권리를 되찾으려 한 시도는 사실 이번이 처음은 아니었습니다. 1951년 이란은 산유국 중 처음으로 석유를 국유화하며 영국에 빼앗긴 권리를 다시 가져오려 했습니다. 그러자 영국은 이란의 석유 수출을 막으며 경제 제재를 가했죠. 하지만 이란의 모하마드 모사데그Mohammad Mossadegh 총리는 꿈쩍도 하지 않았습니다. 다급해진 영국은 미국을 끌어들였으나, 미국의 트루먼 대통령은 미국도 멕시코가 석유 소유권을 주장할 때 받아들였다며 영국도 그러라고 조언합니다. 그런데 차기 대통령인 아이젠하워Dwight Eisenhower는 생각이 달랐습니다. 영국과 협력해 이란의 정권을 바꾸기로 한 것입니다. 1953년 미국 CIA와 영국 MI6는 이란 국왕과 손잡고 모사데크 총리를 무너뜨리는 쿠데타 계획을 세웠습니다.

쿠데타는 성공했고 친서구적인 국왕이 다시 실권을 잡았습니다. 이렇게 석유 국유화 시도는 실패로 돌아가고 말았죠. 미국과 영국이 중동에 미치는 영향력은 그만큼 막강했습니다. 그런데 이번에는 반드시 잃어버린 권리를 되찾겠다면서 5개국이 모여 오펙을 결성한 것입니다. 하지만 1970년대 초반까지 국제 사회에서 이들의 영향력은 매우 미미했습니다.

그러던 중 산유국들이 서구 열강에 반격을 가하고 석유로 세상을 흔들 기회가 드디어 찾아옵니다. 사건의 발단은 1973년 10월 6일 이집트가 이스라엘을 기습한 제4차 중동 전쟁이었습니다. 이 사건을 이야기하기 전에 먼저 제1~3차 중동 전쟁을 간단히 설명하겠습니다. 사우디아라비아와 협약 이후 미국이 중동에서 안정적으로 패권을 잡아가던 중 기존의 중동 질서를 깨뜨린 엄청난 사건이 일어납니다. 이 사건으로 인해 중동은 피비린내 나는 전쟁의 소용돌이에 휘말리죠. 중동 땅을 충격으로 몰아넣은 새로운 나라 '이스라엘'이 생긴 것입니다.

이스라엘이라는 나라가 생기기 전, 유대인들은 2천 년 가까운 세월 동안 세계 곳곳의 이방인으로 살았습니다. 유대인 민족국가를 건설하는 것은 그들의 오랜 꿈이자, 과제였죠. 그래서 종교적으로 중요한 예루살렘이 있는 중동의 팔레스타인 지역의 땅을 사들이며 영향력을 키워가고 있었습니다. 이런 상황 속에서 1947년 9월 29일, UN은 팔레스타인 지역을 분할해 이스라엘 국가를 세우겠다는 안건을 통과시켰습니다. 하지만 중동에 있던 아랍인들은 이 사실을 받아들일 수 없었죠. 아랍인들은 이스라엘이 독립하는 것을 원치 않았고, 중동 전체를 아랍인들만의 땅으로 만들고 싶었기 때문입니다. 이스라엘 건국에 큰 불만을 가진 아랍인들은 전쟁도 불사하겠다는 경고까지 했지만, 다음 해인 1948년 5월 14일 유대인 국가 건설은 현실이 됩니다. 미국의 트루먼 대통령도 이스라엘의 독립 선언을 승인하며 이스라엘 건국을 지지했습니다.

그러나 기쁨도 잠시, 이스라엘을 건국한 바로 다음 날부터 피비린내 나는 전쟁이 벌어졌습니다. 이집트, 요르단, 시리아, 이라크, 레바논 등이 참여한 아랍 연합군은 경고한 대로 이스라엘을 침공했습니다. 이후 1973년까지 제1차 중동 전쟁(1948~1949)인 이스라엘 독립 전쟁, 제2차 중동 전쟁(1956)인 수에즈 운하 전쟁, 제3차 중동 전쟁(1967)인 6일 전쟁, 그리고 앞서 이야기한 제4차 중동 전쟁이 벌어졌습니다. 제4차 전쟁은 그동안 세 차례의 전쟁에서 승리한 이스라엘에 이집트가 일격을 가한 전쟁입니다. 전쟁이 일어난 날은 욤 키푸르라는 유대교 속죄일이었기에 욤 키푸르 전쟁으로도 부르고, 10월에 발발했기에 10월 전쟁이라고도 합니다.

제3차 전쟁까지는 이스라엘이 승리했다고는 하지만 제4차 전쟁만큼은 산유국이 가만히 보고 있지만은 않았습니다. 사전에 이집트와 합의한 국가들이 이스라엘에 우호적인 나라에는 석유를 단 한 방울도 주지 않겠다고 선언하며 적극적으로 나선 것입니다. 이 같은 시도는 1967년 제3차 중동 전쟁 때도 있었지만 전혀 효과가 없었죠. 하지만 이번은 달랐습니다. 이집트 대통령은 전쟁 전 사우디아라비아 국왕을 만나 전쟁을 도와달라고 요청했고, 사우디아라비아는 전쟁이 일어나면 석유 수출을 금지해 이집트를 돕기로 합니다. 석유 금수 효과를 발휘하기 위해 전쟁을 길게 끌라는 당부와 함께 말입니다.

전쟁이 시작되고 초반에 이스라엘군이 큰 피해를 입자 미국은 대규모 전차와 항공기, 폭탄을 지원했습니다. 그 즉시 많은 산유국이 석유 생산량을 떨어뜨리고 유가를 70%까지 올렸고, 이스라엘을 돕는 국가에 석유 수출을 금지하며 압박을 가하기 시작했습니다. 석유를 정치적 무기로 사용한 아랍 국가들은 이스라엘이 점령지에서 철수할 때까지 석유 생산량을 매달 5%씩 줄일 것이라고 발표합니다. 이후 세계 경제는 유례없는 경기침체와 물가 상승에 휩싸이며 암흑기에 빠지고 말았습니다.

석유 생산을 줄이니 당연히 유가는 치솟았고 제1차 '석유 파동(오일 쇼크)'이 발생했습니다. 제4차 중동 전쟁 전인 1973년 10월 유가는 배럴당 약 2만 원이었으나 전쟁이 시작되고 2개월 뒤 유가는 약 8만 원으로 4배 가까이 뛰었습니다. 단 한 번도 겪어보지 못한 상황에 전 세계는 충격에 빠졌습니다. 한국도 예외는 아니었습니다. 당시 경제개발계획으로 석유가 중요했던 시기였음에도 국내 석유 값이 4배나 치솟아 중소기업의 3분의 2가 도산했습니다. IMF 이전 한국 경제의 최대 위기였죠.

세계 경제에 심각한 혼란을 준 제1차 석유 파동은 경제 문제뿐 아니라 산유국이 석유를 무기로 힘을 발휘한 사건으로도 보아야 합니다. 석유가 그 어떤 무기보다 강하다는 것을 깨달은 산유국은 석유 파동을 계기로 서구와 대항할 수 있다는 자신감을 얻었습니다. 그런데 혼란 속에서도 미국은 탁월한 대처 능력으로 실속을 챙깁니다. 미국의 리처드 닉슨 Richard Nixon 대통령은 사우디아라비아 파이살Faisal 국왕을 만나 오펙에 석유 주도권을 주는 대신 결제 대금은 반드시 달러화로 받는다는 비밀 협약을 맺었습니다. 밸런타인데이에 밀약을 했던 미국과 사우디아라비아가 다시 한번 손을 잡은 것입니다. 아랍국가들, 특히 사우디아라비아 주변 산유국들은 미국의 보호가 필요했고 선진기술을 배우고 싶어 했기 때문에 제안을 받아들였습니다. 석유 대금을 달러화로만 결제한다는 것은 매우 큰 의미를 가집니다. 이제 세계 대부분의 국가가 세계 최대 무역 상품인 석유 수입을 위해 달러를 보유하게 된 것입니다. 하루의 석유 거래 금액만 수십억 달러에 달했으므로 비밀 협약을 계기로 달러는 어느 나라에서나 쉽게 구할 수 있는 화폐가 되었습니다. 이후 달러는 전 세계 기축통화가 되었고 덕분에 미국의 달러가 국제 금융거래의 기본이 되는 통화로 자리 잡았습니다.

그런데 이때 중동에서 미국의 자리를 위협하는 사건이 벌어집니다. 1979년 사우디아라비아와 함께 산유국의 양대 산맥을 이루던 이란에서 '이슬람 혁명'이 일어난 것입니다. 미국의 지원과 막대한 석유 이윤으로 부를 축적한 팔레비 왕조는 비밀경찰인 사바크SAVAK를 만들어 탄압 정치로 일관하고 이슬람 전통을 무시했습니다. 이에 종교 지도자 호메이니 Khomeini가 반정부 투쟁을 벌이며 혁명이 시작되었습니다. 국민들은 친미 성향이 강한 팔레비 왕조를 무너뜨리고 이슬람 원리주의에 입각한 이슬람 공화국을 세웁니다.

이슬람 혁명은 이란을 완전히 바꿔놓았습니다. 이란과 사우디아라비아는 친미의 양대 기둥이었습니다. 미국은 둘 중 이란에 더 많은 공을 들였습니다. 그런데 이슬람 혁명으로 26년간 지속된 친미 왕정이 무너지며 이란이 돌아섰고, 미국은 중동의 강력한 우방국을 잃었습니다. 이란 혁명은 중동에 있는 여러 친미 아랍국가에도 큰 파장을 일으켰습니다. 미국의 원조로 국민을 억압해 왕정을 유지하던 사우디아라비아와 쿠웨이트 국왕도 국민에게 이슬람 혁명이 번지게 될까 봐 노심초사했습니다.

히틀러의 환생, 사담 후세인

이슬람 혁명으로 중동이 혼란에 휩싸였을 무렵 이란과 국경을 맞대고 있는 이라크에서는 사담 후세인이 대통령이 됩니다. 미국의 부시 대통령이 '히틀러의 환생'이라고 할 만큼 사담 후세인은 수많은 국민을 학살하고 억압했습니다. 자신의 권력을 다지기 위해 반대 세력도 무참히 짓밟았습니다. 대통령 취임 직후 사담 후세인은 당원들을 한곳에 모은 뒤 반대파의 이름을 한 명씩 불렀습니다. 이들은 곧바로 경찰이 끌고 나갔는데, 모두 68명이 체포되었고 22명이 처형당했다고 합니다. 이는 시작에 불과했습니다. 한번은 그가 국회 연설을 하고 있을 때 한 의원이 동료에게 쪽지를 건넸는데, 사담 후세인은 쪽지를 건넨 의원이 음모를 꾸민다고 생각해 그 자리에서 권총으로 사살한 뒤 다시 연단에 올라 연설을 마쳤습니다. 사담 후세인은 엄격한 위계질서를 요구했습니다. 그가 식사하기 전까지는 누구도 음식을 입에 댈 수 없었고, 회의장 밖으로 나갈 때도 등을 보이지 않고 뒷걸음질로 물러나야 했죠. 그리고 국민에게 자신을 숭배할 것을 요구했습니다. 거리는 온통 본인의 동상과 초대형 포스터로 도배하고, 집집마다 사진을 걸게 했습니다. 그의 사진이 얼마나 많았는지 이런 농담도 생겼다고 합니다.

"이라크 국민은 3,200만 명인데 그중 1,600만 명은 이라크를 떠나고 1,600만 명만 남았다."

당시 이라크 인구는 1,600만 명이었습니다. 1,600만 명이 다 떠났더니 1,600만 개의 사담 후세인 포스터가 남아 있다고 비꼰 것이죠. 게다가 200개가 넘는 사담 후세인 찬가까지 만들어 부르게 했습니다.

철저한 전제 국가를 꿈꾼 사담 후세인이 가장 존경하는 인물은 구소련의 독재자, 스탈린이었습니다. 사담 후세인은 스탈린이 했던 것처럼 비밀경찰 조직을 운영해 국민을 철저히 감시했죠. 비밀경찰에게 잡혀 온 사람에게는 고문도 서슴지 않았는데, 담뱃불로 눈 지지기, 두 손을 뒤로 묶은 채 10m 위에서 떨어트리기, 혀를 뽑거나 팔목 자르기, 가슴에 다이너마이트를 매달아 폭파해 처형하기 등이 모두 그가 벌인 악랄하고 끔찍한 악행입니다. 상상을 뛰어넘는 그의 잔인함에 독재를 막을 반대 세력조차 없을 정도였죠. 무소불위 절대 권력을 행사한 사담 후세인의 악행은 끝날 기미를 보이지 않았습니다.

사담 후세인은 민간인에게도 도저히 용납할 수 없는 만행을 저질렀습니다. 이라크 변방의 소수민족인 쿠르드족이 반란을 일으켰다는 이유로 대량 학살을 일삼은 것입니다. 1988년 3월 16일, 사담 후세인은 쿠르드족 대부분이 거주하고 있는 한 마을에 군용기를 동원해 화학무기 공격을 감행합니다. 평화로운 마을을 뒤덮은 화학무기로 5천 명 가까이 되는 주민들이 숨졌습니다. 이 가운데 여성과 어린이가 75%에 달했고, 당시의 피해로 수천 명의 주민은 기형아를 출산하거나 암에 걸리는 등 화학무기 후유증으로 고통을 받았습니다. 자국민에게 화학무기를 쓴 최악의 독재자이자, 악질 중의 악질이 사담 후세인입니다. 독재의 끝을 보여준 사담 후세인이 집권하는 동안 학살당한 이라크 국민만 30만 명이 넘을 정도입니다.

그런데 이런 잔혹한 독재자에게도 해결하지 못한 골칫거리가 하나 있었습니다. 국경을 맞대고 있는 이웃, 이란과의 영토 분쟁 문제였죠. 두 나라 사이에는 유프라테스강과 티그리스강이 만나 페르시아만으로 흘러가는 샤트알아랍강이 있습니다. 이곳은 이란과 이라크의 석유 수출 통로로 매우 중요한 국경 지역입니다. 갈등이 시작된 것은 사실상 이라크를 지배하고 있던 영국이 1937년 이라크와 이란의 국경을 나누면서부터입니다. 영국은 이란과 이곳을 두고 조약을 맺었는데 불평등 그 자체였습니다. 이란 항구로 들어가는 배도 이라크 관할이었고, 수로 사용료도 이라크에 내야 하는 구조였죠. 그러던 중 1975년 이라크와 이란이 수로 가운데를 국경으로 삼기로 합니다. 그런데 사담 후세인이 갑자기 1975년의 조약이 무효라며 이 강으로 드나드는 배를 이라크가 통제하겠다고 나선 것입니

이라크

이란

티그리스강

유프라테스강

샤트알아랍강

쿠웨이트

국경분쟁이 있는 샤트알아랍강

다. 이에 이란이 1937년 조약이 무효라고 선언하면서 두 나라의 영토 갈등이 다시 시작됐습니다.

사담 후세인의 골칫거리는 국경분쟁만이 아니었습니다. 그가 취임할 당시 일어난 이란의 이슬람 혁명은 사담 후세인을 끊임없이 위협했습니다. 이라크와 이란이 같은 이슬람을 믿는다고 생각하겠지만 두 나라의 종파는 서로 달랐습니다. 이슬람교에는 수니파와 시아파라는 두 개의 종파가 있습니다. 이슬람교의 창시자이자 존경받는 예언자 무함마드 Muhammad가 죽고 난 뒤 후계자 문제에 대한 의견이 달라 나뉜 것입니다. 시아파는 무함마드가 후계자로 지명한 사촌이자 사위인 알리와 그의 후손이 지도자가 되어야 한다고 주장했고, 수니파는 예언자가 후계자를 지명하지 않았으므로 직계 혈통은 중요하지 않으며 공동체 안에서 지도자를 선출해야 한다고 주장했습니다. 마디로 시아파는 세습에 찬성하고, 수니파는 세습에 반대한 것이죠. 이들은 같은 이슬람교이지만 중요한 교리가 서로 달라서 지금까지도 갈등을 빚고 있습니다. 이란은 중동의 대표적인 시아파 종주국이었고, 후세인은 수니파였습니다. 문제는 이라크 국민의 약 60%가 사담 후세인과 반대되는 시아파였다는 것입니다. 이란이 이라크의 시아파에 영향을 끼쳤기에 위협을 느낀 사담 후세인은 이라크 내 시아파 주민을 학살하고 억압하는 만행을 저질렀습니다.

사담 후세인은 시아파를 믿는 국민이 이란처럼 혁명을 일으킬까 우려하는 한편 이란 땅에서 나오는 석유가 탐났습니다. 그는 혁명으로 이란이 혼란한 상황을 틈타 이란을 침공하기로 합니다. 영토 분쟁이 있는 지역을 차지하고 석유도 빼앗아 다시는 자신의 권력에 맞설 수 없게 만들 생각이었죠. 이란에서 이슬람 혁명이 일어난 다음 해인 1980년 9월 22일, 이라크군의 기습 공격으로 이란-이라크 전쟁이 발발합니다. 이라크는 이란의 공군기지 10곳을 폭격하며 전쟁을 시작했습니다. 사담 후세인은 중동 최강을 자랑하는 이라크군이 혁명으로 어수선한 이란을 쉽게 무찌르고 전쟁을 끝낼 수 있을 것이라고 생각했습니다. 하지만 전쟁은 무려 8년이나 계속되었습니다.

이 전쟁에서 이라크는 미국의 지원을 받았습니다. 미국이 이슬람 혁명 이후 반미정권으로 돌아선 이란 대신 이라크를 선택한 것입니다. 사담 후세인은 미국의 국방장관과 만나 이란의 승리를 막기 위한 협력을 논의했습니다. 미군은 전쟁에 필요한 무기와 전략 정보, 심지어는 타격할 위치까지 알려주며 전쟁에 깊숙이 개입해 이라크를 도왔습니다. 이라크는 서구의 도움으로 화학무기까지 사용하며 100만 명 이상의 엄청난 사상자를 냈습니다. 하지만 이란은 한 치의 땅도 빼앗기지 않으며 치열한 접전을 벌였습니다. 해를 거듭할수록 전쟁이 무의미하다는 것을 깨달은 두 나라는 1988년 8월 20일 UN 결의안에 따라 전쟁을 끝냅니다. 승자도, 패자도, 얻은 것도 하나 없이 국가와 국민을 파국으로 몰고 가며 막대한 피해만 끼친 전쟁이었습니다.

하지만 프랑스와 미국은 이라크에 무기를 팔며 막대한 돈을 벌었습니다. 두 나라의 전쟁이 8년이나 지속된 것이 중동의 석유를 둘러싼 강대국의 이해관계에서 비롯했다고 보는 시각도 있습니다. 특히 미국은 이란을 혁명 이전으로 되돌리기 위해 이라크에 무기를 지원하며 전쟁을 유도했고 동시에 반미 국가인 이란에도 무기를 공급했다는 주장도 있습니다. 미국은 중동의 어느 국가도 강해지길 원치 않았기 때문이죠.

사담 후세인의 희생양, 쿠웨이트

8년간의 전쟁으로 이라크는 경제 위기를 맞이했고 파산 직전까지 내몰렸습니다. 당시 이라크의 경제적 손실은 무려 173조 원이었습니다. 막대한 부를 안겨준 유전도 오랜 전쟁으로 파괴됐고, 그동안 석유를 팔아 쌓아놓은 돈은 모두 전쟁 비용으로 탕진했죠. 이런 최악의 상황에서 사담 후세인은 또 한 번 최악의 선택을 합니다. 파탄 난 이라크 경제를 살리기 위한 해결책으로 또 다른 전쟁을 시작하려 한 것입니다. 사담 후세인이 지목한 희생양은 쿠웨이트였습니다.

쿠웨이트는 이라크 땅의 25분의 1 크기로 매우 작은 나라입니다. 사담 후세인이 쿠웨이트를 공격한 이유는 당연히 석유입니다. 이란-이라크 전쟁 전 배럴당 13달러도 되지 않던 석유는 공급량 부족을 걱정하는 불안한 심리 때문에 전쟁 이후 35달러까지 상승했습니다. 하지만 두 나라가 전쟁을 하는 동안 쿠웨이트를 비롯한 산유국들이 석유를 대량으로 생산했고, 전쟁이 끝나자 불안 해소와 석유 과잉 공급으로 유가는 다시 14달

쿠웨이트 위치

러로 하락했습니다. 석유 외에 별다른 경제적 수단이 없는 산유국에 석유 가격은 매우 민감한 문제입니다. 중동의 대표적 친미 국가였던 이란이 1979년 이슬람 혁명으로 무너진 가장 큰 원인도 석유 가격이었습니다. 1976년 오펙 회의에서 유가를 올려주지 않자 이란 왕정이 경제적 어려움을 극복하지 못하고 무너져버린 것이죠.

이라크로서는 최악의 상황에서 더한 최악을 맞이하게 된 것입니다. 두고 볼 수만은 없던 사담 후세인은 유가를 올리기 위해 주변 산유국에 공급량을 줄이자며 도움을 청했습니다. 하지만 요지부동이었죠. 이라크와 국경을 맞대고 있는 쿠웨이트는 국제 시장에 원유를 대량 공급했습니다. 평소 쿠웨이트를 눈엣가시처럼 여겼던 사담 후세인은 전쟁의 명분으로 먼저 두 나라의 국경에 걸쳐 있는 루마일라 유전을 문제 삼았습니다.

루마일라 유전은 이라크에서 규모가 큰 유전 중 하나로 쿠웨이트와 국경 사이에 위치해 80~90%는 이라크가, 나머지 10~20%는 쿠웨이트가 소유했습니다. 문제는, 이라크는 이란과 긴 전쟁을 치르는 동안 원유를 채굴하지 못했는데 쿠웨이트는 많은 원유를 생산한 것이었습니다. 이라크는 쿠웨이트가 루마일라 유전에서 2조 원가량의 이라크 원유를 채굴해갔다며 항의했습니다. 하지만 쿠웨이트는 이라크가 이란과 전쟁 당시 빌려 간 돈을 갚지 않기 위해 술수를 부리고 있다며 비난했죠. 이에 사담 후세인의 분노는 쿠웨이트로 향하기 시작했습니다.

사담 후세인의 요구는 유전 배상만이 아니었습니다. 한술 더 떠서 전쟁 당시 쿠웨이트에 빌린 15조 원을 탕감하고 추가로 돈을 빌려줄 것, 와르바섬과 부비얀섬을 이라크에 줄 것 등을 요구했습니다. 사방이 육지로 둘러싸인 이라크는 페르시아만으로 나갈 수 있는 활로를 확보해야 했는데 무역 요충지인 두 섬이 적격이었던 것이죠. 이때 사담 후세인이 내세운 명분은 쿠웨이트가 원래 이라크 땅이라는 것입니다.

쿠웨이트는 제1차 세계대전 이후 영국의 도움으로 독립국 지위를 획득했습니다. 사담 후세인은 영국이 그은 국경선은 인정할 수 없으며 쿠웨이트는 영국에 빼앗긴 이라크 땅이자 이라크의 19번째 주라고 주장했습니다. 사담 후세인의 진짜 목적은 이란과 전쟁으로 발전시킨 군수산업과 군사력을 이용해 아랍 지역의 강력한 패권 국가로 거듭나는 것이었습니다. 이를 위해 쿠웨이트, 사우디아라비아, 오만 등 군사력이 약한 나라부터 차지할 계획을 세운 것입니다. 즉 쿠웨이트가 받아들일 수 없는 조건을 내세워 전쟁의 명분을 만들고자 한 것이죠. 사담 후세인은 자신의 계획대로 쿠웨이트와 사우디아라비아를 차지하면 전 세계 석유 매장량의 40% 이상을 확보해 초강대국인 미국을 뛰어넘을 수 있다고 생각했습니다.

사담 후세인은 전쟁을 준비하며 여론을 좋게 만들기 위해 주변국의 각료들과 언론사 기자들을 미리 포섭하는 치밀함을 보였습니다. 전쟁 발발

2년 전부터 이들의 마음을 사기 위해 독일의 벤츠와 일본의 도요타 등 외제 차 56대를 선물했다고 합니다. 쿠웨이트 사태 발발 48시간 전에는 이집트 대통령에게 연락해 이집트 농민을 위해 약 286억 원어치의 밀을 사겠다는 제의도 했습니다. 쿠웨이트와 전쟁 시 이집트가 이 사태에 대해 침묵해 주기를 기대하며 뇌물을 건넨 셈이죠.

결국 사담 후세인은 국경을 넘어 쿠웨이트로 쳐들어갔습니다. 1990년 8월 2일 새벽 2시, 이라크 군대 10만 명이 전차 700대와 헬기 300대를 앞세웠고 도착한 지 한나절 만에 쿠웨이트를 점령했습니다. 8월 28일, 이라크는 쿠웨이트를 19번째 주로 편입시키며 더 이상 쿠웨이트라는 나라는 존재하지 않는다고 선포했죠.

세계 전쟁이 된 걸프 전쟁

한 달여 만에 압도적인 군사력을 앞세워 쿠웨이트를 차지한 사담 후세인의 자신감과 패기는 하늘을 찔렀습니다. 그는 자신의 계획에 도전하는 자가 있다면 쿠웨이트의 수도를 거대한 공동묘지로 만들어주겠다고 협박했습니다. 사담 후세인이 이렇게 자신만만했던 것은 미국이 중동 지역에 군대를 파견하지 않을 것이라 생각했기 때문입니다. 미국의 주요 관심 국가는 사우디아라비아였고 베트남 전쟁의 트라우마가 남아 있어 섣불리 전쟁을 하지 못할 것이라고 판단한 것이죠.

하지만 그의 예상은 완전히 빗나갔습니다. 주권국가인 쿠웨이트를 침공한 것은 국제사회에서 당연히 해결해야 할 사안이라는 사실을 깨닫지 못했던 것이죠. 또한 미군은 베트남전 패배 이후 같은 실수를 되풀이하지 않기 위해 비밀리에 새로운 군사 전략과 신무기를 대거 개발하며 개혁을 시도했습니다. 미국은 여기서 그치지 않고 이번 전쟁을 위해 다국적 연합군 결성이라는 또 하나의 카드를 꺼내 들었습니다. 결국 UN은 이라크의 쿠웨이트 침공과 동시에 즉각적으로 이라크를 제재하려 했고, 미국의 주도하에 다국적 연합군이 결성되었습니다. 영국과 프랑스 등 전 세계 39개국이 참가했으며, 28개국에서 약 60만 명의 군인이 모였죠.

그런데 미국이 전 세계를 끌어들여 쿠웨이트를 지키려 한 진짜 속내는 따로 있었습니다. 걸프 전쟁 이후 미국의 한 신문에 실린 만평은 걸프전 참전의 숨은 의도를 보여주었습니다. 제2차 세계대전에서 이오지마 전투에서 승리한 미군이 성조기를 세우는 역사적인 사진에 빗대 군인들이 주유소 급유기를 세우는 장면을 그렸습니다. 쿠웨이트 해방을 위해 참전한 것처럼 포장했지만, 사실은 석유 이권을 위해 전쟁에 나선 상황을 풍자한 것이죠. 이는 미국의 전 대통령인 닉슨의 말에서도 엿볼 수 있습니다.

"전쟁은 사담 후세인이 우리의 석유 생명선을 잡고 흔들지 못하게 막으려는 것이다. 우리는 우리의 사활적인 경제적 이익을 지키는 것에 대해 사과해서는 안 된다."

미국은 걸프 전쟁으로 석유 자원이 집중된 중동, 더 구체적으로는 쿠웨이트와 사우디아라비아의 석유를 지키고 중동 안에서 미국의 패권을 유지하기를 원했던 것입니다.

사실 석유는 미국만의 문제는 아니었습니다. 다국적 연합군이 쿠웨이트를 구하려고 했던 이유 역시 자유 수호보다 석유였습니다. 이들 국가는 모두 중동의 석유가 없으면 당장 석유파동을 겪어야 할 상황을 맞고 있었습니다. 주요 석유 생산국인 쿠웨이트의 위기는 곧 국제적 위기였고,

미국의 속내를 풍자한 만평

중동의 혼란은 곧 석유 공급의 혼란이기 때문이죠. 이미 제1차 석유파동을 경험한 국가들은 석유의 중요성을 알기에 국제적 공감대를 형성할 수밖에 없었습니다. 이러한 이유로 미국은 막대한 전쟁 비용과 책임을 석유 소비국에 요구했습니다. 실제로 70조 원이 넘는 전쟁 비용 중 62조 원은 동맹국이 부담한 것으로 추산됩니다. 중동 석유에 의존하는 우리나라도 걸프전 참여를 피해갈 수 없었죠. 한국 정부는 무려 5,700억 원의 전쟁 비용을 부담했고, 의료진과 수송대도 파병했습니다.

중동에서 불어 닥칠 더 큰 피바람을 막기 위해 UN까지 발 벗고 나섰습니다. 1991년 1월 9일 각국의 대표가 스위스 제네바에 있는 UN 사무국에 모여 회의를 열었습니다. 미국과 연합국은 이라크의 즉각적인 철수를 요구했습니다. 당시 미국은 혹시라도 사담 후세인이 타협안이나 부분 철수를 제안할까 봐 걱정했다고 합니다. 그렇게 되면 이라크와 전쟁을 하지 말자는 나라가 나와 연합국이 분열될 수도 있기 때문이죠. 미국은 석유 패권을 잡기 위해서 어떻게든 전쟁을 치르고 완전히 승리해야 한다고 생각했습니다. 그래서 이라크가 수용할 수 없는 요구를 한 것입니다. 팽팽한 긴장감 속에 6시간 동안 계속된 회담 결과 이라크는 끝내 쿠웨이트 철수를 거부했습니다. 만약 이 회담에서 타협점을 찾았더라면 우리가 아는 걸프 전쟁을 막을 수 있었을지도 모릅니다.

전쟁이 임박하자, 다국적 연합군은 사담 후세인의 화학무기 사용을 걱정했습니다. 이란 전쟁뿐 아니라 자국민에게도 사용한 화학무기를 이번 전쟁에서 다시 사용한다면 수많은 희생이 불 보듯 뻔했기 때문입니다. 이에 미국은 "화학무기를 쓴다면 우리에겐 핵이 있다!"라며 이라크에 강력하게 경고했습니다. 그래서인지 사담 후세인은 화학무기를 사용하지는 않았습니다.

이라크의 철수 거부 이후 미국은 본격적으로 전쟁 태세에 돌입했습니다. UN을 통해 이라크를 침략자로 규정하고 "1991년 1월 15일까지 모든 이라크군은 무조건 철수하라!"라며 최후통첩을 날렸습니다. 사담 후세인은 이번에도 무시하는 자세로 일관했습니다. 그는 다국적 연합군이 공격해 온다면 이라크와 국경이 맞닿은 사우디아라비아일 것이라 생각해 국경을 따라 벙커와 흙벽을 설치하고 최전방에는 50만 개의 지뢰를 매설했습니다. 이것도 모자라 후방에는 기름 호수를 팠습니다. 적군이 들어올 때 불바다를 만들려고 한 것이죠. 세계 최악의 도발꾼이자 전쟁광인 사담 후세인은 다음 타깃인 사우디아라비아를 점령하겠다는 야망을 불태웠습니다.

이제껏 보지 못한 새로운 전쟁의 탄생

미국의 침공에 대비해 완벽하게 전쟁을 준비한 사담 후세인은 최후통첩 시간이 지나도 꿈쩍하지 않았습니다. 결국 이라크와 전쟁이 시작되었고 제2차 세계대전 이후 최대 규모의 군사 작전이 펼쳐졌습니다. 1991년

1월 17일 새벽, 미국은 어마어마한 규모의 공습을 시작합니다. 이날 다국적 연합군이 동원한 군용기만 약 750기였습니다. 공습 첫날의 목표물은 이라크의 수도 바그다드. 대규모 공습은 삽시간에 바그다드를 불바다로 만들었습니다.

걸프 전쟁은 이전의 전쟁과는 달랐습니다. 베트남 전쟁 이후 미국이 이를 갈며 개발한 최첨단 무기들이 총동원되었으며, 새로운 전쟁 무기가 적군을 파괴하는 장면이 전 세계 언론에 실시간으로 생중계되었습니다. 먼저 최초의 스텔스 폭격기 F-117A 나이트 호크가 실전 배치되었습니다. '은밀한' 폭격기라는 뜻의 스텔스 폭격기는 독특한 외형과 특수 페인트로 적의 레이더에 포착되지 않으며 이라크의 지휘 본부와 통신 시설을 은밀히 타격했습니다. 오차 없는 조준으로 이라크의 주요 시설 40%를 파괴하는 큰 업적을 세웠죠. 이라크군의 눈에는 보이지 않는 저승사자 같았다고 합니다.

걸프 전쟁에서 활약한 또 다른 무기는 토마호크 미사일입니다. 베트남 전쟁 당시 개발해 걸프 전쟁에서 최초로 사용한 것으로 이라크의 방공망을 무력화시킨 위협적인 무기입니다. 토마호크 미사일은 탑재한 컴퓨터에 입력한 목표물을 찾아 스스로 비행하고 폭격합니다. 카메라로 지형을 파악하고 목표물을 향해 저고도로 비행, 지상군이 투입되기 전 이라크 주요 시설을 무력화시켰죠. 특히 발전소를 모조리 파괴해 이라크를 칠흑 같은 세상으로 만들어버렸습니다. 전기가 끊긴 이라크 지휘부는 한동안 명령을 내리지 못했습니다. 미국은 첨단기술의 집약체라 할 수 있는 신무기로 압도적 군사력을 발휘하는 동시에 뛰어난 기술력을 전 세계에 과시했습니다.

최첨단 무기로 무장한 다국적 연합군은 바그다드와 군사시설을 집중

스텔스기와 토마호크 미사일

공격했습니다. 한 달간 10만여 회에 걸친 공습은 이라크 땅을 초토화했습니다. 걸프 전쟁은 이전에는 볼 수 없었던 전쟁 상황을 실시간으로 보여준 최초의 전쟁이기도 합니다. 모든 전쟁 장면이 미국의 보도 전문 채널 CNN을 통해 전 세계 10억 인구에게 24시간 동안 생중계된 것입니다. CNN의 특파원들은 전쟁 시작 전부터 이라크의 수도 한가운데 있는 호텔에서 취재를 준비했습니다. 1991년 1월 17일 새벽 2시, 미군 전투기가 이라크의 수도 바그다드 하늘에 모습을 드러내자 기자들은 호텔 창문 밖의 세상을 전 세계에 보여주며 이라크 공습 보도를 시작했죠. 미국은 이 중계를 위해 미사일에 카메라까지 달아 미사일이 목표물을 향해 가는 모습까지 보도했습니다.

사실 걸프 전쟁의 생중계는 미국이 의도한 것이었습니다. 시청자들은 미국이 개발한 첨단 무기의 위력을 볼 때마다 미국의 막강한 군사력을 실감했습니다. 이로써 미국은 베트남 전쟁의 패전국 이미지를 벗고 확실한 강대국 이미지를 만들어냈습니다. 다만 보여주고 싶지 않은 장면까지 여과 없이 공개되면서 많은 사람에게 충격을 안겨주었고 비인간적이라는 비난도 받았습니다. 특히 대피시설을 군사시설로 오인해 폭격하면서 민간인 400명이 사망한 사고는 씻을 수 없는 상처를 남겼습니다. 또한 마치 불꽃놀이 같은 공습 영상이 실시간으로 중계되면서 전쟁을 지켜보는 사람들에게 도덕적 혼란을 안겨주었습니다.

한편 미국의 첨단 무기에 밀린 사담 후세인은 수단과 방법을 가리지 않고 미군을 막으려 했습니다. 그는 다국적 연합군의 공습을 막기 위해 유전을 파괴했습니다. 불붙은 유전이 내뿜는 검은 연기로 시야를 차단하려 한 것이죠. 하지만 그의 작전은 큰 효과를 보지 못했습니다. 미국의 전쟁은 철저히 시스템화되어, 풍향을 계산해 유전의 검은 연기에 방해받지 않고 최적의 군사작전 시기를 결정했기 때문입니다. 사막의 끔찍한 날씨도 슈퍼컴퓨터를 이용한 시뮬레이션으로 전투 계획을 세운 덕분에 공격에 문제가 없었습니다.

1991년 2월 23일, 미국은 약 한 달간 폭풍같이 몰아친 공중 폭격을 멈췄습니다. 대대적인 공습으로 이라크의 군 전력을 50% 이하로 감소시킨 다국적 연합군은 마지막으로 이라크의 완전한 항복을 받아내기 위해 본격적인 지상전에 돌입했습니다. 목표는 오직 하나, 최소한의 희생. 다국적 연합군은 이라크군 괴멸을 위한 골든타임을 4일로 잡았습니다. 당시 이라크의 정예 병력은 이라크와 쿠웨이트의 국경에 포진해 있었습니다. 반면 다국적 연합군은 우선 사우디아라비아와 쿠웨이트의 국경선으로 향했습니다. 그리고 병력을 둘로 나눴죠. 먼저 병력을 사우디아라비아와 쿠웨이트 국경선으로 보내 진격할 듯한 움직임을 보이며 이라크군과 대치하는 상황을 연출했습니다. 이때 이라크군을 불러들이기 위해 해안가에 폭약을 터트렸습니다.

이라크군은 지상군이 해안가 쪽으로 공격해 온다고 생각해 그곳으로 이동했습니다. 그러자 연합군은 남은 정예 병력을 투입해 이라크군이 떠난 국경 지역을 넘어 이라크 본토 깊숙이 진격해 후방에서 이라크군을 기습했습니다. 최신 GPS 위성 신호를 활용한 덕분에 신속 정확하게 기갑

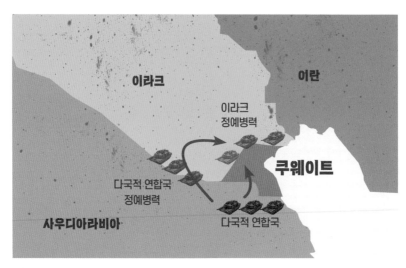

연합군과 이라크군의 전투

부대를 이동시킬 수 있었죠. 다국적 연합군은 앞뒤 양쪽에서 이라크군을 공격하며 빠져나갈 틈을 주지 않았습니다. 동시에 이라크군의 보급선과 퇴로를 끊어버렸습니다. 뒤통수를 크게 얻어맞은 이라크군은 무너지기 시작했습니다. 게다가 사정거리가 약 1.5km 정도인 이라크군의 탱크는 사정거리 3km 이상인 미국 탱크의 적수가 되지 못했습니다. 미국은 여기에 아파치 공격 헬기까지 가세해 12,821발의 포탄과 5,634발의 로켓 공격을 퍼부었습니다. 무차별 폭격에 이라크 정예 부대는 완벽히 괴멸되고 말았습니다. 신무기와 압도적 물량으로 무장한 다국적 연합군의 월등한 전투력이 빛을 발한 것입니다.

다국적 연합군에 완패한 사담 후세인은 놀랍게도 전쟁을 뒤집기 위해 이스라엘에 무차별로 스커드 미사일을 발사했습니다. 이는 다국적 연합군을 와해시키기 위한 결정이었습니다. 이라크의 폭격을 받은 이스라엘이 이라크 공격에 나서면 아랍 전역으로 전쟁이 확산되어 다국적 연합군을 지지하는 아랍국가의 입장이 난처해지기 때문이죠. 사담 후세인은 쿠웨이트 철수 압박을 받을 때마다 이스라엘이 팔레스타인에서 철수하는 조건을 내걸며 반이스라엘 감정을 핑계로 이용해 왔습니다. 이번에는 더욱 적극적으로 자신의 전쟁을 아랍 전체의 전쟁으로 끌고 가기 위해 이스라엘을 직접 공격하는 작전에 나섰습니다. 사담 후세인이 쏜 미사일은 연합군이 대부분 격추했으나 그중 일부가 이스라엘에 떨어지며 긴장감이 커졌습니다. 새로운 전쟁이 터질지도 모른다는 긴장감이 감도는 순간, 이스라엘은 보복 공격을 하지 않았습니다. 지금까지의 행보와는 다른 선택이었죠. 무작정 공격을 당하는 나라가 아니었음에도 보복보다 참는 것이 낫다는 사실을 깨닫고 대응하지 않은 것입니다. 이는 전쟁의 승패를 가른 매우 중요한 결정이었습니다. 만일 이스라엘이 반격했다면 더 큰 전쟁이 벌어졌을 것이며 중동의 미래가 어떻게 바뀌었을지 예측할 수 없습니다.

결국 다국적 연합군은 계획대로 4일 만에 쿠웨이트를 접수했습니다. 그리고 전쟁이 시작된 지 43일 만에 사담 후세인은 무조건 항복을 선언합니다. 이라크군이 쿠웨이트에서 철수하면서 전쟁은 미국과 다국적군의 일방적인 승리로 끝났습니다. 전쟁을 치르며 이라크군은 20만 명이 희생됐는데, 미군 전사자는 150명도 채 되지 않았습니다. 하지만 약이 오를 대로 오른 사담 후세인은 순순히 돌아가지 않았습니다. 철수하면서 쿠웨이트 내에 있는 전체 700여 개의 유정 중 600여 개에 불을 지르고, 원유를 쿠웨이트 앞바다로 흘려보내는 만행을 저지른 것입니다. 이 때문에 전쟁 후 유정의 화재 진압에만 수개월이 걸렸고 바닷새와 물고기 떼가 고통 속에 죽어갔습니다. 게다가 불타는 유정에서 올라오는 검은 연기가 시야를 가려 비행기가 추락하는 사고도 발생했습니다. 한때 세계 최고의 부자 나라였던 쿠웨이트는 30년이 지난 지금까지 전쟁으로 입은 피해를 완벽히 복구하지 못했습니다.

전쟁이 한창 마무리될 무렵 예상치 못한 사고가 벌어집니다. 이라크와 쿠웨이트를 잇는 80번 고속도로로 이라크군이 철수하던 순간, 미국과 캐나다 병력이 이 도로의 앞뒤를 끊어버리고 무차별 폭격을 가한 것입니다. 차량 200여 대가 파괴되고 수백 명의 이라크 병사를 비롯해 다수의 민간인까지 정말 처참하게 희생되고 말았습니다. 이미 전쟁 의지를 상실하고 공격 의사 없이 본국으로 퇴각하던 이라크군에게 무차별적으로 가한 공격이었기 때문에 미국은 전쟁폭력이라는 큰 비난을 받아야 했습니다. 언론은 시신이 널브러진 처참한 도로를 가리켜 '죽음의 고속도로'라 불렀고 부정적 여론을 감지한 미국은 긴급히 전쟁 중단을 선언했습니다. 이로써 사담 후세인 제거 작전도 중지되었습니다.

전쟁의 끝과 사담 후세인의 최후

전 세계에 큰 충격을 안긴 걸프 전쟁은 결국 미국의 승리로 끝났습니다. 그렇다면 전쟁을 일으킨 사담 후세인은 패배한 이후 어떻게 됐을까요? 참전국들은 체포하지 못한 사담 후세인을 몰아내야 한다고 했지만, 미국은 중동의 반미 국가인 이란을 견제하기 위해 사담 후세인이 권력을 유지할 수 있도록 내버려 두기로 합니다. 결국 후세인은 이라크를 통치하며 다시 권력을 잡았습니다. 미국의 입장에서는 이라크군을 쿠웨이트에서 몰아낸다는 전쟁 목표를 달성했기 때문에 사담 후세인을 죽일 필요까지는 없었던 것이죠.

사담 후세인은 반미 감정을 앞세워 다시 한번 권력을 잡았지만, 전쟁 후 이라크는 고통에 빠졌습니다. UN의 경제 제재로 석유 수출이 금지되면서 경제는 파탄으로 이어졌고 국민의 삶은 더욱 비참해졌습니다. 그런데 사담 후세인과 기득권 세력은 요르단, 터키 등 인근 국가로 하루 40만 배럴 이상의 석유를 헐값에 밀수출해 초호화 생활을 즐겼습니다. 시간이 흐르면서 한 번 더 미국에 도전할 마음이 생긴 사담 후세인은 무력이 아닌 석유로 미국을 도발하기 시작했습니다. 2000년이 되자 그는 석유 결제 대금을 달러가 아닌 유로화로 변경했습니다. 이는 미국의 달러 지위를 흔들고 경제를 위협하는 일이기도 했습니다. 실제로 2003년까지 유로화 가치는 달러 대비 17%나 상승했고 사담 후세인은 상당한 수입을 올렸습니다.

그러던 중 2001년 9월 11일에 전 세계가 경악한 9.11 테러가 벌어집니다. 테러 단체 알카에다가 여객기 4대를 납치해 미국의 세계무역센터와 펜타곤을 공격한 것입니다. 이 사건으로 세계무역센터가 붕괴되고 약 3천 명의 사망자와 2만 5천 명의 부상자가 발생했습니다. 세계적인 도시 뉴욕의 한가운데서 이런 엄청난 사건이 벌어졌다는 사실에 미국과 전 세계는 경악했습니다. 이후 미국은 대대적인 대테러 전쟁을 선포합니다. 9.11 테러의 주범인 오사마 빈 라덴Osama bin Laden 체포 작전을 수행했고 2003년 3월에는 이라크를 침공해 제2차 걸프 전쟁을 감행합니다. 당시 미국이 내세운 전쟁 명분은 이라크가 대량살상무기를 보유하고 있다는 것이었습니다. 이 정보가 미국에 흘러들어오자 부시 대통령은 UN 총회 연설을 통해 이라크의 대량살상무기 즉각 폐기, 국민 인권보장 등 5개 사항을 요구했습니다. 이를 수용하지 않는다면 사담 후세인 정권을 축출하겠다는 의지를 분명하게 드러냈습니다. 그러나 대량 살상무기는 끝내 발견하지 못했습니다. 미국이 2003년에 이라크를 침공한 것은 이라크의 석유를 장악하기 위한 것이라는 말이 있습니다. 훗날 극비문서가 공개되면 정확한 진실을 알 수 있을 것입니다.

제2차 걸프 전쟁은 압도적인 군사력 차이로 미국이 승리합니다. 그때까지 큰소리치던 사담 후세인은 미국이 공격해오자 은밀한 곳에 숨어버렸습니다. 많은 사람이 바라던 대로 사담 후세인 정권이 드디어 무너졌습니다. 사담 후세인을 잡아야 비로소 전쟁이 끝난다고 생각한 미국은 600명이 넘는 최정예 특수부대를 파견했지만, 소재조차 파악할 수 없었죠. 두고 볼 수만은 없었기에 미국은 사담 후세인의 목에 현상금을 걸었습니다. 사담 후세인에게는 2,500만 달러, 한화로 약 300억 원의 현상금을 걸었고 두 아들에게는 각각 1,500만 달러, 한화로 약 180억 원의 현상금을 걸었습

그림 9 사담 후세인 현상금 포스터

니다. 현상금 포스터 속 × 표시는 사담 후세인의 두 아들이 최측근의 제보로 사살되었다는 뜻입니다. 미국은 이토록 사담 후세인을 잡고 싶어 했습니다.

얼마 후 미군에 잡힌 포로 심문으로 통해 사담 후세인의 행방이 밝혀집니다. 2003년 12월 13일, 미국은 사담 후세인이 숨어 있다는 곳으로 특수부대를 파견하고 생포 작전에 나섰습니다. 사담 후세인이 은신하고 있다는 시골의 농가를 급습했지만, 아무것도 찾을 수 없었죠. 그런데 아

생포되는 사담 후세인

무도 살고 있지 않은 농가 마당에 악취를 풍기는 쓰레기 더미를 수상하게 여긴 미군이 그곳을 뒤져 땅바닥에 있던 작은 뚜껑을 발견합니다. 인기척을 느낀 미군은 "안에 있는 사람이 누구냐?"라고 물었죠. 잠시 후 궁지에 몰린 사담 후세인이 직접 정체를 밝혔습니다.

"나는 사담 후세인이다!"

사담 후세인은 한 사람이 간신히 누울 정도로 작은 구덩이에 숨어 있었습니다. 이라크계 미군에게 잡혀 끌려 나오는 사담 후세인의 모습은 그동안 알려진 것과 달랐습니다. 늙고 지저분하고 볼품없는 모습에 미군은 그가 가짜일지도 모른다고 의심해 유전자 검사까지 한 뒤 전 세계에 체포 소식을 알렸습니다.

국제사회의 시선을 의식한 미국은 생포된 사담 후세인의 처분을 이라크에 맡겼습니다. 3년 뒤 사담 후세인이 재판장에 모습을 드러냈습니다. 재판 내내 거친 발언과 비협조적인 태도를 보이던 사담 후세인은 자신을 반대하던 시아파 주민 148명을 체포해 처형한 혐의로 사형을 선고받았습니다. 두 달 후 사형이 집행됐고 23년간의 잔혹한 독재정치가 드디어 막을 내렸습니다. 석유 전쟁에서 승기를 쥐지 못한 사담 후세인의 최후는 비참했습니다. 테러의 주범인 오사마 빈 라덴 역시 2011년 5월 파키스탄의 아보타바드에서 미군 특수부대의 공격을 받고 사망했습니다.

지금도 석유는 세계를 움직이는 중요한 자원이자 세계질서를 주도하는 힘입니다. 그래서 석유자원이 풍부한 중동의 역사는 현대사를 이해하는 데 절대 빠질 수 없는 부분입니다. 과거 중동과 석유를 둘러싼 강대국의 이권 다툼은 단지 그들만의 이야기가 아닙니다. 지금의 이 세계가 어떻게 만들어졌는지, 그 큰 흐름을 가장 잘 이해할 수 있는 역사이자 앞으로의 세계사를 이해할 수 있는 중요한 핵심입니다. 역사는 이처럼 우리와 동떨어진 것처럼 보이면서도 가장 내밀한 곳에서 우리와 관계를 맺고 있습니다.

주석 ──

그리스 신화 1

1) 〈Jupiter and Thetis〉, Jean Auguste Dominique Ingres, 1811.
2) 〈Untitled, called Saturn Devouring His Son〉, Francisco Goya, 1819-1923.
   〈Saturn Devouring one of His Children, Saturnus〉, Peter Paul Rubens, 1636-1638.
3) 〈Kyklopes〉, Johann Heinrich Wilhelm Tischbein, 1802.
4) 〈Jupiter and Juno〉, Frans Christoph Janneck,
5) 〈Leda and the Swan〉, Francesco Melzi, 1508-1515.
6) 〈Jupiter and Callisto〉, Francois Boucher, 1744.
7) 〈Juno discovering Jupiter with Io〉, Pietersz Pieter Lastman, 1618.
8) 〈Entfuhrung der Europa〉, Noel-Nicolas Coypel, 1726-1727.
9 〈Danae〉, Gustav Klimt, 1907.
10) 〈Aspecta Medusa〉, Dante Gabriel Rossetti, 1877.
11) 〈Medusa〉, Arnold Bocklin, 1878.
12) 〈Minerva Giving her Shield to Perseus〉, Rene-Antoine Houasse, 1697.
13) 〈Perseus and the head of the Medusa〉, Eugene Romain Thirion, 1667.

그리스 신화 2

1) 〈Hercule au berceau etouffant les serpents〉, Joseph Marie Vien.
2) 〈Olympus: The Fall of the Giants〉, Francisco Bayeu y Subias, 1764.
3) 《플루타르코스 영웅전 1》, 플루타르코스, 을유문화사, 2021.

트로이아 전쟁

1) 〈Paris and Helen〉, Jacques-Louis David, 1788.
2) 〈The Judgment of Paris〉, Peter Paul Rubens, 1638-1639.
3) 〈Thetis Immerses Son Achilles in Water of River Styx〉, Antoine Borel.
4) 〈Odysseus recognises Achilles amongst the daughters of Lycomedes〉, Louis Gauffier, 1791.
5) 〈Hector scold Paris for living in the lap of luxory〉, Pietro Benvenuti, 1808.
6) 〈Priam asks Achilles to return Hector's body〉, Alexander Ivanov, 1824.

삼국지 1

1) 〈제위태조문〉, 당 태종
2) 삼국지 시대 오나라의 신원미상 인물이 쓴 조조의 전기 《조만전》 중에서
3) 〈잡기雜記〉, 손성孫盛
4) 《채회전본삼국연의彩繪全本三國演義》, 김협중

삼국지 2

1) 《만소당화전》, 상관주, 1743.
2) 《채회전본삼국연의彩繪全本三國演義》, 김협중

전염병, 페스트

1) 《흑사병의 귀환: 인류 역사 최악의 연쇄 살인마》, 수잔 스콧·크리스토퍼 던컨, 황소자리, 2005.
2) 《연대기의 집성Jami al-Tawarikh》, 라시드 앗 딘, 에든버러 대학교 도서관 소장품.
3) 〈Flagellents of the Thirteenth and Fourteenth Centuries: Their Rise and Decline〉, 키스 찰스 패터슨, 오클라호마 주립대학 석사논문, 1977.
4) 《물질문명과 자본주의 1-1》, 페르낭 브로델, 까치글방, 1995.
5) 〈Epidemics Over the Centuries〉, J.C. Le Huec, L. Boue, S. Bourret, M. Saffarini, M. Le verge, 2020.
6) https://www.nationalgeographic.com/science
7) https://historycollection.com/the-unfortunate

청일 전쟁

1) http://contents.history.go.kr/mobile/tg/view.do?levelId=tg_004_1080&tabId=01&subjectCode=all
2) 《고종실록》 31권, 고종 31년 5월 1일 정축 4번째(양력 6월 4일)
3) 《청광서 조중일교섭사료》 제13-5, 북양대신 내전.
4) 명지대학교 LG한국학자료관
5) 《고종실록》 31권, 고종 31년 6월 21일
6) 《조선 견문록》, 릴리어스 호튼 언더우드
7) 《1894년, 경복궁을 점령하라!》, 나카츠카 아키라, 푸른역사, 2002.
8) 명지대학교-LG한국학자료관
9) 문화재청 국립해양문화재연구소
10) 《청일전쟁 국민의 탄생》, 오타니 다다시, 오월의봄, 2018.
11) 《청일 러일전쟁》, 히라다 게이이치, 어문학사, 2015.
12) 《언덕 위의 구름》, 시바 료타로, 명문각, 1992.
13) 《Japan's First Modern War: Army and Society in the Conflict with China, 1894-5》, S. Lone, Palgrave Macmillan, 1994.
14) 《청일·러일 전쟁 어떻게 볼 것인가》, 하라 아키라, 살림출판사, 2015.
15) 《청일·러일 전쟁 어떻게 볼 것인가》, 하라 아키라, 살림출판사, 2015.
16) 《明治大正見聞史》, 生方 敏郎
17) 「shooting china in the name of 'civilization'」, 今泉一瓢, 1894.
    「Der Floh」, DCartoon published, 1894.
    「Fishing」, Georges Ferdinand Bigot, 1887.

러일 전쟁

1) 《명성황후 최후의 날: 서양인 사바찐이 목격한 을미사변, 그 하루의 기억》, 김영수, 말글빛냄, 2014.
2) http://contents.history.go.kr/mobile/nh/view.do?levelId=nh_041_0020_0010_0010
3) АВЛРИ, Ф150, оп.493,Д.60-67(제정러시아 대외정책문서보관소)
4) 《조선 견문록》, 릴리어스 호톤 언더우드, 이숲, 2008.
5) 〈Le Journal illustre〉
6) 《고종실록》 33권, 고종 32년 8월 22일, 경인 1번째 기사
7) 《고종실록》 33권, 고종 32년 8월 22일, 경인 1번째 기사
8) 《대한제국 멸망사》, 호머 헐버트, 집문당, 1999.

9) https://encykorea.aks.ac.kr/Contents/Item/E0034214)

10) https://encykorea.aks.ac.kr/Contents/Item/E0034214

11) 《역사 멘토 최태성의 한국사 근현대편》, 최태성, 들녘, 2018.

12) 《대한제국 멸망사》, 호머 헐버트, 집문당, 1999.

13) 〈Le Petit Parisien〉, 1904. 04.

14) 〈1904~5년 러일전쟁과 국내 정치동향〉, 조재곤, 2005.
    《청일 러일전쟁》, 하라다 게이이치, 어문학사, 2012.

15) 《Photographic Record of the Russo-Japanese War》, 제임스 H. 헤이브

16) 《전쟁과 인간 그리고 '평화'》, 조재곤, 일조각, 2017.

17) 《청일, 러일전쟁 어떻게 볼 것인가》, 하라 아키라, 살림, 2015.

18) 〈육군대장 안도 야스마사와 정보전략〉, 시노하라 마사토, 2002.

19) 《이야기 러시아사》, 김경묵, 청아출판사, 2020.

20) 《러일전쟁의 세기》, 야마무로 신이치, 2010.

21) 《동아시아 패권경쟁과 해양력》, 김경식, 충남대학교출판문화원, 2018.

22) 《러일전쟁과 대한제국》, 와다 하루키, 제이앤씨, 2011.

23) http://contents.history.go.kr/mobile/kc/view.do?levelId=kc_i402702&code=kc_age_40

핵폭탄

1) 《카운트다운 1945》, 크리스 월리스·미치 와이스, 책과함께, 2020

2) 《원자폭탄, 1945년 히로시마… 2013년 합천》, 김기진·전갑생, 도서출판선인, 2012.

3) 《원자폭탄: 세상에서 가장 위험한 비밀 프로젝트》, 스티브 셰인킨, 작은길, 2014.

4) https://www.history.navy.mil/research/library/online-reading-room/title-list-alphabetically/
   p/the-pearl-harbor-attack-7-december-1941.html

5) https://www.nps.gov/articles/opana-radar-site.htm

6) 《동아시아 패권경쟁과 해양력》, 김경식, 충남대학교출판문화원, 2018.

7) https://www.history.navy.mil/content/history/nhhc/news-and-events/multimedia-
   gallery/infographics/history/battle-of-midway/_jcr_content/mediaitem/image.img.
   jpg/1538166598786.jpg

8) https://edition.cnn.com/2019/08/06/us/hiroshima-anniversary-explainer-trnd/index.html
   https://www.atomicarchive.com/resources/documents/med/med_chp6.html

9) https://www.reuters.com/article/us-tibbets-idUSN0143239820071101

10) http://db.history.go.kr/item/level.do?sort=levelId&dir=ASC&start=1&limit=20&page=1&set
    Id=-1&prevPage=0&prevLimit=&itemId=hdsr&types=&synonym=off&chinessChar=on&leve
    lId=hdsr_006_0030_0030_0020&position=-1

11) http://contents.nahf.or.kr/item/item.do?levelId=edeao.d_0006_0010_0010

12) http://contents.history.go.kr/front/hm/view.do?treeId=020108&tabId=01&levelId=
    hm_144_0010

참고문헌 ──

걸프 전쟁

1) 《Saddam Husayn and Islam, 1968–2003: Ba'thi Iraq from Secularism to Faith》, Amatzia Baram, Woodrow Wilson Center Press/Johns Hopkins University Press, 2014.

2) 《A Prelude to the Foundation of Political Economy: Oil, War, and Global Polity》, Cyrus Bina, Palgrave Macmillan, 2013.

3) 《State of Repression: Iraq under Saddam Hussein》, Lisa Blaydes, Princeton University Press, 2018.

4) 《The Fall of Heaven: The Pahlavis and the Final Days of Imperial Iran》, Andrew Scott Cooper, Henry Holt and Company, 2016.

5) 《A Peace to End All Peace: The Fall of the Ottoman Empire and the Creation of the Modern Middle East》, David Fromkin, Henry Holt and Company, 2009.

6) 《Dying to Forget: Oil, Power, Palestine, and the Foundations of U.S. Policy in the Middle East》, Irene Gendzier, Columbia University Press, 2015.

7) 《The Bush Administrations and Saddam Hussein: Deciding on Conflict》, Alex Roberto and Justin Matthew Kaufman Hybel, Palgrave Macmillan, 2006.

8) 《The Prize: The Epic Quest for Oil, Money, and Power》, Daniel Yergin, Simon & Schuster, 1991.

9) 《The New Map: Energy, Climate, and the Clash of Nations》, Penguin Press, 2020.

10) 《The Quest: Energy, Security, and the Remaking of the Modern World》, Penguin Press, 2011.